DEUTSCH Gymnasium

Bayern 7

Kompetenzen • Themen • Training

Schroedel

DEUTSCH Gymnasium
Bayern 7
Kompetenzen · Themen · Training

Diese Ausgabe wurde erarbeitet von
Dr. Thomas Epple, Dr. Wolfgang Fehr,
Friederike Hesse, Mareike Hümmer,
Dr. Nicola König, Frank Kubitza,
Gunnar Merle, Clemens Wojaczek

Mit Beiträgen von
Ulla Ewald-Spiller, Christian Fabritz,
Martina Geiger, Günter Graf, Frauke Mühle-Bohlen,
Ina Rogge, Thomas Rudel, Torsten Zander

Nach gültiger Rechtschreibung 2006

© 2013 Bildungshaus Schulbuchverlage
Westermann Schroedel Diesterweg Schöningh Winklers GmbH, Braunschweig
www.schroedel.de

Das Werk und seine Teile sind urheberrechtlich geschützt.
Jede Nutzung in anderen als den gesetzlich zugelassenen Fällen bedarf der vorherigen schriftlichen Einwilligung des Verlags. Hinweis zu § 52a UrhG: Weder das Werk noch seine Teile dürfen ohne eine solche Einwilligung gescannt und in ein Netzwerk eingestellt werden. Dies gilt auch für Intranets von Schulen und sonstigen Bildungseinrichtungen.

Druck A² / Jahr 2015
Alle Drucke der Serie A sind inhaltlich unverändert.

Redaktion: Sandra Wuttke-Baschek, Recklinghausen
Herstellung: Udo Sauter
Illustrationen: Eckart Breitschuh, Angelika Citak, Christiane Grauert, Karoline Kehr
Typografie und Layout: Farnschläder & Mahlstedt, Hamburg
Satz: KCS GmbH · Verlagsservice & Medienproduktion, Buchholz/Hamburg
Umschlaggestaltung: Christiane Grauert/Thomas Schröder
Druck und Bindung: westermann druck GmbH, Braunschweig

ISBN 978-3-507-**69862**-8

Wie arbeite ich mit dem Buch?

DEUTSCH Gymnasium **Kompetenzen ▪ Themen ▪ Training** ist in folgende Bereiche unterteilt:

KOMPETENZ-KAPITEL
In diesen Kapiteln erwirbst du Kompetenzen bzw. Grundfertigkeiten zu den Lernbereichen des Faches Deutsch:

Sprechen und Zuhören
Hier lernst du, wie man miteinander spricht, Texte gut vorträgt und wie man genau zuhört.

Schreiben
Hier beschäftigst du dich mit den verschiedenen Formen des Schreibens.

Sprache betrachten
Hier ist die Sprache selbst das Thema. Rechtschreibung und grammatische Formen werden erarbeitet.

Texte lesen und verstehen
Hier stehen Texte – literarische Texte und Sachtexte – im Vordergrund. Du beschäftigst dich z. B. mit Märchen oder lernst Sagen und neue Bücher zum Selberlesen kennen.

Medien nutzen
Hier beschäftigst du dich mit den Medien, z. B. mit Büchern oder dem Fernsehen.

THEMEN-KAPITEL
In diesen Kapiteln kannst du deine erworbenen Kompetenzen an spannenden und interessanten Themen erproben und erweitern, z. B. indem du eine Zeitreise ins Mittelalter unternimmst oder dich mit dem Theater und szenischen Spiel beschäftigst.

TRAININGS-KAPITEL
In diesen Kapiteln findest du zusätzliche Übungsangebote, um dein erworbenes Wissen zu trainieren. Du kannst auch alleine mit diesen Seiten arbeiten, da du zu den Aufgaben Lösungshinweise im Buch findest.

Was dich in DEUTSCH Gymnasium **Kompetenzen ▪ Themen ▪ Training** außerdem erwartet:

Einstiegsseiten
Die grafisch aufbereiteten Einstiegsseiten zu Beginn bieten dir Bilder und Texte als Einführung in das jeweilige Kapitel.

Kompetenz-Kästen
Diese Kästen zu Beginn eines jeden Unterkapitels geben dir einen Überblick über die Kompetenzen, die du bei der Bearbeitung des Kapitels erwirbst.

Info-Kästen
Hier findest du Merkwissen: zentrale Fachbegriffe sowie Methodenkompetenzen werden erläutert. Eine Übersicht (S. 315) gibt dir die Möglichkeit, das gesuchte Merkwissen nachzuschlagen.

Tipp-Kästen
Hier gibt es Tipps, die helfen, oder Ideen, die weiterführen.

Querverweise
In der Randspalte findest du Verweise auf Info-Kästen und inhaltlich vergleichbare Texte.

Grundwissen
Auf den Seiten 293–314 findest du die wichtigsten Fähigkeiten und Begriffe, die du auch in den nächsten Schuljahren für das Fach Deutsch oder auch für andere Fächer brauchst, zum Nachschlagen und Nachlesen.

Piktogramme

 Bei diesen Aufgaben handelt es sich um kooperative Aufgabenstellungen, d. h., du solltest mit einem Lernpartner oder in einer Gruppe arbeiten.

 Hier kannst du zwischen verschiedenen Aufgaben wählen.

 Am Ende eines jeden Unterkapitels kannst du mit Hilfe dieser Aufgabe dein erworbenes Wissen überprüfen.

Inhalt

KOMPETENZ-KAPITEL

Sprechen und Zuhören 8
Ein Fußball-Turnier des Jahrgangs 7
Zu Hörern sprechen – Sprechern zuhören 10
Übungen
Ich verstehe dich … nicht 12
    Zwei Gespräche über Sven
Verstehend zuhören 13
Meinungen bilden 14
    Ein Fußballturnier für die gesamte Jahrgangsstufe? ▪ Gute Gründe
Meinungen begründen 15
Forderungen vortragen und begründen 15
    Ein Spiel mit Weil-Sätzen ▪ Einsame Begründungen ▪ Die Einladungen an die anderen 7. Klassen
Eine Argumentation vortragen 18
    Das Sportfest
Meinungen und Begründungen austauschen 19
    Gesprächsfetzen ▪ In Diskussionsrunden ▪ »Jetzt bin ich dran!« ▪ »Warum immer ich?« ▪ »Damit bin ich nicht einverstanden!« ▪ »Verzeih mir!« ▪ »Ich muss mit dir reden!«
Pro und Kontra diskutieren 25

Schreiben 26
    Baubeginn für umstrittene Delfinlagune
Informieren 28
Erzähltexte zusammenfassen 28
    Iweins letzter Kampf ▪ L. Graf: Nichts Besseres zu tun ▪ K. Simrock: Der Rattenfänger ▪ R. Kunze: Fünfzehn ▪ F. Schiller: Der Handschuh
Sachtexte zusammenfassen 40
    Umstrittene Shows ▪ Teures Naturschauspiel

Informationen aus Texten gewinnen und verarbeiten 44
    J. Isringhaus: Delfinarien schließen ▪ Projekt: Eine Plakatwand zum Thema »Tiere in Gefangenschaft« gestalten
Argumentieren 48
Überzeugend argumentieren 48
    Eine Diskussion zwischen Mutter und Tochter? ▪ Wozu Hausaufgaben?
Eine Stoffsammlung anlegen 52
Eine Gliederung anlegen 54
Eine Einleitung und einen Schluss formulieren 57
Die Argumentation formulieren und überarbeiten 58
    Die Behauptung ▪ Die Begründung ▪ Das Beispiel / Der Beweis
Aus Informationen Argumentationsblöcke machen – materialgestützt erörtern 63
    Studie zur Mediennutzung: Jugendliche mit Schulfrust sehen mehr fern

Sprache betrachten 66
    J. Ringelnatz: Ruf zum Sport
Rechtschreibung 68
Fremdwörter 68
    Kleinanzeigen ▪ Jonglieren mit Ringen ▪ Versteckter Sport
Groß- und Kleinschreibung 70
    Das große Olympia-Quiz
Zusammen- und Getrenntschreibung 71
    Reporter im Stadion ▪ Auf die Plätze, fertig, los … ▪ Hindernisse beim Endspurt?
Schärfung, Dehnung und s-Laut 73
Zeichensetzung in Satzreihe und Satzgefüge 75
    Die Achillesferse
Zeichensetzung bei Appositionen 77
Grammatik 78
Wortarten 78
    C. Reinig: Ballade von den unsagbaren Geschehnissen
Satzglieder 80
    Herakles – ein griechischer Sagenheld

Subjekt- und Objektsätze **82**
    Herakles, ein tragischer Held

Attribut und Attributsatz **84**
    Nationalhelden ▪ El Cid ▪ Vercingetorix ▪ Moderne Helden?

Adverbiale und Adverbialsatz **87**
    Comic-Helden: Asterix und Obelix ▪ Wer war Julius Cäsar? ▪ Helden unterwegs ▪ Filmhelden unter sich ▪ Einmal ein Held sein … ▪ … und zaubern können! ▪ Alltagshelden

Argumentieren und Adverbialsätze **93**
    Brauchen wir heute noch Helden? ▪ Wir brauchen keine Helden

Infinitivsatz **95**
    Du bist aber ein großer Held! ▪ Wer ist ein Held?

Partizipialsatz **97**
    Der Held Perseus als Geburtshelfer von Pegasus

Direkte und indirekte Rede **98**
    J. Mock: Popmusik macht heiter ▪ Ein Gespräch mit Folgen ▪ Aus dem Leben eines Superstars ▪ Keine Angst vor Ribéry und Kroos ▪ Das Runde muss ins Eckige! ▪ Nach dem Schlusspfiff ▪ Superstars in den Schlagzeilen ▪ Die Newcomer: The Black Pony! ▪ Klatsch und Tratsch aus dem Showbiz ▪ Laute Musik mit schrecklichen Folgen ▪ *B. Brecht:* Wenn die Haifische Menschen wären ▪ *O. Wiemer:* Hilfsverben ▪ *A. Thalmayr:* Mein Bruder

Wortkunde 113
Bildhafte Möglichkeiten **113**

Texte lesen und verstehen 116

Balladen 118
    T. Fontane: John Maynard ▪ Das historische Ereignis ▪ *J. W. Goethe:* Der Zauberlehrling ▪ Projekt: Eine Ballade präsentieren ▪ *F. Schiller:* Die Bürgschaft

Kurze und ganz kurze Geschichten 129
    I. Kötter: Nasen kann man so oder so sehen ▪ *T. Zimmermann:* Eifersucht ▪ *M. Bolliger:* Sonntag ▪ *K. Kordon:* Okay, Mister, okay! ▪ *J. P. Hebel:* Der Zahnarzt; Die Ohrfeige; Dankbarkeit ▪ *S. Mrożek:* Heldentat eines Hundes ▪ *B. Brecht:* Der hilflose Knabe ▪ *G. E. Lessing:* Der Esel und der Wolf ▪ Verschiedene Anekdoten ▪ *B. Brecht:* Das Wiedersehen ▪ Die Taschenuhr ▪ *W. Schnurre:* Die Dauer des Glücks ▪ *F. Hohler:* Die Reinigung

Epen und Minnelyrik – Literatur des Mittelalters 144
Kampf um Macht und Ehre:
Das Nibelungen-Epos **144**
    Rihanna & Ciara: Streit unter Freundinnen ▪ *W. Fährmann:* Die Nibelungen: Siegfrieds Jugend und erste Abenteuer; Siegfried als Helfer Gunthers; Der Streit der Königinnen und seine Folgen

Nicht nur Krieg und Kampf **153**
    Walther von der Vogelweide: Nieman kann mit gerten ▪ Dû bist mîn ▪ Heinrich von Morungen: Nein und Ja ▪ Zusammenfassung der Gudrunsage

Jugendbücher 155
    A. Lechner: Parzival

Sachtexte 162
    Bittersüße Schokolade ▪ Alltag eines Kakaobauern in Afrika ▪ Kakao – von den Tropen in alle Welt ▪ Herstellung von Schokolade ▪ Herkunft des Kakaos und Verbrauch ▪ Produktion von Süßwaren 2011 ▪ Zahlen und Konzerne ▪ Bananen im Handel ▪ Zucker ist der Industrie teuer ▪ Nahrungsmittelpreise

Medien nutzen 174
    Medienbeschäftigung in unserer Freizeit

Medien zum Informieren nutzen 176
    Fernsehen und Jugendliche

Recherchieren auf verschiedenen Wegen **177**
    Nachrichtensendungen ▪ Unterwegs im World Wide Web

Medien zur Kommunikation nutzen 182
    Carina über ihr Mobiltelefon ▪ Soziale Beziehungen im Internet

Präsentieren 184
- Wer sprechen kann, der kann auch gut reden?

Das Auftreten vor anderen üben 186
- Beim Vortrag allein … ▪ … in der Gruppe ▪ Stegreifreden

Ein Referat vorbereiten, halten und beobachten 188
- Mind-Map ▪ Stichwortzettel ▪ Einen Vortrag beginnen ▪ Einen Vortrag beenden ▪ Zwei Folien ▪ Zwei Vorträge ▪ Zwei Beobachtungsbögen ▪ Mündliches Feedback ▪ Feedback-Experimente

THEMEN-KAPITEL

Mittelalter – ein spannendes Zeitalter 194

Zeitreise ins Mittelalter 196
- *C. Frieser:* Die geheimnisvolle Truhe ▪ *H. Fuhrmann:* Einladung ins Mittelalter ▪ Das Kaltenberger Ritterturnier ▪ Ein Tag im Mittelalter ▪ Noch ein Tag im Mittelalter ▪ *T. Beckmann:* Kreuzzug in Jeans ▪ Die Kleidung des Mannes im Mittelalter ▪ Zähneputzen ▪ Müll und »Straßenreinigung« ▪ Zwei Rezepte mittelalterlicher Gerichte ▪ Projekt: Ein kleiner Reiseführer fürs Mittelalter

Heldenleben 206

Helden des Mittelalters 207
- Das Rolandslied ▪ Das islamische Weltreich ▪ Razzia oder die Rettung des Abendlandes? ▪ Das Rolandslied ▪ Die ritterlichen Tugenden ▪ Hildegard von Bingen

Moderne Helden 216
- Umfrage ▪ Heldensuche: Aufruf des Bundespräsidenten zum Geschichtswettbewerb

Theater, Theater 218
- Der Kutschersitz

Theaterübungen 219
- Momentaufnahmen ▪ Standbilder ▪ Optiker Nolte ▪ Der Milchtopf

Kurztexte zum Leben erwecken 224
- Sprechtexte ▪ Rollenbiografien ▪ *E. Jandl:* im park ▪ *H. Müller:* Herzstück

Einen Erzähltext auf die Bühne bringen 228
- *A. Bröger:* Ihr dürft mir nichts tun ▪ Die Szene bei Bernd zu Hause ▪ Eine Bühnenfassung

Hinter den Kulissen 234
- Spielplan ▪ Bühnenbild

TRAININGS-KAPITEL

Training: Schreiben 236

Training: Informieren 237

Erzähltexte zusammenfassen 237
- *M. Twain:* Huck rettet das Leben der Witwe; Huck findet den entflohenen Sklaven Jim; Huck legt die Sklavenjäger rein ▪ Inhaltsangabe – ein Beispiel

Sachtexte zusammenfassen 246
- Wale: Gefahr durch Treibnetze ▪ Pro Delfinhaltung: Tiergarten hofft auf Zuchterfolge ▪ Kontra Delfinhaltung: »Besser in Delfinschutz investieren«

Training: Argumentieren 251
- »Markenklamotten« – ein Gespräch in der Pause ▪ Handy und MP3-Player in der Schule? ▪ Pro Delfinhaltung: Argumentationsblöcke ▪ Kontra Delfinhaltung: Gliederung

Lösungshinweise 255

Training: Texte lesen und verstehen 262
    Checkliste für Kurzgeschichtenschreiber
Training: Kurze und ganz kurze Geschichten 263
    I. Aichinger: Das Fenstertheater ▪ *M. Gülich:* Bagatelle Nr. 8 ▪ *H. v. Kleist:* Sonderbarer Rechtsfall in England
Training: Balladen 267
    J. W. Goethe: Johanna Sebus ▪ *A. v. Droste-Hülshoff:* Der Knabe im Moor ▪ *J. W. Goethe:* Der Erlkönig
Training: Sachtexte 271
    S. Börnecke: Die Welt des Zuckers gerät in Bewegung ▪ Schaubild: Preise für Kakao ▪ Wie wird aus der Baumwollfaser ein Bekleidungsstück?
Lösungshinweise 274

Training: Sprache betrachten 278
Training: Rechtschreibung 279
    Rechtschreibkenntnisse wiederholen
Groß- und Kleinschreibung; Getrennt- und Zusammenschreibung 280
Kommas in Satzreihen setzen 282
Training: Grammatik 283
Wortarten 283

Satzreihe und Satzgefüge 284
    Satzungetüm
Adverbial und Adverbialsatz 285
    Ich würde gerne an einer Castingshow teilnehmen ▪ Ich werde Deutschlands Sängerin Nr. 1!
Indirekte Rede 287
Lösungshinweise 288

GRUNDWISSEN

Sprechen und Zuhören 293
Schreiben 294
Sprache betrachten 298
Texte lesen und verstehen 308
Medien nutzen 314
Präsentieren 314

Info-Kästen 315
Sachregister 316
Textsortenverzeichnis 317
Bildquellenverzeichnis 318
Autoren- und Quellenverzeichnis 319

Sprechen und Zuhören

■ Text 1
Ein Fußball-Turnier des Jahrgangs 7

Einige Schüler der Klasse 7 b möchten mit der ganzen Jahrgangsstufe ein Fußball-Turnier veranstalten. Sie stellen ihre Überlegungen in der Klasse vor.

Henrik Also, wir hatten uns gedacht, dass wir am letzten Tag vor den Ferien ein Fußball-Turnier machen könnten, jede Klasse stellt eine Mannschaft auf und …
Michael Super Idee! *(Einige Schüler sprechen leise miteinander.)*
Charlotte Wer ist denn wir?
5 **Katrin** Da sind wohl einige von uns anderer Meinung.
Nina Gibt es denn nicht noch etwas anderes? Das ist doch total langweilig …
Matthias Ich finde die Idee gar nicht schlecht. Dann könnten wir die Schüler der anderen 7er-Klassen besser kennen lernen. Und wenn wir eine Mannschaft aufstellen, dann schweißt uns das zusammen!
10 **Jana** Katrin hat Recht, Fußball ist blöd und nur was für die Jungen …
Michael Das stimmt gar nicht. Wir machen das. Wir organisieren ein Turnier für unseren gesamten Jahrgang.

Sprechen und Zuhören

Miriam Da müssten wir erst drüber reden, wie die Mannschaften zustande kommen, soll es Jungen- und Mädchen-Teams geben?
15 **Katrin** Zuerst müssen wir wohl darüber reden, ob es überhaupt alle wollen.
Matthias Klar, das machen wir, unsere Klasse ist doch gut in Sport. Dann können wir jetzt mal zeigen, was wir können.
Katrin Moment noch, es haben sich noch nicht alle dazu geäußert,
20 ich glaube, viele wollen nicht Fußball spielen.
Henrik Gut, dann stimmen wir ab! Wer ist dafür?
(Einige melden sich.)
Jana Nee, so geht das nicht … *(Alle reden durcheinander.)*

A ■ Was haltet ihr von dem Vorschlag, ein Fußball-Turnier in eurer Jahrgangsstufe zu veranstalten? Formuliert spontan eure Meinung dazu.

B ■ Welche Meinungen werden von den Schülerinnen und Schülern in der Diskussion vorgetragen? Beschreibe, wie diese Meinungen vorgetragen werden und wie die anderen darauf reagieren.

 C ■ Vergleiche folgende Aussagen: »Gut, dann stimmen wir ab!« und »Ich finde die Idee gar nicht schlecht« – Worin unterscheiden sie sich?

Meinungen vortragen und austauschen INFO

Meinungen entstehen durch Beurteilungen eines Sachverhalts, aber auch, wenn wir Verhalten und Äußerungen anderer bewerten. Eigene Vorlieben und Vorstellungen davon, was wir selbst gerade gut oder schlecht finden, gehen in diese **Urteilsbildung** ein. Wenn wir uns verständigen wollen, etwa über eine gemeinsame Sache oder Unternehmung, müssen wir uns Zeit nehmen, das eigene Urteil zu bedenken, andere Meinungen und deren Begründungen zu hören. Daneben finden sich Aussagen, die nicht nur eine Meinung oder eine Behauptung zum Ausdruck bringen, sondern andere zum Handeln auffordern. Beim Austauschen von Meinungen, Behauptungen und Aufforderungen sollte jeder zu Wort kommen und gehört werden.

In diesem Kapitel lernst du, …
■ zuhörerorientiert und mit der richtigen Betonung zu sprechen zu üben,
■ eigene Meinungen und Urteile zu bedenken und vorzutragen,
■ Meinungen und Begründungen anderer anzuhören,
■ Regeln zum Austauschen von Meinungen und Urteilen zu entwickeln und zu beachten.

Sprechen und Zuhören

Zu Hörern sprechen – Sprechern zuhören

> Um gut gehört und verstanden zu werden, muss man lernen, Körpersprache einzusetzen und richtig zu deuten. Auch sollte man dabei darauf achten, auf die Zuhörer beim Sprechen einzugehen. Auch als Zuhörer sollte man bestimmte Verhaltensregeln beachten. In diesem Teilkapitel lernst du, …
> - Körpersprache zu verstehen,
> - zuhörerorientiert zu sprechen,
> - verstehend zuzuhören.

Michael Sowa:
Die Einladung, 1990

Dumm gelaufen

Stellt euch die folgende Situation vor: Ihr seid mit euren Eltern zu einer großen Familienfeier eingeladen, die in einem Hotel stattfinden soll, in dem ihr noch nie wart. Ihr seid spät dran und lauft in das Hotel. Dort seht ihr ein Schild »Geschlossene Gesellschaft« und stürmt durch die Tür – die Gesellschaft ist jedoch eine ganz fremde …

Ein Stuhl ist noch frei – alle schauen …

→ **Ein Standbild bauen**, S. 220

A ▪ Stellt die Situation in einem Standbild nach. Beschreibt aus der Sicht der verschiedenen Beteiligten, was sie gerade denken und fühlen.

B ▪ Spielt die Szene (stumm) weiter und beobachtet Gesten, Gesichtsausdruck und Körperhaltung.

C ▪ Was kann man mit Körpersprache alles ausdrücken?

Hier stehe ich …

Die Stimme steht oft in einem engen Zusammenhang mit der Stimmung eines Menschen.

A ▪ Beschreibe die Körpersprache und deren mögliche Bedeutungen in den Gesprächssituationen auf den Fotos/Bildern.

B ▪ Probt Körperhaltungen zu folgenden Situationen.
  – Jemand ist selbstbewusst.
  – Jemand fühlt sich beim Sprechen nicht wohl.
  – Jemand ist ärgerlich.
  – Jemand versteht eine/n Freund/-in und hört aufmerksam zu.
  – Jemand möchte auch etwas sagen, kommt aber nicht zu Wort und wird ungeduldig.

C ▪ »Ein Blick sagt mehr als tausend Worte« – Wie verstehst du diesen Satz? Erkläre dein Verständnis einem/r Partner/-in.

Ich verstehe dich … nicht

■ Text 2
Zwei Gespräche über Sven

A

Marie Hast du mal Zeit für mich?
Hanna Was ist denn?
Marie Ich habe Stress mit Sven.
Hanna Das soll es geben. Mach dir
5 nichts draus, die Typen sind sowieso alle komisch.
Marie Das kann ich nicht. Ich find den so süß.
Hanna Ach, lass den doch. – Und
10 außerdem muss ich jetzt weg.

B

Tim Hast du mal Zeit für mich?
Hanna Na klar! Was gibt's?
Tim Ich habe Stress mit Sven.
Hanna Ach, ich hab immer gedacht, ihr versteht euch so gut. Sag mal …
5 **Tim** Ja, das stimmt schon. Aber in letzter Zeit ist er so komisch.
Hanna Wieso »komisch«?
Tim Er redet kaum mit mir. Als ich ihm gestern den Vorschlag machte, wir könnten mal wieder ins Kino gehen, wollte er nicht. Und vorletzte Woche hatte er auch schon keine Lust.
10 **Hanna** Hast du ihn schon gefragt, was er hat?
Tim Ne!
Hanna Vielleicht hat sein Verhalten ja gar nichts mit dir zu tun. Vielleicht hat er Probleme in der Schule und Angst, dass er nicht versetzt wird. – Versuch doch mal, mit ihm zu reden.
15 **Tim** Meinst du? Ich versuch's mal.

A ■ Vergleicht die beiden Gespräche anhand folgender Fragen: Wie verhält sich Marie, wie Tim? Was macht Tim anders als Marie? Wie reagiert Hanna jeweils?
B ■ Spielt folgende Situation: Eine Mitschülerin oder ein Mitschüler hat schon wieder nicht ihre oder seine Hausaufgaben und möchte deshalb in der großen Pause abschreiben. – Spielt diese Situation zweimal; einmal mit misslingender einmal mit gelingender Kommunikation.

Sprechen und Zuhören

Verstehend zuhören

Verstehendes oder aktives Zuhören ist eine Methode, mit der ihr die Bedürfnisse des Gesprächspartners ergründen und genau auf ihn eingehen könnt. Dazu ist es notwendig, dem Partner nicht nur konzentriert zuzuhören, sondern zu versuchen, »zwischen seinen Sätzen zu hören« und das Gehörte anschließend mit eigenen Worten wiederzugeben.

So kann der Partner spüren, dass der andere ihm wirklich zuhört und Interesse an seinem Befinden und seiner Sicht der Dinge hat.

Dadurch können Missverständnisse vermieden werden. Auch kann es dem Partner helfen, sein Problem und mögliche Lösungsansätze klarer zu sehen.

Beispielkärtchen

- »Habe ich dich richtig verstanden? – Du glaubst, dass …«

Äußerungen	Funktion
A ermuntern *nicht widersprechen* *vorerst allgemeine Zustimmung signalisieren*	▪ Interesse bekunden ▪ Einfühlen in die Situation ▪ zu weiteren Ausführungen anregen
B wiederholen *die vom Partner verwendeten Wörter wiederholen*	▪ Informationen (Personen, Begriffe, Vorgänge) in Erinnerung rufen
C neu formulieren *den Hauptgedanken neu formulieren*	▪ zeigen, dass die Fakten verstanden wurden ▪ zeigen, dass echtes Zuhören stattfindet
D Gefühle ansprechen *spiegeln: die vermuteten Gefühle des anderen verbalisieren*	▪ Verständnis für die Empfindungen des anderen zeigen
E bündeln *Gedanken und Gefühle noch einmal gebündelt neu formulieren, reflektieren und zusammenfassen*	▪ gegen Ende des Gesprächs wichtige Gedanken und Informationen zusammenfassen ▪ eine Grundlage für die weitere Diskussion oder Lösungsvorschläge schaffen

- »Wenn ich dich richtig verstanden habe, wolltest du damit zum Ausdruck bringen …«
- »Sind das die Punkte, die dir wichtig sind: 1. …, 2. …?«
- »Folgende Aspekte scheinen mir die wichtigsten zu sein: …«

- »Das kann ich gut verstehen …«
- »Das ist in der Tat eine belastende Situation …«

- »Du warst also ziemlich sauer, als …«
- »Und das hat dich sehr verletzt …«

- »Du sagtest vorhin, deine Ziele seien …«
- »Das Problem entstand also, nachdem …«

A ▪ Ordne die Beispielkärtchen passend in die Zeilen der Tabelle (A – E) ein.
B ▪ Probiert das verstehende Zuhören abwechselnd aus:
Spielt noch einmal die Situation *Abschreiben der Hausaufgaben*.
Vergleicht das Gespräch dann mit dem vorherigen Gesprächsverlauf und -ergebnis.

Sprechen und Zuhören

Meinungen bilden

> Um sich eine Meinung zu bilden und zu einem Thema Stellung nehmen zu können, sollte man sich zunächst informieren, um Begründungen für seine Meinung zu finden. In diesem Teilkapitel lernst du, …
> - dich zu informieren und eine Meinung zu bilden,
> - Stellung zu nehmen und Begründungen zu finden.

Ein Fußballturnier für die gesamte Jahrgangsstufe?

»Fußball ist nur was für Jungen!«

»Auch Mädchen können Fußball spielen!«

A ▪ Welcher Aussage stimmst du zu – und warum?

B ▪ Stelle jeweils gegenüber: Was spricht für – was gegen ein Fußballturnier in der Jahrgangsstufe? Übertrage die Tabelle in dein Heft und ergänze sie. Tauscht eure Ergebnisse aus.

Dafür spricht … (pro)	Dagegen spricht … (kontra)
Mannschaften einer Klasse stärken den Zusammenhalt. …	Die Konkurrenz der Klassen wird befördert. …

 C ▪ Gebt euch Rückmeldungen auf die jeweilige Gegenüberstellung: Inwiefern passen die Aussagen in die gewählte Spalte? Stehen sich Für und Wider gegenüber?

Gute Gründe: Warum ein Fußball-Turnier?

Die folgenden Leitfragen helfen, gute Begründungen zu finden:

A ▪ Prüfe, welche Sätze möglichst genau auf die Fragen antworten und Begründungen sind.

B ▪ Schreibe diesen Fragekatalog weiter. Überlege dir jeweils zwei sinnvolle Begründungen.

1. Warum sollte eine Fußball-Turnier für die Jahrgangsstufe 7 stattfinden?
   a) Eine gemeinsame Aktivität fördert den Teamgeist, deshalb sind auch viele Schüler in einem Sportverein.
   b) Abwechslung ist immer gut.
   c) Sport mag ich nicht.
2. Warum sollten wir das Turnier organisieren?
   a) Es sollen ruhig andere das Sportfest organisieren.
   b) Wir machen grundsätzlich alles selbst.
   c) Es geht uns um unsere Klasse und unsere Jahrgangsstufe. Wir kennen unsere Wünsche am besten. Gemeinsam etwas zu planen verbindet.
3. Warum sollten Sponsoren für das Turnier gefunden werden?
   a) Wir brauchen ein Geld.
   b) Mit Geld- oder Sachspenden können wir z. B. Preise kaufen.
   c) Geld kann nie schaden.

Meinungen begründen

Um eine Meinung zu begründen, muss man Argumente vorbringen und diese mit Beispielen oder Belegen untermauern. In diesem Teilkapitel lernst du, …
- Forderungen vorzutragen und zu begründen,
- Stellung zu nehmen,
- Behauptungen/Begründungen/Beispiele zu finden und zu prüfen.

Forderungen vortragen und begründen

A ■ Spielt das Gespräch mit verteilten Rollen weiter.
B ■ Wertet das Spiel aus: Wie haben die Sprecherinnen und Sprecher ihre jeweiligen Standpunkte deutlich gemacht? Welche Bedeutung hatte die Körpersprache dabei? Wie haben sie ihre Meinungen und Ansichten begründet? Welche Begründungen waren überzeugend, welche eher nicht?

Behauptung (Aussage oder Forderung)	Begründung	Beispiel
Wir wollen ein Fußballturnier der Jahrgangsstufe organisieren.	Sportliche Aktivitäten tun allen gut.	In meiner Familie sind alle sportlich aktiv.
Der Unterricht sollte an diesem Tag ausfallen.	Ein Turnier mit mehreren Teams braucht seine Zeit.	Schon für ein kleines Spiel brauchen wir eine Doppelstunde Sport.

C ■ Fülle die Tabelle in deinem Heft weiter aus.
D ■ Wie sind Begründungen aufgebaut? Wozu sind Beispiele wichtig?

Ein Spiel mit Weil-Sätzen

Mirjam schaut sich im Fernsehen oft Sportübertragungen an, weil ███████████.
Mein Bruder und ich gehen gern ins Kino, weil ███████████.
Elisabeth spielt jeden Tag Basketball, weil ███████████.
Unsere Klasse hat am liebsten Deutschunterricht, weil ███████████.
Wir fahren im Urlaub ans Meer, weil ███████████.
Ich singe im Schulchor, weil ███████████.
Lehrer mögen lustige Schüler, weil ███████████.

A ■ Fülle so schnell wie möglich die Weil-Sätze auf und schreibe sie in dein Heft. Wer als Erste oder als Erster fertig ist, hat gewonnen.

B ■ Die Übung wird erschwert: Notiere so schnell wie möglich ein zweites Argument: *Ich esse gern Äpfel, weil sie mir schmecken und weil Obst gesund ist.*

 C ■ Diskutiert in Gruppen: Welche der gefundenen Begründungen sind einleuchtend, welche weniger?

Einsame Begründungen

███████████, weil du mich angelogen hast.
███████████, weil ich keine Lust mehr habe.
███████████, weil der Film langweilig war.
███████████, weil unsere Trainerin gute Ideen hat.
███████████, weil meine Mutter immer Recht behalten will.
███████████, weil Geschwister auch einmal streiten müssen.
███████████, weil sinnvolle Regeln wichtig sind.
███████████, weil Lehrer auch nur Menschen sind.

D ■ Suche zu den Weil-Sätzen passende Behauptungen.
E ■ Wähle ein Beispiel aus und schreibe einen kleinen Text dazu, indem du den Weil-Satz weiter ausführst (Fortführung der Begründung: zusätzliches Argument, Beispiel).

Die Einladung an die anderen 7. Klassen

Die Klasse 7 b hat inzwischen mit ihrem Sportlehrer und der Schulleiterin gesprochen und grundsätzliche Unterstützung für den Sportfestplan erhalten.

Nun geht es darum, die anderen 7. Klassen für das Vorhaben zu gewinnen.

In der nächsten Klassenstunde werden zwei verschiedene Briefentwürfe diskutiert.

> Regensburg, 21. April 2013
>
> Liebe Mitschülerinnen und Mitschüler der 7. Klassen!
> Wir schlagen euch vor, dass alle 7. Klassen demnächst ein gemeinsames Sportfest machen. Denn in unserer Klassenstunde diskutierten wir diese Idee und wir sind der Meinung, dass wir uns in unserer Stufe durch solch eine Aktion besser kennenlernen können.
> Und natürlich macht solch ein Fest allen viel Spaß. Das haben viele von den jetzigen Achtklässlern, die vor zwei Jahren solch ein Fest veranstaltet haben, berichtet.
> Herr Walke, unser Sportlehrer, und Frau Dr. Obst als Schulleiterin unterstützen den Plan grundsätzlich, weil sie unsere Überzeugung teilen, dass eine solche Aktion unseren Teamgeist fördert.
> Natürlich macht die Vorbereitung eines Sportfestes Arbeit.
> Wir können jedoch schauen, dass wir diese gemeinsam aufteilen.
> So vorzugehen hat sich schon oft bewährt.
> Sagt uns bitte schnell Bescheid, wie ihr über unseren Vorschlag denkt.
> Viele Grüße
> Eure Klasse 7 b

> Regensburg, 21. April 2013
>
> Liebe Mitschülerinnen und Mitschüler der 7. Klassen!
> Wir möchten ein Sportfest mit euch veranstalten.
> Auch ihr werdet viel Spaß haben!
> Macht bei der Vorbereitung mit!
> Es wird eine tolle Aktion!
> Sagt uns schnell Bescheid, ob euch der 15. Mai als Termin passt.
> Viele Grüße
> Eure Klasse 7 b

A ■ Vergleiche die beiden Briefe. Welcher überzeugt dich?
B ■ Untersuche jeweils genau die Argumentation:
  – Welche Behauptungen (Thesen) werden aufgestellt?
  – Wie werden sie begründet? Welche Argumente werden angeführt?

Sprechen und Zuhören

Eine Argumentation vortragen

Das Sportfest

In deiner Schule soll zum Ende des Schuljahres ein Sportfest veranstaltet werden. Dabei sollen alle Klassen beteiligt werden und jeder Einzelne soll an einer Sportart teilnehmen. Neben Fußball- und Volleyballturnieren wird es zum Beispiel auch einen Hindernisparcours geben und viele weitere Spiele, auch solche, die Jugendliche in anderen Ländern spielen.

Die Schülervertretung hat das Projekt bereits der Schulleitung und den Eltern vorgestellt. Alle haben ihre Unterstützung zugesagt. Allerdings fehlen an der Schule noch eine Menge Sportgeräte und weitere Gegenstände (z. B. Trikots, Bänder, Bälle usw.), die ihr für euer Sportfest benötigt.

 A ▪ Du hast den Auftrag, um Unterstützungen zu bitten. Dazu rufst du verschiedene Geschäfte im Ort an. Probe einen solchen Anruf bei einem Sportgeschäft mit einem/r Lernpartner/-in.

Meinungen und Begründungen austauschen

Meinungen und Begründungen kann man in Gesprächen austauschen. Dabei müssen Regeln beachtet werden. In diesem Teilkapitel lernst du, …
- Diskussionen zu führen und zu leiten,
- miteinander zu sprechen und aufeinander zu hören.

Gesprächsfetzen

> Ich kann dir das Taschengeld nicht erhöhen.

> In meinem Zimmer kann ich die Musik so laut aufdrehen, wie ich will.

> Mutter hat gesagt, du sollst beim Aufräumen helfen. Gestern habe ich es allein gemacht.

> Ich werde dir nie mehr etwas anvertrauen. Du erzählst ja doch alles gleich weiter.

> Man muss auch verlieren können. Beim nächsten Spiel gewinnst du wieder.

> Was wird bloß deine Musiklehrerin sagen, wenn du nicht geübt hast?

A ■ Entwirf mit einem von dir ausgewählten Gesprächsfetzen ein Gespräch, das den Streit darstellt und ihn löst.

B ■ Diskutiert eure Gesprächsentwürfe: Welche Lösungsmöglichkeiten gibt es?

In Diskussionsrunden

In Diskussionsrunden werden …
… eigene Meinungen eingebracht … oder durchgesetzt.
… die Meinungen anderer zur Kenntnis genommen … oder abgelehnt.
… der eigene Standpunkt behauptet … oder selbst überprüft.
… gemeinsame Lösungen angestrebt … oder verhindert.

A ■ Was meint ihr zu den hier zusammengestellten Aussagen?

Sprechen und Zuhören

Gesprächsrunden führen INFO

Eine Gesprächsrunde besteht aus:
- einer Gruppe mit 6 – 8 Teilnehmern (Einige sprechen für, andere gegen die These.)
- einem/einer Leiter/-in
- einem oder mehreren Beobachtern

Die Gesprächsrunde sollte ca. 10 – 15 Minuten dauern.

Gesichtspunkte, unter denen die Gesprächsrunde von den Beobachter/-innen bewertet wird:

- deutliches Sprechen
- andere ausreden lassen
- aufmerksames Zuhören
- Kontaktaufnahme durch Körperhaltung und -sprache
- höfliches Nachfragen
- sachliches Reagieren
- beim Thema bleiben
- ausführliches Begründen

B ■ Führt Gesprächsrunden zu den nachfolgenden Thesen.

C ■ Wertet mit Hilfe der Rückmeldungen der Beobachter/-innen eure Gesprächsrunden aus.

»Einen Klassensprecher oder eine Klassensprecherin brauchen wir nicht.«
»Im Fach Sport sollten Mädchen und Jungen getrennt werden.«
»Hausaufgaben gehören abgeschafft.«

Sprechen und Zuhören

Text 3
»Jetzt bin ich dran!«

Sonja Hallo, Jan, können Marion und ich mit dem Computer spielen? Du darfst in einer Stunde wieder spielen, da muss Marion sowieso nach Hause.
Jan Nein, jetzt spiele ich. Immer wenn ich mit dem Computer spiele, kommt ihr und wollt spielen. Das ist mein Computer, nicht deiner.
5 **Sonja** Stimmt gar nicht. Papa hat ihn uns beiden gekauft.
Jan Jetzt spiele aber ich, nachher habe ich keine Zeit mehr.
Sonja Fragen wir doch Papa.
Jan Warum denn? Papa weiß es doch sowieso nicht mehr.
Sonja Das glaube ich nicht. Ich frage ihn trotzdem.
10 **Jan** Dann tu es doch!
…

Text 4
»Warum immer ich?«

Niclas Immer muss ich mit dem Hund spazieren gehen.
Mutter Du wolltest ihn doch unbedingt haben.
Niclas Ja, aber das war vor vier Jahren. Und Linda wollte ihn doch genauso haben. Die ganze letzte Woche bin ich mit Kenzo spazieren gegangen.
5 Warum immer ich?
Linda Mit meinem gebrochenen Arm kann ich die Leine nicht so gut halten.
Niclas Ha, ha, du hast doch nur einen Arm gebrochen. Mit dem anderen kannst du ihn wohl halten.
Linda Eben nicht. Du weißt doch, wie Kenzo immer zieht. Soll ich mir auch
10 den anderen Arm noch brechen?
Mutter Wenn ihr euch nicht einigen könnt, geben wir Kenzo eben in ein Tierheim.
…

A ■ Führt die Gespräche so fort, dass am Schluss der Streit gelöst wird.
B ■ Entwerft selbst Streitgespräche und probiert verschiedene Lösungsmöglichkeiten aus.

»Damit bin ich nicht einverstanden!«

Wenn jemand mit etwas nicht einverstanden ist, hat er meist die Möglichkeit, sich zu beschweren.

1 Otto hat eine vier in der Klassenarbeit – ich eine fünf. Wieso? Wir haben verglichen und er hat genau dasselbe!

2 Über die Bewertung meiner letzten Klassenarbeit bin ich enttäuscht. Otto und ich haben unsere Arbeiten verglichen und uns ist kein großer Unterschied aufgefallen. Seine Arbeit haben Sie eine Note besser als meine bewertet. Können wir uns das zusammen noch einmal anschauen?

> **TIPP**
> Probiert verschiedene Möglichkeiten im Rollenspiel aus.

A ▪ Stelle heraus, wie sich die beiden Äußerungen unterscheiden.
B ▪ Überlege, worüber sich jemand im Schulleben bei jemandem beschweren könnte und welche Form jeweils angemessen ist.

»Verzeih mir!«

C ▪ Häufig gibt es Situationen, in denen man sich entschuldigen muss.
Beispielsituationen: Eine oder einer hat …
– jemanden im Unterricht ausgelacht.
– jemanden im Sportunterricht beleidigt.
– jemandem den Rucksack ausgekippt.
Überlege, welche Worte helfen. Wie kann der erste Satz lauten?

| Habe ich das wirklich so gesagt? | Du, da habe ich mich geirrt. | Das meinte ich nicht so. | Ich wusste nicht, dass dich das so stört. |

»Ich muss mit dir reden!«

Eine Freundin oder ein Freund erzählt dir von einem Konflikt mit einem Mitschüler: Dieser hat den anderen in der Klasse etwas Falsches über sie bzw. ihn erzählt und sie/ihn so sehr verletzt.

A ■ Entwirf das Gespräch / den Dialog.
Achte darauf, dass du in deinen Äußerungen und Nachfragen auf dein Gegenüber eingehst.

Die Mitschülerin / der Mitschüler ist einverstanden, dass ein Streitschlichtungsgespräch stattfindet.

B ■ Entwirf das Gespräch / den Dialog.
Achte auf die für die Streitschlichtung sinnvolle Form der Moderation.

Du fühlst dich von einer Lehrerin / einem Lehrer ungerecht behandelt, denn du hast den Eindruck, dass sie/er dich oft nicht aufruft, wenn du dich meldest. Du vereinbarst ein Gespräch, um dich zu beschweren.

C ■ Entwirf das Gespräch / den Dialog.
Achte auf eine angemessene Form des Gesprächs.
Hilfreich sind treffende Begründungen und Beispiele/Belege.

Du hast in deiner Klasse über eine Mitschülerin oder einen Mitschüler etwas Falsches erzählt. Jetzt möchtest du dich entschuldigen.

D ■ Entwirf das Gespräch / den Dialog. Achte auf die angemessene sprachliche Form.

Sprechen und Zuhören

In einem Brief erklärt Johannes seiner Patentante, dass er lieber mit seinem Freund Paul Urlaub machen möchte als mit ihr und ihrer Familie.

■ Text 5

Würzburg, 10. Mai 2011

Liebe Tante Monika!
Hab vielen Dank für deinen netten Brief, der vorgestern eintraf und über den ich mich sehr gefreut habe. Auch Mama und Papa danken dir für deine lieben Grüße.
5 Du schlägst in deinem Brief vor, dass ich in den kommenden Ferien mit dir, Onkel Hans und Karsten Urlaub in den Bergen machen soll. Nun habe ich da ein Problem …
Deinen Vorschlag fand ich zunächst ganz toll, denn in die Berge wollte ich schon lange wieder einmal fahren. Als wir in der Klasse überlegten, wohin nächstes Jahr die Klassenfahrt gehen soll, stimmte ich auch für die Berge.
10 Auch dein freundliches Angebot, dass ich nichts für die Reise bezahlen soll, finde ich sehr nett, denn zurzeit bleibt bei meinem Taschengeld nur wenig zum Sparen übrig. So habe ich mir auch noch nicht die schnelleren Skater leisten können.
Als ich gestern meinem neuen Freund Paul von deinem Angebot erzählte, war er etwas traurig. Er sagte, dass er mich auch gerne einladen wolle, gemeinsam in die Ferien zu
15 fahren. Mit Paul, der neu in unserer Klasse ist, möchte ich gern zusammen etwas in den Ferien unternehmen, denn wir verstehen uns sehr gut. Das habe ich auch gemerkt, als wir letzte Woche unseren Wandertag hatten.
Paul und ich könnten bei seinem Onkel in Jever für ein paar Tage Urlaub machen. Der hat genug Platz in seiner Wohnung und Kosten entstünden uns dadurch auch nicht. Jever fände
20 ich als Ziel außerdem sehr gut, weil wir an der Küste schöne Radtouren machen könnten. Wie du weißt, fahre ich ja hier auch gern mit dem Fahrrad los.
Und auch Karsten und Mirjam, die doch noch sehr klein für größere Bergtouren sind, hätten bestimmt nächstes oder übernächstes Jahr mehr von solch einem Urlaub, weil sie dann mehr Ausdauer haben werden. Das war bei Melanie und mir zumindest so, als wir so
25 alt waren, wie die beiden jetzt sind. Schnell waren wir erschöpft und hatten dann keine Lust mehr.
Wahrscheinlich hast auch du dich schon sehr auf einen Urlaub mit mir gefreut. Und du siehst, ich habe viel hin und her überlegt, was ich tun soll. Wie ich dich kenne, hast du aber bestimmt Verständnis dafür, dass ich zu dem Schluss gekommen bin, in den nächsten
30 Ferien mit Paul zu verreisen.
Bestimmt können wir bald auch einmal zusammen wegfahren. Und in Kürze sehen wir uns ja bei Oma in Memmingen.
Ganz liebe Grüße
Johannes

A ■ Untersuche, wie Johannes argumentiert, um seiner Patentante höflich abzusagen. Kennzeichne auf einer Kopie oder einer Folie die Behauptungen rot, die Begründungen blau und die Beispiele/Belege grün.

Pro und Kontra diskutieren

1 Du bist Mitglied in einem Sportverein. In den Sommerferien bietet dein Verein einen Sonderkurs Bungee-Jumping an. Du möchtest teilnehmen. Dein Vater ist dafür … Deine Mutter dagegen …

A ▪ Notiere jeweils ihre Argumente.

2 Du hast Freude am Musizieren. Nach den Sommerferien bietet deine Musikschule einen Kurs Keyboardspielen an.

B ▪ Schreibe einen Brief an deinen Großvater, in dem du ihn davon überzeugen willst, dass er deinen Wunsch, an diesem Kurs teilzunehmen, gegenüber deinen Eltern unterstützt. Du kannst ihn auch um einen finanziellen Zuschuss bitten.

3 Deine Klasse diskutiert, welches Buch als nächstes in der Klasse gelesen werden soll:

> Ich schlage »Die Schatzinsel« von Robert Louis Stevenson vor. Das ist eine sehr spannende Geschichte, in der ein Junge auf einem Segelschiff in eine Meuterei gerät. Es gibt viele Momente, wo die Figuren Glück erleben, wenn z. B. der Schatz gefunden wird oder der Junge gerade noch mit dem Leben davonkommt. Dazu fallen uns bestimmt gute Projektideen ein und das Lesen ist auch ein Vergnügen. *Stephanie*

> Wir sollten »Harry Potter« nehmen. Das habe ich schon gelesen. *Robert*

> Internatsgeschichten finden viele von uns toll. Deshalb mag ich auch »Harry Potter«. Und schließlich ist er ein Junge in unserem Alter, der Aufregendes erlebt. Auch wenn ich schon selbst alle »Harry Potter«-Bände gelesen habe, schlage ich vor, einen Band hier in der Schule gemeinsam zu lesen. Denn immer wenn ich mit anderen über ein Buch spreche, entdecke ich neue und andere Perspektiven. *Mirjam*

C ▪ Einige Schüler sind für *Die Schatzinsel,* die meisten für *Harry Potter* – notiere jeweils ihre Argumente.

Schreiben

■ Text 6
Baubeginn für umstrittene Delfinlagune

Unter Protesten von Tierschützern hat am Montag im Nürnberger Tiergarten offiziell der Bau der umstrittenen Delfinlagune begonnen. Nach jahrelangen Diskussionen sollen nun eine vergrößerte Beckenlandschaft sowie Deutschlands erste Außenanlage für Delfine entstehen.

1 ethische Verpflichtung = Handlung ist aus moralischen Gründen notwendig

Der Mensch könne die Natur nie als Natur nachbilden; dennoch sei es eine konsequente und richtige Entscheidung, den Delfinen einen verbesserten Lebensraum zu schaffen, argumentierten Nürnbergs Oberbürgermeister Ulrich Maly (SPD) und Bayerns Umweltminister Markus Söder (CSU) bei der Grund-
5 steinlegung. Ob Tiere in Gefangenschaft gehalten werden dürften, sei eine Grundentscheidung. Doch wenn man diese einmal bejaht habe, sei es eine ethische Verpflichtung[1], die Lebensumstände der Tiere stetig zu verbessern, sagte Maly.

Für rund 24 Millionen Euro soll das Nürnberger Delfinarium bis 2011 um mehrere Landschafts- und Außenbecken erweitert werden. Die Becken mit ei-
10 ner Gesamtwasserfläche von mehr als 1.500 Quadratmetern sollen naturnah gestaltet werden und den Tieren wie Besuchern auch durch die Bepflanzung im und am Wasser Abwechslung bieten.

Vor den Toren des Tiergartens demonstrierten mehrere Tierschützer verschiedener Parteien, der Aktion Kirche und Tiere sowie des Vereins Menschen
15 für Tierrechte mit einer Mahnwache gegen den Bau der Lagune. Sie warfen dem

Schreiben

Tiergarten und der Stadt Nürnberg vor, dass auch die neue Beckenlandschaft für die Delfinhaltung ungeeignet und das Projekt zu teuer sei.

> Sehr geehrte Damen und Herren,
> mit Interesse habe ich Ihren Bericht über den Baubeginn für die Nürnberger Delfinlagune gelesen und möchte Ihnen gerne meine Meinung zu diesem Projekt mitteilen. Ich kann wirklich nicht verstehen, wieso …

> Sehr geehrte Damen und Herren,
> Ihr Bericht »Baubeginn für umstrittene Delfinlagune« vom 10.11.08 hat in unserer Familie heftige Diskussionen über Tierschutz ausgelöst. Ich bin der Meinung, dass auf keinen Fall …

A ■ Beide Briefanfänge kündigen an, dass hier ein Leser der Zeitung seine Meinung zu einem strittigen Thema darstellen möchte. Lies den Bericht genau und überlege mit deinem Nachbarn, welche verschiedenen Meinungen man zum Thema »Zoohaltung von Delfinen« haben könnte.

B ■ Wähle einen der beiden Briefanfänge aus und setze ihn fort, indem du darin deine Ansicht über die Zoohaltung von Delfinen möglichst verständlich darlegst.

Informieren und Argumentieren

INFO

In den vergangenen Schuljahren hast du bereits beim Berichten und Beschreiben gelernt, wie man Informationen möglichst unbeeinflusst von eigenen Ansichten darstellt. Ähnlich gehst du vor, wenn du über Texte informierst, also die Inhalte von Texten zusammenfasst. Hier geht es darum, Handlung und Thema eines Textes (oder auch beispielsweise eines Films) dem Leser deiner **Zusammenfassung** so darzustellen, dass er ihn ganz versteht, ohne die Vorlage lesen (oder sehen) zu müssen.

Sachlich schreiben kann aber auch heißen, dass man seine Meinung kundtut. Dies ist z. B. notwendig, wenn man seine Meinung für andere einleuchtend begründen will. Beim **Argumentieren** sollen für eine bestimmte Ansicht, die man vertritt, sinnvolle, sachlich logische Gründe angegeben werden. So versteht der Leser der Argumentation, wie man zu seiner Meinung kommt und kann diese nachvollziehen oder ggf. dagegen argumentieren.

In diesem Kapitel lernst du, …
- die entscheidenden Handlungselemente eines erzählenden Textes zu bestimmen,
- die zentralen Informationen in einem Sachtext von den nebensächlichen zu unterscheiden,
- erzählende Sprache durch sachliche Ausdrucksweise zu ersetzen,
- eine knappe, präzise Textzusammenfassung zu formulieren,
- einen Argumentationsblock logisch aufzubauen,
- mehrere Argumentationsblöcke zu einer begründeten Stellungnahme angemessen zu verbinden,
- Informationen aus Texten zu entnehmen und für deine Argumentation zu nutzen.

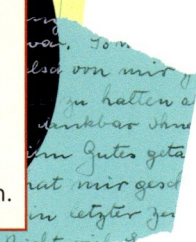

Schreiben

Informieren

> Um den Inhalt eines erzählenden Textes oder Sachtextes zusammenzufassen, gibst du in knapper Form die wichtigsten Informationen des Textes wieder, ohne diesen selbst zu bewerten oder zu kommentieren. In diesem Teilkapitel lernst du, …
> - den Inhalt von Erzähltexten zu erfassen,
> - Handlungsschritte zusammenzufassen und wiederzugeben,
> - Wichtiges von Unwichtigem zu unterscheiden,
> - die äußere und innere Handlung zu erkennen,
> - Sachtexte zusammenzufassen,
> - die Zusammenfassung von Erzähltexten und Sachtexten sprachlich richtig zu gestalten.

Erzähltexte zusammenfassen

■ Text 7
Iweins letzter Kampf

Dies nun wurde ein langer, grausiger Kampf, denn beide waren Fechter ohnegleichen, und stundenlang konnte keiner den anderen bezwingen. Bald hatte der eine, bald der andere die Oberhand. Noch nie hatten Ritter so glänzend, kraftvoll und listenreich die Klingen gekreuzt. Vom frühen Morgen bis zur
5 Mittagsstunde währte das Ringen, dann ließen beide die Schwerter sinken und sich von ihrer Dame einen Labetrunk reichen, dann nahmen sie so frisch, als hätten sie eben erst das Feld betreten, den Kampf wieder auf und immer noch erkannte keiner den anderen, den wortlos fochten sie, wie es Männern geziemte, die für das Gute eintraten.
10 Die Sonne begann zu sinken. Sorge erfüllte die vielen, die dem Zweikampf beiwohnten, denn es wuchs bei den Helden die Wildheit und die Erbitterung, ungeachtet der ritterlichen Regel, dass einer den anderen im ehrlichen Kräftemessen nicht hassen dürfe.
Da der Tag zur Neige ging und die Dunkelheit herabsank, brachen die Streiter
15 den Kampf ab und kamen überein, ihn am nächsten Morgen weiterzuführen. Schwer atmend stützte sich Iwein auf seine Waffe und erwies seinem Gegner Ehre, indem er sprach: »Nie habe ich eine Nacht sehnlicher herbeigewünscht als heute. Wäre sie ausgeblieben, beim Himmel, der Sieg wäre euch zugefallen.« Da sprach Gawan: »Um der Wahrheit die Ehre zu geben, Eure Sorge war auch
20 die meine. Ich glaube nicht, das Ende dieses Tages noch zu erleben. Nie habe ich einen solchen Gegner getroffen, und unterliege ich, so entehrt es mich nicht. Siege ich aber, so sei es für Gawans Ruhm der höchste Glanz.«

A ■ Entscheide: Enthält dieser Text eher viele oder eher wenige Informationen?

Schreiben

B ■ Beantworte die W-Fragen zum Text: Wer? Was? Wann? Wo? Wie? Warum?

C ■ Indirekt erfährst du hier einiges über das Idealbild des ritterlichen Kampfes bzw. Kämpfers. Sammle die Informationen.   → vgl. S. 155 ff.

D ■ Dein Nachbar hat im Unterricht gerade nicht aufgepasst und daher den Text nicht mitgelesen. Nun hat ihn die Lehrerin aufgerufen … Formuliere zwei Sätze über den Inhalt des Textes, die du ihm schnell und unauffällig ins Ohr flüstern könntest.

 E ■ Was hast du bei deiner Kurzzusammenfassung für den Nachbarn weggelassen? Begründe deine Entscheidung.

Basisinfo: Textzusammenfassung   INFO

In der **Textzusammenfassung** gibst du in knapper Form die **wichtigsten Informationen** eines Textes wieder, ohne sie selbst zu bewerten oder zu kommentieren. Zusammenfassen kann man sowohl **erzählende** als auch **Sachtexte**. Dabei soll die Zusammenfassung so geschrieben werden, dass der Inhalt des Textes gerade auch für jemanden verständlich wird, der den Originaltext nicht kennt. Daher sind bestimmte Dinge beim Erstellen einer Textzusammenfassung besonders wichtig: Du musst entscheiden, welche Informationen eines Textes so wichtig sind, dass sie in die Zusammenfassung gehören und welche nicht; außerdem müssen die Zusammenhänge zwischen den einzelnen Informationen gut verständlich, präzise und eindeutig dargestellt werden. Textzusammenfassungen (oder Inhaltsangaben) finden sich beispielsweise in Literaturlexika, in denen man sich über bestimmte Texte informieren kann, ohne sie zu lesen.

■ Text 8

Nichts Besseres zu tun *Lore Graf*

Die Klasse schreit, kreischt, tobt. Rolf kniet auf dem Boden des Klassenzimmers, unbeweglich, erstarrt. Quer zwischen den zusammengepressten Lippen steckt ein grüner Bleistift. Die Augen weit aufgerissen, schaut er verwirrt in die Gesichter seiner Peiniger, unbarmherzige Gesichter, vom Lachen fratzen-
5 haft verzerrt.

Was wollen sie von mir? Immer nur von mir? Ich habe ihnen doch nichts getan, nichts getan, habe ich ihnen was getan? – Den Bleistift, hat Jürgen, der Klassensprecher, gesagt, hat ihn hingeschmissen mitten ins Zimmer, hol ihn. Er ist unter eine Bank gerollt. Zwischen zerknülltem Papier, Schmutz, Brotresten
10 liegen geblieben. Hol ihn, aber nicht mit den Händen, du bist ein Hund, Rolf, fass! – Und er hat's getan, ist gekrochen wie ein Hund, hat den Ekel überwunden, den Stift mit dem Mund geholt, Staub und Krümel auf den Lippen. Wenn ich es nicht mache, schlagen sie mich wieder zusammen wie vorige Woche. Die Hose war zerrissen, die Nase hat geblutet, die Mutter hat getobt. Diese Woche habe ich
15 kein Taschengeld bekommen. Warum hilft mir keiner, warum sind alle gegen

mich? Die Mutter? Auch die Mutter. Wehr dich doch, sagt die Mutter, schlag zurück, sagt sie, lass dir nichts gefallen, nichts gefallen, nimm dir ein Beispiel an deinem Bruder, das ist ein Kerl! Ein Beispiel, ein Kerl, nichts gefallen … Dass du mir Punkt fünf zu Hause bist, wo hast du dich wieder herumgetrieben, kein Verlass auf dich, genau wie dein Vater, der hat auch nichts getaugt, kein Verlass. Ich werd' dir's schon zeigen, einen anständigen Menschen mach' ich aus dir, kein Taschengeld, dein Bruder ist ganz anders, Hausarrest.

Ja, der Vater, wenn er hier wäre, er würde mir helfen. Wie sieht er eigentlich aus? Er ist lange fort. Von Unterschlagung ist die Rede gewesen damals, von Untertauchen. Die Großmutter soll einmal einen Brief gekriegt haben, aber fragen kann ich ja nicht, das habe ich einmal … nein, das nicht. Vielleicht finde ich den Brief. Ich werde suchen.

Heimlich. Und dann fahre ich zum Vater …

Die Tür des Klassenzimmers wird aufgerissen. Der Lehrer kommt, er hat das Gekreische gehört. Endlich der Lehrer. Er wird mir helfen. Ich werde ihm alles sagen. Später, wenn es die anderen nicht sehen, werde ich es ihm sagen, von Jürgen und den anderen – vielleicht auch vom Vater, dass ich zum Vater fahren werde. Er wird mir helfen …

Rolf kniet immer noch auf dem Boden, den Bleistift zwischen den Lippen. Was machst du da unten? Was soll der Blödsinn, von allen guten Geistern verlassen, den Hanswurst spielen, so weit kommt's noch, was Besseres hast du wohl nicht zu tun?

Was Besseres? Was Besseres tun? Der Lehrer. Ihm alles erzählen. Alle sind gegen mich. Der Lehrer? Auch der Lehrer.

A ▪ Ordne auf der S. 31 die Antworten den Fragen zu.
B ▪ Stelle zum Text »Eifersucht« von Tanja Zimmermann (vgl. S. 132) diese und wenn nötig weitere Fragen und beantworte sie.

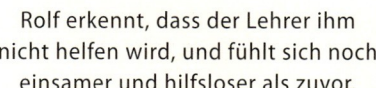

Rolf erkennt, dass der Lehrer ihm nicht helfen wird, und fühlt sich noch einsamer und hilfsloser als zuvor.

Die Geschichte spielt im Klassenzimmer, ein Junge wird von anderen aus seiner Klasse gemobbt, indem sie ihn dazu zwingen, sich selbst zu erniedrigen.

Rolf fühlt sich alleingelassen unter lauter Gegnern, die Spaß daran haben, ihn lächerlich zu machen; auch der Lehrer, von dem er zunächst hofft, er würde ihn retten, ist letztlich gegen ihn, da er die Situation nicht erkennt.

Der Halbsatz klingt wie einer Redewendung entnommen, die man verwendet, wenn jemand etwas Dummes oder Unsinniges tut. Es geht also offensichtlich um eine sinnlose oder negative Tat.

1. Worauf deutet die Überschrift hin?
2. Um was für eine Art Text handelt es sich?
3. Wie ist die Ausgangssituation?
4. Welche Figuren werden auffallend charakterisiert?
5. Wie stehen die Figuren zueinander?
6. Welche äußere Handlung gibt es?
7. Von welchen inneren Vorgängen erfahren wir?
8. Welche überraschenden Wendungen gibt es?
9. Wie endet die Geschichte?

»Nichts Besseres zu tun« ist eine Kurzgeschichte, daher muss man beim offenen Anfang und dem offenen Schluss genau hinsehen, um sie wirklich zu verstehen. Auch wird es eher um eine alltägliche Situation gehen.

Rolf fühlt sich gedemütigt und sehr alleine. In seinen Gedanken kommen Erinnerungen an daheim vor, wo er sich ebenfalls unverstanden fühlt. Rolf hofft zunächst auf den Lehrer als Helfer, wird jedoch bitter enttäuscht.

Rolf wird von Jürgen gezwungen, wie ein Tier auf dem Boden herumzukriechen; die anderen Kinder lachen ihn aus. Der Lehrer betritt das Klassenzimmer und sieht nur Rolf auf dem Boden, woraufhin er ihn beschimpft.

Der Lehrer setzt sich nicht für Rolf ein, sondern wendet sich ebenfalls gegen ihn, indem er ihm vorwirft, den Klassenkasper zu spielen.

Drei Figuren werden besonders beschrieben, der gemobbte Rolf, aus dessen Sicht erzählt wird, Jürgen, der Anführer seiner Gegner, der offensichtlich Spaß daran hat, Rolf zu quälen, und der Lehrer, der das Problem nicht erkennt und, statt Jürgen zu bestrafen, mit Rolf schimpft. Die anderen Kinder sind eher Zuschauer, die Rolf nicht helfen, sondern sich über das Geschehen amüsieren.

Was ist die Aussage der Geschichte?

- »Nichts Besseres zu tun« weist auf das Problem hin, dass Mobbing unter Kindern oder Jugendlichen von Erwachsenen oft nicht erkannt wird.
- Die Kurzgeschichte schildert die Verzweiflung eines Jungen, der von seinen Mitschülern gedemütigt und fertig gemacht wird, und dem keiner zu Hilfe kommt.
- Der Text erzählt von einem Jungen, der gemobbt wird, indem ihn seine Mitschüler zwingen, dumme Dinge zu tun; auch der Lehrer hilft ihm nicht, sondern stellt sich gegen ihn.

A ■ Wähle die deiner Meinung nach beste Antwort auf die letzte Frage aus. Begründe deine Entscheidung.

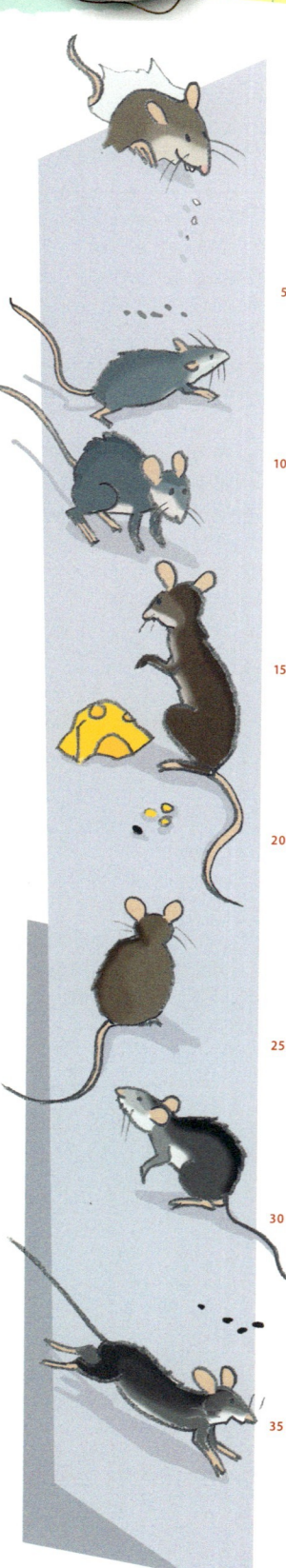

■ Text 9

Der Rattenfänger *Karl Simrock*

Zu Hameln fechten Mäus' und Ratzen
Am hellen Tage mit den Katzen;
Der Hungertod ist vor der Tür:
Was tut der weise Rat dafür?
5 Im ganzen Land
macht er's bekannt:
Wer von den Räubern
Die Stadt kann säubern,
Des Bürgemeisters Töchterlein,
10 Die soll zum Lohn sein eigen sein.

Am dritten Tage hört man's klingen
Wie wenn im Lenz die Schwalben singen;
Der Rattenfänger zieht heran.
O seht den bunten Jägersmann.
15 Er blickt so wild
Und singt so mild:
Die Ratten laufen
Ihm zu in Haufen,
Er lockt sie nach mit Wunderschall,
20 Ertränkt sie in der Weser all.

Die Bürger nach den Kirchen wallen,
Zum Dankgebet die Glocken schallen:
Des Bürgermeisters Töchterlein
Muss nun des Rattenfangers sein.
25 Der Vater spricht:
»Ich duld es nicht!
So hoher Ehren
Mag ich entbehren:
Mit Sang und Flötenspiel gewinnt
30 Man keines Burgemeisters Kind.«

In seinem bunten Jägerstaate
Erscheint der Spielmann vor dem Rate;
Sie sprechen all' aus einem Ton
Und weigern den bedungnen Lohn:
35 »Das Mägdelein?
Es kann nicht sein;
Herr Rattenfänger,

Müht Euch nicht länger!
Eu'r Flötenspiel ist eitel Dunst
40 Und kam wohl von des Satans Kunst.«

Am andern Morgen hört man's klingen,
Wie wenn die Nachtigallen singen.
Ein Flöten und ein Liedersang,
So süß vertraut, so liebebang.
45 Da zieht heran
Der Jägersmann,
Der Rattenfänger,
Der Wundersänger,
Und Kinder, Knaben, Mägdelein
50 In hellen Scharen hinterdrein.

Und hold und holder hört man's klingen
Wie wenn die lieben Englein singen,
Und vor des Bürgermeisters Tür,
Da tritt sein einzig Kind herfür.
55 Das Mägdelein
Muß in den Reihn;
Die Mäuschen laufen
Ihm zu in Haufen.
Er lockt sie nach mit Wunderschall,
60 Und nach der Weser ziehn sie all'.

Die Eltern liefen nach den Toren,
Doch jede Spur war schon verloren:
Kein Eckart hatte sie gewarnt,
Des Jägers Netz hält sie umgarnt,
65 Zwei kehren um,
Eins blind, eins stumm;
Aus ihrem Munde
Kommt keine Kunde.
Da hob der Mütter Jammer an! –
70 So rächte sich der Wundermann.

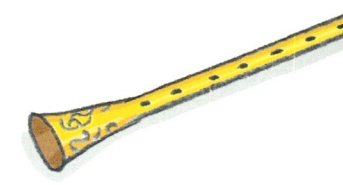

Handlungsschritte zusammenfassen und wiedergeben | INFO

Um einen Text treffend zusammenzufassen, muss man erkennen, wo in ihm jeweils neue **Handlungsschritte** beginnen oder was in einem Text zusammengehört. Hierzu ist es sinnvoll, Abschnitte nach Handlungsschritten einzuteilen: Mit Zeilenangaben oder auf dem Textblatt wird dabei angegeben, welche Zeilen zu einem inhaltlichen Abschnitt zusammengehören. Hinweise darauf geben einem z. B. …

- Zeitsprünge im Geschehen,
- Neues, das in einer Geschichte passiert,
- etwas, das abgeschlossen wird,
- neu auftretende Figuren etc.

Für die Handlungsschritte versucht man, passende **Überschriften** zu finden, die das Wesentliche im betreffenden Abschnitt auf den Punkt bringen. Diese Überschriften können dann die Ausgangsbasis für den Text der Zusammenfassung sein.

Achtung! An vielen Textzusammenfassungen von Schülern ist nicht gelungen, dass jeweils nur der Anfang der Handlungsschritte Eingang in die Zusammenfassung findet. Achte daher bereits beim Suchen der Überschriften darauf, dass sie den ganzen Abschnitt bündeln. Du kannst das testen, indem du immer wieder Sätze aus dem Schluss eines Abschnittes liest und überprüfst, ob die Überschrift auch hier noch passt.

A ■ Teile den Text »Der Rattenfänger« in Abschnitte ein, indem du entscheidest, wo jeweils ein neuer Handlungsschritt beginnt.

B ■ Finde für jeden Abschnitt eine geeignete Überschrift, die seinen Inhalt auf den Punkt bringt.

C ■ Finde für **Text 8** entsprechende Abschnitte und formuliere Überschriften.

D ■ Begründe deine Einteilung der Handlungsschritte.

Im Nominalstil formulieren

Formuliere Überschriften nicht als ganze Sätze, sondern im so genannten Nominalstil, bei dem keine Verben verwendet werden und der inhaltliche Schwerpunkt auf den Nomen liegt, z. B. »Rolfs Demütigung« – »Negativer Eindruck der Erzählerin von sich selbst« – »Aufforderung des Fräuleins Kunigunde zu einer gefährlichen Handlung«

E ■ Mache aus den folgenden Sätzen Überschriften im Nominalstil:

- Iwein kämpft und wird gefangen.
- Die Erzählerin äußert sich überraschenderweise positiv über Kirsten.
- Sonja vergisst ihre Tasche bei ihrer Freundin.

Schreiben

Wichtiges – Unwichtiges unterscheiden `INFO`

Für das Zusammenfassen von Erzähltexten musst du erkennen lernen, welche Inhalte in einem Text **wichtig** sind für das Verständnis der **Handlung** und welche eher der Ausgestaltung oder dem Nachempfinden dienen. Wenn du dir nicht sicher bist, kannst du dich fragen, ob die Handlung an einer Stelle anders weiterginge, wenn etwas nicht geschähe, oder ob man als Leser die Zusammenhänge anders verstünde, wenn einem diese Information fehlte. Wenn du die Fragen mit »Ja« beantwortest, handelt es sich wahrscheinlich um etwas, was in deiner Textzusammenfassung nicht fehlen darf.

A ■ Beurteile zu folgenden Textstellen aus dem »Rattenfänger« (**Text 9**), ob sie wichtig für die Textzusammenfassung sind.

- Zu Hameln fechten Mäus' und Ratzen / Am hellen Tage mit den Katzen; / Der Hungertod ist vor der Tür: / Was tut der weise Rat dafür? (V. 1–4)
- Er blick so wild / Und singt so mild (V. 15/16)
- In seinem bunten Jägerstaate / Erscheint der Spielmann vor dem Rate (V. 31–32)
- Die Eltern liefen nach den Toren / Doch schon war jede Spur verloren (V. 61/62)
- Da hob der Mütter Jammer an! – / So rächte sich der Wundermann (V. 69/70)

Innere und äußere Handlung `INFO`

Vom eigenen Erzählen kennst du bereits die Unterscheidung zwischen **innerer und äußerer Handlung** – zwischen dem, was von *außen* beobachtbar ist und dem, was *in* den Personen vorgeht (Gefühle und Gedanken). In der Textzusammenfassung ist es wichtig, nicht nur die äußere Handlung wiederzugeben, sondern auch die Gründe für das Geschehen klarzustellen. Diese liegen oft in der inneren Handlung. Daher geht man beim Zusammenfassen auch auf das innere Geschehen ein. Anders als beim Erzählen geht es jedoch nicht darum, die Gefühle so darzustellen, dass der Leser sie nachempfindet, sondern so, dass er versteht, wie aus Empfindungen das äußere Geschehen folgt.

A ■ Entscheide, welche Sätze für eine Textzusammenfassung geeignet sind (bzw. was man ändern müsste, damit sie geeignet sind). Begründe mit der Darstellung von innerer und äußerer Handlung.

- Martin erschrickt entsetzlich! Vor Schreck fällt ihm der Stein polternd aus der Hand.
- Weil er erschrickt, lässt er den Stein fallen.
- Toms lautes Gähnen lässt Frau Demmer vor der Tafel ihren Vortrag unterbrechen und sich stirnrunzelnd umsehen.
- Tom gähnt laut vor Langeweile.
- Der Ritter, gekränkt und entsetzt über die Kaltherzigkeit Kunigundes, wirft ihr den Handschuh empört ins Gesicht und lehnt ihre Liebe ab.
- Kunigunde blickt Ritter Delorges zärtlich an, dieser jedoch ist von ihrem Tun so entsetzt, dass er ihr nur den Handschuh wieder zuwirft und sich von ihr abwendet.

Schreiben

B ■ Trage in einer Tabelle zusammen, was in **Text 8** (»Nichts Besseres zu tun«) zur inneren und was zur äußeren Handlung gehört.

C ■ Entscheide, welche Informationen wichtig und welche für die Textzusammenfassung unwichtig sind. Streiche sie in deiner Tabelle an.

D ■ Untersuche: Muss in einer Zusammenfassung zu dieser Kurzgeschichte mehr innere oder mehr äußere Handlung dargestellt werden?

E ■ Schreibe aus **Text 9** (»Der Rattenfänger«) alle Angaben zur inneren Handlung heraus und entscheide, welche in die Textzusammenfassung gehören und welche nicht.

Die Sprache der Textzusammenfassung

INFO

Die sachlich-neutrale Sprache kennst du bereits aus den vergangenen Jahren vom Berichten, Beschreiben und anderen informierenden Texten. Sachlich-neutral formulieren heißt, Inhalte präzise, allgemein verständlich und ohne Wertung darzustellen. Beachte dabei Folgendes:

- Beim Kürzen des Textes ist es oft eine Herausforderung, **passende Oberbegriffe** zu finden. Sie helfen, mehrere Einzelheiten in einen einzigen Begriff zu packen.
- Gefühle und Empfindungen sind besonders in Erzähltexten sehr wichtig. Wenn du eine Textzusammenfassung schreibst, musst du teilweise darauf eingehen, welche Gefühle im Text enthalten sind, damit die Zusammenhänge klar werden (innere und äußere Handlung). Aber dein Text soll beim Leser keine Emotionen auslösen. Daher musst du gerade hier auf eine **neutrale Formulierung** achten.
- Vergleiche und bildhafte Ausdrücke haben in einer Zusammenfassung nichts verloren. Löse sie auf und verwende eine **nüchterne Formulierung ohne Bildcharakter**.
- In der Textzusammenfassung sollst du stets deine **eigene Wortwahl** finden: Es werden keine Wendungen aus der Vorlage übernommen. Du sollst schließlich zeigen, dass du den Text verstanden hast und ihn nicht nur abschreibst; außerdem ist sonst die Gefahr groß, eine Nacherzählung anstatt einer Zusammenfassung zu schreiben.
- Als eigene Wortwahl gilt noch nicht, die Wörter aus der Vorlage zu nehmen und die Reihenfolge zu verändern. Das gilt als »**Paraphrase**« (»Neben-Spruch«) und wird als Fehler gewertet.
- Natürlich verwendest du in der Textzusammenfassung **keine Umgangssprache**.
- Zeitliche und logische **Zusammenhänge** stellst du mit **passenden Konjunktionen** und **Adverbien** dar.
- In der Textzusammenfassung kommt nie wörtliche Rede vor. In den meisten Fällen wird es sinnvoll sein, die Redeinhalte in deine eigenen Formulierungen einzuarbeiten; wenn es notwendig ist, auf einen Redebeitrag genauer einzugehen, verwendest du **die indirekte Rede mit dem Konjunktiv** (vgl. S. 98 ff.).
- Die Textzusammenfassung wird immer im **Präsens** geschrieben. Vorzeitiges steht im Perfekt. Das Imperfekt kommt in der Textzusammenfassung nicht vor.

A ■ Entscheide: welche wörtliche Rede oder wörtlichen Gedanken aus Lore Grafs »Nichts Besseres zu tun« (**T 8**) muss in die Textzusammenfassung eingebaut werden? Setze die entsprechende(n) Stelle(n) in die indirekte Rede.

B ■ Untersuche auch Friedrich Schillers »Der Handschuh« (**T 11**) und Tanja Zimmermanns »Eifersucht« (**T 44**) daraufhin, welche wörtliche Rede du in indirekter Form für die Zusammenfassung benötigst.

35

Schreiben

■ Text 10

Fünfzehn *Reiner Kunze*

Sie trägt einen Rock, den kann man nicht beschreiben, denn schon ein einziges Wort wäre zu lang. Ihr Schal dagegen ähnelt einer Doppelschleppe: lässig um den Hals geworfen, fällt er in ganzer Breite über Schienbein und Wade. (Am liebsten hätte sie einen Schal, an dem mindestens drei Großmütter zweieinhalb Jahre gestrickt haben – eine Art Niagara-Fall aus Wolle. Ich glaube, von einem solchen Schal würde sie behaupten, daß der genau ihrem Lebensgefühl entspricht. Doch wer hat vor zweieinhalb Jahren wissen können, daß solche Schals heute Mode sein würden.) Zum Schal trägt sie Tennisschuhe, auf denen jeder ihrer Freunde und jede ihrer Freundinnen unterschrieben haben. Sie ist fünfzehn Jahre alt und gibt nichts auf die Meinung uralter Leute – das sind alle Leute über dreißig. Könnte einer von ihnen sie verstehen, selbst wenn er sich bemühen würde? Ich bin über dreißig.

Wenn sie Musik hört, vibrieren noch im übernächsten Zimmer die Türfüllungen. Ich weiß, diese Lautstärke bedeutet für sie Lustgewinn. Teilbefriedigung ihres Bedürfnisses nach Protest. Überschallverdrängung unangenehmer logischer Schlüsse. Trance. Dennoch ertappe ich mich immer wieder bei einer Kurzschlußreaktion: Ich spüre plötzlich den Drang in mir, sie zu bitten, das Radio leiser zu stellen. Wie also könnte ich sie verstehen – bei diesem Nervensystem?

Noch hinderlicher ist die Neigung, allzu hochragende Gedanken erden zu wollen.

Auf den Möbeln ihres Zimmers flockt der Staub. Unter ihrem Bett wallt er. Dazwischen liegen Haarklemmen, ein Taschenspiegel, Knautschlackederreste, Schnellhefter, Apfelstiele, ein Plastikbeutel mit der Aufschrift „Der Duft der großen weiten Welt", angelesene und übereinandergestülpte Bücher (Hesse, Karl May, Hölderlin), Jeans mit in sich gekehrten Hosenbeinen, halb- und dreiviertel gewendete Pullover, Strumpfhosen, Nylon und benutzte Taschentücher. (Die Ausläufer dieser Hügellandschaft erstrecken sich bis ins Bad und in die Küche). Ich weiß: Sie will sich nicht den Nichtigkeiten des Lebens ausliefern. Sie fürchtet die Einengung des Blicks, des Geistes. Sie fürchtet die Abstumpfung der Seele durch Wiederholung! Außerdem wägt sie die Tätigkeiten gegeneinander ab nach dem Maß an Unlustgefühlen, das mit ihnen verbunden sein könnte, und betrachtet es als Ausdruck persönlicher Freiheit, die unlustintensiveren zu ignorieren. Doch nicht nur, daß ich ab und zu heimlich ihr Zimmer wische, um ihre Mutter vor Herzkrämpfen zu bewahren – ich muß mich auch der Versuchung erwehren, diese Nichtigkeiten ins Blickfeld zu rücken und auf die Ausbildung innerer Zwänge hinzuwirken.

Einmal bin ich dieser Versuchung erlegen.

Sie ekelt sich schrecklich vor Spinnen. Also sagte ich: »Unter deinem Bett waren zwei Spinnennester.«

Ihre mit lila Augentusche nachgedunkelten Lider verschwanden hinter den

hervortretenden Augäpfeln, und sie begann »Iix, Ääx! Uh!« zu rufen, sodaß ihre Englischlehrerin, wäre sie zugegen gewesen, von soviel Kehlkopfknacklauten – englisch »glottal Stopps« – ohnmächtig geworden wäre. »Und warum bauen die ihre Nester gerade bei mir unterm Bett?«

45 »Dort werden sie nicht so oft gestört.« Direkter wollte ich nicht werden, und sie ist intelligent. Am Abend hatte sie ihr inneres Gleichgewicht wiedergewonnen. Im Bett liegend, machte sie einen fast überlegenen Eindruck. Ihre Hausschuhe standen auf dem Klavier. »Die stelle ich jetzt immer dorthin«, sagte sie. »Damit keine Spinnen hineinkriechen können.«

A ■ Formuliere in einem präzisen Satz: Wovon spricht der Erzähler?
B ■ Stelle aus der Geschichte aus Schlüsselbegriffen Wortreihen zusammen und suche dann passende Oberbegriffe dafür.
C ■ Die Geschichte wird von einem Elternteil erzählt – woran kannst du das erkennen?
D ■ Finde im Text bildhafte Ausdrücke und erkläre, was sie bedeuten. Formuliere ihren Inhalt dann sachlich, wie du es in der Textzusammenfassung machen könntest.
E ■ Beschreibe die Gefühle a) des Mädchens und b) des Erzählers genau. Finde dann eine sachlich-neutrale Ausdrucksweise für ihre jeweiligen Gefühlszustände.
F ■ Folgende Sätze aus einer Zusammenfassung zu »Fünfzehn« sind Paraphrasen. Verbessere sie.

Seine Tochter glaubt, dass Leute über dreißig sie nicht verstehen könnten, selbst wenn sie sich bemühen würden.

Deswegen beschließt sie, die Schuhe jetzt immer auf das Klavier zu stellen, damit keine Spinnen hineinkriechen können.

In ihrem Zimmer liegt viel Staub, unter dem Bett liegt noch mehr.

Weil sie sich schrecklich vor Spinnen ekelt, erliegt ihr Vater der Versuchung, ihr einen Streich zu spielen.

Schreiben

■ Text 11

Der Handschuh *Friedrich Schiller*

Vor seinem Löwengarten,
Das Kampfspiel zu erwarten,
Saß König Franz,
Und um ihn die Großen der Krone,
5 Und rings auf hohem Balkone
Die Damen in schönem Kranz.

Und wie er winkt mit dem Finger,
Auf tut sich der weite Zwinger,
Und hinein mit bedächtigem Schritt
10 Ein Löwe tritt
Und sieht sich stumm
Rings um,
Mit langem Gähnen,
Und schüttelt die Mähnen
15 Und streckt die Glieder
Und legt sich nieder.

Und der König winkt wieder,
Da öffnet sich behend
Ein zweites Tor,
20 Daraus rennt
Mit wildem Sprunge
Ein Tiger hervor.
Wie der den Löwen erschaut,
Brüllt er laut,
25 schlägt mit dem Schweif
Einen furchtbaren Reif
Und recket die Zunge,
Und im Kreise scheu
Umgeht er den Leu
30 Grimmig schnurrend;
Drauf streckt er sich murrend
Zur Seite nieder.

Schreiben

Und der König winkt wieder,
Da speit das doppelt geöffnete Haus
35 Zwei Leoparden auf einmal aus,
Die stürzen mit mutiger Kampfbegier
Auf das Tigertier;
Das packt sie mit seinen grimmigen Tatzen,
Und der Leu mit Gebrüll
40 richtet sich auf – da wird's still,
Und herum im Kreis,
Von Mordsucht heiß,
Lagern sich die greulichen Katzen.

Da fällt von des Altans¹ Rand
45 Ein Handschuh von schöner Hand
Zwischen den Tiger und den Leun²
Mitten hinein.

Und zu Ritter Delorges spottender Weis'
Wendet sich Fräulein Kunigund:
50 »Herr Ritter, ist Eure Lieb' so heiß,
wie Ihr mir's schwört zu jeder Stund,
Ei, so hebt mir den Handschuh auf.«
Und der Ritter in schnellem Lauf
Steigt hinab in den furchtbaren Zwinger
55 Mit festem Schritte,
Und aus der Ungeheuer Mitte
Nimmt er den Handschuh mit keckem³ Finger.

Und mit Erstaunen und mit Grauen
60 Sehen's die Ritter und Edelfrauen,
Und gelassen bringt er den Handschuh zurück.
Da schallt ihm sein Lob aus jedem Munde,
Aber mit zärtlichem Liebesblick –
Er verheißt ihm sein nahes Glück –
65 Empfängt ihn Fräulein Kunigunde.
Und er wirft ihr den Handschuh ins Gesicht:
»Den Dank, Dame, begehr ich nicht«,
Und verlässt sie zur selben Stunde

1 **Altan** = Balkon, auf dem die ranghöheren Zuschauer saßen
2 **Leu** = alt für Löwe
3 **keck** = mutig, frech

A ■ Entwirf zur Ballade »Der Handschuh« eine Bildergeschichte oder einen Comic ohne Sprechblasen. Überlege hierzu genau, was auf den einzelnen Bildern zu sehen sein muss und was du weglassen kannst. Entwickle auch Ideen, wie du die Hintergedanken und Gefühle der Personen deutlich machen kannst.

 B ■ Diskutiert in der Klasse die verschiedenen Entwürfe.

C ■ Urteilt über das Verhalten von Fräulein Kunigunde und das Handeln des Ritters Delorges. Was bezweckt sie und wie erklärt sich seine Reaktion? Sind ihre Verhaltensweisen für euch verständlich?

D ■ Verfasse eine kurze, präzise Textzusammenfassung zur Ballade »Der Handschuh«.

 E ■ Verfasse eine weitere Textzusammenfassung zu einem fiktionalen Text aus diesem Buch deiner Wahl.

TIPP Orientiere dich hierbei an Handlungsschritten.

Schreiben

Sachtexte zusammenfassen

Text 12

Umstrittene Shows

[…] Seit Jahren wächst der Druck von Tierschützern gegen die Delfinarien. Die Proteste zeigen Wirkung: Nur an drei Orten in Deutschland sind heute noch dressierte Tümmler zu sehen – doch auch das Ende des Delfinariums in Münster ist nun besiegelt. Bis Ende 2012 will der Allwetterzoo in Münster die Delfinhaltung aufgeben. Bundesweit wird es dann nur in Duisburg und Nürnberg Delfinarien geben.

Seit der Dokumentation »Die Bucht« von 2008, die schockierende Bilder von der Delfinjagd in Japan zeigte, sind die Proteste von Tierschützern gegen das Halten von Delfinen in Gefangenschaft immer lauter geworden. »Grundsätzlich werden die Delfinarien ein Auslaufmodell sein«, meint der Chef des Delfin- und Walschutzforums, Jürgen Ortmüller. In Großbritannien sind nach seinen Angaben bereits alle ursprünglich 30 Delfinarien dicht.

Freiheit birgt Gefahren

In Deutschland wurden bereits mehrere Delfinarien geschlossen. Insgesamt 17 Delfine sind an den drei noch verbliebenen Standorten zu sehen, vier davon in Münster. Der dortige Zoo begründet die Schließung des Delfinariums mit wirtschaftlichen Gründen: Gemessen an den Einnahmen lohne sich der Erhalt nicht mehr. Daher sollen langfristig Seelöwen das Delfin-Programm ersetzen.

Für Ortmüller ist das Delfinarium ein Ort des Schreckens. Die Tiere würden gequält, lebten auf zu kleinem Raum in unhygienischen Becken, in die kein Sonnenlicht komme, sagt der Kritiker. Delfin-Dompteur Jörg Feldhoff arbeitet seit den Achtzigerjahren mit Delfinen. Er kennt die Argumente seiner Gegner. »Es ist scheinheilig: Ich bin entweder gegen jede Art von Tierhaltung, auch die von Jagdhunden zu Hause, oder ich lasse es sein.« Die Freiheit sei für die Tiere nicht zwangsläufig besser: »Sie birgt auch Gefahren.«

Medizinisch versorgt

[…] »Delfine können niemals artgerecht gehalten werden«, sagt Ortmüller. »Die Lebensqualität von Delfinen in Gefangenschaft ist gleich null.«

Im Münsteraner Delfinarium ist der Beckenrand grün, der Boden schwarz gefleckt. Es hat sich Moos gebildet. Feldhoff räumt ein: »Wir kommen mit dem Säubern einfach nicht hinterher.« Aber das habe nichts damit zu tun, wie es den Tieren ginge. Größer könnte das Becken sicherlich sein. Und schön wäre eines draußen, sagt er. Wo die vier Delfine aus Münster künftig leben werden, ist unklar. Einer kommt vielleicht nach Nürnberg, die drei anderen wahrscheinlich nach Holland.

A ▪ Was weißt du bereits über Delfine?
B ▪ Formuliere das Thema des Textes in einem präzisen Satz. Worum geht es?
C ▪ In jedem Text gibt es bestimmte Begriffe, ohne die man einerseits in der Textzusammenfassung nicht auskommt, und die alleine durch ihre Nennung schon ungefähr angeben, wovon der Text handelt – die Schlüsselbegriffe.
Schreibe die Schlüsselbegriffe des vorliegenden Textes nebeneinander in dein Heft und notiere unter jeden jeweils ca. 3 – 5 weitere Begriffe, die ihn entsprechend dem Text näher erläutern.

Sachtexte zusammenfassen – wie gehe ich vor? INFO

Soll man den Inhalt eines **Sachtextes zusammenfassen**, muss man Wichtiges von Unwichtigem trennen, die Zusammenhänge deutlich machen und sachlich-neutral formulieren. Auch das Setzen von Sinnabschnitten und das Formulieren von Überschriften sind hier sinnvoll.
Folgende Arbeitsschritte bieten sich an:
1. **Vorwissen aktivieren:** grober Überblick über den Text
2. **Fragen an den Text stellen:** Worum geht es?
3. **Text gründlich lesen:** unbekannte Begriffe klären
4. **Text zusammenfassen:** Wichtiges markieren, Sinnabschnitte setzen und Überschriften formulieren, in eigenen Worten den Inhalt zusammenfassen

Folgende Aspekte sind bei Sachtexten besonders zu beachten:
▪ In vielen Sachtexten sind sehr viele Einzelheiten und Nebeninformationen enthalten. Die Herausforderung für den Zusammenfassenden liegt darin, geeignete **Oberbegriffe** zu finden, die die Informationen bündeln.
▪ Auch enthalten die Texte oft konkrete **Beispiele**, die man in vielen Fällen (wenn sie für das Gesamtverständnis keine Rolle spielen) in der Zusammenfassung weglässt.
▪ Daneben gilt es zu beachten, dass auch in Sachtexten oft blumige, bildhafte Ausdrücke oder leicht umgangssprachliche Formulierungen vorkommen. Dies soll in einer Textzusammenfassung nicht der Fall sein; du musst sie also erkennen und durch **nüchternere Begriffe** ersetzen.

D ▪ Formuliere eine Textzusammenfassung, die weniger als die Hälfte des Umfangs des vorliegenden Textes hat.

Schreiben

A ■ Finde für folgende Begriffsreihen jeweils einen passenden Oberbegriff:

- Paprika, Gurken, Zucchini, Auberginen, Kohl
- Maurer, Zimmermann, Gärtner, Florist, Elektriker
- Maurer, Malermeister, Dachdecker, Installateur, Elektriker
- Stühle, Tisch, Couch, Schrank
- Waschmaschine, Spülmaschine, Toaster, Wasserkocher, Trockner
- Fahrradfahren, Angeln, Fußballspielen, Schwimmen
- Fahrradfahren, Angeln, Fußballspielen, Schwimmen, Lesen, ins Kino gehen

TIPP Ihr könnt auch eure Eltern fragen – vielleicht können sie aus ihren Berufen bestimmte Begriffsreihen beisteuern?

B ■ Stellt weitere Wortreihen auf und lasst euch gegenseitig Oberbegriffe finden.

■ Text 13
Teures Naturschauspiel

Der Tiergarten ist eine der ganz großen Attraktionen Nürnbergs. Am Wochenende kommen viele Besucher in den Zoo – zum Teil von weit her. Wegen des Baus der neuen Lagune wird der Eintrittspreis jetzt erheblich steigen. Ist das gerechtfertigt?

Der Tiergarten ist die bedeutendste Freizeiteinrichtung in der Metropolregion. Mit im Durchschnitt über einer Million Besuchern im Jahr lässt er
5 etwa das Schauspielhaus, die Bäder oder die Meistersingerhalle weit hinter sich. Wer sich die Autonummern an einem Ferienwochenende im Umfeld des Tiergartens einmal anschaut, der wird erkennen,
10 dass die Besucher zum Teil auch von weit herkommen, um die Anlage am Schmausenbuck zu besichtigen. Der Tiergarten – er ist eine von den ganz großen Attraktionen in Nürnberg. Familien lassen bei
15 ihrem Besuch viel Geld in Nürnberg.

Für Familien einen stattliche Summe

Mit der 25 Millionen Euro teuren Delfinlagune soll die Anlage noch attraktiver werden. Diese stand von Anfang an unter verschärfter Beobachtung. Nicht nur von selbst ernannten Tierschützern, die eine Haltung von Delfinen in einem Zoo grundsätzlich ablehnen, sondern auch von politisch argumentierenden Zeitgenossen, die es nicht einsehen, dass angesichts der allgemeinen Sparzwänge öffentliche Gelder in einem Schwimmbecken für Delfine versenkt werden. Der Tiergarten hat deshalb richtig gehandelt, als er das Finanzierungskonzept für die Delfinlagune auf die Erhöhung der Eintrittspreise abstellte. Es wurde bei dem Projekt stets betont, dass mit der Eröffnung der Delfinlagune die Eintrittspreise steigen müssen. Aber gleich auf 13,50 Euro für Erwachsene und 6,50 Euro für Kinder, weil man künftig keine Eintrittskarte mehr ohne die Delfinlagune bekommt? Für eine Familie mit mehreren Kindern läppert sich so schnell eine stattliche Summe zusammen.

Nicht teurer als andere Zoos in Deutschland

Ein kleiner Trost ist sicherlich, dass bis auf München und Augsburg alle Zoos in Deutschland mit und ohne Delfineinrichtungen teurer sind als der Tiergarten. Die bayerischen Konkurrenten München und Augsburg bieten aber deutlich weniger als der Tiergarten. Im internationalen Vergleich sind die deutschen Eintrittspreise sogar als günstig einzustufen. Das hilft den Nürnbergern aber wenig, die sich darüber ärgern, dass sie bis zu 50 Prozent mehr zahlen sollen. Es rächt sich, dass die Eintrittspreise für den Tiergarten ziemlich lange niedrig lagen und deshalb die Anhebung jetzt so gravierend ausfällt. Mehr zahlen will niemand, aber vielleicht sollte man einmal rational überlegen, was man für sein Geld bekommt und wie teuer im Vergleich ein Kino-, Konzert- oder Theaterbesuch mit der ganzen Familie ist: Der Eintrittspreis für das Tier- und Naturschauspiel am Schmausenbuck könnte sich dann als angemessen erweisen.

A ▪ Bestimme, wo in diesem Text Fakten dargestellt werden und wo der Autor seine Meinung formuliert. Woran erkennst du das?

B ▪ Prüfe, welche der Merkmale von Sachtexten, die im Infokasten auf S. 41 genannt werden, in **Text 13** vorkommen.

C ▪ Verfasse eine möglichst knappe Zusammenfassung zum Text »Teures Naturschauspiel«.

D ▪ Bildet Arbeitsgruppen und verfasst Wandplakate oder Spickzettel zu den Themen »Erzähltexte zusammenfassen« und »Sachtexte zusammenfassen«.

Schreiben

Informationen aus Texten gewinnen und verarbeiten

> In vielen Fällen wird es so sein, dass du einen Text liest und zusammenfasst, um Informationen zu ganz bestimmten Themen zu sammeln. Oft entspricht dabei das Kernthema des Textes nicht deiner zentralen Frage; du musst also aus den Informationen, die der Text dir bietet, auswählen, was für deine Frage von Bedeutung ist.
> In diesem Teilkapitel lernst du, …
> - Texte im Hinblick auf eine Fragestellung auszuwerten,
> - eine Plakatwand zu einem Thema zu gestalten.

A ■ Erstelle eine Liste mit Fragen zu deinem Thema, die in deinem Referat beantwortet werden müssen. Behalte dabei deine genaue Themenstellung sowie das Thema des Gesamtprojekts immer im Auge.

In einem Geographie-Projekt beschäftigt ihr euch mit den Meeren Europas. Dabei ist der Tierschutz ein wichtiges Thema, und für eine Referatsreihe erhält jeder Schüler aus der Klasse ein Thema zum Schutz von Meerestieren. Dein Referatsthema lautet: »Delfine in Europas Meeren und in menschlicher Gefangenschaft«.

■ **Text 14**

Delfinarien schließen *Jörg Isringhaus*

Tierschützer fordern, die übrig gebliebenen zu schließen, weil die Säuger nicht artgerecht gehalten werden. Zoodirektoren weisen die Kritik zurück.

Alle mögen Flipper: Delfine stehen in der Rangliste der beliebtesten Tiere ganz weit oben. Alleine das macht sie für Tierparks attraktiv; darüber hinaus sind die ästhetischen Säuger aufgrund ihrer Intelligenz zu artistischen Höchstleistungen fähig. Aus Sicht von Tierschützern eine fatale Kombination.
5 Schon lange fordern sie, Delfine nicht in Gefangenschaft zu halten. […] »Fordern kann in einer Demokratie jeder etwas. Entscheidend ist aber die Frage, was Sinn macht und was nicht«, sagt Jörg Adler, Direktor des Zoos in Münster, dazu.

Die Vorwürfe der Tierschützer sind massiv. »Delfine lassen sich in Gefangenschaft nicht artgerecht halten«, behauptet Jürgen Ortmüller vom »Wal- und
10 Delfinschutz-Forum« (WDSF). In Freiheit schwimmen die Tiere bis zu 100 Kilometer am Tag und tauchen 300 Meter tief. Im Zoo Münster müssten sich Delfine sogar ein Becken mit Seelöwen teilen. Tanja Breining von der Tierschutz-Organisation Peta kritisiert, dass es in den Zoos zu viele, teils schwer nachvollziehbare Todesfälle gebe. […]
15 Sechs Delfine leben im Duisburger Zoo, zwei davon sind Wildfänge. Achim Winkler, Direktor in Duisburg, verurteilt solche brutalen Jagden aber heftig. »Wir haben damit nichts zu tun und wettern seit Jahren dagegen«, sagt er. »Dabei werden gefangene Tiere an irgendwelche privaten Tiershows verkauft.« Zoos

Schreiben

aber seien wissenschaftliche Einrichtungen, in denen über die Tiere geforscht werde. Auch das Argument einer nicht tiergerechten Haltung lässt Winkler nicht gelten. »Große Tümmler zum Beispiel halten sich vorwiegend in Flachwasser auf«, sagt er. »Grundsätzlich muss man sich dafür entscheiden, ob man für oder gegen Zootierhaltung ist. Der Zoo ist sicher nicht das Ideal, aber das ist das Freiland auch nicht. Wenn man Tiere vernünftig nach neuen Erkenntnissen hält, ist das vertretbar.«

Die Tierschützer stellen dagegen die wissenschaftlichen Aspekte in Frage. »Das ist nur vorgeschoben«, so Brüning. Delfine würden sich in Zoos anders verhalten als in Freiheit. Stattdessen würden die Tiere zu Clowns degradiert, um mit ihnen Geld zu verdienen. Beide Zoodirektoren ärgern sich über solche Behauptungen. So gebe es etwa unzählige Arbeiten darüber, wie Delfine von großen Fischerei-Netzen zurückzuhalten seien – erforscht anhand von Zootieren. Auch die Nachzucht sei mittlerweile erfolgreicher. »Am Anfang haben wir sicher viel falsch gemacht, hatten hohe Verlustraten«, räumt Winkler ein. »Mittlerweile haben wir aber eine Überlebensquote von über 50 Prozent, die uns von Zukäufen autark macht.« […]

Weder in Nürnberg noch in Duisburg steht eine Schließung des Delfinariums zur Debatte. »Wir haben eine der modernsten Anlagen in Europa«, sagt Winkler, »für uns stellt sich die Frage nicht.« […] Tanja Breining von Peta ist sich trotzdem sicher, dass der politische Druck auf die Betreiber von Delfinarien wächst. »In England gibt es solche Anlagen nicht mehr. Auch bei uns ist das Ende der Delfinarien unausweichlich.«

B ■ Lies **Text 14** sowie **Text 6** (Aufschlagseite) sorgfältig und erstelle eine Liste mit Informationen aus den Texten, die du für dein Thema brauchen kannst.

C ■ Überlege dir dazu eine Möglichkeit, wie du festhalten kannst, welche Information aus welchem Text stammt.

Informationen aus Sachtexten gezielt nutzen | INFO

Beim gezielten Lesen der Texte kannst du (solange die Texte nicht in einem Schulbuch oder in einem anderen ausgeliehenen Buch stehen) immer mit dem Stift in der Hand lesen: Unterstreiche zentrale Informationen, die dir weiterhelfen. Streiche dabei möglichst nicht den ganzen (Teil-)Satz an, sondern nur wichtige Nomen oder Verben oder bei Eigenschaften bestimmte aussagekräftige Adjektive. Wenn du vor dem Lesen eine Liste mit Fragen zu deinem Thema vorbereitet hast, kannst du Informationen gleich mit Hilfe von verschiedenen Farben den einzelnen Fragen zuordnen.

Normalerweise wirst du immer angeben müssen, woher, also aus welchem Buch oder von welcher Internetseite, du deine Informationen bezogen hast. Gewöhne dir daher gleich an, die Quellen (Buchautor und Titel bzw. Internetadresse) mit aufzuschreiben.

D ■ Überprüfe, welche deiner Fragen du mit Hilfe dieser beiden Texte a) ausreichend, b) teilweise oder c) noch gar nicht beantwortet hast. Recherchiere weitere Materialien.

E ■ Bringe die Informationen in eine sinnvolle Reihenfolge.

 F ■ Frische dein Wissen zur Recherche um folgende Begriffe auf: Katalog – Schlagwort – Signatur – Suchmaschine – Verlinkung.

→ **Grundwissen**, S. 297 f.

Schreiben

Projekt: Eine Plakatwand zum Thema »Tiere in Freiheit und in Gefangenschaft« gestalten

Gestaltet eine Plakatwand zum Oberthema »Tiere in Freiheit und Gefangenschaft«. Kombiniert dabei aussagekräftige Bilder mit gut recherchierten und sorgfältig formulierten Texten.

Für das Projekt sammelt alle eure Informationen, Notizblätter und Texte, auch in der »Rohfassung«, die noch überarbeitet werden muss, in einer Mappe. Hier könnt ihr auch Abmachungen und die Aufgabenverteilung in der Gruppe schriftlich festhalten. Die Mappe gibt jeder am Ende des Projekts beim Lehrer mit ab.

Die folgende Arbeitsanleitung hilft euch beim Vorgehen im Projekt. Lest euch alle Schritte durch, bearbeitet sie genau nach der vorgegebenen Reihenfolge:

1. Steckt euer gemeinsames Thema genauer ab: Mit welchen Tieren wollt ihr euch beschäftigen? Ihr könnt euch an bestimmten Herkunftsgegenden orientieren, aber genauso an den Tieren, die es im Tiergarten bei euch in der Stadt gibt, oder ihr beschränkt euch auf Säugetiere, oder …
2. Einigt euch in der Klasse: Welche Informationen müssen auf jedem Plakat vorhanden sein? Wenn ihr euch genauer mit dem Delfin-Thema auseinandergesetzt habt (S. 40 – 45), habt ihr schon eine Vorstellung, worum es gehen könnte; andernfalls müsst ihr vielleicht zunächst zum Thema »Tiere in Tiergärten« recherchieren.
3. Verteilt die Unterthemen auf Gruppen (höchstens vier Personen): Jede Gruppe darf natürlich auch ihre persönlichen Vorlieben einbringen, aber achtet darauf, dass das Gesamtthema (Schritt 1) auch vollständig bearbeitet wird.
4. Organisiert eure Kleingruppe: Legt Zuständigkeiten fest. Dabei müsst ihr eine inhaltliche Aufteilung vornehmen (Wer sucht Informationen zu welchem Teil eures Themas?), aber auch eine organisatorische: Wer achtet darauf, dass Gruppengespräche nicht vom Thema abweichen? Wer behält den Überblick, wer welche Aufgaben hat und ob sie erfüllt werden? Wer sammelt alle anfallenden Materialien, damit sie nicht verloren gehen? Wer schreibt die Texte am PC?
   Es ist nicht sinnvoll, wenn manche nur inhaltlich arbeiten, andere dafür ihre gesamte Energie in das Design des Plakates stecken – jeder muss inhaltlich und organisatorisch mitarbeiten.
5. Beschafft euch Informationen: Legt einen Termin fest, bis zu dem jeder zu seinem Teilthema Informationen mitbringen muss. Dann fängt jeder an zu recherchieren. Achtung: Achtet bereits jetzt auf sinnvolle Informationsauswahl: Weder ist es sinnvoll, wahllos jede Internetseite auszudrucken und jedes Buch auszuleihen, das ihr findet, noch reicht es, mit einem kleinen Lexikonartikel auskommen zu wollen. Einigt euch auf eine sinnvolle Menge, z. B.: Jeder bringt zu seinem Teilthema 3 – 4 Informationsquellen mit. (Vergesst nicht aufzuschreiben wie die Quellen heißen!)
   Für die richtige Auswahl könnt ihr in der Bücherei ins Inhaltsverzeichnis der

Schreiben

Bücher schauen und die entsprechenden Kapitel aufblättern und anlesen / überfliegen. Bei Internetseiten kann man ebenfalls mit Überfliegen weiterkommen oder über die Suchfunktion im Browser nach bestimmten Schlüsselwörtern suchen um zu überprüfen, ob der Text überhaupt geeig-net sein könnte.

6. Lest euch ein: Jeder liest die Informationen zu seinem Teilthema aufmerksam durch und fasst sie für alle anderen aus der Gruppe nach den gelernten Regeln zusammen. Oft kann es auch sinnvoll sein, Texte zu anderen Themen aus der Gruppe auch durchzusehen, da sie einem helfen, die eigenen Informationen besser zu verstehen. Ihr könnt also eure Teilthemen nicht unabhängig voneinander bearbeiten – es soll ein gemeinsames Plakat entstehen, nicht viele Teilchen, die zufällig auf einem Plakat stehen!

7. Verbindet eure Teilthemen miteinander: Nachdem jeder in der Gruppe seine Zusammenfassung vorgetragen hat, besprecht, wie die einzelnen Teile zusammengehören. Teilweise werden Informationen doppelt vorkommen, teilweise wird noch etwas fehlen, das ihr noch nachliefern müsst; manche Informationen sind erst sinnvoll, wenn man andere bereits hat, oder man muss bei einem Teilthema auf ein anderes verweisen etc.

8. Formuliert eure Texte: Achtet dabei auf die Regeln der Zusammenfassung bzw. des informierenden Schreibens insgesamt, denkt an Verweise auf andere Teilthemen, fällt gemeinsam Entscheidungen über die richtige Länge der Texte auf einem Plakat. Achtet auch auf grammatikalische und orthografische Richtigkeit – die Plakate hängen öffentlich im Klassenzimmer! Lest gegenseitig eure Texte durch und macht mit Hilfe einer Schreibkonferenz Verbesserungsvorschläge.

9. Illustriert euer Plakat: Sucht geeignete Bilder im Internet oder in Büchern, die die zentralen Inhalte eurer Texte deutlich machen. (Beachtet, dass nicht alle Bilder aus dem Internet verwendet werden dürfen!) Legt die Bilder der Gruppe vor und entscheidet gemeinsam, ob sie passen. Sucht bei Bedarf noch einmal neu.

10. Gestaltet das Plakat: Entscheidet über eine sinnvolle Aufteilung und Anordnung der Informationen auf dem Plakat. Tippt eure Texte entweder mit dem Computer und druckt sie in plakattauglicher Größe aus, oder schreibt sie sauber, leserlich groß und fehlerfrei auf das Plakat ab. Denkt daran, dass das Ergebnis als Informationsquelle für Schüler gedacht ist, die sich mit dem Thema nicht befasst haben. Notiert auf dem Plakat klein eure Informationsquellen.

11. Präsentiert das Ergebnis: Bereitet euch nach den erlernten Regeln auf eine Präsentation in der Klasse vor. Ziel ist nicht, das Plakat vorzulesen, sondern Präsentation und Plakat sollen sich sinnvoll ergänzen.

Schreiben

Argumentieren

> Über viele Alltagsthemen gibt es unterschiedliche Auffassungen. Will man seine Meinung zu einem Thema überzeugend vortragen, muss man einleuchtend argumentieren. In diesem Teilkapitel lernst du(,) …
> - was Argumentieren bedeutet,
> - den Aufbau von Argumentationsblöcken (Behauptung + Begründung + Beispiel) kennen und eigene Argumentationsblöcke zu entwickeln,
> - eine Stoffsammlung und eine Gliederung anzulegen,
> - eine Einleitung und einen Schluss zu formulieren,
> - die Argumentation zu gliedern und zu formulieren,
> - aus Informationen Argumentationsblöcke zu entwickeln.

Überzeugend argumentieren

■ **Text 15**

Eine Diskussion zwischen Mutter und Tochter?

Tochter Sieh mal, Mama. Ich muss doch morgen in die Schule, und da muss ich wirklich meine Hausaufgaben erledigt haben! Denn ohne Übung werde ich in Mathe wohl nicht durchkommen, und ich will immerhin das Jahr schaffen, was nicht klappt, wenn ich in Mathe versage …

5 **Mutter** Ach, Papperlapapp! Das wird schon klappen. Ein Nachmittag am See würde bestimmt viel mehr Spaß machen als die blöde Rechnerei!

Tochter Mama, wir können doch auch morgen noch zum See gehen! Da ist Freitag, und ich muss mich auf den Samstag ja nicht vorbereiten, weil keine Schule ist. Und Nina hat dann auch besser Zeit als heute!

10 **Mutter** Mensch, du bist so langweilig. Wer braucht denn schon Mathe? Und überhaupt, du schaffst das auch ohne Übung, bist ja ein schlaues Mädchen!

Tochter Mathematik schult das logische Denken! Und es macht mir außerdem Spaß, und gute Noten schreibe ich auch gern, weil ich mich dann erstens klug fühle und zweitens mir keine Sorgen um das Zeugnis machen muss.

15 Nicht wieder so wie letztes Jahr!

Mutter Aber die anderen gehen heute auch alle zum See …

Tochter Ich bin aber nicht die anderen!! Vielleicht waren die schneller mit den Hausis, oder sie sind ihnen egal, aber mir sind sie das nicht. Und jetzt Schluss mit der Diskussion!

A ■ Kommt dir die Diskussion bekannt vor? Warum verläuft sie normalerweise eher andersherum?

B ■ Wer überzeugt dich in dem Gespräch mehr? Begründe deine Entscheidung.

C ■ Berichtet euch gegenseitig von »verdrehten Diskussionen«, die ihr erlebt habt.

Schreiben

Argumentieren

INFO

Diskussionen um strittige Themen kennt jeder: mit den Eltern über Schule oder Freizeit, mit Lehrern über Verhalten, mit Freunden über gemeinsame Aktivitäten oder mit Geschwistern über Eigentum und Privatsphäre. Jeder versucht, seine Meinung so überzeugend wie möglich darzustellen, und bestenfalls gelingt am Ende ein **Kompromiss** oder eine **Einigung**. Jedoch ist es genauso oft notwendig, seine Meinung schriftlich zu vertreten und zu untermauern: in Briefen oder E-Mails an jemanden, der eine andere Ansicht hat oder der noch unentschieden ist und den man überzeugen möchte. Auch in Büchern und Texten im Internet werden allerorts Meinungen zu politischen Themen, gesellschaftlichen Ereignissen oder wissenschaftlichen Entwicklungen, über Bücher und Personen, Traditionen, Gesetze oder Entdeckungen dargelegt. Dabei wird versucht, die Meinung auf ein sachlich einwandfreies Fundament zu stellen und möglichst fest zu untermauern. Dieses Verfahren nennt man **Argumentieren**.

A ■ Worüber hast du in letzter Zeit diskutiert, oder welche Diskussionen hast du in deinem Umfeld erlebt? Überlege, wie du zu der Meinung, die du zum jeweiligen Thema hast, kommst.

B ■ Verfolge die Meldungen in Fernsehen, Zeitung und Internet: Welche strittigen Themen werden zurzeit in der Öffentlichkeit diskutiert?

C ■ Einigt euch auf eines der derzeit diskutierten Themen und untersucht in den Meldungen, ob hier wirklich so, wie im Info-Kasten beschrieben, argumentiert wird.

Wozu Hausaufgaben?

a Hausaufgaben sollen der Übung des gelernten Stoffes dienen.

b Neulich im Englischunterricht hielt ich die if-clauses noch für ganz einfach – aber daheim habe ich schnell gemerkt, dass ich den Lehrer nochmal genau fragen muss.

c Quersummenregeln und ggT kann man eben nicht einfach so, sondern muss sie immer wieder anwenden, bis man sie beherrscht.

d Hausaufgaben dienen der Selbstkontrolle.

e In der Schule wird man immer gleich korrigiert, wenn man etwas falsch macht. Aber daheim muss man selbst Acht geben, dass alles richtig ist.

f Beim Erledigen der Hausaufgaben kann einem schnell klar werden, ob man die Unterrichtsinhalte verstanden hat oder nicht, da man, anders als in der Stunde, auf sich allein gestellt ist.

g Hausaufgaben unterstützen das selbstständige Arbeiten.

h Hausaufgaben bringen Schulerfolg.

i Vieles, was man in der Schule lernt, ist eine Frage der Anwendung. Man muss es nicht nur verstehen, sondern es muss einem selbstverständlich werden, und das geht nur über Wiederholung.

j Als ich die Grafik in Erdkunde fast schon vollständig beschriftet hatte, merkte ich, dass etwas nicht stimmen konnte, weil für die restlichen Lücken keine passenden Begriffe mehr im Wortspeicher waren. Das nächste Mal werde ich da hoffentlich besser aufpassen!

A ■ Je drei Sätze gehören thematisch zusammen. Sortiere sie.
B ■ Wenn du die Sätze richtig zugeordnet hast, bleibt einer übrig, der als Zusammenfassung aller Argumente gelten kann. Welcher ist es?

C ■ Die drei Satzgruppen bestehen jeweils aus Behauptung, Begründung und Beispiel (vgl. die Informationen auf der nächsten Seite). Überlege, welcher Satz welches der drei »Bs« sein könnte. Arbeite mit einem Lernpartner.

Der Aufbau eines Argumentationsblocks

INFO

Beim Argumentieren folgt man in der Regel einem bestimmten Aufbau:
- Die **Behauptung** gibt, kurz und präzise, an, worum es mir geht bzw. worauf ich hinaus will.
- Die **Begründung** führt die Behauptung genauer aus. Sie klärt die Sachzusammenhänge und zeigt auf, warum meine Behauptung richtig ist.
- Das **Beispiel** kann aus einem konkreten Fall bestehen, bei dem das Gesagte zutrifft. Es kann auch andere dazugehörige Fakten benennen. Das Beispiel veranschaulicht die Behauptung, sodass jeder sich etwas Genaues darunter vorstellen kann.
- Diese drei Teile zusammen nennt man einen **Argumentationsblock**. Eine Abfolge mehrerer Argumentationsblöcke zu einem Thema, die zusammengefügt werden und eine bestimmte Meinung unterstützen, nennt man **Argumentation**.

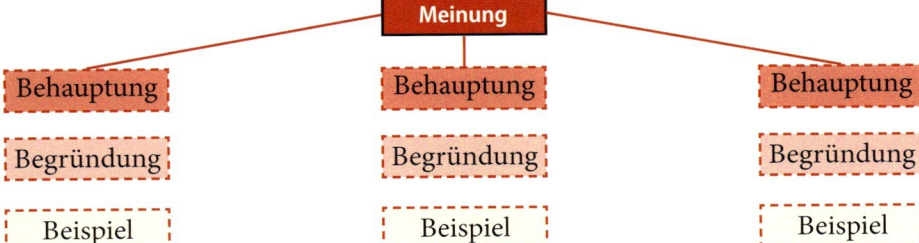

A ▪ Man kann auch gegen Hausaufgaben argumentieren. Überlege, was gegen schriftliche Hausaufgaben sprechen könnte, und sammle Stichworte in deinem Heft.

B ▪ Suche aus deiner Stichwortliste (Stoffsammlung) ein besonders wichtiges Stichwort heraus und formuliere dazu einen kompletten Argumentationsblock mit Behauptung, Begründung und Beispiel.

Eine Stoffsammlung anlegen

Nina und Tommy sammeln Ideen für eine Argumentation zur Frage, ob man in den Ferien lieber mit den Eltern nach Italien fahren oder am Zeltlager der Gemeindejugend teilnehmen soll.

Tommys Stoffsammlung:

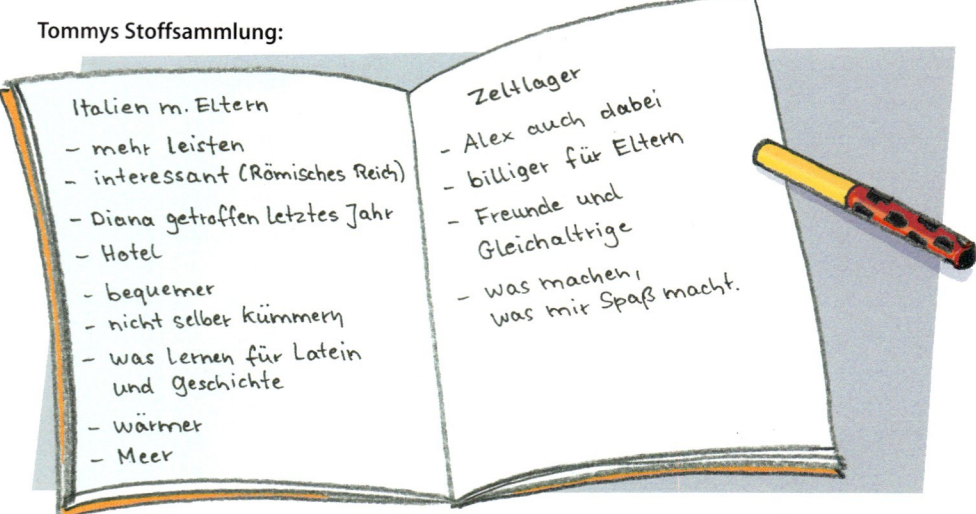

Ninas Stoffsammlung:

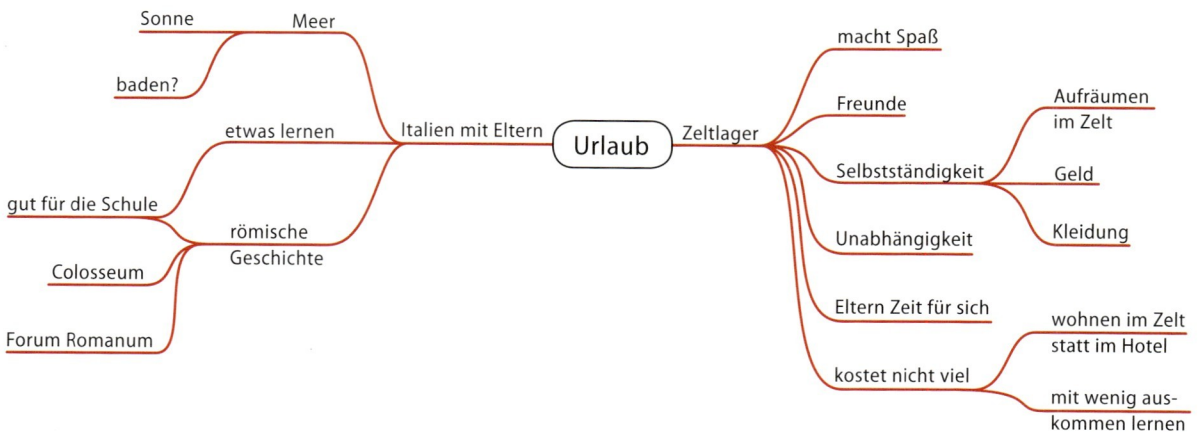

A ▪ Nina und Tommy haben unterschiedliche Formen der Stoffsammlung gewählt und sind auch zu unterschiedlichen Ergebnissen gekommen. Vergleiche die beiden Sammlungen inhaltlich und nach der Form und beurteile sie.

B ▪ Entscheide dich für eine der beiden Formen und trage die inhaltlichen Ergebnisse aus beiden Stoffsammlungen in deinem Heft entweder in Tabellenform oder als Mind-Map zusammen. Ergänze weitere Ideen zum Thema, die hier noch fehlen.

Schreiben

Stoffsammlung

INFO

Bevor man beginnt, Argumente niederzuschreiben, muss man sich im Klaren darüber sein, welche Argumente zu einem Thema überhaupt denkbar sind. Daher legt man als Erstes eine **Stoffsammlung** an: Man sammelt in Stichworten alles, was einem zum Thema einfällt, wobei man durchaus Dinge doppelt nennen und Behauptungen oder Beispiele durcheinander anführen darf. Dabei legt man sich noch nicht fest, welche Meinung man letztlich vertreten möchte.

Man kann bei der Stoffsammlung schon nach möglichen Standpunkten vorsortieren, indem man **Spalten** anlegt. Bei der Form der **Mind-Map** kann man sogar noch mehr ordnen, da man hier zusammengehörige Stichworte an einem Ast notiert. Dies erfordert mehr Vorarbeit, erleichtert dafür den Umgang mit den gesammelten Stichworten. Die Sortierung nach verschiedenen Entscheidungsmöglichkeiten erfolgt hier durch die gegenüberliegenden Seiten der Mind-Map.

Hat man alle Ideen gesammelt, müssen diese geordnet werden: Am einfachsten geht dies, indem man Stichworte, die zum gleichen Oberthema gehören, mit der gleichen Farbe markiert und ihnen einen gemeinsamen **Oberbegriff** gibt.

Diese Stichwortgruppen sind dann die Grundlage für je einen Argumentationsblock.

Tommy hat auf Grund seiner Stoffsammlung folgende Stichwortgruppen für den Urlaub mit den Eltern zusammengestellt:

> mehr leisten, Hotel → Oberbegriff: Geld

> interessant (Römisches Reich), etwas lernen für Geschichte und Latein → Oberbegriff: _____

A ■ Schlagt in der Klasse verschiedene Oberbegriffe für die zweite Stichwortgruppe vor und wählt den treffendsten und aussagekräftigsten Begriff aus.

B ■ Überlege, welche Stichworte aus Tommys Stoffsammlung noch zu einer Gruppe zusammengefasst werden könnten und wie der Oberbegriff dazu lauten könnte.

C ■ Sortiere deine eigene Stoffsammlung zum Thema »Italien oder Zeltlager« farblich und finde passende Titel.

Schreiben

Eine Gliederung anlegen

Nina hat zwei Argumentationsblöcke für die Fahrt ins Zeltlager formuliert, mit denen sie ihre Eltern überzeugen möchte:

1 Im Zeltlager kann man jede Menge Spaß haben, mehr als mit den Eltern im Ausland. Denn im Zeltlager habe ich meine Freunde dabei und kann rund um die Uhr etwas mit ihnen unternehmen, und die Betreuer sind meistens nicht so streng wie die eigenen Eltern. Letztes Jahr haben wir uns bis spät in die Nacht Gruselgeschichten erzählt und sind dann ohne Taschenlampe in den Wald geschlichen, um uns gegenseitig unseren Mut zu beweisen.

2 Das Zeltlager würde mir helfen, selbstständiger zu werden. Dort muss ich mich nämlich um meine Angelegenheiten selbst kümmern, darauf achten, dass meine Sachen sauber sind und bleiben und muss auch Dienste in der Gruppe versehen. Der Essensdienst muss beispielsweise jeden Tag selbständig zum Hauptquartier gehen und das Essen holen, ohne dass sich ein Erwachsener darum kümmert, und jeder Teilnehmer ist selbst für sein Essgeschirr verantwortlich und muss es regelmäßig abspülen, wenn er gerne von einem sauberen Teller essen möchte.

A ▪ Finde in beiden Argumenten jeweils Behauptung, Begründung und Beispiel.

B ▪ Nina trägt die Argumente ihren Eltern vor. Mit welchem kommt sie wohl besser an?
C ▪ Arbeite das ungeeignetere der beiden Argumente so um, dass es auch die Eltern überzeugen kann.
D ▪ Arbeite ein weiteres Argument zu Ninas Meinung aus, das sich mit dem Thema »Geld« beschäftigt.

Den Argumentationsaufsatz gliedern

INFO

Für die **einfache begründete Stellungnahme** brauchst du meistens drei verschiedene Argumentationsblöcke. Später wird sich das ändern, aber zunächst kannst du für deinen Aufsatz von Einleitung, drei Argumenten und Schluss ausgehen.
Die Argumentationsblöcke in einer Stellungnahme oder Erörterung werden nicht wahllos aneinandergereiht. Dabei ist es oft sinnvoll, die **Argumentation steigernd** anzulegen, also mit dem schwächsten der Argumentationsblöcke zu beginnen und sich zum stärksten vorzuarbeiten. Dies geht auch bei mehr als drei Argumentationsblöcken und entspricht in etwa der Beobachtung, dass der letzte Eindruck (in diesem Fall also der letzte Argumentationsblock) besonders gut in Erinnerung bleibt und deswegen besonders überzeugend sein muss.

E ■ Sortiere Ninas Argumente nach dem Prinzip der Steigerung.

Fabio hat aus seiner Stoffsammlung zum Thema, warum er einen eigenen PC in seinem Zimmer braucht, folgende Behauptungen entwickelt:

Der PC kann nützlich für schulische Aufgaben sein.
Am PC kann ich spielen und Spaß haben.
Mit dem PC kann ich mit meinen Freunden kommunizieren.
Mit dem PC umgehen zu lernen ist nützlich für den Beruf später.
Ich muss meine Eltern nicht an ihrem PC stören.
Ich kann mich übers Internet informieren.

A ■ Wähle drei für dich überzeugende Behauptungen aus, die jeweils am Beginn eines Argumentationsblocks stehen sollen.
B ■ Finde zu den Behauptungen jeweils Begründung und Beispiel.
C ■ Bringe die drei Argumentationsblöcke in die beste Reihenfolge, um die Eltern zu überzeugen.

Schreiben

Eine Gliederung anfertigen

INFO

Nachdem die **Reihenfolge in der Argumentation** gut überlegt wurde, wird sie in einer extra erstellten **Gliederung** deutlich gemacht. Diese wird mit jedem Aufsatz zusammen abgegeben und zeigt, dass du deinen Aufsatz vor dem Schreiben sorgfältig geplant hast; zunächst nur bei Argumentationen, in späteren Schuljahren auch bei anderen Aufsätzen.

Gleichzeitig ist sie eine Art »**Inhaltsverzeichnis**« für deinen Aufsatz.

Die **Gliederung** der begründeten Stellungnahme besteht (wie der Aufsatz) aus der **Einleitung**, dem **Hauptteil**, der sich aus den einzelnen Argumentationsblöcken zusammensetzt, und dem **Schluss**.

Für die einzelnen Gliederungspunkte brauchst du kurze Formulierungen, die du entweder als kurze Sätze oder als Oberbegriffe (wie die aus der Sortierung der Stoffsammlung) formulierst. Jedoch musst du dich für eines davon entscheiden und dann konsequent in der ganzen Gliederung dabei bleiben.

Fabio erstellt eine Gliederung zu seiner Argumentation:

1. Wichtigkeit der Computernutzung für Jugendliche
2. Notwendigkeit eines eigenen PCs für einen Siebtklässler
   2.1 …
   2.2 …
   2.3 …
3. Appell an die Eltern zur Anschaffung eines PCs

A ■ Finde für die Argumentationsblöcke passende Überschriften zum Thema »Ein eigener PC im Zimmer«.

B ■ Erstelle eine Gliederung zu Ninas Argumentation zum Thema »Zeltlager« (vgl. S. 52).

 C ■ Vergleicht in der Klasse eure Oberbegriffe oder kurze Sätze, die ihr für die Gliederung gefunden habt, und bestimmt, welche am aussagekräftigsten sind.

D ■ Diskutiert Vorteile und Nachteile von ganzen (kurzen) Sätzen oder Oberbegriffen in der Gliederung.

Eine Einleitung und einen Schluss formulieren

> **Eine Einleitung und einen Schluss formulieren** — INFO
>
> Da sich die begründete Stellungnahme an jemanden richtet, der überzeugt werden soll, wird sie oft in Briefform verfasst. Diese entspricht der Form des sachlichen Briefes: Der **Adressat** muss angemessen angeredet werden. Die **Einleitung** muss das Thema und den Anlass deines Schreibens nennen. Im **Schluss** formuliert man noch eine Zusammenfassung, eine Schlussfolgerung oder einen Appell. Dann folgt die im Brief übliche Grußformel, je nachdem, wem man schreibt, und die Unterschrift.

■ Text 16

Zwei Leserbriefe

In der Mühlhauser Zeitung haben Tommy und Nina ein Interview mit einem Universitätsprofessor für Schulpädagogik gelesen, der die Abschaffung der Hausaufgaben fordert. Beide formulieren nun einen Leserbrief:

Hallo Herr Oberhauser,
in Ihrem Interview in der Mühlhauser Zeitung haben Sie ja gesagt, dass Sie die Hausaufgaben abschaffen wollen. Da bin ich gar nicht dafür! Die Hausaufgaben sollen nicht abgeschafft werden. Alle Schüler brauchen sie! Warum, das will ich ihnen jetzt erklären: …
Jetzt habe ich Ihnen erklärt, wieso Sie die Hausaufgaben nicht abschaffen sollen. Ich hoffe, sie sehen das ein und setzen sich künftig für die Beibehaltung der Hausaufgaben ein.
Mit freundlichen Grüßen
Tom Schelter

Sehr geehrter Herr Prof. Oberhauser!
Ich bin ganz und gar nicht Ihrer Meinung, dass die Hausaufgaben abgeschafft werden sollten, da diese den Schulerfolg steigern. Im Folgenden nenne ich Ihnen meine wichtigsten Argumente dafür. …
Bei all diesen Argumenten muss Ihnen doch einleuchten, dass Hausaufgaben wichtig sind für die Schüler. Bitte veröffentlichen Sie künftig keine Interviews mehr, in denen Sie die Abschaffung fordern.
Viele Grüße
Nina Nerd

A ■ Finde mit Hilfe des Info-Kastens die einzelnen Bestandteile von Einleitung und Schluss in beiden Entwürfen. Prüfe auch, ob sie vollständig sind.

B ■ Beide Entwürfe sind noch nicht ganz gelungen. Bearbeite sie inhaltlich und sprachlich so, dass du einen gelungenen Entwurf erhältst. Du kannst Teile aus beiden Entwürfen verwenden und eigene Formulierungen einbringen.

C ■ Verfasse Einleitung und Schluss zu einem Brief an den Professor, in dem du dich (wie er auch) für die Abschaffung der Hausaufgaben einsetzt.

Schreiben

Die Argumentation formulieren und überarbeiten

Die Sprache des Argumentierens

INFO

In der Argumentation wird **sachlich dargestellt** und trotzdem eine **Meinung deutlich** gemacht. Dazu muss man bestimmte Regeln beachten:
- Achte auf eine präzise Darstellung mit **Fachbegriffen** sowie auf eine exakte Herstellung von **Sachzusammenhängen** durch Konjunktionen und Adverbiale.
- Besonders häufig wirst du **Kausal-** und **Konsekutivzusammenhänge** herstellen müssen: *da, denn, weil, so dass, was zur Folge hat …*; immer wieder auch **Konzessiv-** oder **Finalzusammenhänge**: *obwohl, selbst wenn, damit, auf dass*.
- Für die Behauptung ist es wichtig, einen passenden **Oberbegriff** zu finden für das, was das Argument anführen soll. Auch das Finden von Oberbegriffen ist dir bereits aus der Zusammenfassung geläufig.
- Schwierig ist es oft, **sachlich zu bleiben**, wenn man eine Meinung vertritt. Das bedeutet, man soll keine Formulierungen verwenden, die einen zu emotionalen, angriffslustigen oder umgangssprachlichen Tonfall haben. Allerdings darf die Wortwahl durchaus gelegentlich etwas wertend sein, wenn man dabei auf einer logisch begründeten Basis bleibt.
- Bildhafte Ausdrücke gehören nicht in die Argumentation, allenfalls in den Beweis.

Deine Cousine Laura besucht derzeit die 5. Klasse am Gymnasium und ihre Eltern überlegen, ob sie Latein oder Französisch als zweite Fremdsprache lernen soll. Da du diese Wahl bereits hinter dir und daher schon Erfahrung hast, möchtest du ihnen gerne raten, was sie tun sollen.

A ▪ Erstelle eine Stoffsammlung für beide Möglichkeiten. Sortiere die Stichworte und überlege dir, welche Argumente du anbringen möchtest.

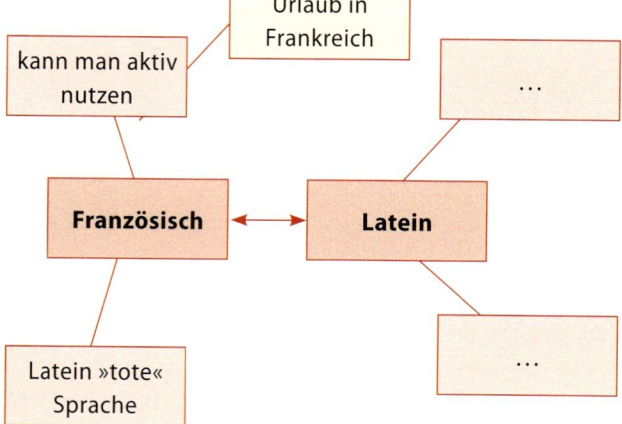

B ■ In den folgenden Argumentationsblöcken sind einige Formulierungen nicht gut gelungen. Begründe, warum sie ungeeignet sind, und finde bessere. Im ersten Argumentationsblock sind die betreffenden Stellen unterstrichen, im zweiten musst du sie selbst finden.

C ■ Formuliere zwei weitere Argumentationsblöcke für die Fremdsprache, die du empfehlen würdest.

1 **Französisch** ist auch <u>zu sprechen mächtig</u> kompliziert zu lernen, denn die Aussprache ist <u>kompliziert und unsinnig</u>, <u>nichts spricht man so aus, wie es geschrieben wird,</u> und alles klingt, <u>als hätte man Schnupfen</u>. Schaut mich an, ich tu mich selbst nach wie vor <u>echt</u> schwer, mir die richtigen Betonungen zu merken.

2 **Latein** ist nichts für Faulenzer, weil man total viel Grammatik lernen muss und alles peinlich genau genommen wird. Auch die Vokabellernerei kann einen auf die Palme bringen. Gestern musste ich schon wieder über 20 neue Wörter runterlernen, weil ich morgen abgefragt werden könnte.

Schreiben

Die Behauptung – präzise formulieren

Formuliere die Behauptung möglichst knapp und präzise. Sie sollte einen aussagekräftigen Oberbegriff enthalten, der angibt, worum es dir geht, und es sollte auch klar werden, was damit ist bzw. welche Ansicht du vertrittst.

»Mit Latein ist man gebildeter.« → »Latein ist in vielen Bereichen der Bildung wichtig.«

»Mein nächstes Argument ist die Alltagstauglichkeit der Sprache.« → »Französisch hat mehr Nutzen im Alltag.«

»Ich will noch auf die Logik zu sprechen kommen.« → ...

»Mit Französisch kann man auch mal wegfahren.« → ...

A ▪ Finde bessere Formulierungen für die zwei letzten Behauptungen.

> **TIPP**
> Für deine ersten Argumentationen können dir als Oberbegriffe oft hilfreich sein:
> Kosten – Verantwortung – Selbstständigkeit – Gefahren – Freizeit – Erfahrungen – Bildung/Lernen – Unabhängigkeit – Pflichten – ...

Die Begründung

B ▪ Ergänze zu den vier obenstehenden Behauptungen sinnvolle Begründungen. Nutze dazu die folgenden Wortreihen und setze die einzelnen Bausteine zu Begründungen zusammen. Die Wörter aus dem Kasten helfen dir dabei. Du brauchst normalerweise mehr als eines davon für eine Begründung.

> denn ▪ da ▪ weil ▪ obwohl ▪ ähnlich wie ▪ wenn auch ▪ doch ▪ neben ▪ in erster Linie

a europäische Geschichte – nicht mehr gesprochen – Verständnis

b frankophone Länder – Nachbarland – Freizeit und Beruf

c Mathematik – Grammatik – Lernaufwand – Verstehen – logisches Denken

d Englisch – Urlaub – Verständigung – weit verbreitet

Das Beispiel / Der Beweis

Der Beweis ist häufig ein Beispiel aus dem persönlichen Erfahrungsschatz oder erfolgt durch die Angabe von Zahlen, Statistiken oder Ähnlichem. Er kann aber auch auf andere Fälle verweisen, bei denen das zu Beweisende der Fall gewesen ist.

C ■ Prüfe folgende Beispiele / Beweise zu den vorher genannten Argumenten auf ihre Überzeugungskraft.

a Ich zum Beispiel bin recht begabt in Mathematik, und genauso leicht fällt mir jetzt auch Latein, da die Sprache ähnlich logisch ist.
b Mein Freund Peter fährt, seit er Latein in der Schule hat, jedes Jahr mit seiner Tante nach Italien und sucht mit ihr nach alten lateinischen Grabinschriften.
c Aus meiner Klasse, in der alle Schüler Französisch gewählt haben, bereuen das bis jetzt nur zwei Kinder wirklich, die anderen sind sehr zufrieden.
d Mein Bruder hat Französisch gehabt und gleich nach der Schule eine Ausbildungsstelle in Frankreich bekommen, weil er die Sprache so gut beherrscht.

TIPP

Achte beim Beweis darauf, dass er realistisch bleibt: Es ist nicht sehr glaubwürdig, wenn deinem Freund alle Unfälle zugestoßen sind, die man in einem Skikurs nur haben kann, oder wenn deine Oma alles, wovon du schreibst, schon erlebt hat. Nur ein glaubwürdiger Beweis überzeugt den Leser!

Grabstein des August von Goethe, Sohn Johann Wolfgang Goethes

Schreiben

Zwischen den Argumentationsblöcken überleiten
INFO

Die einzelnen Argumentationsblöcke bleiben natürlich nicht unverbunden hintereinander stehen, sondern bilden in der begründeten Stellungnahme einen **zusammenhängenden Text**. Diese **Überleitungen** müssen und sollen nicht lang sein, aber ein leichtes Lesen ermöglichen. Dabei kann man neben einer inhaltlichen Verbindung der beiden Argumente auch einen Hinweis auf die Wichtigkeit des nächsten Gedankens verwenden.

Hier sind einige Möglichkeiten der Überleitung:

Neben A ist auch B zu beachten:
Zunächst möchte ich auf A hinweisen.
Nicht nur C spielt jedoch eine Rolle, sondern auch D.
Wichtiger als E erscheint mir aber noch die Rolle von F.
Wenn man G nun weiterdenkt, muss man auch H beachten.
Das führt mich direkt zu meinem nächsten Gedanken:
Besonders relevant ist jedoch I.

A ▪ Fülle die Formulierungsvorschlägen mit Ideen zum Thema »Latein oder Französisch«.
B ▪ Überlege dir weitere Formulierungsmöglichkeiten der Überleitung.

C ▪ Du hast in diesem Teilkapitel verschiedene Themen für begründete Stellungnahmen kennen gelernt. Wähle eines aus und verfasse dazu eine vollständige begründete Stellungnahme in Briefform.
D ▪ Überprüfe und überarbeite deine Argumentationsblöcke mit Hilfe folgender Fragen:
– Sind meine Formulierungen präzise genug?
– Ist meine Ausdrucksweise sachlich und dem Anlass und Adressaten angemessen?
– Habe ich überzeugende, glaubwürdige Beispiele gefunden?

Aus Informationen Argumentationsblöcke machen – materialgestützt erörtern

Sich Informationen und Argumente anderer zu Nutze machen INFO

Zu vielen der Themen, über die man diskutiert und Argumente austauscht, gibt es bereits eine **Fülle von Informationen** und Überlegungen, die man öffentlich wahrnehmen kann: in Zeitungen, im Internet, in Büchern. Außerdem braucht man für die Argumentation bei den meisten Themen Informationen zu **Beweiszwecken**, die man ebenfalls in Veröffentlichungen findet. Denn je allgemein anerkannter eine Tatsache ist, desto mehr Beweiskraft hat sie, wenn man sie für meine Zwecke nutzen kann. Viele Bereiche der Wissenschaft funktionieren im Grunde genommen so: Eine Person findet etwas heraus und stellt damit dann Hypothesen (Behauptungen) auf und veröffentlicht sie. Eine andere nutzt diese Erkenntnisse und Behauptungen, um wiederum damit zu arbeiten, weiterzuforschen und zu argumentieren.

■ Text 17
Studie zur Mediennutzung: Jugendliche mit Schulfrust sehen mehr fern

Kinder und Jugendliche, die viel Zeit vor dem Computer oder Fernseher verbringen, haben weniger Lust auf Schule als ihre Altersgenossen. Das kam bei einer Studie der Leuphana Universität Lüneburg im Auftrag der Krankenversicherung DAK-Gesundheit heraus (pdf). Unter den Schülern, die täglich sechs
5 Stunden oder mehr vor dem Bildschirm sitzen, sei jeder Fünfte unzufrieden mit seinen Leistungen in der Schule, heißt es in dem Papier, das am Mittwoch vorgestellt wurde. Bei Schülern, die weniger als zwei Stunden jeden Tag vor Computer oder Fernseher verbrachten, war nur jeder Zehnte nicht glücklich mit seinen
10 Noten. [...]

Auf die Zahl der Freunde hat die Mediennutzung hingegen offenbar kaum Einfluss. So haben 90 Prozent der Befragten vier oder mehr Freunde, unabhängig vom Geschlecht
15 oder der Dauer, die sie mit Fernsehen, Musik und Computer verbringen. Insgesamt mehr als die Hälfte der befragten Schüler unternimmt dreimal oder öfter pro Woche nach der Schule etwas mit Freunden. Bei denen,
20 die täglich mehr als sechs Stunden vor Com-

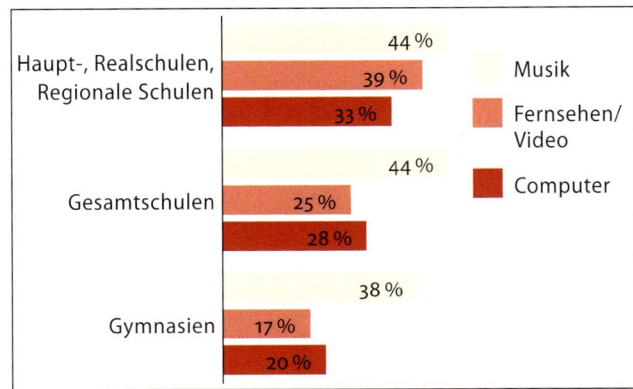

Anteil der Vielnutzer von Medien unter den Schüler/Innen der verschiedenen Schulformen

63

Schreiben

puter und TV sitzen, liegt dieser Anteil besonders hoch, nämlich bei 61 Prozent – im Vergleich zu 47 Prozent unter denen, die diese Medien weniger als zwei Stunden täglich nutzen. Die intensive Nutzung von Medien habe also auch eine soziale Komponente, heißt es in der Studie – wenn sich Schüler zum Beispiel treffen, um gemeinsam Computer zu spielen.

A ▪ Finde im Textauszug Informationen, die dir helfen können, eine Erörterung zum Thema »Ein eigener PC im Kinderzimmer?« zu verfassen.

B ▪ Formuliere Behauptungen, die du mit der jeweiligen Information gut belegen kannst, z. B.: »Ein eigener PC ist schlecht für …«

C ▪ Fasse die Aussage der Grafik (auf S. 63) in eigenen Worten zusammen. Welche Schlussfolgerung kann man daraus für die Frage nach dem eigenen PC für Jugendliche ziehen? Formuliere einen kompletten Argumentationsblock zu den Inhalten der Grafik.

 D ▪ Sammelt Ideen, wo ihr zu anderen Themen, die ihr bereits im Unterricht erörtert habt, Material finden könntet. Nennt die Quellen genau (also nicht nur »im Internet« o. Ä.).

Quellen angeben
INFO

Wenn du Informationen aus Materialien nutzt, musst du immer nennen, wo du sie her hast. Diese **Quellenangabe** kann man ausformulieren: »Die Universität Lüneburg hat in einer Studie festgestellt, dass …«, damit hast du gleich einen guten Einstieg für den Beweis in deinem Argumentationsblock. Aus welchem Material du die Informationen erhalten hast, wird in Klammern hinter dem Beweis angegeben: (www.spiegel.de, »Studie zur Mediennutzung: Jugendliche mit Schulfrust sehen mehr fern«, 29. Februar 2012, Z. xy).

Für Argumentationen in der Schule wirst du oft Material zur Verfügung gestellt bekommen, welches dann eine bestimmte Kurzbezeichnung hat, z. B. »Mat 1«. Dann reicht als Quellenangabe: (Mat 1, Z. xy).

Schreiben

In der Klasse plant ihr den nächsten Wandertag. Eine Mitschülerin macht den Vorschlag, nach Nürnberg in den Tiergarten zu fahren und dort eine Show in der Delfinlagune zu besuchen. Dieser Vorschlag stößt auf sehr geteilte Meinungen in der Klasse.

A ■ Formuliere zu den Beiträgen der Schüler ganze Argumentationsblöcke. Finde geeignete Beweise in den **Texten 6**, **12**, **13** und **14** und gib die Quellen richtig an.

B₁ ■ Verfasse eine vollständige begründete Stellungnahme in Form eines Briefes an die Nürnberger Tiergartenleitung, in dem du mit Hilfe der Informationen aus den **Texten 6**, **12**, **13** und **14** darlegst, warum du für eine Schließung der Nürnberger Delfinlagune eintrittst.

B₂ ■ Recherchiere im Internet und stelle Bilder, Texte und Grafiken für eine materialgestützte Argumentation zum Thema »Zoohaltung von Tieren« zusammen. Du kannst dabei auch auf die Ergebnisse der Plakatwand »Tiere in Freiheit und in Gefangenschaft« (S. 46 – 47) zurückgreifen.

Sprache betrachten

■ Text 18

Ruf zum Sport *Joachim Ringelnatz*

A ■ Welche Rechtschreibregeln, die du bereits gelernt hast, kannst du bei den markierten Wörtern aus dem Gedicht von Ringelnatz anwenden? Solltest du dir bei einem dieser Wörter unsicher sein, dann kannst du es im Wörterbuch nachschlagen.

Auf, **ihr** steifen und **verdorrten**
Leute **aus Büros**,
Reißt euch mal zum **Wintersporten**
Von den Öfen **los**.

5 Bleiches **Volk** an Wirtshaustischen,
Stellt die Gläser fort.
Widme dich dem freien, frischen,
Frohen Wintersport.

Denn er **führt** ins lodenfreie
10 Gletscherfexlertum
Und **bedeckt** uns nach der Reihe
All mit **Schnee** und **Ruhm**.

Doch nicht nur der Sport im **Winter**,
Jeder Sport ist plus,
15 Und mit etwas **Geist** dahinter
Wird er zum *Genuß*.

Sport macht Schwache *selbstbewußter*,
Dicke dünn, und macht
Dünne hinterher robuster,
20 Gleichsam über Nacht.

Sport **stärkt** Arme, **Rumpf** und Beine,
Kürzt **die** öde Zeit,
Und er schützt uns durch Vereine
Vor der Einsamkeit,

25 **Nimmt** den Lungen **die** verbrauchte
Luft, gibt Appetit;
Was uns **wieder** ins verrauchte
Treue Wirtshaus **zieht**.

Wo man **dann die sporttrainierten**
30 Muskeln **trotzig** hebt
Und fortan in **Illustrierten**
Blättern **weiterlebt**.

Sprache betrachten
Groß- und Klein...

 Ich spreche das Wort langsam und schwinge die Sprechsilben mit. Beim Schreiben kann ich unter dem Wort Schwungbögen anbringen.

 Ich verlängere das Wort. Bei Verben suche ich den Infinitiv, bei Adjektiven die Steigerungsform und bei Nomen bilde ich den Plural.

 Ich leite das Wort vom Stamm eines anderen Wortes ab.

 Dieses Wort muss ich mir merken. Dazu benutze ich meine Merkwörterkartei.

 Dazu weiß ich eine Rechtschreibregel/eine Kommaregel, und die lautet so: …

 Ich bin mir nicht sicher, wie man dieses Wort schreibt. Das schlage ich besser im Wörterbuch nach.

B ■ Die kursiv gesetzten Wörter sind nicht korrekt geschrieben. Kannst du sie mit Hilfe der bereits gelernten Rechtschreibregeln korrigieren? Begründe deine Entscheidung.

C ■ Kannst du dich noch an die Strategien und Regeln aus den Klassen 5 und 6 erinnern? Dann findest du sicher für die nachfolgenden Wörter ein passendes Symbol, mit dem du die Schreibung erklären kannst:

> Leichtathletin ■ Fußballer ■ Langstreckenläufer ■ Leistungsschwimmen ■ Weltmeisterschaft ■ Synchronwassergymnastik

---

In diesem Kapitel lernst du …
… im Bereich Rechtschreibung(,) …
- die bereits gelernten Rechtschreibstrategien anzuwenden,
- Fehlervermeidungsstrategien bei den Hauptschwierigkeiten der Rechtschreibung kennen,
- die Schreibung verbreiteter Fremdwörter,
- die Regeln für den Gebrauch der Satzzeichen in Satzreihe und Satzgefüge, bei Infinitiv- und Partizipialkonstruktionen, bei Apposition und nachgestellter Bestimmung anzuwenden.

… im Bereich Grammatik, …
- temporale, kausale, finale, modale, konsekutive, konditionale, konzessive und adversative Beziehungen zu erkennen und sie sprachlich richtig anzuwenden,
- Attribute sinnvoll zur Gestaltung von Texten zu verwenden,
- Relativ-, Infinitiv- und Partizipialsätze sowie Subjekt- und Objektsätze in ihren Funktionen zu verstehen und korrekt einzusetzen,
- Modusformen korrekt zu bilden und funktionsgemäß einzusetzen.

… im Bereich Wortkunde(,) …
- den Bedeutungswandel und die Bedeutungsübertragung kennen,
- bildhafte Möglichkeiten der Sprache zu nutzen.

Rechtschreibung

> In den letzten beiden Jahren hast du Strategien kennen gelernt, wie man Rechtschreibfehler vermeiden und auch analysieren kann. So bist du auf einem guten Weg, ein Rechtschreibprofi zu werden. In diesem Teilkapitel lernst du(,) …
> - die bereits gelernten Rechtschreibstrategien verlässlich anzuwenden,
> - deine Fehler in der Rechtschreibung sicher zu analysieren,
> - Wörter richtig zu schreiben, in denen Dehnung, Schärfung und die verschiedenen s-Laute vorkommen,
> - die Regeln der Groß- und Kleinschreibung korrekt anzuwenden,
> - die Schreibung häufig vorkommender Fremdwörter,
> - den sicheren Umgang mit der Zeichensetzung in Satzreihe und Satzgefüge, bei Infinitiv- und Partizipialkonstruktionen, bei Apposition und nachgestellter Bestimmung.

Fremdwörter

Kleinanzeigen

Wer ein Sportgerät kaufen will, kann in der Zeitung oder im Internet viele Anzeigen finden. Man entdeckt dabei auch manche Wörter, die nicht aus dem Deutschen stammen.

JONGLIERTÜCHER im 6er-Set
Es handelt sich um Chiffontücher bzw. Rhythmiktücher. Ideal für Jonglieranfänger, da diese Tücher ganz langsam durch die Luft fliegen. Gleichzeitig sind sie ein wichtiges Utensil für Hobby- und Profizauberer. Sie lassen sich bis auf Daumengröße zusammenknüllen. Geeignet auch als Dekoration, Haarschmuck oder Tischdesign!
www.abrakadabra.com

Ladegerät für Elektro E-Scooter mit 24 V
Neues 24V-Ladegerät mit 3-poligem Anschluss für diverse Elektrofahrzeuge. Geeignet für 24V-Bleiakkus. Es handelt sich um ein intelligentes Ladegerät, das bei aufgeladenen Akkus automatisch in die Erhaltungsladung umschaltet.
Müller & Team, Hauptstr. 27

TITAN Leichtathletikschuh NEU Gr. 42
Der TITAN Lang- und Querfeldeinstreckenspike ist ein professioneller Leichtathletikschuh aus der TRACK & FIELD- Kollektion. Absoluter Top-Laufschuh auch für die Wege außerhalb der Bahn. Diese Schuhe werden gerne als Allrounder getragen. Ideal für ambitionierte Sportler, die nicht pro Disziplin einen extra Schuh brauchen.
Profi-Sport, im Gewerbegebiet am Baumarkt

A ▪ Teilt eure Klasse in zwei Gruppen. Jede Gruppe schreibt aus zwei Anzeigen die Fremdwörter heraus. Vergleicht eure Ergebnisse miteinander.
B ▪ Woran kann man erkennen, dass es sich um Fremdwörter handelt?
C ▪ Übernimm die Fremdwörter, deren Schreibung du nicht sicher beherrschst, in deine Merkwörterkartei.

Jonglieren mit Ringen

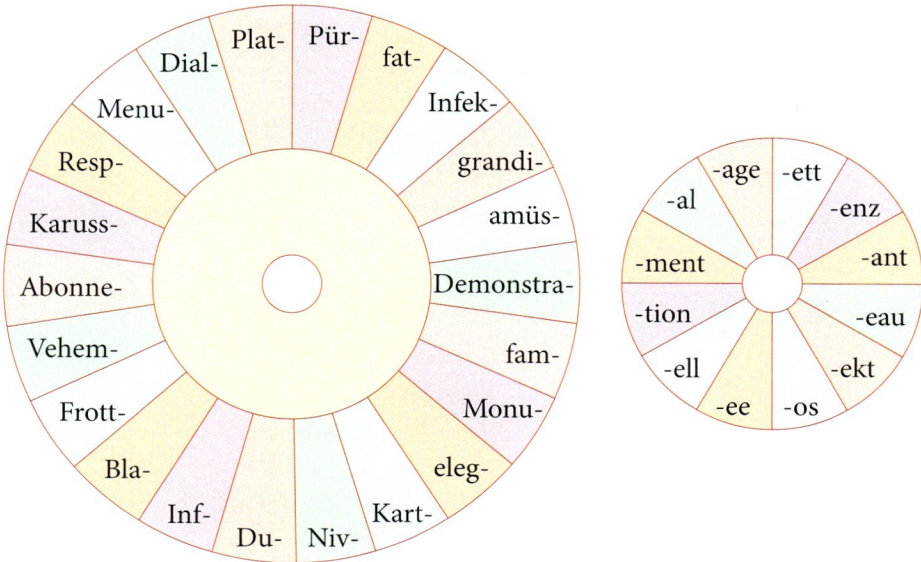

D ■ Jongliere mit den beiden Ringen so, dass du aus den Wortteilen im linken und rechten Ring möglichst viele Fremdwörter erhältst.

E ■ Finde zu den Endungen im rechten Ring weitere passende Fremdwörter.

TIPP Im Internet kannst du gezielt nach Wörtern mit bestimmten Buchstabenkombinationen suchen. Gib dafür die Fremdwörterendung mit einem Plus (z. B. +*tion*) ein und du erhältst eine Liste mit Möglichkeiten.

Versteckter Sport

In dem Buchstabengitter unten sind zehn Verben versteckt, die mit Sport zu tun haben. Dazwischen finden sich weitere Fremdwörter.

MEDIZINJKASVOLTIGIERENSJFGARDINELSFJGALOPPIERENLKSJF
FABRIKKLSKUSINELSKTRAINIERENKJBENZINLSKDKOMMENTIEREN
JKSFRIVALEKMFKOMMANDIERENJSMHAPFELSINEKHQUALFIZIERENK
JMASCHINEIFSECOURAGERENLASKABINEBIFTAKTIERENSESFKINO
KSJBRILLIERENL SKNALOVFDMYQGLOKOMOTIVESJKPARIERENHJ
MOTIVKHFREGULATIV

F ■ Schreibe die Verben und die anderen Fremdwörter heraus und ordne sie nach der Endung.

G ■ Schreibe mit diesen Verben Sätze über das, was im Sport alles passieren kann.

H ■ Sucht weitere Verben mit der Endung *-ieren* und spielt damit ein Quiz mit eurem Nachbarn: Einer nennt das Verb, der andere muss dessen Bedeutung erklären und einen Satz damit bilden.

Sprache betrachten

Groß- und Kleinschreibung

Die ganze Welt schaut zu bei dem ältesten und bedeutendsten Sportfest der Welt: den Olympischen Spielen. Das jeweilige Gastgeberland sorgt mit sehr viel Mühe und Geld dafür, dass die besten Sportler aus mehr als 200 Nationen gegeneinander antreten. Ursprünglich waren die Olympischen Spiele jedoch ein kleiner sportlicher Wettbewerb zu Ehren der Götter im antiken Griechenland. Erst im 20. Jahrhundert wurden die Spiele zu dem internationalen sportlichen Großereignis, das der Völkerverständigung dienen soll.

Das große Olympia-Quiz

Bist du ein Olympiakenner? Dann kannst du dein Wissen bei dem folgenden Quiz testen.

1 Wann wurden die ersten Olympischen Spiele des 21. Jahrhunderts eröffnet?
   ☐ am fünfzehnten September 2000 in Sydney
   ☐ in Athen
   ☐ am Achten des Monats Februar im Jahr 2002 in Salt Lake City

2 Wann finden die olympischen Schwimmwettkämpfe statt?
   ☐ nie vor acht Uhr
   ☐ am liebsten nachts
   ☐ Die Schwimmer sind traditionell die Ersten.

3 Wie viel kostet eine Eintrittskarte zu olympischen Wettkämpfen?
   ☐ mindestens einen Fünfziger
   ☐ etwa hundertzwanzig Euro
   ☐ Man kommt nur als Gast eines Sponsors zu den Wettkämpfen.

4 Wie viele Medaillen gewann Maria Riesch bei den Olympischen Winterspielen 2010?
   ☐ Sie kam zweimal als Erste ins Ziel.
   ☐ gar keine
   ☐ zwei Goldmedaillen: eine in der Abfahrt und eine im Super-G

5 Wie oft darf ein Sportler bei Olympia einen Fehlstart begehen?
   ☐ sooft er will
   ☐ Den Vierten wird es nicht geben.
   ☐ Nach dem ersten Fehlstart wird man disqualifiziert.

6 Aus wie vielen Reitern besteht eine olympische Dressurmannschaft?
   ☐ aus einem Reiter und drei Pferden
   ☐ Nur Frauen dürfen Dressur reiten.
   ☐ Die richtige Zahl ist die Drei.

7 Wie viel wiegt die Diskusscheibe der Frauen?
   ☐ Diskuswerfen der Frauen ist keine olympische Disziplin.
   ☐ Sie wiegt genau achtzig Gramm.
   ☐ Sie wiegt etwa zwei Drittel mehr als ein Jugendfußball, nämlich zwei Kilo.

A ■ Beantworte die Quizfragen. Tipp: Die richtige Antwort enthält immer ein nominalisiertes Zahlwort.

B ■ Schreibe alle Zahlwörter aus den Antworten heraus und ordne sie nach Groß- und Kleinschreibung.

 C ■ Formuliere eine Schreibregel: Wann werden Zahlwörter groß- und wann kleingeschrieben?

D ■ Formuliere eigene Quizfragen zu den Olympischen Spielen. Benutze dazu Zahlwörter in Groß- und Kleinschreibung.

Zusammen- und Getrenntschreibung

Reporter im Stadion

1 Liebe Zuschauer, beim heutigen Pokalfinale werden Sie sich sicher nicht langweilen. Paul Plattfuß, der Publikumsliebling, wird mitspielen. Er plant, die Titelhoffnungen für seine Mannschaft zu vollenden. Doch die Heimmannschaft sollte nicht zu früh frohlocken, denn auch die Gegner können gut mithalten und werden sicher den Sturmlauf Pauls zu unterbinden wissen. Ob Paul seine Aussage, drei Tore hineinzudonnern, einhalten kann, wird sich zeigen. Da beginnt das Spiel. Die Mitspieler bringen Paul sofort ins Spiel, damit er die gegnerische Abwehr durchbrechen kann. Tatsächlich, er dribbelt gleich los, weil er einen Gegenspieler umlaufen und mit gleich drei Abwehrspielern wetteifern will …

2 Meine Damen und Herren, seien Sie willkommen hier im Schwimmstadion. Ich bin mir sicher, das Publikum wird gleich kopfstehen, wenn das letzte Rennen der Saison ausgetragen wird. Keiner will heimgehen, denn Lena Liebig, unsere Spitzenschwimmerin, wird teilnehmen und gegen die beste internationale Konkurrenz antreten. Wir hoffen alle, dass sie den schnellen Schwimmerinnen aus Asien standhalten kann. Da kommen die Schwimmerinnen. Liebig ist hoch konzentriert. Man glaubt wie immer, dass sie schlafwandelt, wenn sie ihr Maskottchen liebkost und an der Schwimmbrille herumfummelt. Jetzt geht es zum Start. Wir alle wissen, dass Liebig sich hervorragend selbst überwinden kann, doch kann sie sich gegen die anderen durchsetzen? Sie muss eine noch bessere Zeit schwimmen als sonst. Da kommt der Startschuss …

A ■ Partnerarbeit: Einer von euch beiden trägt den Text laut vor und der andere notiert sich alle zusammengesetzten Verben auf einem Blatt Papier.

B ■ Prüfe mit Hilfe der Regeln, ob es sich bei den gesammelten Verben um trennbare oder untrennbare Zusammensetzungen handelt.

TIPP Bilde mit der konjugierten Verbform einen Satz:
fehlschlagen: Der Spielzug schlägt fehl.
widerstehen: Die Schwimmerin widersteht ihrer Müdigkeit.

Untrennbare und trennbare Zusammensetzungen   INFO

Regel 1: Nomen, Adjektive und Partikeln (= unveränderliche Wörter oder Wortteile, z. B. Präpositionen oder Präfixe: *ab – abändern; durch – durchlaufen*) können mit Verben **untrennbare Zusammensetzungen** bilden. Man schreibt sie immer zusammen.

Regel 2: Nomen, Adjektive oder Partikeln können mit Verben **trennbare Zusammensetzungen** bilden. Man schreibt sie nur im Infinitiv, im Partizip I und II sowie im Nebensatz bei Endstellung des Verbs zusammen.

C ■ Ordne die Verben nach ihrer Schreibung in trennbare und untrennbare Zusammensetzungen.

D ■ Setze die Reportagen fort und benutze dabei folgende zusammengesetzte Verben: *handhaben, überqueren, hintergehen, durchziehen, stattfinden, kopfrechnen, untergraben*. Mache durch die Verwendung in deinem Text klar, ob es sich um trennbare oder untrennbare Verbindungen handelt.

Sprache betrachten

Auf die Plätze, fertig, los …

Präfixe	Verben
ab- ■ an- ■ auf- ■ aus- ■ bei- ■ beisammen- ■ da- ■ dabei- ■ daher- ■ dahin- ■ dar- ■ davon- ■ dazu- ■ dazwischen- ■ drauf- ■ drauflos- ■ drin- ■ durch- ■ ein- ■ einher- ■ empor- ■ entgegen- ■ entlang- ■ herüber- ■ herum- ■ herunter- ■ hervor- ■ hin- ■ hinauf- ■ hinaus- ■ hindurch- ■ hinein- ■ hinterher- ■ hinüber- ■ hinunter- ■ hinzu- ■ los- ■ mit- ■ nach- ■ nieder- ■ über- ■ um- ■ umher- ■ unter- ■ vor- ■ voran- ■ voraus- ■ vorbei- ■ vorher- ■ vorüber- ■ vorweg- ■ weg- ■ weiter- ■ wieder- ■ zu- ■ zurecht- ■ zusammen- ■ zuvor-	-ändern ■ -biegen ■ -laufen ■ -schalten ■ -lehnen ■ -sitzen ■ -bleiben ■ -kommen ■ -stellen ■ -gehen ■ -tragen ■ -bauen ■ -bieten ■ -dauern ■ -nehmen ■ -holen ■ -käuen ■ -sehen ■ -finden

A ■ Klassenwettbewerb: Bildet Mannschaften: Jede Mannschaft muss versuchen, aus den Präfixen und Verben möglichst viele Zusammensetzungen zu bilden, z. B. auslaufen, durchmachen. Achtet darauf, dass ihr die Zusammensetzungen auch korrekt aufschreibt. Stoppt die Zeit: Wer hat nach drei Minuten die meisten Zusammensetzungen?

Präfixe und Suffixe INFO

Viele Wörter lassen sich aus verschiedenen **Wortbausteinen** zusammensetzen. Der Stamm ist das bedeutungstragende Element. Die angefügten Elemente nennt man **Präfix**, wenn sie **vor** dem Stamm, und **Suffix**, wenn sie **nach** dem Stamm angefügt werden.

Hindernisse beim Endspurt?

▸ Während des Turnwettkampfs darf der Trainer zur Hilfestellung an den Geräten dabeistehen. Wenn ein Trainer an den Geräten Hilfestellung gibt, darf er nicht sitzen, sondern muss meist dabei stehen.
▸ Mit einem Unentschieden ist die Mannschaft gerade noch einmal davongekommen. Die schlechte Leistung der Mannschaft ist davon gekommen, dass die Spieler nach der langen Anreise noch müde waren.
▸ Bei der Pressekonferenz musste sich die Sportlerin ständig wiederholen. Bei der Pressekonferenz musste die Sportlerin das Mikrofon wieder holen.
▸ Für einen Erfolg müssen Sportler und Betreuer gut zusammenarbeiten. Der Sportler möchte gern mit den anderen Sportlern zusammen arbeiten.

B ■ Lies die Sätze laut vor und achte auf die Betonung der zusammengesetzten Verben.
C ■ Kläre die Bedeutung der zusammengesetzten Verben.
D ■ Erkläre mit Hilfe der Betonung und der Bedeutung die Getrennt- oder Zusammenschreibung.
E ■ Formuliere mit folgenden Verben Sätze mit Getrennt- und Zusammenschreibung: *wieder?geben – zusammen?sitzen – um?laufen*.
Schlage die Verben in einem Wörterbuch nach und vergewissere dich über deine Rechtschreibung.

Schärfung, Dehnung und s-Laut

A ▪ Übertrage die Tabelle in dein Heft und ordne die folgenden Wörter richtig ein.

kurze Vokale SCHÄRFUNG	lange Vokale DEHNUNG
…	…

Blech ▪ Bogen ▪ Dose ▪ fliegen ▪ flitzen ▪ lehren ▪ Motto ▪ neben ▪ prahlen ▪ Satz ▪ Topf ▪ Tor ▪ Winter ▪ Zahl ▪ Ball ▪ Dame ▪ Damm ▪ fehlen ▪ Lasso ▪ Lehne ▪ Nord ▪ Paddel ▪ Pfad ▪ Rassel ▪ Rede ▪ Wolle

B ▪ Formuliere zusammen mit deinem Nachbarn die Regeln für die Schreibung der Schärfung und der Dehnung. Die Satzbausteine helfen dir dabei.

Schärfung
Nach betonten ▬▬▬▬▬ Vokalen folgen fast immer zwei Konsonanten, z. B. ▬▬▬▬▬.
Hört man beim Sprechen nach einem kurzen Vokal nur einen Konsonanten, wird er beim Schreiben ▬▬▬▬▬ z. B. *Ball*.
Sonderfälle:
Statt einem Doppel-k schreibt man im Deutschen ein ▬▬▬▬▬, z. B. ▬▬▬▬▬.
Statt einem Doppel-z schreibt man im Deutschen ▬▬▬▬▬, z. B. ▬▬▬▬▬.

Dehnung
In den meisten Fällen werden die lang gesprochenen Vokale gar ▬▬▬▬▬ gekennzeichnet, z. B. *lesen, die Rede*.
Ein lang gesprochener Vokal kann durch ein ▬▬▬▬▬ gekennzeichnet werden, z. B. *Wahl, Fahne, sehr*.
Ein Vokal kann durch ▬▬▬▬▬ gedehnt werden, z. B. *Haar, leeren*.
ACHTUNG: Wenn sich von diesen Wörtern Ableitungen mit Umlaut bilden lassen, entstehen einfache Umlaute, z. B. *Saal → Säle*.

C ■ Du bist Reporter bei den Olympischen Spielen. Schreibe einen Bericht von einem Wettkampf deiner Wahl mit Hilfe der Wörter aus dem Kasten auf S. 73. Gerne darfst du deiner Fantasie freien Lauf lassen.

D ■ In jeder der nachfolgenden Zeile wurde ein Wort falsch geschrieben. Schreibe das falsche Wort richtig in dein Heft.

Messen, Klasse, Wasser, Grösse

Wissen, lassen, Strauss, Masse

Risse, Bissen, Mass, Kuss

Fluss, Spass, Schluss, Hass

E ■ Ordne die jeweilige Regel den Beispielen aus der Aufgabe D zu.

Stimmloses s	INFO
a) Nach Diphthong (Zwielaut) und Umlaut wird der stimmlose s-Laut mit ß geschrieben, z. B. *schmeißen, gießen*.	b) Nach kurzem Vokal wird ss geschrieben, z. B. *Schluss*. c) Nach langem Vokal wird ß geschrieben, z. B. *sie saßen*.

F ■ Wie verändert sich in den nebenstehenden Sätzen ss? Setze die richtigen Formen ein.

Nach dem Sieg der Fußballmannschaft wurde der Trainer mit Sekt übergossen. Heute will sich der Trainer rächen und auch die Spieler ⬛.
Das Wasser floss auf dem Kurs so langsam, dass sich die Spieler mächtig beim Paddeln anstrengen mussten.
Nach dem Regenschauer am Nachmittag ⬛ es wieder richtig schnell.
Die Zeit in London haben die Athleten sehr genossen.
Auch die Spiele 2016 in Rio de Janeiro werden alle Athleten sehr ⬛.

G ■ Informiere dich im Grundwissen über die *das/dass*-Schreibung und erstelle ein Merkplakat.

H ■ Schreibe die Sätze in dein Heft und setze die korrekte Form von *das* oder *dass* ein.

Viele verwechseln … und …, obwohl … Problem doch gar nicht so groß ist!
1. Die Athleten freuen sich, … die olympischen Spiele endlich beginnen.
2. … hätte wohl kaum einer als Kind geglaubt, … er einmal in seinem Leben an der Spitze stehen würde.
3. Viele von ihnen konnten beim Einlaufen ins Stadion gar nicht glauben, … … Geschehen, … sich vor ihren Augen abspielte, wahr war.
4. … Geschenk, … sie uns mit der Erlaubnis ins Station einlaufen zu dürfen machten, ist wirklich … beste.
5. Heute haben viele … Glück, … sie sich wünschten.
6. Man sieht, … es mit dem … und … gar nicht so schwierig ist, so … man … und … eigentlich nicht verwechseln kann! … war's!!!

Zeichensetzung in Satzreihe und Satzgefüge

A ▪ Dir sind bereits die beiden Begriffe Satzreihe und Satzgefüge bekannt. Versuche, mit den folgenden Bausteinen jeweils eine Formel für beide Satzarten zu erstellen.

HS   +   HS   =   +   HS   2 oder mehrere   +   1 oder mehrere   NS

B ▪ Erinnere dich auch an die Kommasetzung und ergänze sie durch einen Merksatz.

Zeichensetzung bei Infinitiv-/Partizipialkonstruktionen   INFO

Infinitivsätze sind Sätze, die im Satz die Funktion von Nebensätzen übernehmen. Sie bestehen aus einem Infinitivsatz mit »zu« und mindestens einem weiteren Wort.

Infinitivsätze müssen durch Kommas abgetrennt werden, wenn …
- der Infinitivsatz durch *um, ohne, statt, anstatt, außer, als* eingeleitet wird.
- der Infinitivsatz von einem Nomen abhängt.
- der Infinitivsatz von einem hinweisenden Wort wie *daran, darauf* oder *es* abhängt.

In anderen Fällen ist das Komma freigestellt. Es empfiehlt sich, die Kommas immer zu setzen, weil sie die Gliederung des Satzes verdeutlichen und niemals falsch sind.

Partizipialsätze sind Sätze, die im Satz auch die Funktion von Nebensätzen übernehmen. Sie bestehen aus einem Partizip Präsens (Partizip I), welches die Gleichzeitigkeit ausdrückt, oder einem Partizip Perfekt (Partizip II), wenn die Vorzeitigkeit zum Ausdruck gebracht werden soll.

Partizipialsätze müssen durch Kommas abgetrennt werden, wenn …
- durch ein hinweisendes Wort auf den Partizipialsatz Bezug genommen wird.
- der Partizipialsatz als Einschub die gewöhnliche Satzstellung unterbricht.
- der Partizipialsatz einen Nachtrag darstellt.

In anderen Fällen ist das Komma freigestellt. Es empfiehlt sich, die Kommas immer zu setzen, weil sie die Gliederung des Satzes verdeutlichen und niemals falsch sind.

Die Achillesferse

a) Man muss schon ein außergewöhnlicher Mann gewesen sein, wenn man wegen seiner Ferse in den Wortschatz eingeht.
b) Solch ein Mann war Achilleus, unter den Griechen als der Stärkste geltend.
c) Der Sage nach war seine Mutter Thetis, die unsterblich war, aber einen Menschen als Mann und deswegen den Plan hatte, ihren Sohn wenigstens unverwundbar zu machen.
d) Zwei Geschichten werden erzählt, wie Thetis es erreichen wollte, ihren Sohn unverwundbar zu machen.
e) Nach der ersten salbte sie ihn tagsüber mit Ambrosia, während sie ihn nachts an der Ferse über eine Flamme hielt, um alles Menschliche aus ihm zu entfernen.
f) Nach der zweiten Geschichte hielt Thetis ihren Sohn, der vor Angst schrie, an der Ferse fest und tauchte ihn kopfüber in den Fluss Styx, um ihm auf diese Weise Unverwundbarkeit zu verleihen.
g) Sie hatte sich jedoch zu früh darauf gefreut, ihren Sohn unverwundbar zu sehen.

TIPP Die Info-Kästen helfen dir dabei.

A ▪ Bestimme Haupt- und Nebensatz im Text. Klassifiziere anschließend die Nebensätze.
B ▪ Recherchiere im Internet, wie es mit Achilleus weiterging und wie wir heute den Begriff Achillesferse gebrauchen.

Zeichensetzung bei Appositionen

Neue Trendsportarten – kennst du dich aus?

1. Beim **Skiken** ■ fährt man mit Kurzbrettern auf Rollen und schiebt sich mit Stöcken an. Außer im Winter kommen die Skiker fast überall durch.
2. **Jugger** ist eine neue Sportart, die gefährlich aussieht, aber es nicht ist. Die Jugger schlagen mit Schwertern und Stäben ■ aufeinander ein und haben dabei richtig viel Spaß.
3. **Slacklining** ■ hat schon viele Anhänger. Man spannt einfach einen Gurt von Baum zu Baum und fertig ist das Slacker-Paradies.
4. Die **Traceure** ■ wählen den effektivsten Weg von A nach B. Dazu hechten sie mit elegantem Sprung über Bänke und Zäune, rollen unter Gittern hindurch, überwinden fast mühelos meterhohe Mauern, hangeln sich an Gerüsten entlang oder balancieren mit Leichtigkeit über schmale Geländer. Dieser neue Trendsport nennt sich **Parkour**.
5. Beim **Base-Jumping** stürzen sich die Springer aus einer Höhe von 120 Metern von Gebäuden, Brücken und Klippen ■ Jeder Sprung will genauestens vorbereitet sein, sonst war es der letzte.
6. Bei **Kubb** ■ wirft man runde und eckige Hölzer. Es geht darum, den König der Gegner umzulegen …
7. **Bossaball** vereint Elemente von Volleyball und Beachvolleyball, Turnen, Akrobatik und Gymnastik und sogar Fußball. Es wird ■ auf Hüpfburgen gespielt, wo die Spieler meterhohe Sprünge machen.
8. **Bikepolo** ■ erobert zurzeit die Großstädte. Mit links wird das Rad gesteuert und mit dem rechten Arm hält man den Schläger und schlägt den Ball.

sehr zum Vergnügen der jüngeren Mitspieler ■ so nennt man die Hindernisläufer ■ und zwar mit Waffen aus Kunststoff und dick mit Schaumgummi gepolstert ■ einer Mischung aus Inlineskaten und Skilanglauf ■ also Polo hoch zu Rad ■ der Balanceakt auf dem schwankenden Gummiseil ■ auch Wikingerschach genannt ■ und zwar mit einem Fallschirm im Rucksack

> **INFO**
> **Appositionen**, Einschübe und Zusätze sind nachgestellte Erläuterungen, die von Kommas eingeschlossen sind.

A ■ Schreibe die Sätze über die neuen Trendsportarten ab und trage die passenden Einschübe ein. Achte dabei auf die Kommasetzung:
Beachhandball, eine Variante des Feldhandballs, wird am Strand gespielt. Der Ball muss möglichst direkt von Spieler zu Spieler geworfen werden, denn Prellen geht im Sand nicht.

B ■ Kennst du weitere ungewöhnliche Sportarten? Entwirf dazu eine Werbeanzeige, die eine Apposition oder einen Einschub enthält.

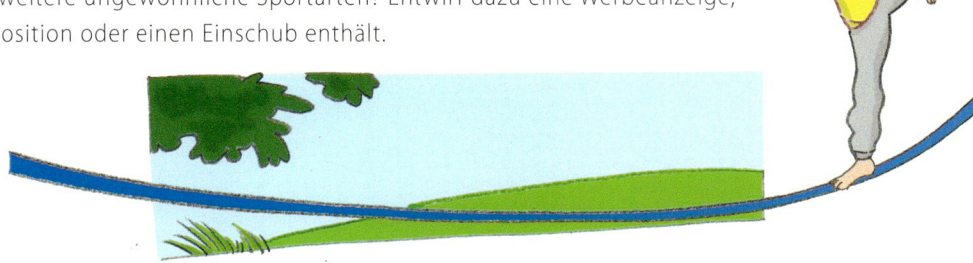

Grammatik

> In diesem Teilkapitel wiederholst du die Wortarten und Satzglieder, die du aus den vorhergegangenen Jahrgangsstufen schon kennst. Darüber hinaus lernst du, …
> - temporale, kausale, finale, modale, konsekutive, konditionale, konzessive und adversative Beziehungen zu erkennen und sie sprachlich richtig anzuwenden,
> - Attribute sinnvoll zu Gestaltung von Texten zu verwenden,
> - Relativ-, Infinitiv- und Partizipialsätze sowie Subjekt- und Objektsätze in ihren Funktionen zu verstehen und korrekt einzusetzen,
> - Modusformen korrekt zu bilden und funktionsgemäß einzusetzen.

Wortarten

■ Text 19

Ballade von den unsagbaren Geschehnissen *Christa Reinig*

Und der Kallermarl ast Gimme
und die strohn ihm im Salleit,
Pritchie Pritcher ast ein Nimme,
doch den Nimme muhlt man neit.

5 Lang schon gohlt es im Betritsche,
pussert sich zum Rampelfurm,
meulich mammelt die Matitsche,
pauft die Jemmen in den Zurm.

Unter einem Himmergepsel
10 brault der Mugger seinen Prumpf,
doch gar bald betreupft Scharnepsel,
und es pergelt Mörschenwumpf.

Pritchie frammt sich einen Wusser,
plärzt ins Kneff den wutren Greun,
15 aber plötzlich schwallern Grusser,
Und er wufzt aufs Krützel heun.

Pritchi-boy farewell in Boller,
nimmer pomden wir dich mirn,
nein wir pomden dich auf holler,
20 Pritchie nicht bewuchten knirn.

Endlich schnefzt herbei die Krosse,
jetzt die Detten vergepliert!
Aber ach, es queuzt Kalosse,
Kneutschels, zengen wir den Schwiert?

25 Und der Reller prünkelt schweise,
und die Beulken schweun dahin,
das war Bammerwemmels Zeise,
und so nertscht es pacherwin.

→ vgl. S. 118 ff.

A ■ Tragt die Ballade vor.
B ■ Überlegt, welchen Inhalt die Ballade haben könnte.
C ■ Bestimme Nomen, Verben, Adjektive und Adverbien.
D ■ Überprüfe, ob in der Ballade Nebensätze vorkommen.

Um welche Wortart handelt es sich?

1. Die Wortart ist unveränderlich und zeigt an, unter welchen Umständen etwas geschieht. Sie lässt sich in vier Gruppen einteilen: lokal, temporal, modal, kausal.
2. Die Wortart beschreibt Nomen genauer und wird dekliniert sowie gesteigert. Sie wird attributiv und prädikativ gebraucht, kann aber auch die Funktion eines Adverbs haben.
3. Die Wortart bezieht sich auf Nomen, Pronomen oder Wortgruppen und leitet einen Nebensatz ein.
4. Die Wortart bezeichnet Tätigkeiten, Zustände sowie Vorgänge und wird konjugiert.
5. Die Wortart zeigt ein Besitzverhältnis oder eine Zugehörigkeit an und wird dekliniert.
6. Die Wortart bezeichnet Dinge und Lebewesen, aber auch Gedanken und Gefühle. Entsprechend teilt man sie in Konkreta und Abstrakta ein. Sie wird dekliniert.
7. Die Wortart verbindet Wörter, Wortteile, Wortgruppen und Sätze. Man unterteilt sie in beiordnend und unterordnend.
8. Die Wortart bezieht sich auf das Subjekt des Satzes zurück. Bei bestimmten Verben muss sie immer stehen.
9. Die Wortart bezeichnet ein Verhältnis. Sie bestimmt den Kasus des Bezugswortes und lässt sich in vier Gruppen einteilen: lokal, temporal, modal, kausal.
10. Mit der Wortart wird auf Sachverhalte und Lebewesen hingewiesen. Sie wird dekliniert und kann Begleiter oder Stellvertreter eines Nomens sein.
11. Die Wortart ist Begleiter eines Nomens und zeigt dessen Genus, Numerus und Kasus an. Sie wird unterschieden in bestimmt und unbestimmt.
12. Diese Wortart hat eine hinweisende Funktion. Sie tritt als Stellvertreter oder Begleiter eines Nomens auf und wird dekliniert.
13. Die Wortart wird gebraucht, wenn Lebewesen oder Dinge von unbestimmter Art oder Menge sind. Sie kann als Stellvertreter oder Begleiter eines Nomens auftreten und wird z. T. dekliniert.

A ■ Ordne die Beschreibungen der Wortarten (1–13) den Wortartenkärtchen zu.
B ■ Sucht jeweils mit eurem Nachbarn zu jeder Definition weitere Beispielwörter aus **Text 19**.

Präposition · Artikel · Verb · Possessivpronomen · Adjektiv · Demonstrativpronomen · Reflexivpronomen · Nomen · Relativpronomen · Personalpronomen · Indefinitivpronomen · Konjunktion · Adverb

Satzglieder

■ Text 20

Herakles – ein griechischer Sagenheld
nacherzählt von Karl Friedrich Becker

1 **Delphi** = griechisches Dorf, 2400 Einwohner, Ausgrabungsstätte. Vor allem das Orakel (Weissagung) machte Delphi zu einer der bedeutendsten Kultstätten der Antike

Um Unsterblichkeit zu erlangen, musste Herakles gemäß dem Delphischen[1] Orakel zwölf Arbeiten bzw. Kämpfe erfolgreich beenden (u. a. mit dem Nemeischen Löwen und der neunköpfigen Hydra).

Im Text sind einige Satzglieder weggelassen, die auf der nächsten Seite in Aufgabe B aufgeführt sind.

Herakles war der Sohn des Zeus und der thebanischen Fürstin Alkmene. Aber Zeus' göttliche Gemahlin Hera hasste den Knaben wie alle Kinder des Zeus, deren Mutter sie nicht selbst war. Kaum war das Kind acht Monate alt, da schickte sie schon zwei ▬▬▬ Schlangen an seine Wiege. Aber der Knabe
5 streckte die Händchen aus und erdrückte beide. Als rüstiger Jüngling wuchs er heran, und als in einem Kriege Amphitryon erschlagen wurde, rächte ihn der achtzehnjährige Sohn und besiegte die Feinde, sodass die Thebaner ihn zum Herrscher wählten. Aber nach einigen Jahren, als er schon vermählt und Vater von drei Söhnen war, überfiel ihn ein plötzlicher Wahnsinn und er erschlug die
10 eigenen Kinder. Als er wieder zur Besinnung kam, ging er verzweifelnd zum Orakel nach Delphi und bat Apoll, seine Strafe zu bestimmen. Der Gott befahl ihm, zu Eurystheus nach Tiryns zu gehen und ihm zwölf Jahre lang dienstbar zu sein.

Eurystheus fürchtete sich ▬▬▬ und wäre ihn gern losgeworden. Deshalb gab er ihm die gefährlichsten Arbeiten auf und hoffte, er werde einmal gar nicht
15 zurückkommen. Der erste Auftrag war, den ungeheuren nemeischen Löwen zu töten. ▬▬▬ hauste bei Nemea und nahm die Herden der Landleute fürchterlich mit. Niemand traute sich mehr, nach seinen Feldfrüchten zu sehen, aus Furcht, ihm zu begegnen. Herakles nahm seine Waffen, dazu eine mächtige Keule, die aus dem Stamm eines jungen Ölbaums bestand, den er einst
20 mit der Wurzel ausgerissen hatte. Eben diese Wurzel, etwas behauen, machte den Kopf der Keule aus. Nach einigen Tagen fand er die Spur des Löwen und abends sah er ihn selbst auf sich zukommen. Schnell legte er einen Pfeil
25 auf den Bogen und traf auch ▬▬▬, aber der Pfeil vermochte nicht das Fell zu durchbohren. Der Löwe stutzte, und als ein zweiter Pfeil ihn ebenso vergeblich traf, schüttelte er seine Mähne, krümmte sich zusammen und sprang mit
30 gewaltigem Satz auf den Jäger los.

Der aber hatte schon den Bogen fallen las-

80

sen und seine schwere Keule erhoben und im Augenblick, als der Löwe noch im Sprung mit den scharfen Krallen über seinem Haupt schwebte, schmetterte er ihm die Ölbaumwurzel mit solcher Gewalt an die Stirn, dass er betäubt zurückstürzte. Schnell sprang nun Herakles hinter ihn, warf sich auf ihn und umklammerte ihm den Hals mit den Händen, bis er erstickt war. Dann zog er ihm das Fell ab und warf es sich als Mantel um die Schultern, um es ▬▬▬ als Beweis der glücklich vollführten Tat zu zeigen.

Als zweite Arbeit gab Eurystheus dem Herakles auf, eine große Wasserschlange zu töten, die sich in den Sümpfen bei Lerna aufhielt und davon die lernäische Hydra hieß.

Neun Köpfe hatte das Scheusal, von denen einer unsterblich war. Als er nach langem Suchen das Ungeheuer gefunden hatte, wollte die Hydra zuerst nicht aus ihrer Höhle hervorkommen. Da ließ Herakles die Spitzen seiner Pfeile von seinem Waffenträger Jolaos glühend machen und mit diesen feurigen Geschossen ▬▬▬ er sie endlich hervor. Grauenvoll war es anzusehen, wie sie den ungeheuren Leib daherwälzte und aus den neun emporgestreckten Hälsen zischend die Zungen streckte. Mit vorgehaltenem Schilde und funkelndem Schwerte sprang der Held auf sie ein und mit raschem Hiebe schlug er Kopf auf Kopf herunter, sodass er schon fertig zu sein glaubte, als zu seinem Entsetzen aus jeder Wunde zwei neue Köpfe sichtbar wurden, die noch ärger als die ersten zischten und bei jedem neuen Hiebe sich vervielfältigten.

In dieser Not hatte er den glücklichen Einfall, den Jolaos zu rufen, und der musste mit Feuerbränden jede Wunde gleich ausbrennen, um so die neuen Köpfe im Hervorwachsen zu ersticken und das Abenteuer zu Ende zu bringen. Endlich flog auch der mittelste, unsterbliche Kopf herunter; den vergrub Herakles ▬▬▬ und wälzte einen schweren Stein darauf. In das Blut der Hydra aber tauchte er seine Pfeile, um sie durch das anklebende Gift noch tödlicher zu machen.

A ■ Kennst du noch weitere Arbeiten oder Kämpfe des Herakles? Erzähle.

B ■ Fülle die Lücken des Textes mit den nachfolgenden passenden Satzgliedern und Satzgliedteilen auf. Sie sind durcheinander wiedergegeben: *Der Löwe, in die Erde, giftige, lockte, seinem Herrn, vor dem riesenstarken Diener, das Tier.*

C ■ Ordne den folgenden Funktionsbeschreibungen (a – g) das zugehörige Satzglied bzw. Satzgliedteil zu:

a) Das ▬▬▬ ergänzt die Satzaussage und zeigt, wem das Subjekt etwas tut.
b) Das ▬▬▬ bestimmt die Umstände eines Geschehens näher.
c) Das ▬▬▬ enthält immer eine Wortart, die man Verhältniswort nennt.
d) Das ▬▬▬ ergänzt die Satzaussage und zeigt, an wen sich das Subjekt wendet.
e) Das ▬▬▬ ist eine Beifügung und ergänzt in der Regel ein Nomen.
f) Das ▬▬▬ sagt, wer der Täter in einem Satz ist.
g) Das ▬▬▬ zeigt an, was in einem Satz geschieht.

Subjekt- und Objektsätze

Dass Herakles seine Kinder erschlug, ist furchtbar.
Dass Herakles sehr stark ist, ist allen bekannt.
Uns freut, dass Herakles immer siegreich war.
Wie die Hydra zischend ihre Zungen aus den Hälsen streckte, war grauenvoll anzusehen.

Eurystheus, sein Bruder, fürchtete, dass Herakles ihm etwas antut.
Eurystheus befahl ihm, die Hydra zu töten.
Er hoffte, dass die Hydra Herakles tötet.
Wir wundern uns (darüber), dass Herakles immer siegte.
Dass Herakles ein hervorragender Kämpfer war, beweist sein Sieg über die Hydra.
Herakles erinnerte sich im Kampf mit der Hydra, dass Jolaos ihm helfen kann.

A ■ Welche Satzglieder ersetzen die Nebensätze?

P. Batoni: Herkules am Scheideweg, 1742

■ Text 21
Herakles, ein tragischer Held

Dass Herakles 12 Arbeiten erledigen musste ist bekannt. Nicht leicht zu entscheiden ist welche Arbeit die schwerste war. Herakles hoffte aber dass die Ermordung seiner Familie nach der Erledigung aller Arbeiten gesühnt sein würde. Dass er ein Jahr brauchte um die kerynitische Hirschkuh einzufangen
5 zeigt wie schwer die Aufgaben waren. Er wusste oft nicht ob er überleben würde. Wem es aber gelingt mit bloßen Händen den Höllenhund Kerberos aus der Unterwelt zu holen ist ein Held, auch wenn das Blut der eigenen Kinder an den Händen hat. Dass Herakles sich zum Schluss auf grausam schöne Weise von der Erde verabschiedete wissen nicht viele.
10   Auf einer Reise mussten er und seine zweite Frau einen Fluss überqueren. Ein Kentaur bot Herakles an seine Frau auf dem Rücken über den Fluss zu setzen. Am anderen Ufer angelangt wusste er nichts Besseres als sie zu entführen. Ein tödlicher Pfeil des Herakles stoppte ihn aber. Der sterbende Kentaur gab der Frau den buchstäblich vergifteten Rat sein Blut aufzufangen und mit ihm das
15 Gewand ihres Mannes zu tränken, wenn er ein Auge auf eine andere Frau werfen sollte.

Dass sich Herakles eines Tages in eine andere Frau verlieben würde war nur ein Frage der Zeit. Als dies geschah, gab seine Frau ihm das mit vergiftetem Blut getränkte Hemd. Er zog es an und hatte sofort furchtbare Schmerzen. Als er verzweifelt versuchte das Hemd wieder auszuziehen, riss er sich das Fleisch vom Körper, da sich das Hemd mit der Haut verbunden hatte. Dass ihr Mann solche Schmerzen zu leiden hatte hatte seine Frau nicht beabsichtigt. In ihrer Verzweiflung tötete sie sich. Herakles entschied sich auch zu töten. Er wollte sich auf einem Scheiterhaufen verbrennen lassen. Aber es wagte keiner den Scheiterhaufen zu entzünden. Zeus schleudert einen Blitz in den Scheiterhaufen und ließ Herakles in einer Wolke in den Olymp bringen, wo er als Halbgott weiterlebte.

A ▪ Bestimme die Subjekt- und Objektsätze.
B ▪ Setze die notwendigen Kommas.

Ich entschließe mich, ins Kino zu gehen.
Ich bitte dich, ins Kino zu gehen.
Ich erlaube ihm, ins Kino zu gehen.
Wir entschließen uns, den Raum zu verlassen.
Ich bitte euch, den Raum zu verlassen.

A ▪ Welche Sätze nehmen die Stelle des Objekts ein?
B ▪ Welches Satzglied fehlt diesen Gliedsätzen?
C ▪ Wo ist das fehlende Satzglied zu finden?

Subjekt- und Objektsätze

INFO

Nebensätze stehen oft für Satzglieder. Deswegen heißen Nebensätze auch **Gliedsätze**. Die Gliedsätze, die für das Subjekt in einem Satz stehen, heißen **Subjektsätze**, die Gliedsätze, die für ein Objekt stehen, heißen **Objektsätze**. Sie werden eingeleitet durch die Konjunktionen *dass* und *ob* oder durch Fragepronomen, z. B. *wer, wie, welcher*.
   Wer Bücher liest, weiß viel. → **Ein Bücherleser** weiß viel.

Auch **Infinitivsätze** können Subjekt- und Objektsätze sein. In den Infinitivsätzen fehlt das Subjekt bzw. Objekt. Das Subjekt steckt im Subjekt oder einem Objekt des Hauptsatzes.
   Dass er erfolgreich sein würde, war zu erwarten. → **Sein Erfolg** war zu erwarten.

Es gibt auch **uneingeleitete Objektsätze**, die ihrer Form nach Hauptsätze sind. Ohne den Objektsatz wäre der Satz unvollständig. Die Unterordnung wird durch den Konjunktiv angezeigt. Uneingeleitete Objektsätze werden in der indirekten Rede verwendet.
   Er beteuerte, **die Gefahr sei vorüber**.
   Er meinte, **es würde bald regnen**.
   Es hieß, **er würde bald kommen**.

Attribut und Attributsatz

Nationalhelden

INFO
Das **Präpositionalattribut** ist ein Attribut, das durch eine Präposition an das Bezugswort angehängt ist.

Nationalhelden sind Personen, die im Laufe der Geschichte eines Landes wegen ihrer Heldentaten von der Nation gefeiert werden.

Wilhelm Tell war ein **berühmter** Schweizer Freiheitskämpfer.

Der Slowake Juraj Jánošík war ein Räuberhauptmann **mit märchenhaften Eigenschaften**.

Der Germane Arminius, **bekannt als Hermann der Cherusker**, besiegte die Römer in der Varusschlacht.

Die **Apposition** ist eine nachgestellte Beifügung, die vom Bezugswort durch Kommas abgetrennt ist, aber im gleichen Kasus steht.

Die Französin Jeanne d'Arc ist eine Heilige **der katholischen und anglikanischen Kirche**.

Das **Adjektivattribut** ist einem Nomen vorangestellt und bestimmt dieses näher.

Das Bild **rechts** zeigt Andreas Hofer, der in Tirol als Freiheitskämpfer verehrt wird.

A ■ Ordne die Definitionen aus der Randspalte den passenden Sätzen zu.

■ Text 22
El Cid

Das **Genitivattribut** ist ein Nomen, das einem anderen Nomen angehängt ist. Genitivattribute lassen sich mit »wessen?« erfragen.

El Cid, eigentlich Rodrigo Díaz, war ein kastilischer Ritter. Mit zwanzig Jahren trat er in den Dienst des Königs. Bald hatte er sich den Beinamen *El Campeador*, der Kämpfer, erworben. Nach dem Tod seines Herrschers wurde er verbannt. El Cid, der tapfere Ritter, diente dem maurischen König von Zaragoza und kämpfte mit ihm gegen die Christen. Der Ehrentitel »El Cid«, der Herr, leitet sich aus der arabischen Sprache ab. Mit dem spanischen König versöhnte er sich später und wechselte auf die christliche Seite. In Spanien ist er ein Symbol für die nationale Einheit. Der *Cantar del Mío Cid* ist das älteste bekannte Heldenlied Spaniens.

Das **Adverbattribut** bezieht sich auf ein Nomen oder ein Adjektiv. Es ist unveränderlich, z. B. dort, sehr.

B ■ In diesem Text kannst du 18 Attribute (zehn Adjektivattribute, drei Genitivattribute, zwei Präpositionalattribute und vier Appositionen) finden. Schreibe sie heraus und notiere auch, auf welches Wort sie sich beziehen.

C ■ Verfasse selbst einen Text über einen Nationalhelden mit verschiedenen Attributen.

Sprache betrachten
Groß- und Klein...

■ Text 23
Vercingetorix

Vercingetorix der aus einem mächtigen gallischen Adelsgeschlecht stammt ist der Nationalheld der Franzosen. Sein keltischer Name bedeutet »der große Könige der Krieger«. Vercingetorix der von 82 v. Chr. bis 46 nach Chr. lebte wurde zum Nationalhelden der Gallier, weil es ihm gelang, die Gallier zum Kampf gegen Cäsar zu vereinen der Gallien erobern wollte. Vorher kämpften die Gallier die in verfeindete Stämme gespalten waren mehr gegeneinander als miteinander. Vercingetorix der 30 Jahre alt war als er von den Galliern den Oberbefehl über die gallischen Heere übertragen bekam, war ein taktisch klug handelnder Feldherr der Cäsar vor eine schwere Aufgabe stellte. Vercingetorix der als Verbündeter der Römer Cäsars Legionäre sechs Jahr begleitet hatte kannte die Strategie und Taktik Cäsars. Deshalb vermied er den direkten Kampf mit Cäsar den er gegen die übermächtigen römischen Legionen sofort verloren hätte. Er ließ die Felder und die Nahrungsmittelvorräte zerstören, um die römischen Soldaten durch Hunger zu schwächen. Diese Taktik war zuerst erfolgreich. Er beging aber den Fehler die römischen Legionen direkt anzugreifen. Vercingetorix und seine Armee die sich in die Stadt Alesia flüchteten wurden von der Römern die ein System von Wällen, Gräben und Palisaden um die Stadt errichteten in der Stadt eingeschlossen. Die Gallier die in der Stadt hungerten trieben ihre Frauen und Kinder aus der Stadt. Die Römer die keinen Anlass sahen sie durchzufüttern, ließen sie nicht durch ihren Belagerungsring. Die Frauen und Kinder die zwischen den beiden Heeren gefangen waren starben den Hungertod. Die Gallier die vollkommen erschöpft waren mussten sich ergeben und Vercingetorix wurde von Cäsar nach Rom mitgenommen der ihn in seinem Triumphzug als Siegesbeute vorführte. Sechs Jahre musste er noch im Kerker schmachten. Sein Tod der durch schmachvolles Erwürgen herbeigeführt wurde machte ihn zum Märtyrer des gallischen Volkes und später zum französischen Nationalhelden.

A ■ Bestimme die Attributsätze und gib an, wo Kommas gesetzt werden müssen.

B ■ An welcher Stelle steht in den Attributsätzen der konjugierte Teil des Prädikats?

C ■ Forme die Attributsätze in Hauptsätze um und bewerte, ob der Attributsatz oder der Hauptsatz die sprachlich bessere Lösung ist.
Beispiel: *Vercingetorix, der aus einem gallischen Adelsgeschlecht stammt, ist der Nationalheld der Franzosen.* → *Vercingetorix, der Nationalheld der Franzosen, stammt aus einem mächtigen gallischen Adelsgeschlecht.*

Attributsätze | INFO

Attributsätze stehen für einen Teil eines Satzglieds: das Attribut. Sie werden von **Relativpronomen** eingeleitet, die sich auf ein Nomen im übergeordneten Satz beziehen. Attributsätze kann man nach dem Einleitungswort auch **Relativsätze** nennen. Sie werden immer mit einem Komma vom übergeordneten Satz getrennt.

Tipp: Das Relativpronomen *das* und die Konjunktion *dass* werden häufig verwechselt. Wenn du für *das* das Pronomen *welches* einsetzen kannst, dann musst du *das* mit einem einfachen *s* schreiben.
Wenn das nicht geht, wird *dass* mit einem doppelten *ss* geschrieben.

Moderne Helden?

Die Frau **mit dem Kassettenspieler**?

Der indische Anführer **der Unabhängigkeitsbewegung**?

Die **erfolgreiche** Weltfußballerin Birgit Prinz?

Ein Bezwinger **des Mount Everests**?

Justin Bieber

Joanne K. Rowling

Barack Obama, **Nobelpreisträger**?

Der **bekannte** Sänger Justin Bieber?

Mahatma Gandhi

Nelson Mandela, **der erste schwarze Präsident Südafrikas**?

Die Jugendbuchautorin **aus England**?

Lena Meyer-Landrut

Reinhold Messner

→ vgl. S. 206 ff.

A ■ Bestimme die farbigen Attribute.
B ■ Formuliere zu den Personen Sätze, in denen du die Attribute zu Attributsätzen umwandelst, z. B.: »*aus England*« – *Joanne K. Rowling ist eine Jugendbuchautorin, die aus England kommt*. Du kannst dazu im Internet recherchieren.
C ■ Erläutere in einem kurzen Text, wer für dich ein Held oder eine Heldin ist. Nutze dafür verschiedene Attribute und Attributsätze.
D ■ Tausche mit einem Partner die Texte. Unterscheide und bestimme die von ihm verwendeten Attribute.

Adverbiale und Adverbialsatz

Comic-Helden: Asterix und Obelix

Sicher kennt ihr die Abenteuer von Asterix und Obelix, den beiden unbesiegbaren Galliern. Gelingt es euch, die nachfolgenden Fragen zu beantworten?

Wann war ganz Gallien von den Römern besetzt?

Weshalb streiten Automatix und Verleihnix immer wieder?

Warum sind die Gallier unbesiegbar?

Seit wann gibt es die Abenteuer von Asterix und Obelix?

Wo befindet sich das Dorf der unbeugsamen Gallier?

Wie fangen Asterix und Obelix Wildschweine?

Wohin reist Miraculix zum Treffen der gallischen Druiden?

Womit bewerfen sich die Gallier, wenn sie streiten?

A ■ Beantworte die Fragen zu den gallischen Helden. Wenn du nicht sicher bist, berate dich mit deinem Nachbarn oder schlage in einem Asterix-Comic nach.

B ■ Welche Umstände werden in den Sätzen erfragt?
Übertrage die folgende Tabelle in dein Heft und vervollständige sie:

TIPP Du kannst auch im Internet recherchieren!

Adverbial	nähere Umstände	Fragewörter	Beispiele
temporales Adverbial	?	Wann? Seit wann? Bis wann?	?
?	Ort	?	?
?	?	Warum? Weshalb?	?
?	?	?	mit bloßen Händen

C ■ Kennst du weitere Comic-Helden? Wähle eine Figur aus und stelle unter der Verwendung von temporalen, lokalen, kausalen und modalen Adverbialen einige Informationen rund um diese Figur zusammen.

Wer war Julius Cäsar?

Julius Cäsar ist das personifizierte Feindbild der gallischen Helden; er kommt in nahezu jedem Asterix-Abenteuer in Bild oder Zitat vor. Was wissen wir aber über den historischen Cäsar? Hier die Notizen:

durch politische Bündnisse ▪ wegen prachtvoller Spiele ▪ zur Vergrößerung seiner Macht ▪ zur Vergrößerung seines Ruhms ▪ an der Themse ▪ trotz vieler erfolgreicher Feldzüge ▪ im Falle seiner Rückkehr nach Rom ▪ nach der Ernennung zum Diktator auf Lebenszeit

Eine Schülerin verfasst mit Hilfe ihrer Notizen einen kleinen Vortrag:

Julius Cäsar machte früh Karriere, <u>indem er geschickt politische Bündnisse schloss.</u> *(Modal)*
Er war beim Volk sehr beliebt, <u>weil er prachtvolle Spiele ausrichten ließ.</u> *(Kausal)* Später ging Cäsar als Prokonsul nach Gallien, <u>damit er seine Macht vergrößern konnte.</u> *(Final)*
Er feierte große militärische Erfolge, <u>sodass er seinen Ruhm vergrößern konnte.</u> *(konsekutiv)* Während eines Feldzugs nach Britannien besiegte Cäsar dort, <u>wo die Themse fließt</u>, seine Feinde. *(lokal)*
<u>Obwohl er viele erfolgreiche Feldzüge vorweisen konnte</u>, war Cäsar im Senat nicht unumstritten. *(konzessiv)* Man forderte von ihm die Auflösung seiner Legionen, <u>falls er nach Rom zurückkehren wolle.</u> *(konditional)* <u>Nachdem er zum Diktator auf Lebenszeit ernannt worden war</u>, fiel Cäsar einem Attentat zum Opfer. *(temporal)*

A ▪ Wo finden sich die Informationen des Notizzettels im Vortrag der Schülerin wieder? Lege eine Tabelle wie im Beispiel an und schreibe die Adverbiale und die Adverbialsätze nebeneinander – was stellst du fest?

Umstand	Adverbial	Adverbialsatz
Art und Weise (modal)	durch politische Bündnisse	indem er politische Bündnisse schloss

B ▪ Forme die Adverbiale in den folgenden Sätzen in Adverbialsätze um.

<u>Nach dem Tod</u> Cäsars wurden aufwendige Leichenspiele veranstaltet. <u>Wegen der großen Anteilnahme</u> endete die Totenfeier erst nach mehreren Tagen. <u>Durch die Verfolgung der Cäsarmörder</u> drückte die römische Bevölkerung ihre Wut über den Tod des Diktators aus.

Helden – unterwegs

Nicht nur bei Asterix, auch in anderen Comics wimmelt es von kleinen und großen Heldinnen und Helden. Behältst du den Überblick?

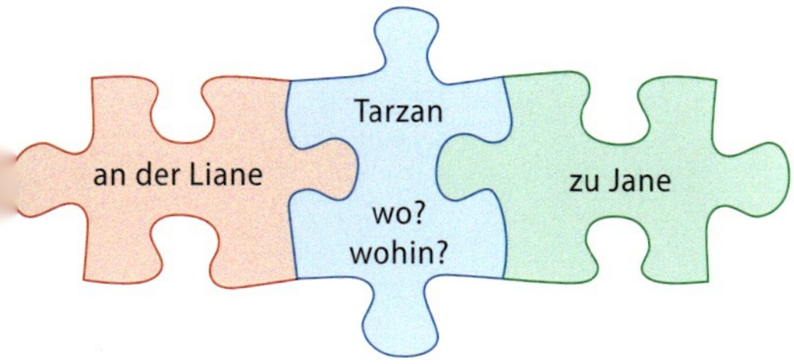

Puzzleteile (zusammengesetzt): an der Liane – Tarzan (wo? wohin?) – zu Jane

Weitere Puzzleteile:

- in den Sonnenuntergang
- seit dem Tod der Eltern
- aus Flake
- Pinocchio – wo? bis wann?
- Käpt'n Blaubär
- in den Alpen
- Spiderman – seit wann? wo?
- auf dem Meer
- wie lange? wohin?
- bei Geppetto
- nach jedem Abenteuer
- Wickie – woher? wo?
- Lucky Luke – wann? wohin?
- viele Jahre
- bis er nicht mehr lügt
- Heidi – seit wann? wo?
- seit einem Spinnenbiss
- in einem Forschungsinstitut
- nach Rummsruttelkoog

A ■ Setze die Puzzleteile wie im Beispiel zusammen.

B ■ Bilde aus den passenden Puzzleteilen Sätze, in denen jeweils ein Adverbial in einen Adverbialsatz umgewandelt ist, z. B.: *Tarzan hängt* <u>an der Liane</u> *und schwingt sich dorthin,* <u>wo Jane ist</u>.

C ■ Vervollständige dann die nachfolgende Tabelle im Heft:

	näherer Umstand	Adverbial	Adverbialsatz	Fragewort
an der Liane	Ort (lokal)	x		wo?
wo Jane ist	Ort (lokal)		x	wohin?
…	…			

D ■ Entwerft Puzzleteile zu weiteren Comic-Helden, tauscht sie untereinander aus und bildet Sätze nach dem Muster von Aufgabe B.

> **INFO**
> **Temporalsätze und temporale Adverbiale** geben über Zeit und Dauer eines Geschehens Auskunft.

> **INFO**
> **Lokalsätze und lokale Adverbiale** dienen zur Angabe eines Ortes oder einer Richtung.

Filmhelden unter sich

Bevor Filmhelden das Happy-End genießen können, haben sie in der Regel eine ganze Menge zu tun und müssen sich mit dem einen oder anderen Problem beschäftigen …

Frage	Antwort
Auf welche Art und Weise soll der Hobbit Frodo einen magischen Ring vernichten?	*indem er die Reichen ausraubt*
Wodurch gelingt es Krabat, die Mühle im Koselbruch zu verlassen?	*weil man nie weiß, was man bekommt*
Wie hilft Robin Hood den Armen?	*indem er ihn in das Magma des Schicksalsberges wirft*
Weshalb will die Mannschaft von Jack Sparrow einen Goldschatz zurückbringen?	*wegen eines auf ihm liegenden Fluches*
Warum vergleicht Forrest Gump das Leben mit einer Schachtel Pralinen?	*weil er Sehnsucht nach einer eigenen Familie hat*
Womit will der mürrische Witwer Carl seiner Abschiebung ins Altersheim entgehen?	*aus Liebe zu Jack*
Wieso springt Rose aus einem Rettungsboot der Titanic?	*mit Hunderten von heliumgefüllten Luftballons*
Weswegen nimmt Sid, das Faultier, drei Dinosauriereier an sich?	*durch die Liebe zu Kantorka*

Kausalsätze und kausale Adverbiale INFO geben Gründe oder Begründungen an.

Modalsätze und modale Adverbiale INFO machen nähere Angaben über die Art und Weise des Geschehens oder über das Mittel, das zu einer Handlung verwendet wird.

A ■ Ordne die Adverbiale und Adverbialsätze den Fragesätzen zu.
B ■ Schreibe die Antworten auf und unterstreiche in den Antwortsätzen die Adverbiale rot und die Adverbialsätze blau.

TIPP Du kannst eine Folie auf den Text legen!

Sprache betrachten
Groß- und Klein

Einmal ein Held sein …

Harry Potter muss auch in den gleichnamigen Computerspielen viele Abenteuer mit seinen Freunden bestehen – glücklicherweise findet er auf seinem Weg immer wieder Gegenstände, die ihm beim Lösen der gestellten Aufgaben hilfreich sind:

- Zauberstab – zum Zaubern
- Bohnen – zum Tausch gegen Schokofrösche
- Kürbispasteten – zum Kauf von Bildkarten
- Schokofrösche – als Energiequelle
- Zaubertrank – zur Heilung von Furunkeln
- Kesselkuchen – zum Kauf von Porträtpasswörtern
- Miniwappen – zum Tausch gegen Wappen
- blaue Bohnen – zum Abruf eines Extremzaubers
- rote Bohnen – zum Auffüllen des Energiespeichers

A ■ Schreibe auf, wofür die Gegenstände und Zaubertechniken nützlich sind. Du hast folgende Möglichkeiten, z. B.:
Den Zauberstab benötigt Harry Potter zum Zaubern.
Den Zauberstab braucht Harry Potter, damit er zaubern kann.
Den Zauberstab benötigt er, um zu zaubern.

B ■ Unterstreiche die finalen Adverbiale, die Finalsätze und die Infinitivgruppen in unterschiedlichen Farben.

… und zaubern können!

Das Erlernen verschiedener Zaubertechniken hilft dem Computerhelden, immer schwierigere Situationen zu meistern:

- Hindernisse aus dem Weg räumen – Depulso-Zauber
- kleine Gegenstände in Kaninchen verwandeln – Lapifors-Zauber
- Türen öffnen – Alohomora-Zauber
- Gegenstände und Lebewesen einfrieren – Glacius-Zauber
- Schutz vor den Dementoren – Expecto-Patronum-Zauber
- Gegenstände anziehen / sich zu Gegenständen ziehen lassen – Carpe-Retractum-Zauber

> **INFO**
> **Finalsätze und finale Adverbiale** drücken ein Ziel, einen Zweck oder eine Absicht aus.

> **INFO**
> **Konditionalsätze und konditionale Adverbiale** nennen die Bedingungen, unter denen ein Geschehen stattfinden kann.

C ■ Notiere, unter welchen Bedingungen der jeweilige Zauber hilfreich ist:
Wenn man Hindernisse aus dem Weg räumen muss, hilft der Depulso-Zauber.
Der Depulso-Zauber hilft bei Hindernissen im Weg.

D ■ Unterstreiche die konditionalen Adverbiale und die Konditionalsätze in unterschiedlichen Farben.

Alltagshelden

Konsekutivsätze und konsekutive Adverbiale INFO
drücken die Wirkung oder Folge einer Handlung oder eines Ereignisses aus.
Sie geben Antwort auf die Frage: »*Mit welcher Folge?*«
Einleitende Konjunktionen sind *dass, sodass*.

→ **Grundwissen**, S. 303

→ vgl. S. 216 ff.

■ **Text 24**

Samstag, 21. August
13-Jähriger stellt Brandstifter auf Sylt
Die Geistesgegenwart eines Jugendlichen verhinderte Schlimmeres

Sylt. Ein Brandstifter trieb in diesem Sommer sein Unwesen auf der Insel Sylt. Die Feuerwehr musste häufig ausrücken. In fünf Nächten brannte es zwanzig Mal. Über 400 Menschen mussten evakuiert werden. Ein 13-jähriger Schüler war nachts noch wach. Er roch den Rauch im Reetdachhaus. Der Junge verbrachte viel Zeit bei der Jugendfeuerwehr. Er wusste genau, was zu tun war. Er rief sofort die Polizei. Der Brandstifter konnte noch am Tatort gefasst werden.

A ■ Verknüpfe immer zwei Sätze zu einem Satzgefüge miteinander, damit die Folgen des Ereignisses erkennbar werden. Nutze die Information in der Randspalte. Unterstreiche den Konsekutivsatz farbig, z. B.:

Ein Brandstifter trieb in diesem Sommer sein Unwesen auf der Insel Sylt, <u>sodass die Feuerwehr häufig ausrücken musste</u>.

B ■ Schreibe einen eigenen Text über einen Alltagshelden und verwende dabei Konsekutivsätze.

Konzessivsätze und konzessive Adverbiale INFO
drücken eine Einräumung aus. Sie können mit »*Trotz welcher Umstände?*« erfragt werden.
Konzessivsätze können mit den Konjunktionen *obwohl, obgleich, obschon, wenn auch* oder *wenngleich* eingeleitet werden.

■ **Text 25**

Donnerstag, 11. September
Jugendlicher vor dem Ertrinken gerettet!
Am Dienstagabend rettete eine 54-Jährige einen 14-jährigen Jungen vor dem Ertrinken im Rhein

Rheinfelden. Am Dienstag gegen 19:00 Uhr ist ein 14-jähriger Jugendlicher trotz eines Absperrgitters von der Alten Rheinbrücke in den Fluss gefallen. Eine 54-jährige Frau hörte die Hilferufe des Jungen und sprang trotz starker Strömung ins Wasser, wohingegen ein kräftiger junger Mann die Ereignisse nur interessiert beobachtete. Sie konnte den Jungen sicher ans gegenüberliegende Ufer bringen, obwohl er wild um sich schlug. Wenngleich es dem Jungen bald wieder besser ging, musste er noch eine Nacht zur Beobachtung im Krankenhaus bleiben, während die mutige Frau von einem Polizeiauto nach Hause gefahren wurde. Die Polizei geht, obwohl sie zunächst in alle Richtungen ermittelte, inzwischen von einem Unfall aus. Die couragierte Retterin wollte trotz ihrer mutigen Tat ungenannt bleiben.

C ■ Suche aus dem Text die Konzessivsätze und die konzessiven Adverbiale heraus. Nutze die Informationen aus der Randspalte.

Der Adversativsatz

INFO

In einem **Adversativsatz** wird ein Gegensatz zum Hauptsatz formuliert. Adversativsätze werden durch folgende Konjunktionen eingeleitet: *(in)sofern, (in)soweit, soviel, während, wohingegen, statt dass, anstatt dass*.

Achtung: *Während wir Fußball spielten, ballten sich Gewitterwolken zusammen.* → Temporalsatz.
Während ich recht klein bin, ist meine Schwester eine richtige Bohnenstange. → Adversativsatz.

Argumentieren und Adverbialsätze

▪ Text 26
Brauchen wir heute noch Helden? (Variante 1)

Bis in den Zweiten Weltkrieg hinein war man ein Held, wenn man im Kampf für Volk und Vaterland starb. Die Helden der Kirche waren die Märtyrer, da sie für ihren Glauben den Tod auf sich nahmen. Obwohl jeder Mensch das Leben dem Tod vorzieht, überschritten diese Menschen eine Grenze und zeigten, dass auch das Unmögliche möglich ist, da sie, obwohl sie leben wollten, ihr Leben für einen höheren Wert opferten.

Heute haben wir auch noch Helden – aber Helden ohne Waffen und Glauben. Wenn im U-Bahnhof ein Mann sieht, dass ein Jugendlicher von anderen Jugendlichen angegriffen wird, ihn verteidigt und dabei zu Tode getreten wird, dann ist er ein Held.

Wenn ein Feuerwehrmann sich in ein brennendes Haus wagt, um einen Säugling zu retten, dann ist er ein Held, weil er sein Leben für ein anderes Leben aufs Spiel setzt.

Wenn Seenotretter bei tobendem Sturm auslaufen, um die Besatzung eines havarierten Frachters zu retten, dann sind sie Helden, weil sie ihr Leben für andere in Gefahr bringen.

Wir brauchen heute noch Helden. Helden des Alltags, nicht Helden des Schlachtfelds und des Glaubens.

Sprache betrachten

■ Text 27

Brauchen wir heute noch Helden? (Variante 2)

Wer im Kampf für Volk und Vaterland starb, der war bis in den Zweiten Weltkrieg hinein ein Held. Wer für seinen Glauben den Tod auf sich nahm, der war ein Held der Kirche, ein Märtyrer. Jeder Mensch zieht das Leben dem Tod vor. Diese Menschen überschreiten eine Grenze und zeigen, dass auch
5 das Unmögliche möglich ist. Sie wollen leben, opfern aber ihr Leben für einen höheren Wert.

Heute haben wir auch noch Helden – aber Helden ohne Waffen und Glauben. Ein Mann, der sieht, dass in einem U-Bahnhof ein Jugendlichen von anderen Jugendlichen angegriffen wird, ihn verteidigt und dabei zu Tode getreten wird, ist ein Held.
10 Ein Feuerwehrmann, der sich in ein brennendes Haus wagt, um einen Säugling zu retten, ist ein Held. Er setzt sein Leben für ein anderes Leben aufs Spiel.

Seennotretter, die bei tobendem Sturm auslaufen, um die Besatzung eines havarierten Frachters zu retten, sind Helden. Sie bringen ihr Leben für andere in Gefahr.
15 Wir brauchen heute noch Helden. Helden des Alltags, nicht Helden des Schlachtfelds und des Glaubens.

A ■ Überzeugt dich die Argumentation? Nimm Stellung dazu.
B ■ Beschreibe den unterschiedlichen Satzbau in beiden Texten.

C ■ Welcher Text wirkt überzeugender? Begründe.

Wir brauchen keine Helden

- Unsere Welt ist friedlich. Wir brauchen keine Helden
- Helden sind überflüssig. Wir brauchen keine Menschen, die ihr Leben opfern.
- Früher gab es mehr Helden. Die Welt war aber auch nicht besser.
- Uns geht es schlecht. Wir brauchen keine Helden, sondern Freunde.
- Unsere Welt ist friedlich. Niemand muss für seine Ideale sterben.
- Jeder ist ein Held. Wir leben in einer Welt voller Gefahren.

A ■ Wandle die zwei Hauptsätze um in einen Hauptsatz mit einem Adverbialsatz.

Adverbialsätze	INFO
Adverbialsätze unterstreichen den logischen Zusammenhang einer Argumentation, indem sie durch die **Konjunktionen** das logische Verhältnis	von Haupt- und Nebensatz signalisieren *Ich gehe. Ich bin wütend.* *Ich gehe, **da** ich wütend bin.*

Infinitivsatz

Du bist aber ein großer Held!

Anstatt dass er vorsichtig war, riss er die Tür mit einem Ruck auf.

Es gelang ihm, dass er seinen Onkel so erschreckte, dass er seinen Löffel in die Nudelsuppe fallen ließ.

Ohne dass sie auf die Hängelampe achtete, schoss seine Tante vom Stuhl auf und schaute erst ein wenig verwundert, als sich die spitze Ecke der Lampe in ihre Kopfhaut bohrte.

Außer dass er erschrocken schaute, konnte er nichts mehr tun.

Seine Tante schrie schrill auf und sank in ihren Stuhl. Sein Onkel meinte nur trocken: »Du bist aber ein großer Held.«

Anstatt vorsichtig zu sein, riss er die Tür mit einem Ruck auf.

Es gelang ihm, seinen Onkel so zu erschrecken, dass er seinen Löffel in die Nudelsuppe fallen ließ.

Ohne auf die Hängelampe zu achten, schoss seine Tante vom Stuhl auf und schaute erst ein wenig verwundert, als sich die spitze Ecke der Lampe in ihre Kopfhaut bohrte.

Außer erschrocken zu schauen, konnte er nichts mehr tun.

Seine Tante schrie schrill auf und sank in ihren Stuhl. Sein Onkel meinte nur trocken: »Du bist aber ein großer Held.«

A ■ Welchen Unterschied gibt es zwischen den Sätzen in den beiden Spalten?
B ■ Beschreibe den Unterschied in der Satzkonstruktion.
C ■ Welche Sätze gefallen dir stilistisch besser? Begründe.
D ■ Erläutere die Bemerkung des Onkels.

■ Text 28
Wer ist ein Held?

Eine Eigenschaft von Helden ist es, dass sie aufgrund ihrer besonderen Eigenschaften fähig sind, dass sie hervorragende Taten vollbringen. In der antiken Sage ist Herakles so stark, dass er einen unbezwingbaren Löwen töten kann. Es ist aber wichtig, dass man ergänzt, dass Kraft nicht ausreicht, dass man als Held gelten kann. Von Helden wird erwartet, dass sie mutig sind. Sie sollen mutig sein, dass sie z. B. den Tod in Kauf nehmen. Graf Stauffenberg plante, dass er Hitler mit einem Sprengstoffattentat vernichtet. Dafür ist es nicht notwendig, dass man starke Muskeln hat. Es reicht aus, dass man ein bisschen technisches Geschick hat. Man muss aber in Kauf nehmen, dass man dabei sein größtes Opfer bringt, sein Leben.

Es ist wichtig, dass erwähnt wird, dass es Helden nicht nur in Sagen oder im Krieg gibt. Ohne dass sie jammern, pflegen Menschen nahe Angehörige. Anstatt dass sie in einem Pflegeheim untergebracht werden, können sie zu Hause in der vertrauten Umgebung mit vertrauten Menschen leben. Es ist nicht selbstverständlich, dass man diese Mühe auf sich nimmt. Wer es aber macht, ist ein Held des Alltags.

A ▪ Ersetze, wo es möglich ist, die Nebensätze durch Infinitivsätze.
B ▪ Schreibe die Infinitivsätze in dein Heft und setze die Kommas.

C ▪ Welche Auswirkung hat diese Veränderung auf den Stil des Textes?

Infinitivsatz
INFO

Infinitivsätze unterscheiden sich von anderen Nebensätzen dadurch, dass sie statt eines **konjugierten Verbs** als **Prädikat** nur einen **Infinitiv** mit dem Partikel *zu* haben.

*Er hoffte, dass er bald wieder nach Hause **kommen würde**.* → *Er hoffte, bald wieder nach Hause **zu kommen**.*

Ein zweites Kennzeichen der Infinitivsätze ist, dass sie **kein Subjekt** haben. Das gedachte Subjekt des Infinitivsatzes ist immer das Subjekt des Hauptsatzes.

Infinitivsätze können auch durch unterordnende Konjunktionen eingeleitet werden: *um, ohne, statt, anstatt, außer, als*.

***Anstatt** hart **zu arbeiten**, lag er am Strand und sonnte sich.*

*Er hatte Besseres vor, **als** über das Wochenende nach Nürnberg **zu fahren**.*

Infinitivsätze, die mit den **unterordnenden Konjunktionen *um, ohne, statt, anstatt, außer, als*** eingeleitet werden, werden durch ein Komma abgetrennt.

*Er machte in Latein regelmäßig seine Hausaufgaben**, um** besser zu werden.*

Infinitivsätze, die von einem **Substantiv abhängen**, werden mit einem Komma abgetrennt.

*Sein **Wunsch**, ein Smartphone zu Weihnachten zu bekommen, wurde nicht erfüllt.*

Wenn im Hauptsatz ein **Bezugswort** steht, das auf den Infinitivsatz verweist, muss ein Komma gesetzt werden.

*Lange im Meer zu schwimmen**, das** ist schön.*

*Ich finde **es** schön, lange im Meer zu schwimmen.*

Bei allen anderen Infinitivsätzen **kann**, aber muss man kein Komma setzen. Es ist aber sinnvoll, Kommas zu setzen, da dadurch der Satz übersichtlich gegliedert wird.

Lena zögerte (,) mit einem Kopfsprung ins Wasser zu springen.

Partizipialsatz

■ Text 29
Der Held Perseus als Geburtshelfer von Pegasus

Heftig mit den Flügeln schlagend so bewegt sich Pegasus durch die antike Sagenwelt. Poseidon und Medusa sollen die Eltern des geflügelten Pferdes Pegasus sein. Mit Blindheit geschlagen so darf man sich den Zustand des Meeresgottes nicht vorstellen, als er sich in Medusa verliebte. Von ihrer Schönheit angezogen näherte sich Poseidon ihr als Pferd; kleiner ging es nicht, denn auch Götter haben so ihre Eigenheiten. Unglücklicherweise trafen sie sich im Tempel der Göttin Athene, die die beiden beim Liebespiel entdeckte, das war wegen der Größe des Pferdes auch nicht schwer. Rasend vor Zorn verwandelte sie Medusa. Kein wesentliches Körperteil auslassend schuf sie ein Ungeheuer, dessen Anblick Männer zu Stein erstarren ließ. Statt schöner Haare hatte sie Schlangen auf dem Kopf. Lange Eckzähne, glühende Augen und eine heraushängende Zunge entstellten ihr Gesicht. Und als Krönung des Ganzen verpasste ihr Athene noch einen Schuppenpanzer. Perseus gezeugt von Göttervaters Zeus, der ein Verhältnis mit einer menschlichen Prinzessin hatte, war als Halbgott sehr stark und bekam den Auftrag, Medusa zu enthaupten. Mit Hilfe der Göttin Athene gelang ihm das auch. Tot am Boden liegend entsprang Medusas Nacken Pegasus, das erste geflügelte Pferd. Perseus flog auf Pegasus nach Afrika das Medusenhaupt als Waffe in einem Beutel versteckt haltend. Als der Titan Atlas das Himmelsgewölbe auf seinen Schultern tragend nicht das tat, was Perseus wollte, verwandelte er ihn in ein Gebirge, das Atlasgebirge im heutigen Marokko liegend.

A ■ Schreibe die Partizipialsätze in dein Heft und setze die Kommas.
 B ■ Suche den fehlerhaften Partizipialsatz. Was ist fehlerhaft?
C ■ Forme die Partizipialsätze in Attribut- bzw. Adverbialsätze um.

Partizipialsatz INFO

Der **Partizipialsatz** besteht aus einem **Partizip I** oder **II** und einer **Erweiterung**.
*Die Suppe, **eben frisch gekocht**, schmeckt allen gut.*
***Lecker duftend**, lockte der Kuchen meinen Bruder in die Küche.*
Der Partizipialsatz hat **kein Subjekt**. Das gedachte Subjekt ist meist das Subjekt des Hauptsatzes.
Partizipialsätze ersetzen meist **Attribut- und Adverbialsätze**.

*Die Suppe, **die eben frisch gekocht worden ist**, schmeckt allen gut.*
***Da der Kuchen lecker duftete**, lockte er meinen Bruder in die Küche.*
Beim Partizipialsatz **kann** ein **Komma** gesetzt werden; es **muss** ein Komma stehen, wenn der Partizipialsatz durch ein **hinweisendes Wort** angekündigt wird oder **später wieder aufgenommen** wird.
*Mit ganzer Kraft rudernd, **so** schaffte er es, über den Fluss zu kommen.*

Direkte und indirekte Rede

■ Text 30

Popmusik macht heiter *Joachim Mock*

Sohn Papa, Papa, Charly hat gesagt, seine Schwester hat gesagt, Rock ist in. *(Es ertönt laute Rockmusik.)*
Vater Muss das sein? – Stell mal sofort das Radio ab, hörst du!
Sohn Ist das kein Rock?
5 **Vater** Rock oder Hose, du stellst das Radio ab. Ist das klar?!
Die Meiers werden sich bedanken für den Krach.
Sohn Ja doch *(schaltet mürrisch das Radio aus).*
Vater Na, Gott sei Dank. Von dem blödsinnigen Gekreische kriegt man ja Ohrenschmerzen!
10 **Sohn** Du wirst alt, Papa.
Vater Wieso werde ich alt? Weil ich dieses entsetzliche Gebrüll nicht ertragen kann?
Sohn Jetzt brüllst du aber selber.
Vater Ist ja auch kein Wunder, wenn einem bei diesem Krach die Nerven
15 durchgehen.
Sohn Charly sagt, bevor seinem Vater die Nerven durchgehen, trommelt er kräftig auf der Tischplatte herum. Das soll kolossal beruhigen, meint Charly.
Vater Charly, Charly, Charly! Vielleicht sagt dir dein Charly auch, dass man seine Schularbeiten nicht bei dieser Rockmusik macht!
20 **Sohn** Warum nicht?
Vater Weil man sich auf seine Arbeit konzentriert!
Sohn Auf welche?
Vater Auf die Schularbeiten selbstverständlich! Auf was denn sonst?! –
Ich habe manchmal das Gefühl, du willst einfach nicht verstehen.
25 Oder ist dir diese Musik schon aufs Trommelfell geschlagen?
Sohn Aufs Trommelfell?
Vater Ja, aufs Trommelfell. Davon wird man schwerhörig. Mir summen die Ohren von dem Krach.
Sohn Ist doch gut. Das mag ich.
30 **Vater** *(äfft ihn nach)* Das mag ich!? – So fängt es an.
Sohn *(begeistert)* Man muss nur laut genug aufdrehen.
Vater Lass dir einmal was sagen: Laute Popmusik macht krank! Das haben die Ärzte ausführlich bewiesen. […]
Sohn Aber Charly sagt …
35 **Vater** Dein Charly ist doch gar nicht maßgebend. Der soll erst mal was lernen, studieren, und dann kann er mitreden!
Sohn Unsere neue Lehrerin findet Popmusik auch dufte.

98

Vater So? – Ich habe sie immer für eine sehr intelligente Frau gehalten.

Sohn Ja, die ist schon in Ordnung. Die mögen wir alle. Du auch, nicht?
40 *(Er lacht verschmitzt.)* Die ganze Klasse weiß, dass du verknallt bist.

Vater Nun komm, komm, komm! Halt mal die Luft an! Wieso weiß das die ganze Klasse – ich meine – wer redet denn so einen Quatsch?!

Sohn Früher hast du dich doch nie nach mir in der Schule erkundigt, aber jetzt kommst du bald jede Woche.

45 **Vater** Ich erkundige mich nur nach deiner Leistung. Da müsste ich eigentlich jeden Tag nachfragen.

Sohn Mach's doch.

Vater Hat sie was gesagt?

Sohn Tja, neulich in der Schule, als du da warst, da hat sie gesagt: »Da kommt
50 der Typ ja schon wieder!«

A ■ Klärt, an welcher Stelle die beiden jeweils ihre eigene Meinung sagen und wo sie die Aussagen von anderen wiedergeben.

B ■ Mit welchen Argumenten kritisiert der Vater Rock- bzw. Popmusik? Gib seine Argumentation auf folgende Weise wieder:

Redeeinleitung	Redeinhalt
Der Vater sagt,	dass er das entsetzliche Gebrüll nicht ertragen kann.

Direkte und indirekte Rede

INFO

In der **direkten Rede** wird eine Äußerung wörtlich angeführt, d. h. so, wie sie tatsächlich jemand gemacht hat.
Julian sagt: »Ich habe meine Hausaufgaben vergessen.«

In der **indirekten Rede** wird berichtet, was jemand gesagt hat. Es gibt **verschiedene Arten** der Redewiedergabe.

■ Die indirekte Rede kann in einem **Nebensatz** stehen, der mit *dass* eingeleitet wird. Der Konjunktiv I kann in der indirekten Rede verwendet werden, wenn man sich besonders korrekt ausdrücken will oder deutlich machen will, dass man für den Wahrheitsgehalt des Gesagten keine Garantie übernehmen will:
Julian sagte, dass er die Hausaufgaben vergessen habe.

Julian sagte, dass er die Hausaufgaben vergessen hat.

■ Stimmen die Formen von Konjunktiv I und Indikativ überein, verwendet man den **Konjunktiv II** oder die **Umschreibung mit »würde«**:
Die Schüler sagten, dass sie die Hausaufgaben vergessen hätten.

■ Die indirekte Rede kann durch **Quellenangaben mit präpositionalen Ausdrücken** kenntlich gemacht werden:
Laut Aussage des Schülers hat er seine Hausaufgaben vergessen.

■ Die indirekte Rede lässt sich durch eine **Infinitivkonstruktion** wiedergeben:
Der Schüler erklärte, seine Hausaufgaben vergessen zu haben.

Bildung des Konjunktivs

INFO

Die Formen des **Konjunktivs I** werden aus dem Stamm des Infinitivs und besonderen Endungen gebildet. Das Verb *sein* bildet eine Sonderform.

fahren	**sein**
ich fahr-**e**	ich sei
du fahr-**est**	du sei-**est**
er, sie, es fahr-**e**	er, sie, es sei
wir fahr-**en**	wir sei-**en**
ihr fahr-**et**	ihr sei-**et**
sie fahr-**en**	sie sei-**en**

Vergangenes wird im Konjunktiv mit den Hilfsverben *haben/sein* sowie dem Partizip Perfekt gebildet. *Ich habe das Auto gefahren.* → *Eine Freundin sagte, sie* **habe** *das Auto* **gefahren**.

Zukünftiges wird aus dem Konjunktiv I von *werden* und dem Infinitiv gebildet. *Ich* **werde** *darauf* **achten**, *pünktlich zum Training zu kommen.* → *Er sagte, in Zukunft* **werde** *er darauf* **achten**, *pünktlich zum Training zu kommen.*

Außer bei dem Verb *sein* stimmen in der 1. Person Singular sowie der 1. und 3. Person Plural die Formen des Konjunktivs I mit denen des Indikativs überein. Um deutlich zu machen, dass der Sprecher nur Gesagtes wiedergibt, benutzt er in diesen Fällen den Konjunktiv II als Ersatz. Der **Konjunktiv II** wird aus dem Präteritum-Stamm mit Umlaut und den Konjunktivendungen gebildet.

haben	**kommen**
Präteritum: *ich hatte*	*ich kam*
ich hätt-**e**	ich käm-**e**
du hätt-**est**	du käm-**est**
er, sie, es hätt-**e**	er, sie, es käm-**e**
wir hätt-**en**	wir käm-**en**
ihr hätt-**et**	ihr käm-**et**
sie hätt-**en**	sie käm-**en**

Bei **schwachen Verben**, die keinen Umlaut bilden können, stimmen die Formen des Konjunktivs II mit denen des Indikativs Präteritum überein.

freuen → *sie freuten* → *Konjunktiv II* → *sie freuten*

Häufig wirken die Konjunktivformen, insbesondere die des Konjunktivs II, veraltet: *frieren* → *er fröre*, *waschen* → *wir wüschen*. In diesen Fällen und wenn man bei schwachen Verben nicht zwischen Indikativ und Konjunktiv II unterscheiden kann, benutzt man als Ersatz *würde* + Infinitiv:

Der Arzt meinte, er **höbe** *zu häufig schwere Sachen mit seinem lädierten Rücken.* → *Der Arzt meinte, er* **würde** *zu häufig schwere Sachen mit seinem lädierten Rücken* **heben**.

Sprache betrachten
Groß- und Klein

■ Text 31

Ein Gespräch mit Folgen

Superstars sind sehr scheu und hassen nichts mehr als Interviews. Bei Justin Bieber ist das nicht anders. Aber die Fans wollen alle Neuigkeiten aus dem Leben ihres Idols erfahren. Eines Tages hören einige Journalisten folgendes Gespräch zwischen zwei Freunden von Justin Bieber mit an:

Jack Ich habe so eine Ahnung. Ich glaube, unser Freund Justin will bald heiraten.
John Na, das ist ja eine Überraschung! Die Neuigkeit wird bei den weiblichen Fans wie eine Bombe einschlagen. Wer ist denn die Glückliche?
Jack Sie soll Jessy heißen und 19 Jahre alt sein.
John Ach, ist das nicht die Blonde, mit der man ihn schon einige Male gesehen hat?
Jack Genau die. Justin ist total verknallt.
John Und was hat es mit der Hochzeit auf sich?
Jack Neulich ging er mit ihr essen und hat ihr dabei, denke ich, einen Antrag gemacht.
John Wissen seine Eltern schon von den Heiratsplänen?
Jack Ich glaube ja.
John Wahrscheinlich wird Justin noch im August heiraten, bevor er auf Tournee geht.
Jack Möglich, doch wie ich ihn kenne, wird er sicherlich niemandem verraten, wo die Hochzeit stattfindet, damit die Medien nichts davon erfahren.
John Hat er dir eigentlich selbst erzählt, dass er heiraten will?
Jack Du kennst Justin doch. Er redet nie über solche Dinge …

A ■ Fasse das Gespräch zwischen den beiden Freunden zusammen.

■ Text 32

Aus dem Leben eines Superstars

Am nächsten Tag wird das Gespräch zwischen Justins Freunden von den Medien auf sehr unterschiedliche Weise wiedergegeben:

1 Radio Ladies First
»Stell dir vor, zwei Freunde von Justin Bieber haben gestern erzählt, dass Justin bald heiraten will. Ja wirklich! Einer der beiden hat angedeutet, dass er total verknallt in eine 19-jährige Blondine namens Jessy ist. Und er sagte auch, dass Justin neulich bei einem Essen um ihre Hand angehalten hat. Ich habe erfahren, dass seine Eltern auch schon Bescheid wissen. Die Freunde denken, dass die Hochzeit noch dieses Jahr im August stattfindet und dass Justin den Ort der Hochzeit wohl vor uns Journalisten geheim halten will. Naja, wir werden trotzdem herausfinden, wo er heiratet …«

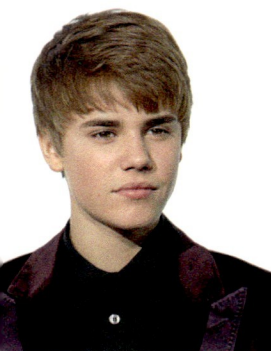

2 Weibliche Fans aufgepasst – Justin Bieber wird heiraten!

Gestern platzte in Hollywood die Bombe: Zwei Freunde von Justin Bieber behaupten, von einer baldigen Hochzeit des Superstars zu wissen. Sie glauben außerdem, die Zukünftige zu kennen: eine 19-jährige Blondine namens Jessy, in die Justin sehr verliebt zu sein scheint.

Der Sänger hat die Freunde sogar in seine genauen Zukunftspläne eingeweiht: Die beiden ließen verlauten, genaue Informationen über das Datum (noch in diesem Jahr) und den Ort der Hochzeit zu besitzen, den Justin geheim halten will.

3 Traumhochzeit in Hollywood

Informierte Kreise in Hollywood wollen von einer bevorstehenden Hochzeit des Frauenlieblings Justin Bieber wissen. Die Auserwählte des Sängers soll Jessy heißen. Dabei muss es sich um die 19-jährige Blondine handeln, mit der Justin in letzter Zeit häufiger gesehen wurde. Justin soll bei einem Abendessen um ihre Hand angehalten und bereits seine Eltern in seine Pläne eingeweiht haben. Die Fans dürfen noch vor Justins Tourneestart mit der Hochzeit rechnen. Jedoch soll der Ort der Trauung geheim sein.

4 Neues Traumpaar: Justin und Jessy

Laut Aussage von einigen seiner besten Freunde wird Hollywood noch in diesem Jahr Justin Biebers Hochzeit erleben. Nach Ansicht der Freunde plant der Sänger, seine Freundin Jessy, eine 19-jährige Blondine, zu heiraten. Informierten Kreisen zufolge gab es bei einem gemeinsamen Essen einen sehr romantischen Heiratsantrag des Stars. Nach Meinung der Vertrauten sind auch Justins Eltern schon eingeweiht …

5 Plant Justin Bieber baldige Hochzeit?

Weltweites Entsetzen herrscht unter den weiblichen Fans über die neueste Hollywoodnachricht, Justin Bieber, der Shootingstar der Musik- und Filmszene, wolle heiraten. Freunde von Justin ließen verlauten, der Sänger sei seit Wochen heftig in eine 19-jährige Blondine namens Jessy verliebt. Es heißt, er habe vor einigen Tagen bei einem romantischen Essen um ihre Hand angehalten. Darüber hinaus sagt man in Hollywood, auch Justins Eltern seien bereits in die Heiratspläne eingeweiht. Die Hochzeit solle noch vor Justins Tournee im August an einem geheimen Ort stattfinden.

TIPP Wenn ihr die Texte auf Folien kopiert, könnt ihr die Markierungen direkt im Text vornehmen und eure Ergebnisse anschaulich präsentieren.

B ■ Teilt eure Klasse in fünf Gruppen. Jede Gruppe untersucht einen der Texte 1 – 5.
– Beschreibt und markiert das sprachliche Mittel, das die Journalisten zur Wiedergabe des Gesprächs nutzen.
– Achtet dabei auf den Satzbau und die verwendeten Wortarten.

 C ■ Fasst eure Ergebnisse zu einem Merksatz zusammen und stellt ihn der Klasse vor.

Sprache betrachten
Groß- und Klein

■ Text 33
Keine Angst vor Ribéry und Kroos

Der Fußballer Thomas Müller war die Überraschung der Fußball-WM 2010 in Südafrika. Mit fünf Treffern ist er zum Torschützenkönig gewählt worden. Außerdem wurde er als bester junger Spieler ausgezeichnet. Einige Monate vor der WM stellte er sich einem Interview:

SPOX Ist es für Sie immer noch etwas Besonderes, mit Spielern wie van Bommel, Ribéry und Robben auf dem Platz zu stehen, oder ist es mittlerweile Normalität geworden?

5 **Müller** *Ich* habe *mich* daran gewöhnt, mit diesen außergewöhnlich guten Fußballern zusammenzuspielen. *Ich* sehe sie ja jeden Tag. Man konnte am Anfang der Saison nicht erwarten, dass *ich* so viele Spiele machen werde. *Ich* habe das selbst auch nicht erwartet. Ich bin in diese Rolle reingewachsen.

SPOX Was hat sich außerhalb des Platzes für Sie verändert […]?

10 **Müller** Man wird auf der Straße erkannt und auch mal angesprochen. Aber damit habe *ich* kein Problem. Es hat sich alles zum Positiven verändert.

SPOX Nervt das Rampenlicht manchmal?

Müller *Ich* lege Wert auf *meine* Privatsphäre. Die meisten Fans respektieren das und sind sehr höflich. […]

15 **SPOX** Sie haben hohe Ansprüche an sich selbst.

Müller Ja. *Ich* setze *mich* oft sogar zu sehr unter Druck. Es kommt vor, dass *ich* *mir* auf dem Heimweg denke: »Was hast *du* heute für einen Mist gespielt.« […]

SPOX Im Jahrbuch des FC Bayern haben Sie als Lieblings-Website »SPOX«
20 angegeben. Wie kommen wir zu dieser Ehre?

Müller Die Seite hat *mir* von Anfang an vom Aufbau und vom Inhalt her gut gefallen. *Ich* kann *mich* mit *euren* Analysen gut anfreunden. SPOX ist mein Hotspot. […]

Thomas Müller, geb. am 13. 9. 1989, spielt seit der D-Jugend für Bayern München, wurde 2007 Vize-Meister mit den A-Junioren, hatte 2008 seinen ersten Auftritt in der Dritten Liga, 2009 sein Debüt in der Ersten Liga, 2010 wurde er WM-Dritter mit der Nationalmannschaft.

A ■ Bestimme die kursiv gedruckten Pronomen.

Liebe SPOX-Redaktion!

Ich habe euer Interview mit Thomas Müller gelesen. Er sagt, dass er sich daran gewöhnt hat, mit außergewöhnlich guten Fußballern zusammenzuspielen. Das kann ich kaum glauben – aber er sieht sie ja jeden Tag. Ich fand es interessant, dass er es nicht erwartet hat, dass er so viele Spiele machen wird. Aber er ist natürlich in die Rolle hineingewachsen. Neu war für mich …

B ■ Vergleiche diesen Leserbrief mit dem Interview. Was hat sich verändert?
C ■ Setze den Leserbrief fort. Lege anschließend eine Tabelle an und fülle sie aus.

direkte Rede	indirekte Rede
ich	er
…	…

Vor dem Anstoß

Während sich die Mannschaften auf das Spiel vorbereiten, steigt im Stadion die Spannung.

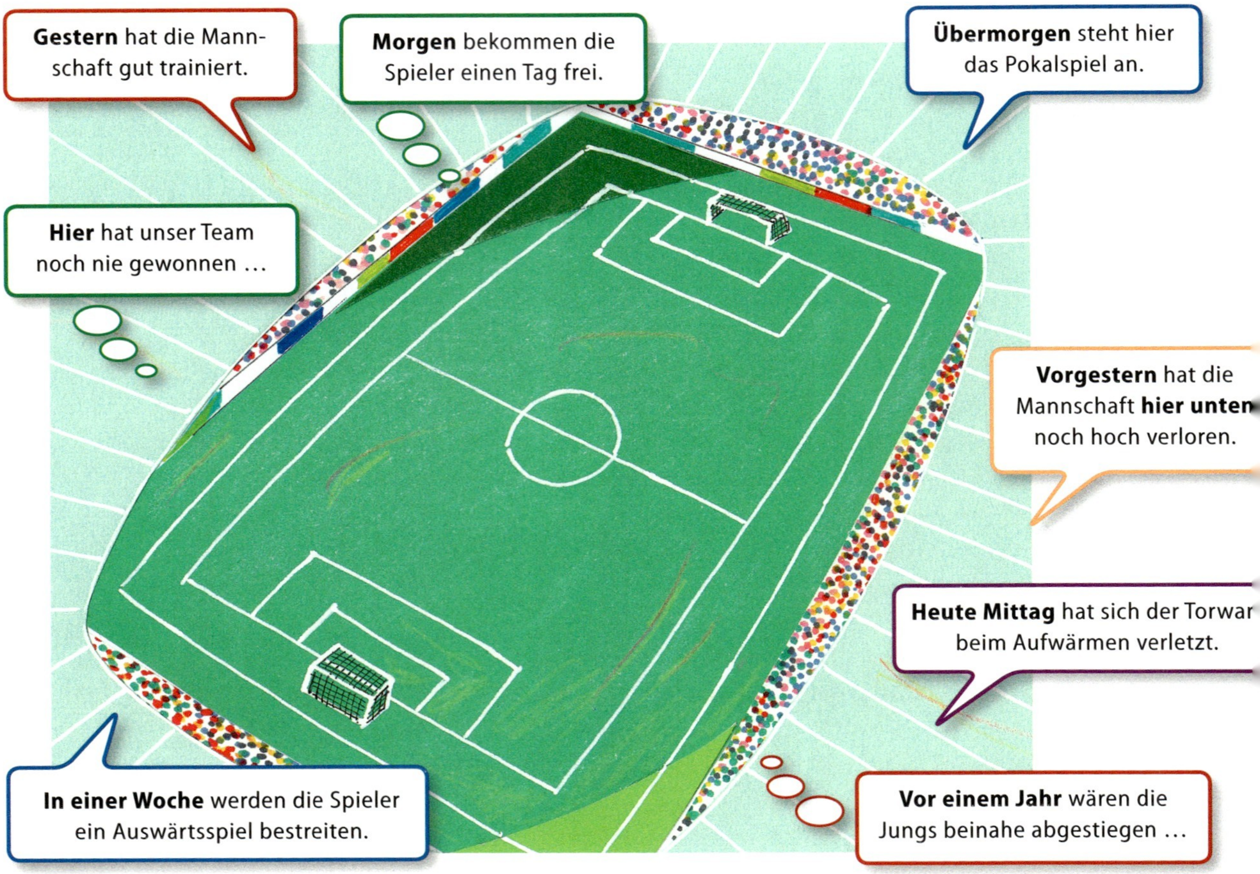

- **Gestern** hat die Mannschaft gut trainiert.
- **Morgen** bekommen die Spieler einen Tag frei.
- **Übermorgen** steht hier das Pokalspiel an.
- **Hier** hat unser Team noch nie gewonnen …
- **Vorgestern** hat die Mannschaft **hier unten** noch hoch verloren.
- **Heute Mittag** hat sich der Torwart beim Aufwärmen verletzt.
- **In einer Woche** werden die Spieler ein Auswärtsspiel bestreiten.
- **Vor einem Jahr** wären die Jungs beinahe abgestiegen …

A ■ Bestimme die fett gedruckten Adverbiale. Wie müssen sie verändert werden, wenn sie in die indirekte Rede gesetzt werden?
Verändere sie, übertrage die Tabelle in dein Heft und trage die Adverbiale ein.

direkte Rede	indirekte Rede
gestern	am Tag zuvor
…	…

B ■ Formuliere einen kurzen Text, bei dem du die Gedanken und Aussagen der Zuschauer in die indirekte Rede setzt: **Kurz vor dem Anpfiff steigt die Spannung im Stadion. Ein Zuschauer weiß, dass die Mannschaft am Tag zuvor gut trainiert hat. Ein anderer denkt darüber nach, dass …**

Das Runde muss ins Eckige!

Toni Törchen ist der Liebling der Fans, seit er seine Mannschaft auf Platz 1 der Liga geschossen hat. Vor dem Spiel macht er sich stets viele Gedanken.

A ■ Schreibe die Gedanken Tonis in folgender Weise auf und erfinde weitere Fragen, die er sich stellen könnte:
   Toni fragt sich, ob er wirklich topfit sei.
B ■ Wie unterscheiden sich diese Fragesätze von den Fragen in den Gedankenblasen?

Nach dem Schlusspfiff

Nach jedem Spiel muss Toni sich den Fragen der Journalisten stellen.

C ■ Formuliere die Fragen, die die Journalisten Toni Törchen gestellt haben könnten. Schreibe das Gespräch als Dialog auf.
D ■ Forme dann die Fragen in indirekte Fragesätze um. Du kannst so beginnen:
   Ein Journalist will wissen … Ein anderer fragt … Jemand möchte wissen …

Superstars in den Schlagzeilen

Wer reich und berühmt ist (oder es noch werden will), sucht häufig die Nähe zu den Medien.

■ Text 34

Anstiftung zur Falschaussage:

Hohe Strafe für Deutschlands Super-Sänger-Star Manu Machete

DSSS-Star Manu Machete soll eine Freundin zum Lügen vor Gericht angestiftet haben. Nun hat das Gericht sein Urteil gesprochen.

5 Das Landgericht Oldenburg hat am Freitag das Strafmaß für den Teilnehmer der beliebten Casting-Show auf 10 000 Euro festgelegt. Der Angeklagte **sei** zwar geständig und einsichtig, er **müsse** sich aber nun seiner Vergangenheit stellen.

Die Richter sahen die Schuld des Angeklagten als erwiesen an. Er **habe** sich
10 seiner Verantwortung **entzogen**, indem er eine Freundin zur Falschaussage **angestiftet habe**. Der Sänger **sei** ohne Fahrerlaubnis unterwegs **gewesen**, als er in eine Polizeikontrolle geriet. Später hatte eine Freundin des Friesen ausgesagt, sie **habe** das Auto **gefahren**, nicht Machete.

Der Sänger entschuldigte sich vor Gericht. Er **habe** einen Fehler **gemacht** und
15 **könne** sich sein Verhalten nicht mehr **erklären**. Er **habe** damals nicht die Größe **gehabt**, für seinen Fehler geradezustehen. Inzwischen **sei** er Vater **geworden**, und seit seine 14 Monate alten Zwillinge auf der Welt **seien**, **sehe** er die Dinge in einem anderen Licht. In Zukunft **werde** er darauf **achten**, mit dem Gesetz nicht mehr in Konflikt zu geraten. Er **werde** seinen Kindern von nun an ein
20 Vorbild **sein**.

A ■ Übertrage die Tabelle in dein Heft und ordne die Formen des Konjunktivs I ein:

Präsens	Perfekt	Futur I
…	…	…

 B ■ Formuliere Regeln zur Bildung des Konjunktivs I. Beachte dabei, dass das Verb *sein* Sonderformen bildet.

 C ■ Versuche zu erklären, warum die Konjunktivformen der 1. und 2. Person so selten verwendet werden.

Die Newcomer: The Black Pony!

Nadja möchte für die Schülerzeitung einen Bericht über die Newcomer-Band »The Black Pony« verfassen. Deswegen hat sie einige Mitschülerinnen befragt und folgende Informationen zusammengetragen:

Paula (7a):
- Alle Mädchen in der Klasse finden die Jungs soooo süß!!!
- Die Band hat sich über das Internet gefunden.
- Die Band wird noch ganz groß herauskommen!

Lea (7a):
- Für Kevin sind Ehrlichkeit und viel, viel Humor ein Muss!
- Die Band wird bald auf Tournee gehen.
- Trevor und Ryan hatten sich zuvor in Los Angeles kennengelernt.

Katharina (7c):
- Eugen liebt Extremsport wie Free Running und Akrobatik.
- Trevor hatte Gesangs- und Gitarrenunterricht.
- Die Band hängt viel miteinander herum, die Jungs waren schon immer Freunde.

Charlotte (8a):
- Band lebt in L. A.
- haben ihre Karriere vom Campingplatz aus gestartet
- werden noch für manche Überraschung gut sein

A ▪ Führe den unten begonnenen Bericht für die Schülerzeitung fort.
  – Verwende den Konjunktiv I, um auszudrücken, dass du nur wiedergibst, was andere dir berichtet haben.
  – Achte darauf, auch Vergangenheit und Zukunft im Konjunktiv I richtig auszudrücken.

> **Liebe Leserinnen, liebe Leser,**
>
> kennt ihr schon die Newcomer-Band »The Black Pony«? Ich habe mich für euch auf dem Schulhof umgehört und zusammengetragen, was ich dort über die Band erfahren konnte …
>
> Paula aus der 7a hat mir gestanden, alle Mädchen ihrer Klasse fänden die Jungs richtig süß. Sie sagt, die Band habe sich über das Internet kennengelernt. Außerdem meint sie, die Band werde noch ganz groß herauskommen! …

Klatsch und Tratsch aus dem Showbiz

Was geht ab hinter den Kulissen? Was gibt's Neues bei den Stars und Sternchen? Wer macht gerade von sich reden? Die Promi-Reporter sind stets am Puls der Zeit!

1 Robbie Wiliams muss für Take That abspecken!

Freunde des Sängers berichten, Robbie <u>rackere</u> sich derzeit täglich bis zu vier Stunden im Fitnessstudio <u>ab</u>. Der Grund: Er <u>wolle</u> nicht als Pummelchen bei Take That <u>auftreten</u>.
Inzwischen <u>habe</u> er dank eines eisenharten Fitnessprogramms bereits 19 Kilo <u>abgenommen</u>. Sein Trainer versicherte, Robbie <u>werde</u> schon bald genauso fit wie die anderen Bandmitglieder <u>sein</u>. Nebenbei deutete er an, Take That <u>könnten</u> bereits im nächsten Sommer wieder durch Europa <u>touren</u>, denn die Jungs <u>hätten</u> bereits genügend neue Songs <u>aufgenommen</u>.

2 Brad Pitt und Angelina Jolie mögen ihren Spitznamen nicht

Aus gewöhnlich gut informierten Kreisen ist zu hören, Pitt und Jolie würden ihren Spitznamen »Brangelina« hassen, weil er sich nach »Frühstückscerealien« anhöre. Als der Leinwandbeau neulich seine Liebste am Set besuchte, sei er verblüfft gewesen, als ein Arbeiter das Pärchen mit dem Spitznamen angeredet habe. Während Pitt zunächst missmutig reagiert habe, habe Jolie die Situation mit einem Lachen gerettet.

3 Tom Felton: Emma Watson ist eine »Lady«

Der Schauspieler, der in den Harry-Potter-Filmen den bösen Zauberlehrling Draco Malfoy spielt, sagte, Watson sei sehr professionell und scheine eine intelligente Lady zu sein. Die britische Presse berichtete, dass insbesondere Watsons unglaublicher Verstand und ihre guten Manieren es dem Mädchenschwarm angetan hätten. Was die »Lady« über ihren Co-Star denkt, ist nicht überliefert.

4 Was machen eigentlich die Jungs von The Black Pony?

Seitdem sich Trevor, Eugen, Ryan und Kevin über das Internet gefunden haben, seien sie unzertrennlich, berichtete uns ein enger Freund der Band. Es kursiert das Gerücht, die Jungs wollten bald auch auf Deutschland-Tournee gehen. Eugen und Kevin hätten ihre alte Heimat nicht vergessen und würden sich bereits sehr auf die Konzerte freuen.

A ■ Suche aus den Texten 2 – 4, ähnlich wie bei Text 1, die Konjunktivformen in der indirekten Rede heraus.
B ■ Prüfe, ob alle diese Verbformen im Konjunktiv I stehen.
C ■ Versuche zu erklären, warum manche Verbformen nicht im Konjunktiv I stehen. Formuliere eine Regel, wie diese Formen (Konjunktiv II) gebildet werden.

■ Text 35
Laute Musik mit schrecklichen Folgen

Sarah hat auf dem Dachboden ihrer Großeltern eine alte Zeitung gefunden. Darin stößt sie auf einen Artikel über die Stars von vorgestern und auf einige merkwürdige Konjunktivformen:

Berlin, im August 1960. Was vernünftige Kreise schon immer vermuteten, hat sich nun bestätigt. Die Musik, die unsere Jugend heutzutage hört, ist gesundheitsschädigend!

Die Ärzte warnen ausdrücklich vor dem Besuch von Konzertveranstaltungen der Rockin' Chairs und Lazy Bones, deren zu laute Musik das Gehör der Zuhörer auf Dauer schädigen könne. Vor allem junge Frauen seien für die schrillen Töne anfällig. Sie steigerten sich allzu leicht in das musikalische Vergnügen hinein, ließen sich gehen, gingen ihren Stimmungen nach und brächen oft zusammen. Dann frören sie rasch und böten bald ein Bild des Jammers. Auch wenn Sanitäter sie mit kaltem Wasser abwüschen und ihnen Riechsalz gäben, bräuchten sie einige Zeit zur körperlichen Erholung.

Auch junge Männer reagierten laut Aussage der Mediziner ungewöhnlich auf die lauten Töne. Sie stünden unter starker Anspannung, höben allerlei Gegenstände auf und trügen sie herum, kämen erst in den Morgenstunden nach Hause und verhielten sich gänzlich merkwürdig. Daher gilt: Hände weg von der modernen Musik, zurück zum Volkslied!

D ■ Finde heraus, was an einigen Konjunktivformen des Zeitungsartikels merkwürdig ist.

E ■ Überarbeite den Artikel angemessen.
Wie würde man den Artikel heute schreiben?
Ein kleiner Tipp: In der Form dieser Frage steckt bereits eine Antwort …

■ Text 36
Wenn die Haifische Menschen wären *Bertolt Brecht*

Wenn die Haifische Menschen wären«, fragte Herrn K. die kleine Tochter seiner Wirtin, »wären sie dann netter zu den kleinen Fischen?« »Sicher«, sagte er. »Wenn die Haifische Menschen wären, würden sie im Meer für die kleinen Fische gewaltige Kästen bauen lassen, mit allerhand Nahrung drin, sowohl Pflanzen als auch Tierzeug. Sie würden sorgen, daß die Kästen immer frisches Wasser hätten, und sie würden überhaupt allerhand sanitäre Maßnahmen treffen. Wenn zum Beispiel ein Fischlein sich die Flosse verletzen würde, dann würde ihm sogleich ein Verband gemacht, damit es den Haifischen nicht wegstürbe vor der Zeit. Damit die Fischlein nicht trübsinnig würden, gäbe es ab und zu große Wasserfeste; denn lustige Fischlein schmecken besser als trübsinnige. Es gäbe natürlich auch Schulen in den großen Kästen. In diesen Schulen würden die Fischlein lernen, wie man in den Rachen der Haifische schwimmt. Sie würden zum Beispiel Geographie brauchen, damit die großen Haifische, die faul irgendwo liegen, sie finden könnten. Die Hauptsache wäre natürlich die moralische Ausbildung der Fischlein. Sie würden unterrichtet werden, daß es das Größte und Schönste sei, wenn ein Fischlein sich freudig aufopfert, und daß sie alle an die Haifische glauben müßten, vor allem, wenn sie sagten, sie würden für eine schöne Zukunft sorgen. Man würde den Fischlein beibringen, daß diese Zukunft nur gesichert sei, wenn sie Gehorsam lernten. Vor allen niedrigen, materialistischen, egoistischen und marxistischen Neigungen müßten sich die Fischlein hüten und es sofort den Haifischen melden, wenn eines von ihnen solche Neigungen verriete. Wenn die Haifische Menschen wären, würden sie natürlich auch untereinander Kriege führen, um fremde Fischkästen und fremde Fische zu erobern. Die Kriege würden sie von ihren eigenen Fischlein führen lassen. Sie würden die Fischlein lehren, dass zwischen ihnen und den Fischlein der anderen Haifische ein riesiger Unterschied bestehe. Die Fischlein, würden sie verkünden, sind bekanntlich stumm, aber sie schweigen in ganz verschiedenen Sprachen und können einander daher unmöglich verstehen. Jedem Fischlein, das im Krieg ein paar andere Fischlein, feindliche, in anderer Sprache schweigende Fischlein tötete, würden sie einen Orden aus Seetang anheften und den Titel Held verleihen. Wenn die Haifische Menschen wären, gäbe es bei ihnen natürlich auch eine Kunst. Es gäbe schöne Bilder, auf denen die Zähne der Haifische in prächtigen Farben, ihre Rachen als reine Lustgärten, in denen es sich prächtig tummeln läßt, dargestellt wären. Die Theater auf dem Meeresgrund würden zeigen, wie heldenmütige Fischlein begeistert in die Fischrachen schwimmen, und die Musik wäre so schön, daß die Fischlein unter ihren Klängen, die Kapelle voran, träumerisch, und in allerangenehmste Gedanken eingelullt, in die Haifischrachen strömten. Auch eine Religion gäbe es da, wenn die Haifische Menschen wären. Sie würden lehren, daß die Fischlein erst im Bauch der Haifische richtig zu leben begännen. Übrigens würde es auch aufhören, wenn die Haifische Menschen wären, daß alle Fischlein, wie es jetzt ist, gleich sind. Einige von ihnen

würden Ämter bekommen und über die anderen gesetzt werden. Die ein wenig größeren dürften sogar die kleineren auffressen. Das wäre für die Haifische nur angenehm, da sie dann selber öfter größere Brocken zu fressen bekämen. Und die größeren, Posten habenden Fischlein würden für die Ordnung unter den Fischlein
45 sorgen, Lehrer, Offiziere, Ingenieure im Kastenbau usw. Kurz, es gäbe überhaupt erst eine Kultur im Meer, wenn die Haifische Menschen wären.«

A ■ Suche Verben im Konjunktiv heraus und beschreibe, welche Funktion der Konjunktiv hat.
B ■ Was würde sich verändern, wenn Haifische Menschen wären?
C ■ Würde es den Fischlein besser gehen, wenn Haifische Menschen wären?

■ Text 37

Hilfsverben *Rudolf Otto Wiemer*

Ich würde sagen wir sollten
Ich sollte meinen wir hätten
Ich hätte gedacht wir könnten
Ich könnte schwören wir möchten
5 Ich möchte annehmen wir müssten
Ich müsste glauben wir würden

Ich würde sagen wir müssten
Ich müsste meinen wir möchten
Ich möchte glauben wir könnten
10 Ich könnte schwören wir hätten
Ich hätte gedacht wir sollten
Ich sollte glauben wir würden

Ich würde sagen wir dächten
Ich dächte das wär's
15 Würde ich sagen

A ■ Welche Modusform und welche besonderen Hilfsverben werden in dem Gedicht verwendet?
B ■ Auf den ersten Blick ist das Gedicht eine Sprachspielerei. Kannst du für dich eine Aussage in dem Gedicht entdecken?
C ■ Untersuche kritisch die Funktion der Wendung »würde ich sagen«.

Sprache betrachten

A ■ Formuliere zu den verschiedenen Modi und den Modalverben je einen Beispielsatz.

A ■ Welches Verhältnis hat der Erzähler zu seinem Bruder?

B ■ Welche Modusform wird in dem Text verwendet und in welchem Zusammenhang steht sie zu dem Inhalt?

C ■ Beschreibe, wie der Sprecher zu seinem Bruder steht, indem du die obenstehenden Informationen zum Modus und zu den Modalverben benutzt.

Modus und Modalverben

INFO

Mit dem **Modus** signalisiert der Sprecher, wie er zu dem Sachverhalt, den er formuliert, oder zu den Aussagen anderer steht.

Die Sonne scheint. Ich bin Lena. → Eine **Tatsache** wird als wahr oder gegeben dargestellt → **Indikativ** (Wirklichkeitsform)

Möge es dir schmecken! → Ein **Wunsch** wird ausgesprochen. → **Konjunktiv I** (Möglichkeitsform)

Sei aufmerksam! → Jemand wird **aufgefordert** oder **angewiesen** etwas zu tun. → **Konjunktiv I**

Die Strecke sei 15 cm lang. → Eine **Bedingung** wird formuliert. → **Konjunktiv I**

Es hieß, morgen scheine die Sonne. Der Sprecher sagte, dass morgen die Sonne scheine. → Etwas wird **distanziert berichtet**, **Gedanken**, Aussagen werden **indirekt** wiedergegeben. → **Konjunktiv I**

Wenn wir jetzt Ferien hätten, dann würde ich ans Meer fahren. → Etwas **nicht Wirkliches, nur Vorgestelltes** wird formuliert → **Konjunktiv II** (Irrealis)

Ich hätte gerne 1 Pfund Äpfel. → Ein **Wunsch** wird höflich formuliert. → **Konjunktiv II**

Die Bedeutung der Modalverben
Modalverben verändern (modifizieren) die Bedeutung des Verbs, vor dem sie stehen. Sie bestimmen das Verb näher.

dürfen: die Erlaubnis haben
Ich darf den Rasen mähen. → *Ich habe die Erlaubnis, den Rasen zu mähen.*

können: die Möglichkeit / die Fähigkeit haben, wissen
Ich kann den Rasen mähen. → *Ich habe die Fähigkeit, den Rasen zu mähen. Das könnte stimmen.* → *Es besteht die Möglichkeit, dass es stimmt.*

wollen/möchten: den Wunsch, den Willen, die Absicht haben
Ich will den Rasen mähen. → *Ich habe die Absicht, den Rasen zu mähen.*

sollen: den Auftrag/die Aufgabe haben
Ich soll den Rasen mähen. → *Ich habe den Auftrag, den Rasen zu mähen.*

müssen: die Pflicht haben, es ist notwendig
Du musst den Rasen mähen. → *Ich habe die Pflicht, den Rasen zu mähen.*

■ Text 38

Mein Bruder *Andreas Thalmayr*

Man muss unserem Bruder, diesem Kindskopf wünschen, dass er endlich erwachsen werde. Gott sei Dank ist er kein Baby mehr. Möge er also Vernunft annehmen! Sicher hätten es die Eltern lieber gesehen, wenn er etwas gelernt hätte. An ihrer Stelle wäre ich längst ausgerastet. Aber er tut natürlich so, als sei ich an seinem Misserfolg schuld. Fast wäre es soweit gekommen, dass ich ihm eine gewischt hätte. Mein Rezept lautet: Man verschreibe ihm täglich drei Löffel Lebertran und streiche ihm das Taschengeld. Das dürfte ihm zu denken geben. Aber selbst dann gäbe er vermutlich keine Ruhe, es sei denn, wir steckten ihn in ein Internat. Ich wollte, wir würden ihn endlich los. Schön wär's.

Wortkunde

In der fünften und sechsten Jahrgangsstufe hast du dich schon mit der Wortkunde dir bekannter Wörter beschäftigt. In diesem Teilkapitel wollen wir uns auf eine Zeitreise in eine frühere Sprachform begeben, die unser heutiges Deutsch maßgeblich geprägt hat. Du lernst(,) …
- den Bedeutungswandel und die Bedeutungsübertragung kennen,
- bildhafte Möglichkeiten der Sprache zu nutzen.

Bildhafte Möglichkeiten

Redewendung   INFO

Eine **Redewendung** ist eine feste Verbindung mehrerer Wörter zu einer Einheit. Jedoch lässt sich die Gesamtbedeutung nicht unmittelbar aus der Bedeutung der einzelnen Elemente erschließen. Zum Beispiel bedeutet die Redensart »ins Gras beißen« nicht, dass man ins Gras fällt und dann reinbeißt, sondern die Wendung wird in der Bedeutung »sterben« gebraucht. Die Redewendung will also ein **Bild** im Kopf herstellen, sodass man sich das Gesagte besser vorstellen kann. Der Wortlaut einer Redewendung kann nicht verändert werden. Man lässt beispielsweise die Katze aus dem Sack und nicht aus der Tüte. Die Redewendung wird sonst nicht verstanden. Viele Redewendungen stammen bereits aus dem Mittelalter und werden auch heute noch verwendet.

Brief und Siegel auf etwas geben

Mit dem Siegel wurden früher Urkunden, Dokumente und Briefe verschlossen, um sicher zu stellen, dass nur der Adressat die Botschaft liest. Erst durch das Siegel wurden wichtige Dokumente rechtsgültig.

Im heutigen Deutsch gibt es immer noch bildliche Wendungen, die aus der Ritterzeit stammen.

Sprache betrachten

A ■ Ordne die Redewendung ihrer jeweiligen Erklärung zu.

Lügen, dass sich die Balken biegen

a Der Ursprung dieser Wendung liegt wahrscheinlich in den Gottesurteilen des Mittelalters: Der Verurteilte musste z. B. ein vergiftetes Stück Brot essen und wurde freigesprochen, wenn er nach dem Verzehr noch am Leben blieb.

Ins Fettnäpfchen treten

b Die Heimat des Fettnäpfchens ist das Erzgebirge. Zwischen Tür und Ofen stand ein Töpfchen voll Fett zum Schmieren der nassen Stiefel. Trat jemand das Töpfchen aus Versehen um, konnte die Frau des Hauses sehr böse werden.

Für jemanden durchs Feuer gehen

c Dieses Sinnbild ist seit dem 15. Jahrhundert bekannt. Es beruht darauf, dass jede Lüge eine Last für den Lügenden darstellt. Spaßhaft wird hier also das Gewicht dieser Last betont, unter der sich sogar die Balken eines Hauses zu biegen drohen.

Jemanden auf die Folter spannen

Aus der Reihe tanzen

d Bei größeren Gesellschaften wurden früher die Tische, auf denen das Essen angerichtet wurde, nur provisorisch errichtet und nach dem Ende der Mahlzeit wieder abgebaut. Dabei legte man eine oder mehrere Platten auf Holzböcke, sodass die Tafel anschließend wieder leicht entfernt werden und von der Dienerschaft mitsamt den Essensresten »aufgehoben« werden konnte. Mit dieser Methode war es auch möglich, mehrere Gänge, die zuvor in der Küche angerichtet wurden, zu servieren.

Darauf kannst du Gift nehmen

e Die Folterknechte des Mittelalters versuchten, durch die Folter Geständnisse aus den Angeklagten herauszupressen.

Jemandem das Handwerk legen

f Bei der Feuerprobe des Mittelalters, die Frauen und Unfreien vorbehalten war, musste der Beklagte nur mit einem Hemd bekleidet durch einen brennenden Stoß Holz gehen. Überstand der die Prozedur (das Gottesurteil) unbeschadet, erfolgte der Frei-

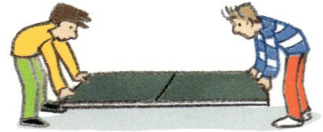

Die Tafel aufheben

g Der Reigen ist ein Tanz aus dem Mittelalter, der paarweise, hintereinander in einer Reihe getanzt wurde. Wer diese Formation verließ, fiel unangenehm auf.

B ■ Erkläre ihre heutige Bedeutung.

TIPP Wenn du dir über die Bedeutung nicht sicher bist, kannst du im Duden, Band 11: Redewendungen und sprichwörtliche Redensarten, nachschlagen.

h Im Mittelalter waren die Handwerker in Zünften zusammengeschlossen, die die Ausübung des jeweiligen Handwerks nur unter strengen Vorschriften zuließ. Wer gegen diese Regeln verstieß, wurde ausgeschlossen und durfte seiner Tätigkeit nicht mehr nachgehen, ihm wurde das Handwerk gelegt.

Sprache betrachten
Groß- und Klein...

A ■ Erkläre die folgenden Grafiken.

B ■ Gibt es diese Würmer wirklich? Natürlich nicht. Vielleicht *verstehst du* gerade *nur Bahnhof* … eine Redewendung. Was bedeutet nun diese Redewendung? Kannst du sie erklären?

Herkunft der Redewendung »nur Bahnhof verstehen«

Die Redewendung *nur Bahnhof verstehen* stammt aus der Zeit des Ersten Weltkriegs, in der der Bahnhof für die Soldaten das Sinnbild für Heimat war. Und das ganz besonders zum Ende des Krieges hin, der viel länger dauerte als erwartet bzw. erhofft. Jede Spur der anfänglichen Kriegsbegeisterung war der Hoffnung gewichen, dass der Krieg ein baldiges Ende finden möge und man gesund nach Hause zurückkehren könne. Dieser Gedanke war so vorherrschend, dass oftmals Gespräche, die sich nicht um das Thema »Heimat« drehten, mit den Worten *Ich verstehe nur Bahnhof* abgebrochen wurden.

C ■ Redewendungen hören und verwenden wir täglich. Sie würzen einen Text, oft lustig, ein bisschen wie *das Salz in der Suppe*. Schon wieder eine Redewendung. Überlege, warum Redewendungen oft das Salz in der Suppe sind.

TIPP Stell dir die Redewendungen bildlich vor und du kommst der Sache näher!

> Wir haben die Wohnung aufgeräumt und alles klar Schiff gemacht.

> Keine Panik auf der Titanic.

> Die Ratten verlassen das sinkende Schiff.

> Ein Problem elegant umschiffen.

D ■ Kennst du weitere Redewendungen? Erstelle ein Memory-Spiel: Auf das eine Kärtchen malst du die Redewendung und auf das andere Kärtchen schreibst du die Redewendung. Spielvariante: Der Spieler muss noch erklären – ggf. mit Hilfe des Dudens –, woher die Bedeutung der Redewendung kommt.

Texte lesen und verstehen

Was hat mich zum Lesen gebracht? Das neugierige Verlangen, in fremde Welten einzutauschen, ziemlich wahllos war ich büchersüchtig. *(Gabriele Wohmann, dt. Schriftstellerin, 1932)*

Bücher ein Haufen toter Buchstaben? Nein, ein Sack voll Samenkörner. *(André Gide, frz. Schriftsteller, 1869–1951)*

Ein Buch lesen – für mich ist das das Erforschen eines Universums. *(Marguerite Duras, frz. Schriftstellerin und Drehbuchautorin, 1914–1996)*

Die Bildung kommt nicht vom Lesen, sondern vom Nachdenken über das Gelesene. *(Carl Hilty, schweizer Philosoph und Politiker, 1833–1909)*

Liest du ein Buch, lernst du einen Freund kennen. *(Chines. Sprichwort)*

Es ist ein großer Unterschied, ob ich lese zum Genuss und Belebung oder zur Erkenntnis und Belehrung. *(Johann Wolfgang Goethe, dt. Dichter, 1749–1832)*

Kein Lesen ist der Mühe wert, wenn es nicht unterhält. *(William Somerset Maugham, engl. Schriftsteller 1874–1965)*

Warum lesen wir eigentlich?
… weil wir etwas Neues erfahren wollen.
… weil es Spaß macht.
…

Lesen ist für den Geist, was Gymnastik für den Körper ist. *(Joseph Addison, engl. Dichter, Politiker und Journalist, 1672–1719)*

A ▪ Finde weitere Antworten auf die Frage »Warum lesen wir eigentlich?«, indem du die Zitate auswertest.
B ▪ Ergänze zusätzliche Antworten.

Texte lesen und verstehen

C ■ Überlege, in welchen Situationen wir lesen und welche Funktion das Lesen jeweils hat. Beziehe die Bilder auf dieser Seite mit ein.

Ein Leseportfolio erstellen |INFO|

Ein **Portfolio** ist eine Arbeitsmappe, in der man selbsterstellte Materialien zu einem bestimmten Arbeitsvorhaben sammelt und kommentiert. So werden Lern- und Arbeitsprozesse sichtbar, die sonst nur im Kopf ablaufen. Im Laufe einer Arbeitseinheit werden alle Materialien gesammelt, die für den eigenen Lernprozess als wichtig eingeschätzt werden. Ein **Leseportfolio** kann beispielsweise folgende Dokumente enthalten:
- eigene Texte und Arbeiten, die im Zusammenhang mit der Lektüre von Texten entstehen (z. B. Textzusammenfassungen, Übersichten zum Autor und seinem Werk, zur Entstehung und zu den Themen von Texten und Büchern sowie eigene kreative Texte),
- eine eigene Bewertung dieser Texte/Arbeiten (evtl. mit Hilfe eines Fragebogens).

Das Leseportfolio wird in DIN A4-Form als **Hefter** geführt und sollte ein Deckblatt und ein Inhaltsverzeichnis enthalten.

D ■ Warum lese ich eigentlich? Beantworte die Frage für dich auf der Basis deiner Überlegungen zu den Aufgaben A – C. Schreibe dazu einen kurzen Text für dein Leseportfolio.

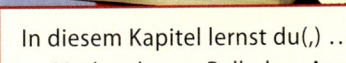

In diesem Kapitel lernst du(,) …
- Merkmale von Balladen, Anekdoten, Kurzgeschichten, mittelalterlichen Epen, Jugendbüchern und Sachtexten kennen und anzuwenden,
- Erschließungskategorien (u. a. Thema, Motivgestaltung, Aufbau, Figuren, Raum- und Zeitgestaltung) zu erkennen und anzuwenden,
- Sachtexte auszuwerten und zu analysieren,
- gestaltend zu arbeiten, z. B. Texte zu ergänzen, umzuschreiben oder neu zu verfassen in Anlehnung an literarische Formen.

Texte lesen und verstehen

Balladen

> Die Form der Ballade ist einzigartig, da sie Elemente der Epik, des Dramas und der Lyrik enthält. In diesem Teilkapitel lernst du(,) …
> - die literarische Form der Ballade als eine Gattung und ihre Gattungsmerkmale kennen,
> - Helden- und Ideenballade zu unterscheiden,
> - eine Ballade wirkungsvoll vorzutragen,
> - mit Reimschemata, Kadenz und Metren umzugehen.

■ Text 39

John Maynard   *Theodor Fontane*

Theodor Fontane wurde 1819 in Neuruppin geboren. Er war Apotheker und Schriftsteller. Noch heute werden viele seiner Romane, Novellen, Erzählungen und Balladen gelesen. 1898 starb Fontane in Berlin.

I   John Maynard!
     »Wer ist John Maynard?«
   »John Maynard war unser Steuermann,
   Aus hielt er, bis er das Ufer gewann,
5   Er hat uns gerettet, er trägt die Kron',
   Er starb für uns, unsre Liebe sein Lohn.
     John Maynard.«
     *

II Die »Schwalbe« fliegt über den Eriesee,
   Gischt schäumt um den Bug wie Flocken von Schnee,
10 Von Detroit fliegt sie nach Buffalo –
   Die Herzen aber sind frei und froh,
   Und die Passagiere mit Kindern und Fraun
   Im Dämmerlicht schon das Ufer schaun,
   Und plaudernd an John Maynard heran
15 Tritt alles: »Wie weit noch, Steuermann?«
   Der schaut nach vorn und schaut in die Rund':
   »Noch dreißig Minuten … Halbe Stund'.«

III Alle Herzen sind froh, alle Herzen sind frei –
   Da klingt's aus dem Schiffsraum her wie ein Schrei,
20 »Feuer!« war es, was da klang,
   Ein Qualm aus Kajüt' und Luke drang,
   Ein Qualm, dann Flammen lichterloh,
   Und noch zwanzig Minuten bis Buffalo.

IV Und die Passagiere, bunt gemengt,
25 Am Bugspriet stehn sie zusammengedrängt,
   Am Bugspriet vorn ist noch Luft und Licht,

Texte lesen und verstehen

Am Steuer aber lagert sich's dicht,
Und ein Jammern wird laut: »Wo sind wir? wo?«
Und noch fünfzehn Minuten bis Buffalo.

V Der Zugwind wächst, doch die Qualmwolke steht,
Der Kapitän nach dem Steuer späht,
Er sieht nicht mehr seinen Steuermann,
Aber durchs Sprachrohr fragt er an:
»Noch da, John Maynard?«
　　　　»Ja, Herr. Ich bin.«
»Auf den Strand! In die Brandung!«
　　　　»Ich halte drauf hin.«
Und das Schiffsvolk jubelt: »Halt aus! Hallo!«
Und noch zehn Minuten bis Buffalo.

VI »Noch da, John Maynard?« Und Antwort schallt's
Mit ersterbender Stimme: »Ja, Herr, ich halt's!«
Und in die Brandung, was Klippe, was Stein,
Jagt er die »Schwalbe« mitten hinein.
Soll Rettung kommen, so kommt sie nur so.
Rettung: der Strand von Buffalo.
　　　　　　　*

VII Das Schiff geborsten. Das Feuer verschwelt.
Gerettet alle. Nur *einer* fehlt!
　　　　　　　*

VIII Alle Glocken gehn; ihre Töne schwell'n
Himmelan aus Kirchen und Kapell'n,
Ein Klingen und Läuten, sonst schweigt die Stadt,
Ein Dienst nur, den sie heute hat:
Zehntausend folgen oder mehr,
Und kein Aug' im Zuge, das tränenleer.

IX Sie lassen den Sarg in Blumen hinab,
Mit Blumen schließen sie das Grab,
Und mit goldner Schrift in den Marmorstein
Schreibt die Stadt ihren Dankspruch ein:
　　»Hier ruht John Maynard! In Qualm und Brand
　　Hielt er das Steuer fest in der Hand,
　　Er hat uns gerettet, er trägt die Kron',
　　Er starb für *uns*, unsre Liebe sein Lohn.
　　　　　John Maynard.«

A ■ Schreibe einen Tagebucheintrag über das Ereignis »Untergang der Schwalbe« aus der Sicht eines Passagiers, der das Unglück überlebt hat.

B ■ Lies das Gedicht zunächst alleine und still. Überlege dir anschließend Schauplatz und Zeitpunkt der Handlung (schriftlich) und fasse das dargestellte Geschehen mündlich für dich zusammen.

C ■ Theodor Fontane hat den Stoff zu einem besonderen Gedicht verarbeitet und sich dabei auf die historischen Fakten berufen – jedoch auch einiges verändert. Notiere dir, welche Person in der jeweiligen Textpassage spricht, z. B. Passagier oder Erzähler. Anschließend verteilt ihr die einzelnen Rollen und tragt das Gedicht wirkungsvoll vor.

TIPP Um das Gedicht wirkungsvoll vortragen zu können, solltest du das Gedicht zunächst präparieren. Dabei helfen dir folgende Betonungszeichen.
/　　kurze Pause
//　　längere Pause
<…　langsamer sprechen
…>　schneller sprechen
_　　betonen
↗　　Stimme heben
↘　　Stimme senken
Auch kannst du Instrumente einsetzen oder ihr positioniert euch im Raum in den Ecken, in einer Reihe, verteilt in Gruppen, …

Text 40
Das historische Ereignis

Am 9. August 1841, abends kurz nach 20 Uhr, fing das Passagierschiff »Erie« in der Nähe von Silver Creek auf dem Eriesee Feuer. Kapitän Titus befahl dem Steuermann Luther Fuller, das Schiff unter Einsatz seines Lebens auf Land zu setzen. Aber kurz bevor das Schiff die Küste erreicht hatte, brannte die Steueranlage durch und 249 Passagiere kamen ums Leben. Fuller und der Kapitän überlebten als Einzige mit schweren Verletzungen das Unglück.

Der Steuermann starb am 22. November 1900 als Trinker im Armenhaus in Pennsylvania (Bezirk Erie) unter dem angenommenen Namen James Rafferty. Kapitän Titus, der ebenfalls überlebte, ließ den Steuermann bereits nach dem Unglück unter den 249 Toten eintragen.

A ■ Stelle die Informationen über die wahren Ereignisse der Schiffskatastrophe in Stichworten zusammen. Denke dabei an die W-Fragen, die du auch immer beim Bericht beantworten musst.

B ■ Vergleiche die geschichtlichen Tatsachen des Schiffsunglücks mit dem Geschehen in Theodor Fontanes »John Maynard«. Erarbeite dazu Vergleichspunkte und lege eine Tabelle an.

C ■ Überlege, warum Fontane einiges von den tatsächlichen Begebenheiten verändert hat.

Texte lesen und verstehen

Die Ballade – das Ur-Ei der Dichtung   INFO

Goethe nannte die **Ballade** das »**Ur-Ei der Dichtung**« weil sie Elemente der Epik, des Dramas und der Lyrik, also aller drei literarischer Gattungen, enthält.

Unter **Epik** fallen alle erzählenden Texte, z. B. Fabeln, Kurzgeschichten, Romane, in denen ein Erzähler dem Leser eine Handlung oder ein Geschehen vermittelt.

Die Gattung **Dramatik** umfasst alle Theaterstücke. Im Gegensatz zur Epik wird die *Handlung* nicht erzählt, sondern szenisch, also durch das *Handeln* und Sprechen der Figuren, vermittelt.

Zur Gattung der **Lyrik** gehören alle Gedichte. Gedichte stehen in gebundener Sprache, d. h., sie sind an Vorgaben wie Versmaß, feste Stropheneinteilung oder Reimschemata gebunden. Gedichte vermitteln vor allem Gefühle, Stimmungen und Gedanken. Die Ballade erzählt wie in epischen Texten eine zusammenhängende Geschichte über eine interessante Begebenheit. Ähnlich wie im Drama kommen dabei Figuren in direkter Rede zu Wort und vermitteln dem Hörer oder Leser den Eindruck, hautnah dabei zu sein. Wie ein Gedicht ist die Ballade in Verse und Strophen gefasst und enthält meistens auch Reime.

Ganz typisch für die Ballade ist ihre **Spannung**. Balladendichter bauen ihren Text so auf, dass die Spannung Schritt für Schritt anwächst. Der Leser oder Hörer fiebert dem Ende geradezu entgegen. Grund dafür ist die geraffte Form des Erzählens, bei der ein Erzähler nur das Notwendigste sagt. So setzt bei einer Ballade die Handlung ganz unvermittelt ein. Zwischenschritte, die für eine vollständige Darstellung des Geschehens nötig wären, werden einfach weggelassen. Und das Ende kommt plötzlich und ist oft überraschend.

Die Ballade ist eine Textsorte, die besonders dafür geeignet ist, bei Lesern und Hörern **Gefühle** hervorzurufen und **Stimmungen** zu erzeugen. Das liegt am fesselnden Charakter der erzählten Geschichte. Die Balladendichter bemühen sich, die Gedanken, Gefühle und Stimmungen ihrer Helden so lebendig wie möglich werden zu lassen, z. B durch den Gebrauch der wörtlichen Rede. So können wir uns in die Figuren hineinversetzen, uns mit ihnen identifizieren und an ihrem Schicksal Anteil nehmen. Besonders gut gelingt das natürlich dann, wenn uns die Ballade durch einen gelungenen **Vortrag** vermittelt wird.

Johann Wolfgang Goethe wurde 1749 in Frankfurt am Main geboren. Er ist der berühmteste deutsche Dichter mit einer Vielzahl an Gedichten, Balladen und erzählenden Werken. Auch veröffentlichte er naturwissenschaftliche und literaturtheoretische Texte. Durch seinen Roman »Die Leiden des jungen Werther« wurde er 1774 in ganz Europa bekannt. 1832 starb Goethe in Weimar.

A ■ Schreibe mit Hilfe der Informationen alle epischen, lyrischen und dramatischen Merkmale einer Ballade in dein Heft.
Tipp: Du kannst für jede der Gattungen eine unterschiedliche Farbe verwenden.

 B ■ Erläutere mit Hilfe der Informationen aus dem Info-Kasten, warum die Ballade besonders gut geeignet ist, bei Lesern und Hörern Gefühle hervorzurufen, und übertrage dies auf die Ballade »John Maynard«.

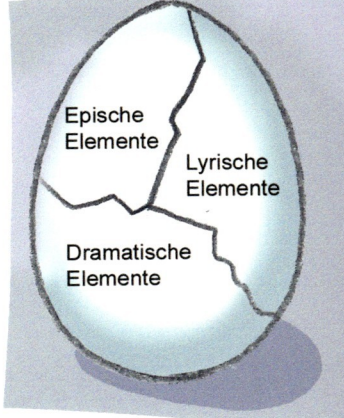

Texte lesen und verstehen

Text 41

Der Zauberlehrling *Johann Wolfgang Goethe*

Hat der alte Hexenmeister
Sich doch einmal wegbegeben!
Und nun sollen seine Geister
Auch nach meinem Willen leben!
5 Seine Wort' und Werke
Merkt' ich und den Brauch,
Und mit Geistesstärke
Tu' ich Wunder auch.

    Walle! walle
10   Manche Strecke,
    Dass, zum Zwecke,
    Wasser fließe
    Und mit reichem, vollem Schwalle
    Zu dem Bade sich ergieße.

15 Und nun komm, du alter Besen!
Nimm die schlechten Lumpenhüllen;
Bist schon lange Knecht gewesen;
Nun erfülle meinen Willen!
Auf zwei Beinen stehe,
20 Oben sei ein Kopf,
Eile nun und gehe
Mit dem Wassertopf!

    Walle! walle
    Manche Strecke,
25   Dass, zum Zwecke,
    Wasser fließe
    Und mit reichem, vollem Schwalle
    Zu dem Bade sich ergieße.

Seht, er läuft zum Ufer nieder,
30 Wahrlich! ist schon an dem Flusse,
Und mit Blitzesschnelle wieder
Ist er hier mit raschem Gusse.
Schon zum zweiten Male!
Wie das Becken schwillt!
35 Wie sich jede Schale
Voll mit Wasser füllt!

    Stehe! stehe!
    Denn wir haben
    Deiner Gaben
40   Vollgemessen! –
    Ach, ich merk' es! Wehe! wehe!
    Hab' ich doch das Wort vergessen!

Ach, das Wort, worauf am Ende
Er das wird, was er gewesen.
45 Ach, er läuft und bringt behende!
Wärst du doch der alte Besen!
Immer neue Güsse
Bringt er schnell herein,
Ach! und hundert Flüsse
50 Stürzen auf mich ein.

    Nein, nicht länger
    Kann ich's lassen;
    Will ihn fassen.
    Das ist Tücke!
55   Ach! nun wird mir immer bänger!
    Welche Miene! welche Blicke!

O, du Ausgeburt der Hölle!
Soll das ganze Haus ersaufen?
Seh' ich über jede Schwelle
60 Doch schon Wasserströme laufen.
Ein verruchter Besen,
Der nicht hören will!
Stock, der du gewesen,
Steh doch wieder still!

65   Willst's am Ende
    Gar nicht lassen?
    Will dich fassen,
    Will dich halten,
    Und das alte Holz behände
70   Mit dem scharfen Beile spalten.

Seht, da kommt er schleppend wieder!
Wie ich mich nun auf dich werfe,
Gleich, o Kobold, liegst du nieder;
Krachend trifft die glatte Schärfe!
75 Wahrlich, brav getroffen!
Seht, er ist entzwei!
Und nun kann ich hoffen,
Und ich atme frei!

    Wehe! wehe!
80   Beide Teile
    Stehn in Eile
    Schon als Knechte
    Völlig fertig in die Höhe!
    Helft mir, ach! ihr hohen Mächte!

Texte lesen und verstehen

85 Und sie laufen! Nass und nässer
Wird's im Saal und auf den Stufen.
Welch entsetzliches Gewässer!
Herr und Meister! hör' mich rufen! –
Ach, da kommt der Meister!
90 Herr, die Not ist groß!
Die ich rief, die Geister,
Werd' ich nun nicht los.

»In die Ecke,
Besen! Besen!
95 Seid's gewesen!
Denn als Geister
Ruft euch nur, zu diesem Zwecke,
Erst hervor der alte Meister.«

A ■ Überlege, wer die Geschichte erzählt. Begründe deine Meinung mit einem Beleg (Versangabe) aus dem Text.

B ■ Erarbeite zusammen mit deinem Nachbarn, wie der Lehrling im Verlauf der Ballade seinen Besen nennt, und stelle der Bezeichnung des Besens den jeweiligen Seelenzustand (Gefühle) des Zauberlehrlings gegenüber.

Strophe	Bezeichnung für den Besen	Gefühle des Zauberlehrlings
2	»alter Besen« (V. 15)	Verachtung

C ■ Fasse den Inhalt der Ballade in ein bis zwei Sätzen zusammen.

D ■ Stell dir vor, du bist der Zauberlehrling. Du freust dich sehr darüber, dass du nun nicht mehr die schweren Wassereimer tragen musst, setzt dich zur Ruhe und da du so erschöpft bist vom vielen Wassereimertragen, fällst du in einen tiefen Schlaf. Während du schläfst, träumst du, was du in Zukunft alles zaubern kannst. Schreibe deinen Traum nieder. Du musst nicht reimen, sondern darfst in Prosa schreiben: »Wenn ich morgen früh aufwache, dann …«

E ■ Es gibt verschiedene Möglichkeiten, Balladen zu präsentieren, z. B. in einem Balladenvortrag, einem Schattenspiel oder einem szenischen Spiel. Wählt eine der nachfolgenden Möglichkeiten aus und präsentiert die Ballade »Der Zauberlehrling« vor Publikum.

→ **Grundwissen**, S. 294

TIPP Natürlich kannst du die einzelnen Präsentationstechniken auch auf andere Balladen übertragen.

Projekt: Eine Ballade präsentieren

Balladenvortrag
- Versehe deinen Text mit Randnotizen, die dir Hinweise zu Lesetempo, Lautstärke, Klang der Stimme und den Ausdruck geben. Zum Beispiel:
  - _ Silbe betonen
  - / + // Pause machen
  - | Sinneinheiten
  - <… langsamer sprechen
  - >… schneller sprechen
  - ↗ Stimme heben
  - ↘ Stimme senken
- Vermerke zur Unterstützung deines Vortrags auf dem rechten Rand zusätzlich »Regieanweisungen«, z. B. ob der Lehrling »für sich« spricht, den Besen anspricht, mit »anderen spricht«, ausruft, welche Gesten (pro Strophe mindestens zwei Gesten) er dabei machen könnte, welcher Gesichtsausdruck passend wäre etc.

- Lerne die erste Strophe auswendig. Beachte dabei die Notizen, die du dir zuvor an den Rand gemacht hast.

Ein Schattenspiel gestalten
- Untersucht die Ballade »Der Zauberlehrling« und übertragt das Stimmungsbarometer in euer Heft. Anschließend zeichnet ein, wie sich die Stimmung des Zauberlehrlings im Verlauf der Handlung ändert.

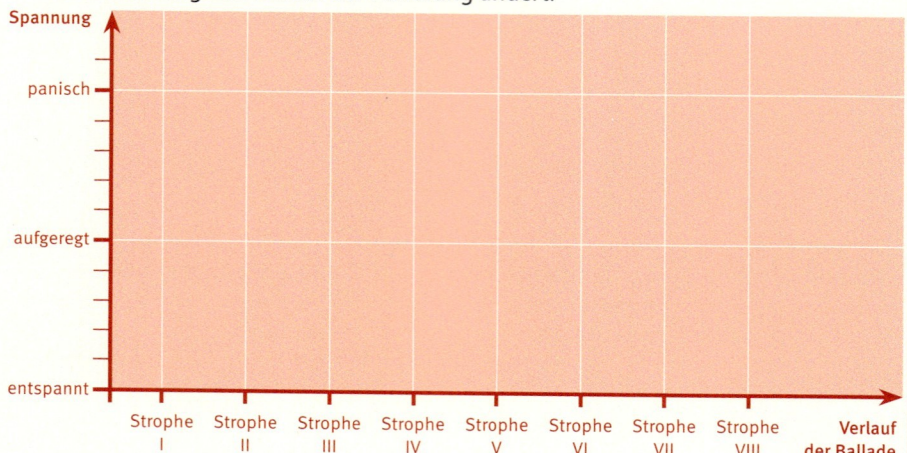

- Beschreibt die weiteren Figuren in der Ballade.
- Bereitet die Ballade für ein pantomimisches Spiel hinter einer Schattenwand vor. Dazu benötigt ihr ein großes weißes Tuch, hinter welches eine starke Lampe gestellt wird. Gespielt wird hinter der Schattenwand, sodass das Publikum auf der von der Lichtquelle abgewandten Seite sitzt.
  Welche Figuren treten auf? Wie kann die Stimmung des Zauberlehrlings dargestellt werden? Wie können das Stimmungsbarometer sowie die Beschreibung der Figuren genutzt werden? Welche Bewegungen müssen die Spieler machen? Welche Requisiten können eingesetzt werden? Welche Geräusche unterstützen das Spiel?

Szenisches Spiel
- Eine Schülerin oder ein Schüler spricht als Erzähler/-in den Balladentext. Sie oder er darf nicht zu schnell sprechen, damit genügend Zeit für das Spiel bleibt.
- Schiebt die Tische zur Seite. Die nicht als Schauspieler oder Erzähler eingesetzten Schüler sitzen im Zuschauerraum.
- Teilt die Ballade in Spielabschnitte ein und überlegt euch, wir ihr die Stimmung durch nonverbale Kommunikationsmittel wie Gestik und Mimik ergänzen könnt.
- Versieht die Ballade mit Regieanweisungen, die euch für das Spiel hilfreich sein könnten.
- Übt eure Szenen in Gruppen. Achtet darauf, dass der Inhalt der Ballade dabei zum Ausdruck kommt.
- Spielt die Gruppenergebnisse vor. Ihr könnt sie auch mit der Kamera aufnehmen. Diskutiert anschließend, welche Aspekte besonders gut gelungen sind und welche weniger gut.

Texte lesen und verstehen

Metrum und Kadenz

INFO

Die Verse eines Gedichts sind häufig nach einem **Sprechrhythmus** gegliedert, dies wird **Metrum** oder auch **Versmaß** genannt. Das bedeutet, dass die Abfolge von betonten (x́) und unbetonten (x) Silben einem bestimmten Schema folgen

Metrum (Versmaß)	Schema	Beispiel
▪ **Jambus:** Unbetonte und betonte Silben wechseln sich ab.	x x́	x x́ x x́ x x́ x Es schlug mein Herz geschwind zu x́ x Pferde. (Johann Wolfgang von Goethe)
▪ **Trochäus:** Betonte und unbetonte Silben wechseln sich ab.	x́ x	x́ x x́ x x́ x x́ x x́ x Feuerwoge jeder Hügel / Grünes Feuer x́ x x́ jeder Strauch (Georg Britting)
▪ **Daktylus:** Einer betonten Silbe folgen zwei unbetonte.	x́ x x	x́ x x x́ x x x́ x Pfingsten, das liebliche Fest war x x́ x gekommen. (Johann Wolfgang von Goethe)
▪ **Anapäst:** Zwei unbetonten Silben folgt eine betonte.	x x x́	x x x́ x x x́ Wie mein Glück ist mein Leid. (Friedrich Hölderlin)

Wie schließen die Verse? – die **Kadenz**
Es gibt zwei Möglichkeiten: Bei Versen, die mit …
- einer betonten Silbe, also mit einer **Hebung**, schließen, spricht man von einer **männlichen Kadenz**.
- einer unbetonten Silbe, also mit einer **Senkung**, schließen, spricht man von einer **weiblichen Kadenz**.

A ▪ Teilt euch in zwei Gruppen auf:
Gruppe 1: Untersucht das Reimschema der Ballade. Stellt fest, wo das Reimschema wechselt und überlegt euch, welche Wirkung damit erzielt wird.
Gruppe 2: Untersucht das Metrum der Ballade. Teilt dafür die einzelnen Strophen in eurer Gruppe auf. Lest dafür jeden Vers Silbe für Silbe und setzt für jede Silbe ein x. Anschließend untersucht ihr die Abfolge der betonten und unbetonten Silben. Jede betonte Silbe markiert ihr mit einem Akzent.

→ **Grundwissen**, S. 311

TIPP
Wenn ihr unsicher seid, könnt ihr jede betonte Silbe klopfen oder klatschen.

Texte lesen und verstehen

■ Text 42

Die Bürgschaft *Friedrich Schiller*

Zu Dionys[1], dem Tyrannen[2], schlich
Damon, den Dolch im Gewande:
Ihn schlugen die Häscher[3] in Bande,
»Was wolltest du mit dem Dolche? sprich!«
5 Entgegnet ihm finster der Wüterich.
»Die Stadt vom Tyrannen befreien!«
»Das sollst du am Kreuze bereuen.«

»Ich bin«, spricht jener, »zu sterben bereit
Und bitte nicht um mein Leben:
10 Doch willst du Gnade mir geben,
Ich flehe dich um drei Tage Zeit,
Bis ich die Schwester dem Gatten gefreit[4];
Ich lasse den Freund dir als Bürgen,
Ihn magst du, entrinn' ich, erwürgen.«

15 Da lächelt der König mit arger List
Und spricht nach kurzem Bedenken:
»Drei Tage will ich dir schenken;
Doch wisse, wenn sie verstrichen, die Frist,
Eh' du zurück mir gegeben bist,
20 So muss er statt deiner erblassen[5],
Doch dir ist die Strafe erlassen.«

Und er kommt zum Freunde: »Der König gebeut[6],
Dass ich am Kreuz mit dem Leben
Bezahle das frevelnde[7] Streben.
25 Doch will er mir gönnen drei Tage Zeit,
Bis ich die Schwester dem Gatten gefreit;
So bleib du dem König zum Pfande,
Bis ich komme zu lösen die Bande.«

Und schweigend umarmt ihn der treue Freund
30 Und liefert sich aus dem Tyrannen;
Der andere ziehet von dannen.
Und ehe das dritte Morgenrot scheint,
Hat er schnell mit dem Gatten die Schwester
    vereint,
Eilt heim mit sorgender Seele,
35 Damit er die Frist nicht verfehle.

Da gießt unendlicher Regen herab,
Von den Bergen stürzen die Quellen,
Und die Bäche, die Ströme schwellen.
Und er kommt ans Ufer mit wanderndem Stab,
40 Da reißet die Brücke der Strudel herab,
Und donnernd sprengen die Wogen
Dem Gewölbes krachenden Bogen.

Und trostlos irrt er an Ufers Rand:
Wie weit er auch spähet und blicket
45 Und die Stimme, die rufende, schicket.
Da stößet kein Nachen[8] vom sichern Strand,
Der ihn setze an das gewünschte Land,
Kein Schiffer lenket die Fähre,
Und der wilde Strom wird zum Meere.

50 Da sinkt er ans Ufer und weint und fleht,
Die Hände zum Zeus[9] erhoben:
»O hemme des Stromes Toben!
Es eilen die Stunden, im Mittag steht
Die Sonne, und wenn sie niedergeht
55 Und ich kann die Stadt nicht erreichen,
So muss der Freund mir erbleichen.«

Doch wachsend erneut sich des Stromes Wut,
Und Welle auf Welle zerrinnet,
Und Stunde an Stunde ertrinnet.
60 Da treibt ihn die Angst, da fasst er sich Mut
Und wirft sich hinein in die brausende Flut
Und teilt mit gewaltigen Armen
Den Strom, und ein Gott hat Erbarmen.

---

1 **Dionys** = Dionysos I. (430 – 376 v. Chr.), Alleinherrscher von Syrakus (Sizilien) 2 **Tyrann** = Gewaltherrscher 3 **Häscher** = Verfolger 4 **dem Gatten gefreit** = Zu dieser Zeit musste ein männliches Familienmitglied für die Verheiratung der Tochter/Schwester sorgen. 5 **erblassen** = hier: sterben 6 **gebeut** = gebietet, befiehlt 7 **frevelnd** = verbrecherisch 8 **Nachen** = Kahn 9 **Zeus** = oberster Gott der Griechen 10 **Rotte** = ungeordnete Schar von Menschen

Texte lesen und verstehen

Und gewinnt das Ufer und eilet fort
65 Und danket dem rettenden Gotte;
Da stürzet die raubende Rotte[10]
Hervor aus des Waldes nächtlichem Ort,
Den Pfad ihm sperrend, und schnaubert Mord
Und hemmet des Wanderers Eile
70 Mit drohend geschwungener Keule.

»Was wollt ihr?«, ruft er vor Schrecken bleich,
»Ich habe nichts als mein Leben,
Das muss ich dem Könige geben!«
Und entreißt die Keule dem nächsten gleich:
75 »Um des Freundes willen erbarmet euch!«
Und drei mit gewaltigen Streichen
Erlegt er, die andern entweichen.

Und die Sonne versendet glühenden Brand,
Und von der unendlichen Mühe
80 Ermattet sinken die Knie.
»O hast du mich gnädig aus Räubershand,
Aus dem Strom mich gerettet ans heilige Land,
Und soll hier verschmachtend verderben,
Und der Freund mir, der liebende, sterben!«

85 Und horch! da sprudelt es silberhell,
Ganz nahe, wie rieselndes Rauschen,
Und stille hält er, zu lauschen;
Und sieh, aus dem Felsen, geschwätzig, schnell,
Springt murmelnd hervor ein lebendiger Quell,
90 Und freudig bückt er sich nieder
Und erfrischet die brennenden Glieder.

Und die Sonne blickt durch der Zweige Grün
Und malt auf den glänzenden Matten
Der Bäume gigantische Schatten;
95 Und zwei Wanderer sieht er die Straße ziehn,
Will eilenden Laufes vorüber fliehn,
Da hört er die Worte sie sagen:
»Jetzt wird er ans Kreuz geschlagen.«

Und die Angst beflügelt den eilenden Fuß,
100 Ihn jagen der Sorge Qualen;
Da schimmern in Abendrots Strahlen
Von ferne die Zinnen von Syrakus,
Und entgegen kommt ihm Philostratus,
Des Hauses redlicher Hüter,
105 Der erkennet entsetzt den Gebieter:

»Zurück! du rettest den Freund nicht mehr,
So rette das eigene Leben!
Den Tod erleidet er eben.
Von Stunde zu Stunde gewartet' er
110 Mit hoffender Seele der Wiederkehr,
Ihm konnte den mutigen Glauben
Der Hohn des Tyrannen nicht rauben.«

»Und ist es zu spät, und kann ich ihm nicht,
Ein Retter, willkommen erscheinen,
115 So soll mich der Tod ihm vereinen.
Des rühme der blut'ge Tyrann sich nicht,
Dass der Freund dem Freunde gebrochen die Pflicht,
Er schlachte der Opfer zweie
Und glaube an Liebe und Treue!«

120 Und die Sonne geht unter, da steht er am Tor,
Und sieht das Kreuz schon erhöhet,
Das die Menge gaffend umstehet;
An dem Seile schon zieht man den Freund empor,
Da zertrennt er gewaltig den dichter Chor:
125 »Mich, Henker«, ruft er, »erwürget!
Da bin ich, für den er gebürget!«

Und Erstaunen ergreift das Volk umher,
In den Armen liegen sich beide
Und weinen vor Schmerzen und Freude.
130 Da sieht man kein Augen tränenleer,
Und zum Könige bringt man die Wundermär';
Der fühlt ein menschliches Rühren,
Lässt schnell vor den Thron sie führen,

Texte lesen und verstehen

Friedrich Schiller
wurde 1759 in Marbach geboren und studierte wie Goethe zuerst Jura. Nach zwei Jahren wechselte er zur Medizin, da er die Rechtswissenschaft hasste. Im Jahre 1799 siedelte er nach Weimar um. Die Freundschaft mit Goethe war für beide eine fruchtbare Zusammenarbeit: Im Jahre 1797, welches auch das Balladenjahr genannt wird, schrieben sie im Wettstreit Balladen. Zu Schillers wichtigsten Balladen zählt »Die Bürgschaft«. Nach langer Krankheit starb Schiller im Jahre 1805.

Und blicket sie lange verwundert an.
135 Drauf spricht er: »Es ist euch gelungen,
Ihr habt das Herz mir bezwungen;
Und die Treue, sie ist doch kein leerer Wahn –
So nehmet auch mich zum Genossen an:
Ich sei, gewährt mir die Bitte,
140 In eurem Bunde der dritte!«

A ■ Erzähle den Inhalt der Ballade mit Hilfe der Grafik nach.

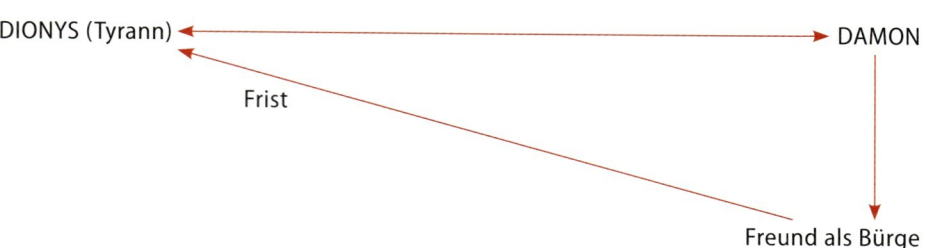

B ■ Erstelle einen Zeitstrahl, auf dem der Ablauf der Handlungsschritte ersichtlich ist, und trage die einzelnen Hindernisse ein.
C ■ Untersucht in Gruppen Reimschema und Metrum der Ballade.
D ■ Nenne Gründe, warum der Freund zum Bürge wird, und begründe anschießend, warum die Ballade den Titel »Die Bürgschaft« trägt.

Balladen-Typen **INFO**

Der Stoff, aus dem Balladen gemacht sind, ist häufig spektakulär. Denn der typische Gegenstand einer Ballade ist nicht eine alltägliche Begebenheit, sondern ein **außergewöhnliches** und **dramatisches Ereignis**. Vom Inhalt her unterscheidet man grundsätzlich zwischen zwei wichtigen Typen: die **naturmagische Ballade** und die **Heldenballade**.

In der **naturmagischen Ballade** geht es um die Begegnung des Menschen mit den gewaltigen Kräften der Natur oder mit der Macht des Übernatürlichen.

Gängige Themen sind Naturkatastrophen, bei denen Menschen zu Schaden kommen, oder unheimliche Ereignisse, bei denen Gespenster und Geister den Menschen das Fürchten lehren.

Die **Heldenballade** handelt von Menschen, die etwas Außerordentliches tun. Gegenstand ist ein Held, also eine herausragende Persönlichkeit und ihre großartige Tat, oder das vorbildliche Verhalten einer Person, die in einer schwierigen Situation über sich selbst hinauswächst und ein Beispiel für andere wird.

A ■ Begründe, warum »Die Bürgschaft« zu den Heldenballaden gezählt wird. Was macht Damon in dieser Ballade zum Helden?
B ■ Ordne die Balladen in diesem Kapitel einem Balladen-Typen begründet zu.
Tipp: Manchmal kann man auch Begründungen für beide Balladen-Typen finden.

Kurze und ganz kurze Geschichten

> Kurzgeschichten sind, das verrät schon der Name, kurz. Aber es gibt noch kürzere Geschichten, die sich Anekdoten nennen, und eigentlich ähnlich einem gut erzählten Witz sind. Außerdem ist nicht jede kurze Geschichte eine Kurzgeschichte.
> In diesem Teilkapitel lernst du(,) ...
> - die Merkmale der Kurzgeschichte und der Anekdote kennen,
> - Kurzgeschichten von anderen kurzen Geschichten zu unterscheiden.

■ Text 42

Nasen kann man so oder so sehen *Ingrid Kötter*

Es ist fast 20 Uhr, als Onkel Thomas aus Kanada zu Besuch kommt. Er will sofort Irina begrüßen. »Warte einen Augenblick!«, bittet die Mutter. »Irina ist jetzt vierzehn. Das ist ein schwieriges Alter. Um 20 Uhr ist eine Klassenfete. Mal will sie hingehen, dann wieder nicht. Sie hat eine fürchterliche Laune.«

5 Irina steht in ihrem Zimmer vor dem Spiegel. In letzter Zeit steht sie oft dort. Mürrisch betrachtet sie ihr Gesicht von allen Seiten. »Diese Nase!«, flüstert sie. »Diese entsetzlich große Nase! Eine Nase wie Manuela müsste man haben.« Alle Jungen in Irinas Klasse sind hinter Manuela mit der niedlichen Stupsnase und dem albernen Gekicher her.

10 Mit verbissenem Gesicht kratzt Irina an einem Pickel herum, befühlt eingehend ihre Nase und stöhnt. An manchen Tagen ist es wie verhext. Da kommt einfach alles zusammen: Zwei neue Pickel, davon einer mitten auf der großen Nase, die dadurch natürlich erst recht unangenehm auffällt. Und dann noch Onkel Thomas. Irina hat ihn mindestens drei Jahre nicht gesehen. Onkel

15 Thomas ist Mutters jüngster Bruder. Er ist 23 Jahre alt, lebt in Kanada und hat die dämliche Angewohnheit, Irina bei jedem Wiedersehen hochzuheben und abzuküssen.

»Ich mag diese Küsserei nicht«, sagt Irina zu ihrem Spiegelbild, geht zur Zimmertür und will sie abschließen. Das macht sie in letzter Zeit oft, wenn Besuch
20 kommt, den sie nicht ausstehen kann.

»Sei nett zu meinem Lieblingsbruder! Er kommt extra aus Kanada«, hat die Mutter gesagt. Irina denkt an den schlacksigen, pickeligen Jüngling und denkt: Von mir aus kann er vom Mond kommen. Sie will den Schlüssel im Schloss herumdrehen. – Zu spät! Onkel Thomas steckt seinen Kopf zur Tür herein: »Hallo,
25 kann ich reinkommen?« Schon ist er im Zimmer.

Sieht echt gut aus, der Typ. Hat mächtig breite Schultern gekriegt. Und dann der Bart! Mensch, hat der sich verändert. Er hebt Irina nicht hoch. Er küsst sie nicht ab. Er sieht mit ihr zusammen in den Spiegel, staunt, haut ihr kräftig auf die Schulter und sagt: »Meine Güte, du bist ja eine richtig hübsche junge Dame
30 geworden!«

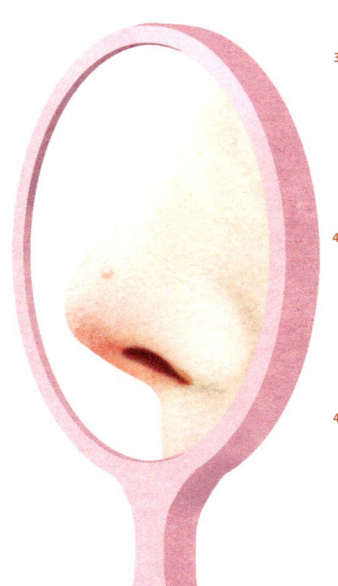

»Ach was! Quatsch keinen Käse!«, sagt die junge Dame und hält ihr Gesicht ganz dicht vor die Spiegelscheibe. »Sieh dir diese Pickel an und meine Nase!«

»Pickel hatte ich in deinem Alter auch«, sagt Onkel Thomas. »Siehst du noch welche? Und was die Nase betrifft, tröste dich! Du bist ja erst vierzehn. Du und deine Nase, ihr wachst ja noch.«

Irina reißt entsetzt die Augen auf. »Wächst noch? Meine Nase? – Alles! Bloß das nicht!«

Sie betrachtet sich im Spiegel. Ihre Augen füllen sich mit Tränen.

»Na, na!«, sagt Onkel Thomas »Ich finde deine Nase schon fast richtig, aber noch ein wenig zu klein.«

»Zu klein????« Irina wischt sich eine Träne ab und sieht ungläubig in den Spiegel.

»Na ja«, meint Onkel Thomas. »Man kann Nasen so und so sehen. Es kommt wohl auf den Betrachter an.«

»Wie siehst du es denn?«

»Also, wenn du mich fragst, ich kann zum Beispiel Frauen mit Stupsnasen nicht ausstehen. Kleine Mädchen mit Stupsnasen, na gut. Aber Frauen mit Stupsnasen sind für mich einfach unmöglich. Viel zu niedlich. Zu puppig. Keine frauliche Ausstrahlung. Magst du etwa Stupsnasen?«

»Ich? – Nein. – Eigentlich nicht.« Irina strahlt ihren Onkel an, fällt ihm um den Hals und küsst ihn ab. »Oh, Onkel Thomas! Wenn du wüsstest! Du bist prima! Kannst ruhig mal wieder vorbeikommen! Tschüs! Ich muss weg. Wir haben jetzt 'ne Klassenfete!«

A ■ Untersuche, mit welchen Problemen die Hauptfigur kämpft und inwiefern ihr Onkel ihr dabei hilft.

B ■ Beschreibe das Verhältnis zwischen Irina und Thomas. Welche Rolle spielt Irinas Mutter?

C ■ Schreibe zu diesem Text eine Textzusammenfassung, die auch die innere Handlung berücksichtigt.

D₁ ■ Wie könnte die Geschichte weitergehen? Schreibe eine Fortsetzung.

D₂ ■ Bearbeite zunächst diesen Text für eine kurze Theateraufführung. Welche Regieanweisungen, welche Requisiten sind nötig? Spielt mehrere Varianten vor.

→ **Grundwissen**, S. 294

→ **Grundwissen**, S. 312

Texte lesen und verstehen

Epische (= erzählende) Texte verstehen

INFO

Die Qualität literarischer Texte zeigt sich daran, dass man nach dem Lesen mit dem Verstehen noch nicht fertig ist, denn ein guter Text erschöpft sich nicht in der spannenden Handlung, sondern wirft beim Leser Fragen auf. Dazu kommt, dass verschiedene Leser den gleichen Text unterschiedlich wahrnehmen und verstehen. Daher ist es sinnvoll, sich mit solchen Texten mit anderen zusammen auseinanderzusetzen. Dabei gibt es verschiedene Vorgehensweisen:

Man kann den Text umschreiben, weiterschreiben und bei dieser **gestalterischen Arbeit** den Text besser verstehen. Oder man **analysiert** den Text, indem man ihn genauer unter die Lupe nimmt. Dabei helfen einige **Begriffe**, um sich besser über einen Text verständigen zu können:

- Die Unterscheidung zwischen **innerer Handlung**, also dem, was im Menschen, in seinem Denken, seinen Gefühlen stattfindet, und **äußerer Handlung**, also dem, was ein Beobachter sehen könnte. Einblick in die innere Handlung gewinnen wir durch die Wiedergabe von Gedanken, durch Selbstgespräche, aber auch durch Gesten oder Verhaltensänderungen.
- die Unterscheidung zwischen **Figurenrede** (wörtliche oder indirekte Rede einer Figur) und **Erzählerrede**
- der Konflikt, der oft im Zentrum eines Textes steht und der ein Konflikt zwischen verschiedenen Menschen oder Gruppen (»**äußerer Konflikt**«), aber auch zwischen verschiedenen Zielen und Wünschen eines Menschen (»**innerer Konflikt**«) sein kann
- Der Umgang mit der Zeit im Text; dazu gehören **Zeitsprünge** und **Rückblenden** ebenso wie das Verhältnis zwischen der Zeit, die man zum Lesen braucht (»**Erzählzeit**«) und der Zeit, die im Text vergeht (»**erzählte Zeit**«). Vergeht auf beiden Ebenen genauso viel Zeit, spricht man von **Zeitdeckung** (z. B. wenn sehr genau erzählt wird mit viel Figurenrede), vergeht die Zeit im Text schneller, als man zum Lesen braucht, von **Zeitraffung** (z. B. wenn ein Geschehen in wenigen Sätzen zusammngefasst wird) und im umgekehrten Fall (z. B. wenn sehr viele Gedanken wiedergegeben werden) von **Zeitdehnung**.

A ■ Analysiere den Text »Nasen kann man so oder so sehen« mit Hilfe der Begriffe des Info-Kastens.

Texte lesen und verstehen

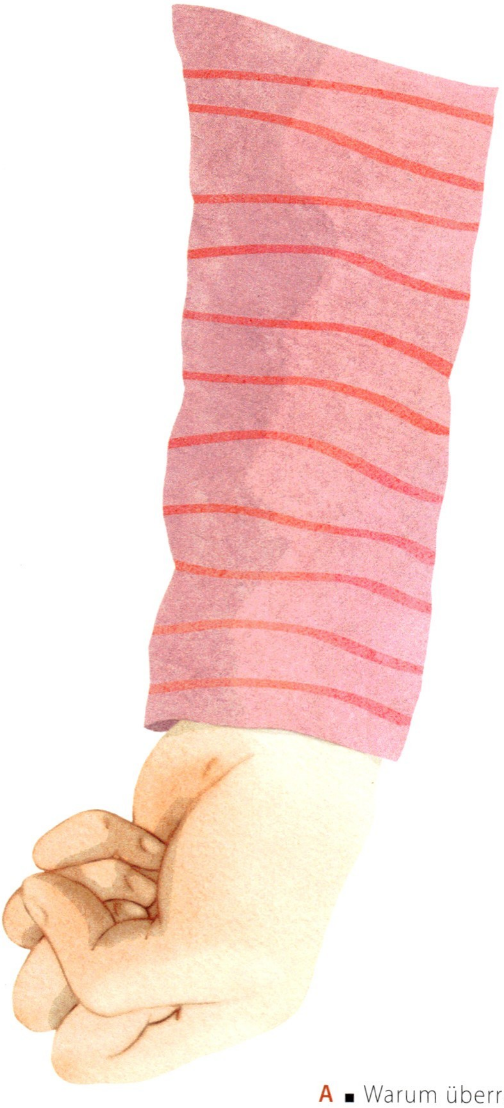

■ Text 44

Eifersucht *Tanja Zimmermann*

Diese Tussi! Denkt wohl, sie wäre die Schönste. Juhu, die Dauerwelle wächst schon raus. Und diese Stiefelchen von ihr sind auch zu albern. Außerdem hat sie sowieso keine Ahnung. Von nix und wieder nix hat die 'ne Ahnung.

⁵ Immer, wenn sie ihn sieht, schmeißt sie die Haare zurück wie 'ne Filmdiva.

Das sieht doch ein Blinder, was die für 'ne Show abzieht. Ja, okay, sie kann ganz gut tanzen. Besser als ich. Zugegeben. Hat auch 'ne ganz gute Stimme, schöne Augen, aber dieses ständige Getue. Die geht einem ja schon nach fünf Minuten auf die Nerven.

Und der redet mit der … stundenlang. Extra nicht hingucken. Nee, jetzt legt er auch noch den Arm um die. Ich will hier weg! Aber aufstehen und gehen, das könnte der so passen. Damit die ihren Triumph hat.

Auf dem Klo sehe ich in den Spiegel, finde meine Augen widerlich, und auch sonst, ich könnte kotzen. Genau, ich müsste jetzt in Ohnmacht fallen, dann wird ihm das schon leidtun, sich stundenlang mit der zu unterhalten.

²⁰ Als ich aus dem Klo komme, steht er da: »Sollen wir gehen?«

Ich versuche es betont gleichgültig mit einem Wenn-du-willst, kann gar nicht sagen, wie froh ich bin. An der Tür frage ich, was denn mit Kirsten ist.

²⁵ »O Gott, eine Nervtante, nee, vielen Dank!« …

»Och, ich find die ganz nett, eigentlich«, murmel ich.

A ■ Warum überrascht der letzte Satz der Ich-Erzählerin? Wie lässt er sich dennoch erklären?

→ **Grundwissen**, S. 308 f.

B ■ Vergleiche **Text 43** mit diesem Text. Beziehe in diesen Vergleich nicht nur Thema, Figuren und Handlung ein, sondern auch die Erzählweise, also wie die Texte anfangen und enden, wie die Leser etwas über die Gefühle der Beteiligten erfahren, wie mit der Zeit umgegangen wird (vgl. **Info-Kasten** auf S. 131).

Texte lesen und verstehen

■ Text 45

Sonntag *Max Bolliger*

»Was möchtest du?«, fragte der Vater.

Daniela studierte die Karte und entschied sich für Riz colonial.

»Gern!«, sagte der Kellner. Er behandelte Daniela wie eine Dame.

Das Restaurant war bis auf den letzten Platz besetzt. Am Nebentisch saß ein Ehepaar mit zwei Kindern. Die beiden stritten sich wegen einer kleinen Puppe aus Plastik. Die Mutter versuchte den Streit zu schlichten. Daniela sah, wie der Junge seine Schwester unter dem Tisch dauernd mit den Füßen stieß. Das Dessert machte dem Gezank ein Ende.

Daniela erinnerte sich, wie sehnlichst sie sich einmal ein Schwesterchen gewünscht hatte.

»Wie geht es in der Schule?«, fragte der Vater.

»Wie immer«, antwortete Daniela.

»Wird es fürs Gymnasium reichen?«

»Ja, ich hoffe es.«

Daniela wusste genau, dass ihre Noten weder in Mathematik noch in Französisch genügten. Dann eben eine kaufmännische Lehre …, oder Arztgehilfin … Sie wollte jetzt nicht daran denken.

»Für mich waren Prüfungen nie ein Problem«, sagte der Vater.

Daniela war froh, als der Kellner das Essen brachte.

Der Reis mit Fleisch und Früchten schmeckte ihr.

»Deine Mutter konnte nie richtig kochen«, sagte der Vater.

Daniela gab darauf keine Antwort.

»Ich brauche einen neuen Wintermantel«, sagte sie.

»Schon wieder?«

»Ich bin seit dem letzten Jahr zehn Zentimeter gewachsen.«

»Wofür bezahl ich eigentlich Alimente?«

»Mutter sagt, das Geld reiche nur für das Nötigste.«

»Gut! Aber ich will die Rechnung sehen.«

»Wünschen die Herrschaften ein Dessert?«

Der Kellner versuchte mit Daniela zu flirten.

»Nein, danke!«, sagte sie, obwohl sie sich heute früh in der Kirche ausgedacht hatte, Vanilleeis mit heißer Schokoladensoße zu essen.

Nach dem Essen fuhren sie am See entlang.

Der Vater hatte ein neues Auto.

Er sprach über Autos wie die Jungen in der Schule.

Daniela verstand nicht, warum man sich über ein Auto freuen konnte, nur weil es einen starken Motor hatte. Aus dem Radio erklang Volksmusik. Sie fiel Daniela auf die Nerven. Aber sie stellte sie trotzdem lauter.

»Hast du viel Arbeit?«, fragte sie.

Texte lesen und verstehen

40 »Wir bauen eine neue Fabrik.«

Der Vater war Ingenieur. Daniela betrachtete ihn von der Seite, neugierig, wie einen Gegenstand. Sein Gesicht war braun gebrannt, sportlich. Der Schnurrbart stand ihm gut. Hatte er ihre Gedanken erraten?

»In zwei Wochen werde ich vierzig! Aber alle schätzen mich jünger.«

45 Daniela lachte. Ihr schien er älter.

»Wie alt bist du eigentlich?«

»Hundert!«, sagte Daniela.

»Nein, ehrlich …!«

»Das solltest du doch wissen. Du fragst mich jedes Mal … Im Februar drei-
50 zehn.«

»Dreizehn! Hast du einen Freund?«

»Nein!«, sagte Daniela.

»Das wundert mich. Du siehst hübsch aus!«

»Findest du?«

55 »So … erwachsen!«

Auf einer Terrasse am See tranken sie Kaffee.

Daniela beobachtete die Segelschiffe.

Der schöne Herbstsonntag hatte unzählige Boote aufs Wasser hinausgelockt.

60 Der Vater war verstummt und schaute alle fünf Minuten auf seine Uhr.

»Ich habe um vier Uhr eine Verabredung.«

»Also gehen wir doch«, sagte Daniela und erhob sich.

65 Der Vater schien erleichtert.

»Ich bringe dich nach Hause«, sagte er.

»Ach, du bist schon wieder da«, sagte die Mutter.

Sie war noch immer im Morgenrock. Während der Woche arbeitete sie halbtags in einer Modeboutique. »Sonntags lasse ich mich gehen«, sagte sie zu ihren
70 Freunden, »sonntags bin ich nicht zu sprechen.«

»Er hatte eine Verabredung«, erzählte Daniela.

Die Mutter lachte.

»Ich möchte wissen, warum er eigentlich darauf besteht, dich zu sehen. Im Grunde liegt ihm doch nichts daran. Nur weil es das Gericht so entschieden hat
75 und um mich zu ärgern.«

Daniela wurde wütend.

»Es geht ihm ausgezeichnet«, sagte sie. »Er hat sich ein neues Auto gekauft und sieht prima aus.«

Die Mutter zuckte bei ihren Worten zusammen.

80 »Und den Wintermantel?«, fragte sie.

»Bewilligt!«

Texte lesen und verstehen

Die Mutter griff sich mit der Hand an die Stirne.
»Diese Kopfschmerzen!«, stöhnte sie. »Hol mir eine Tablette im Badezimmer!«
Daniela gehorchte.
»Ich gehe jetzt«, sagte sie nachher.
»Hast du keine Aufgaben?«
»Nein!«
»Aber komm nicht zu spät zurück!«
»Ich esse bei Brigitte.«
»Gut, bis neun Uhr. Ich lege mich wieder hin.«
Als Daniela die Tür des Lokals öffnete, schlug ihr eine Welle von Rauch- und Kaffeegeruch entgegen. An den niederen Tischen saßen junge Leute, die meisten in Gespräche vertieft. Die Wände waren mit Poster tapeziert. Danielas Augen gewöhnten sich allmählich an das Halbdunkel. Suchend schaute sie sich um.

Der Discjockey nickte Daniela zu.
»Well, I left my happy home to see what I could find out«, sang Cat Stevens.
Ja, er hatte recht. Um herauszufinden, wie die Welt wirklich war, musste man sein Zuhause verlassen.
Heinz hatte Daniela den Text übersetzt. Heinz war schon sechzehn Jahre alt. Sie war stolz darauf. Er saß in einer Ecke und winkte. Aufatmend setzte sich Daniela neben ihn. Er legte einen Arm um ihre Schultern.
»Hast du den Sonntag überstanden?«, fragte er.
»Ja, Gott sei Dank!«
»War es schlimm?«
»Es geht … wie immer.«
»Mach dir nichts draus.«
Daniela kuschelte sich an ihn.
»Was meinst du, werden wir es besser machen?«, fragte sie. »Wenn wir einmal erwachsen sind?« In ihrer Stimme klangen Zweifel.
»Natürlich«, sagte Heinz, »natürlich werden wir es besser machen.«

A ■ Wie beurteilst du den letzten Satz?

B ■ Vergleiche die Beziehung zwischen Daniela und ihren Eltern mit der von Irina zu Mutter und Onkel in **Text 43**.

C ■ Für eine Verfilmung soll eine Darstellerin für Daniela ausgesucht werden. Ihr seid das Casting[1]-Team und habt euch nach genauer Lektüre der Kurzgeschichte auf Karteikarten Notizen gemacht: Wie soll Daniela aussehen? Welche Eigenschaften und Verhaltensweisen soll sie haben? Wie soll sie jeweils in den drei unterschiedlichen Situationen sprechen?
Notiert auf den Karteikarten auch die Textstellen, die eure Überlegungen begründen. Arbeitet in kleinen Gruppen.

1 Casting (engl.) = Der Prozess der Auswahl von Schauspielern, Sängern etc. für eine Inszenierung, Verfilmung, als Musikgruppe o. Ä.

Texte lesen und verstehen

Merkmale der Kurzgeschichte

INFO

Kurzgeschichten werden erst seit der Mitte des 20. Jahrhunderts geschrieben. Sie unterscheiden sich von anderen erzählenden Texten durch eine Reihe von Merkmalen, die allerdings nicht alle in jeder Kurzgeschichte vorkommen:

- **unmittelbarer Beginn:** Ohne Einleitung oder Hinführung wird der Leser mit einem Geschehen konfrontiert, das sich ihm erst allmählich erschließt.
- **offenes Ende:** Der Schluss der Kurzgeschichte bringt oft eine überraschende Wendung und lässt viele Fragen und Deutungsmöglichkeiten offen.

- Diese offenen Fragen sollen den **Leser zum Nachdenken** anregen.
- Nicht nur der Umfang der Texte ist **kurz**, auch zeitlicher Rahmen, Figurenzahl und Handlung bleiben **knapp**.
- Es geht meist um auf den ersten Blick eher **alltägliche Situationen** oder Ereignisse, die aber für die Figuren eine große Bedeutung gewinnen.
- Entsprechend wird häufig **Alltagssprache** verwendet, kurze, einfache Sätze, wörtliche Reden, auch Umgangssprache.

■ Text 46

Okay, Mister, okay! *Klaus Kordon*

Frederich stand vor dem erleuchteten Flughafengebäude und hielt nach einem Taxi Ausschau. Er hatte als Letzter die Zollkontrolle passiert und deshalb keines der wenigen Taxis erwischt, die vor der Halle auf die Fluggäste warteten. […] Es begann zu nieseln, der nach Salz schmeckende Wind vom nahen
5 Meer vermischte sich mit dem feinen Regen. In der warmen, nun allzu feuchten Luft schmeckte die Zigarette nicht mehr. Ungeduldig trat Frederich die Kippe aus.

»Taxi?« Die Frage wurde in Frederichs Rücken hinein gestellt. Ein junger, plattnasiger Mann stand hinter ihm. »Taxi, Mister?« Frederich nickte verwundert. Er hatte kein Taxi kommen sehen – und er sah auch nirgendwo eines
10 stehen. »Okay, Mister, okay!« Der Bursche verschwand in der Dunkelheit. Kurz darauf hörte Frederich Motorengeräusche, unerwartet laute Geräusche. Er sah in die Richtung, aus der die Geräusche kamen. Das Licht eines Autoscheinwerfers leuchtete auf, der andere musste defekt sein. Der Bursche stoppte. »Okay, Mister? Okay?« »Okay!« Frederich öffnete die Tür zu den Rücksitzen, schob den
15 Koffer hinein, setzte sich dazu und nahm das Aktenköfferchen auf seinen Schoß. »Hotel Minerva!«

»Minerva? Okay, Mister! Okay!« Außer okay, Mister! Okay! schien der Bursche kein Englisch zu verstehen. […] Wie weit war es denn noch zu diesem Minerva? Es müssten doch endlich mal ein paar Lichter zu sehen sein, Laternen,
20 Schaufenster, Neonröhren, irgendwas, was nach City aussah. Es hatte ihm niemand gesagt, dass der Flughafen so weit außerhalb der Stadt lag.

»Hotel Minerva, yes?« – »Okay, Mister! Okay!« Diese Taxifahrer! Sie waren überall gleich. Drei Wörter Englisch, aber diese drei Wörter so gesprochen, als wäre Englisch ihre Muttersprache. Frederich presste sein Gesicht an die Fenster-
25 scheibe und bemühte sich, irgendetwas zu erkennen. Lange Zeit sah er nichts, dann sah er ein rötliches Licht, ein offenes Feuer vor einer Hütte. Dann wieder

Texte lesen und verstehen

eins. Sie fuhren durch ein Elendsviertel; niemals lag ein Hotel wie das Minerva in einem solchen Viertel. »He!« Friedrich berührte die Schultern des Fahrers. »Mi-ner-va! Hotel Mi-ner-va!« Der Bursche nahm Gas weg. »Okay, Mister! Minerva! Okay!« Der mit seinem ›Okay Mister‹! »Aber das liegt doch nie in dieser Gegend!« – »Okay, Mister! Minerva.« Es hatte keinen Zweck. Er musste sich gedulden, musste warten; vielleicht befanden sie sich ja in einer Vorstadt, vielleicht tauchten schon die ersten Lichter auf …

Keine Lichter. Die Vorstadt, wenn es eine gewesen war, wurde wieder von undurchdringlicher Dunkelheit abgelöst. Frederich sah auf seine Uhr. Sie waren nun schon eine Dreiviertelstunde unterwegs. Er tippte dem Burschen auf die Schulter. »Wie lange noch? Wie lange?« Der Bursche drehte sich um, grinste. »Okay, Mister! Okay!« Dieses Grinsen enthielt nichts mehr von der Demut des Taxifahrers, der einen Kunden nicht verlieren will. »Anhalten! Halten Sie an!« Der Bursche drehte sich zu Fredrich herum, fuhr aber weiter. »Stopp! Mensch!« Der Bursche nahm den Fuß vom Gas und fuhr rechts ran. Dann drehte er sich wieder um. Frederich atmete aus, öffnete die Tür und sah hinaus. Nichts als Dunkelheit, Wind und Regen und einige hüfthohe Büsche. Er konnte hier nicht aussteigen, er wusste ja nicht einmal, wo er war.

Frederich bot dem fragend guckenden Burschen eine Zigarette an und begann selbst zu rauchen. Die Armut der Länder, die er bereiste, hatte ihm schon immer Angst gemacht, doch noch nie hatte er sie so heftig gespürt. Aber war sie denn so abwegig? Hörte er nicht immer wieder von Europäern und Amerikanern, die in diesen Ländern überfallen, ausgeraubt, ja ermordet worden waren?

Er war nicht reich, aber für diese in übelster Armut dahinvegetierenden Menschen mehr als eine lohnende Beute. Allein was er an Barem mit sich herumtrug, reichte aus, um eine ganze Familie in irgendeinem Slum einige Wochen, wenn nicht sogar Monate, zu ernähren. Frederich sah zu dem Burschen hin, der, den Kopf zurückgelehnt, im Fahrersitz lag und still vor sich hin rauchte. Wusste er, was im Kopf eines solchen Burschen vorging? Vielleicht arbeitete dieser Junge für eine der zahlreichen Jugendbanden. Er war ja auch so plötzlich aufgetaucht. Eigentlich hätte er gleich stutzig werden müssen. Langsam ging Frederich um den Wagen herum. Der Wagen war kein Taxi, hatte weder ein Schild auf dem Dach noch Streifen an den Seiten. Es war ein ganz normales altes Auto. Wieso hatte er das nicht gleich gesehen? Wo hatte er seine Augen gehabt! »Wo bringen Sie mich hin? Was haben Sie vor mit mir?« Der Bursche verstand nicht. »Okay, Mister?«, fragte er.

»Okay?« Frederich musste sich beherrschen, um dem Burschen nicht ins Gesicht zu schlagen. Für wie dumm hielt der ihn? »Was wollen Sie, wollen Sie mein Geld?« Der Bursche zeigte auf den Rücksitz. »Minerva, Mister. Okay?«

Der spielte sein Spiel weiter! Der wusste, wie hilflos er war! Frederichs Gedanken überschlugen sich. Sollte er ihm Geld anbieten? Aber weshalb sollten der Bursche und womöglich auch seine Komplizen sich mit einem Teil zufrieden geben, wenn sie alles haben konnten? Sollte er ihm alles geben? Aber das Risiko, nur das Geld zu nehmen und ihn laufen zu lassen, um eventuell hinterher von

Texte lesen und verstehen

ihm wiedererkannt zu werden, würden der Bursche und seine Komplizen nicht eingehen … Ihm blieb nur eine Möglichkeit: Er musste den Burschen irgendwie loswerden, musste ohne ihn weiterfahren. »Was ist mit dem Licht?« Frederick hämmerte mit der Faust auf der Motorhaube herum. »Warum geht das Licht nicht? Das ist gefährlich, das …« »Mister! Mister!« Der Bursche stieg aus.

Frederick packte ihn und stieß ihn fort. Dann sprang er in den Wagen, startete und gab Gas. Der Bursche rappelte sich auf, sprang vor den Wagen und breitete die Arme aus. Frederick wollte bremsen, fand das Bremspedal nicht schnell genug, hörte einen erstickten Schrei und gab Gas. Der Wagen rumpelte. Frederick schrie, schrie irgendwas aus sich heraus; fuhr und schrie und brauchte lange, bis er zur Besinnung kam und den Wagen bremste. Kalter Schweiß stand ihm auf der Stirn, als er den Kopf vom Lenkrad nahm und zu dem auf der Fahrbahn liegenden Fahrer zurückging. Vorsichtig beugte er sich zu ihm hinunter. Der Bursche rührte sich nicht, lag da, als schliefe er, sah ganz normal aus. […]

Er hatte das nicht gewollt. Es war Notwehr gewesen. Er war in einem fremden Land. Die Behörden hier waren bekannt dafür, nicht besonders ausländerfreundlich zu sein. Wenn sie ihn vor Gericht stellten, hatte er keine Chance. Er hatte ja nicht den geringsten Beweis dafür, dass der Bursche einen Überfall geplant hatte. Frederick blickte sich um. Weit und breit kein Licht, kein Geräusch. Niemand hatte den Vorfall beobachten können. Er beugte sich zu dem Mann hinunter, packte ihn unter den Armen und zog ihn von der Straße fort. Er musste die Leiche hinter den Büschen verstecken, mit dem Wagen in die Stadt fahren und ihn dort irgendwo stehen lassen. Dann würde er wie verabredet die Verhandlung führen und mit der nächsten Maschine aus diesem Land verschwinden.

Das war seine einzige Chance. Bevor er den Wagen startete, rief Frederick sich alles ins Gedächtnis zurück, was er jemals über Spurenbeseitigung gelesen hatte, wischte mit Speichel und Taschentuch an dem Lenkrad herum, bis er sicher war, keine Fingerabdrücke hinterlassen zu haben, wickelte sich das Taschentuch um die Hand und startete, gab Gas und lenkte den Wagen mit der umwickelten Hand die Straße entlang. Nach gut einem Kilometer stoppte er, im Scheinwerferlicht eine Holztafel: Hotel Minerva – zweihundert Meter.

A ■ Welche Gründe führen zu dem Tod des Taxifahrers?
B ■ Mord, fahrlässige Tötung, Notwehr – überlege, welcher Begriff am besten zu dem Geschehen passt.
C ■ Arbeite aus dem Text heraus, welche Hinweise er auf das wachsende Misstrauen des Reisenden gibt.
D ■ Untersuche, inwieweit der Text die Merkmale einer Kurzgeschichte erfüllt.
E₁ ■ Wir erfahren nichts über die Gedanken des Taxifahrers während der Fahrt. Schreibe eine Parallelgeschichte aus der Perspektive des Fahrers.
E₂ ■ Veranstaltet eine Gerichtsverhandlung über Frederick mit Richter, Verteidiger und Ankläger. Klärt in dieser Verhandlung auch, wie es zur Festnahme gekommen ist.

→ **Grundwissen**, S. 308

Text 47
Der Zahnarzt *Johann Peter Hebel*

Zwei Tagdiebe, die schon lange in der Welt miteinander herumgezogen, weil sie zum Arbeiten zu träg, oder zu ungeschickt waren, kamen doch zuletzt in große Not […]. Da gerieten sie auf folgenden Einfall: Sie bettelten vor einigen Haustüren Brot zusammen, das sie nicht zur Stillung des Hungers genießen, sondern zum Betrug missbrauchen wollten. Sie kneteten nämlich und drehten aus demselben, lauter kleine Kügelein oder Pillen, und bestreuten sie mit Wurmmehl aus altem zerfressenem Holz, damit sie völlig aussahen wie die gelben Arzneipillen. Hierauf kauften sie für ein paar Batzen[1] einige Bogen rotgefärbtes Papier bei dem Buchbinder (denn eine schöne Farbe muss gewöhnlich bei jedem Betrug mithelfen.). Das Papier zerschnitten sie alsdann und wickelten die Pillen darein, je sechs bis acht Stücke in ein Päcklein. Nun ging der eine voraus in einen Flecken[2], wo eben Jahrmarkt war, und in den roten Löwen, wo er viele Gäste anzutreffen hoffte. Er forderte ein Glas Wein, trank aber nicht, sondern saß ganz wehmütig in einem Winkel, hielt die Hand an den Backen, winselte halblaut für sich, und kehrte sich unruhig bald so her, bald so hin. Die ehrlichen Landleute und Bürger, die im Wirtshaus waren, bildeten sich wohl ein, dass der arme Mensch ganz entsetzlich Zahnweh haben müsse. […] Indessen kam der andere Tagdieb auch nach. Da stellten sich die beiden Schelme, als ob noch keiner den andern in seinem Leben gesehen hätte. Keiner sah den andern an, bis der zweite durch das Winseln des erstern, der im Winkel saß, aufmerksam zu werden schien. »Guter Freund«, sprach er, »Ihr scheint wohl Zahnschmerzen zu haben?« und ging mit großen und langsamen Schritten auf ihn zu. »Ich bin der Doktor Schnauzius Rapunzius von Trafalgar«, fuhr er fort. Denn solche fremde volltönige Namen müssen auch zum Betrug behülflich sein, wie die Farben. »Und wenn Ihr meine Zahnpillen gebrauchen wollt«, fuhr er fort, »so soll es mir eine schlechte Kunst sein, Euch mit einer, höchstens zweien, von Euren Leiden zu befreien.« – »Das wolle Gott«, erwiderte der andere Halunk. Hierauf zog der saubere Doktor Rapunzius eines von seinen roten Päcklein aus der Tasche, und verordnete dem Patienten ein Kügelein daraus auf den bösen Zahn zu legen und herzhaft darauf zu beißen. Jetzt streckten die Gäste an den andern Tischen die Köpfe herüber, und einer um den andern kam herbei, um die Wunderkur mit anzusehen. Nun könnt ihr euch vorstellen, was geschah. Auf diese erste Probe wollte zwar der Patient wenig rühmen, vielmehr tat er einen entsetzlichen Schrei. Das gefiel dem Doktor. Der Schmerz, sagte er, sei jetzt gebrochen, und gab ihm geschwind die zweite Pille zu gleichem Gebrauch. Da war nun plötzlich aller Schmerz verschwunden. Der Patient sprang vor Freuden auf, wischte den Angstschweiß von der Stirne weg, obgleich keiner daran war, und tat, als ob er seinem Retter zum Danke etwas Namhaftes in die Hand drückte. – Der Streich war schlau angelegt, und tat seine Wirkung. Denn jeder Anwesende wollte nun auch von diesen vortrefflichen Pillen haben. Der Doktor bot das Päcklein für 24 Kreuzer, und in wenig Minuten

[1] Batzen = heute: Cent

[2] Flecken = Dorf

Johann Peter Hebel (1760 – 1826) studierte Theologie und wurde Direktor eines Gymnasiums. Später machte er Karriere als Prälat der evangelischen Landeskirche in Baden. Er wurde weltberühmt vor allem als alemannischer Dichter und für seine lehrreichen und unterhaltsamen Kalendergeschichten, die im »Schatzkästlein des rheinischen Hausfreundes« veröffentlicht wurden.

Texte lesen und verstehen

waren alle verkauft. Natürlich gingen jetzt die zwei Schelme wieder einer nach dem andern weiters, lachten, als sie wieder zusammenkamen, über die Einfalt dieser Leute, und ließen sich's wohl sein von ihrem Geld.

A ■ Erkläre, warum die beiden Betrüger mit ihrem Trick so erfolgreich sind.
B ■ Überlege, wie man die Geschichte anders erzählen müsste, um mehr Spannung aufzubauen und warum Hebel dies gerade nicht getan hat.
C ■ Schreibe eine Textzusammenfassung zu dieser Geschichte.

→ **Grundwissen**, S. 294

■ Text 48
Die Ohrfeige *Johann Peter Hebel*

Ein Büblein klagte seiner Mutter: »Der Vater hat mir eine Ohrfeige gegeben.« Der Vater aber kam dazu und sagte: »Lügst du wieder? Willst du noch eine?«

■ Text 49
Dankbarkeit *Johann Peter Hebel*

In der Seeschlacht von Trafalgar, während die Kugeln sausten und die Mastbäume krachten, fand ein Matrose noch Zeit, zu kratzen, wo es ihn biss, nämlich auf dem Kopf. Auf einmal streifte er mit zusammengelegtem Daumen und Zeigefinger bedächtig an einem Haare herab und ließ ein armes Tierlein
5 das er zum Gefangenen gemacht hatte, auf den Boden fallen. Aber indem er sich niederbückte, um ihm den Garaus zu machen, flog eine feindliche Kanonenkugel ihm über den Rücken weg, paff, in das benachbarte Schiff. Da ergriff den Matrosen ein dankbares Gefühl, und überzeugt, dass er von dieser Kugel wäre zerschmettert worden, wenn er sich nicht nach dem Tierlein gebücket hätte, hob
10 er es schonend von dem Boden auf und setzte es wieder auf den Kopf. »Weil du mir das Leben gerettet hast«, sagte er; »aber lass dich nicht zum zweiten Mal attrapieren¹, denn ich kenne dich nimmer.«

1 attrapieren = erwischen

A ■ Untersuche, inwieweit die drei Texte von Hebel die Merkmale der Kalendergeschichte erfüllen.

Kalendergeschichten
INFO

Eine **Kalendergeschichte** ist eine **kurze Erzählung**, die ihren Namen daher hat, dass sie zusammen mit einem Jahreskalender, der auch Hinweise auf Wetter- oder Lebensregeln enthielt, erscheint. Im 17. und 18. Jahrhundert war er neben der Bibel oft das einzige Lesematerial der Landbevölkerung.

In Hinblick auf dieses einfache Publikum sind die Kalendergeschichten betont **einfach** geschrieben; vor allem sollen sie ihr Publikum **unterhalten**, mit Neuigkeiten versorgen und **zum Nachdenken anregen**; sie enthalten oft eine Pointe am Ende, in vielen Fällen verbunden mit einer witzig verpackten **Moral**.

Texte lesen und verstehen

▪ Text 50
Heldentat eines Hundes *Slawomir Mrożek*

Als der beherzte Hund merkte, dass sein Herrchen, ein gewisser A. R., weitere drei Liter Wodka einkaufte, stürzte er sich auf die Flaschen und trank ihren Inhalt blitzschnell bis zur Neige aus, womit er seinen Herrn vor der unweigerlichen Vergiftung rettete. Der Zustand des Heldenhundes ist besorgniserregend.

▪ Text 51
Der hilflose Knabe *Bertolt Brecht*

Herr K. sprach über die Unart, erlittenes Unrecht stillschweigend in sich hineinzufressen, und erzählte folgende Geschichte: »Einen vor sich hin weinenden Jungen fragte ein Vorübergehender nach dem Grund seines Kummers. ›Ich hatte zwei Groschen für das Kino beisammen‹, sagte der Knabe, ›da kam ein Junge und riß mir einen aus der Hand‹, und er zeigte auf einen Jungen, der in einiger Entfernung zu sehen war. ›Hast du denn nicht um Hilfe geschrien?‹ fragte der Mann. ›Doch‹, sagte der Junge und schluchzte ein wenig stärker. ›Hat dich niemand gehört?‹ fragte ihn der Mann weiter, ihn liebevoll streichelnd. ›Nein‹, schluchzte der Junge. ›Kannst du denn nicht lauter schreien?‹ fragte der Mann. ›Nein‹, sagte der Junge und blickte ihn mit neuer Hoffnung an. Denn der Mann lächelte. ›Dann gib auch den her‹, sagte er, nahm ihm den letzten Groschen aus der Hand und ging unbekümmert weiter.«

A ▪ Beide Texte stammen aus dem 20. Jahrhundert, als kaum mehr Kalendergeschichten geschrieben wurden. Untersuche, ob es trotzdem Elemente gibt, die an eine Kalendergeschichte erinnern.

B ▪ Schreibe die kurze Erzählung von Brecht um, sodass sie einen anderen Schluss bekommt.

▪ Text 52
Der Esel und der Wolf *Gotthold Ephraim Lessing*

Ein Esel begegnete einem hungrigen Wolfe. »Habe Mitleid mir«, sagte der zitternde Esel, »ich bin ein armes krankes Tier; sieh nur, was für einen Dorn ich mir in den Fuß getreten habe!«

»Wahrhaftig, du dauerst mich«, versetzte der Wolf. »Und ich finde mich in meinem Gewissen verbunden, dich von deinen Schmerzen zu befreien.«

Kaum ward das Wort gesagt, so ward der Esel zerrissen.

A ▪ Vergleiche Figuren, Aufbau und Aussage dieses Textes mit dem von Brecht.

B ▪ Welche Gemeinsamkeiten, welche Unterschiede gibt es? Grenze die Fabel von der Kalendergeschichte ab. Erstelle einen entsprechenden Spickzettel.

Texte lesen und verstehen

Anekdoten

INFO

Die **Anekdote** ist eine **sehr kurze Erzählung**, in der es um ein **historisch wahres** oder zumindest mögliches, ungewöhnliches oder merkwürdiges **Ereignis** geht. Oft steht eine **historische Persönlichkeit** im Mittelpunkt.

Typisch für ihren Aufbau ist eine **Dreigliedrigkeit**, vor allem die Zuspitzung auf eine überraschende **Schlusspointe**, die blitzartig die Zusammenhänge erläutert, muss bei einer gelungenen Anekdote vorhanden sein.

Beispiel:
Ausgangssituation: Am Stachus in München sprach ein Fremder den Schauspieler Karl Valentin an:
Handlung: »Sie, wie weit ist es denn von hier bis zum Hauptbahnhof?« Valentin meinte: »Wenn Sie so weiter gehen wie bisher, sind es noch 40 000 Kilometer.
Pointe: Wenn Sie aber umdrehen, bloß fünf Minuten.«

■ Text 53

Verschiedene Anekdoten

Der makedonische König Alexander traf den Philosophen Diogenes, der nichts anderes hatte als eine Tonne, in der wohnte. Alexander versprach dem Philosophen: »Gleich, was du dir von mir wünscht, ich werde dir diesen Wunsch erfüllen.« Diogenes antwortete: »Geh mir ein wenig aus der Sonne.« Alexander meinte zu seinen Begleitern, die darüber lachten: »Beim Zeus, wenn ich nicht Alexander wäre, möchte ich Diogenes sein …«

Der französische Schriftsteller Honoré de Balzac wurde eines nachts durch einen Einbrecher geweckt, der sich bemühte, seinen Schreibtisch zu öffnen und lachte laut auf. Der Einbrecher fragte erschrocken: »Warum lachen Sie?« Balzac antwortete: »Weil Sie bei Nacht, mit falschem Schlüssel und unter Gefahr dort Geld suchen, wo ich bei Tag mit dem richtigen Schlüssel und ganz gefahrlos keines finde!«

Der dänische Märchenautor Hans-Christian Andersen zog sich sehr schlampig an. Einmal fragte ihn ein junger Giftpilz: »Dieses jämmerliche Ding auf ihrem Kopf nennen Sie Hut?« Andersen blieb aber ruhig und antwortete: »Dieses jämmerliche Ding unter ihrem Hut nennen Sie Kopf?«

Einmal bekam Alfred Polgar ein geliehenes Buch mit zahlreichen Fettflecken zurück. Er war darüber so verärgert, dass er der dem Entleiher eine Ölsardine zurücksandte mit der Bemerkung: »Ich bestätige den Empfang des Buches und erlaube mir, Ihnen Ihr wertes Lesezeichen zurückzusenden.«

A ■ Erläutere Aufbau und Pointe der Anekdoten.

Texte lesen und verstehen

Text 54
Das Wiedersehen *Bertolt Brecht*

Ein Mann, den Herr K. lange nicht gesehen hatte, begrüßte ihn mit den Worten: »Sie haben sich gar nicht verändert.« »Oh!« sagte Herr K. und erbleichte.

A ▪ Wie könnte man das Erbleichen des Herrn K. deuten?

Text 55
Die Taschenuhr

Karl Valentin verlor eines Tages seine geliebte Taschenuhr, und trotz allen Suchens konnte er sie nicht mehr wiederfinden. Einige Tage später fragte ihn ein Kollege: »Valentin, was ist denn eigentlich aus deiner Uhr geworden?«
»Ein Waisenkind ist daraus geworden!«, erwiderte Valentin tieftraurig. »Ein
5 Waisenkind?«, wiederholte der Frager leicht verwundert.
»Ja«, sagte Karl Valentin nachdrücklich, »sie wird jetzt von fremden Leuten aufgezogen.«

Text 56
Die Dauer des Glücks *Wolfdietrich Schnurre*

Ein Falter hatte einer Eintagsfliege einen Heiratsantrag gemacht. »Ich will es mir überlegen«, sagte die nach einigem Zögern; »gewähren Sie mir bitte drei Tage Bedenkzeit.«

B ▪ Anekdote, Kurzgeschichte, Fabel, Kalendergeschichte, Witz – welchen Begriff würdest du **T 54 – T 56** zuordnen? Begründe deine Meinung.

Text 57
Die Reinigung *Franz Hohler*

In eine Wäscherei kam einmal ein Mann und brachte eine Hose, die einer gründlichen Reinigung bedurfte, denn sie war durch und durch schwarz vor Schmutz. Als er sie wieder abholen wollte, reichte ihm die Verkäuferin eine Plastiktasche und sagte, mehr sei von der Hose nicht übriggeblieben. »Die ist ja leer!«, sagte der Mann.
5 »Ja«, sagte die Verkäuferin, »dafür ist dieser entsetzliche Dreck weg.« »Da haben Sie recht«, sagte der Mann, nahm die Tasche, bezahlte die Rechnung und ging.

A ▪ Der Autor Franz Hohler ist dafür bekannt, solche »Kürzestgeschichten« zu verfassen und dabei alles möglichst knapp und sprachlich bewusst einfach auszudrücken. Weise diese Eigenart des Autors an dem Text nach und überlege, auf welche Weise man den Text verlängern könnte.

B ▪ Welcher epischen Textsorte könnte man diese Geschichte am ehesten zuordnen?

Epen und Minnelyrik – Literatur des Mittelalters

Jede Zeit hat bevorzugte Themen, die sich auch in Büchern und Filmen widerspiegeln. Was die wichtigsten Themen unserer Zeit sind, kann erst die Nachwelt beurteilen: Fantasy-Romane oder Krimis oder …? Im Rückblick kann man daher durch Literatur auch viel über die vergangene Zeit erfahren. Im Mittelalter waren Heldengeschichten sehr gefragt, die unendlichen Abenteuer von stolzen und adeligen Rittern und Helden, bei denen aber auch die Frauen eine wichtige Rolle spielten. Als literarische Formen waren das Epos und die so genannte Minnelyrik beliebt. In diesem Teilkapitel lernst du(,) …

- dass Stolz und Ehre zu den wichtigsten Werten der mittelalterlichen Menschen gehörten,
- mit dem Nibelungenlied eines der wichtigsten Epen des deutschen Mittelalters kennen,
- Liebe, Ehre und Kampf als zentrale Themen der Literatur des Mittelalters kennen,
- auf welche Weise sich Sprache über die Jahrhunderte hin verändern kann,
- Gedichte des Mittelalters zu lesen und zu übersetzen.

Kampf um Macht und Ehre: Das Nibelungen-Epos

■ Text 58

Rihanna & Ciara: Streit unter Freundinnen

Die Fakten: Rihanna soll ihre Freundin Ciara bei einem VIP-Event ignoriert haben. Das fand die R'n'B-Kollegin gar nicht witzig und gestand dem Sender E!, sie sei Rihanna auf einer Party begegnet und diese sei »nicht besonders nett gewesen …«. Der Wut-Auslöser: Dass ihre Freundin (und Rivalin) Ciara
5 über die Presse mit ihr abrechnet, konnte Rihanna nicht auf sich sitzen lassen … und begann einen Zickenkrieg auf Twitter. Das virtuelle Wortgefecht steigerte sich so lange, bis es schließlich in Drohungen eskalierte und Ciara irgendwann das Limit überschritt: »Glaub mir Rihanna, du willst mir weder auf noch hinter der Bühne über den Weg laufen!« Die mediatisierte Schlammschlacht zwischen
10 den beiden Sängerinnen ging weiter, bis Rihanna einige Tage später anbot, das Kriegsbeil zu begraben: »Ciara Baby, ich mag dich, aber du hast mir im Fernsehen weh getan. Das hat mir das Herz gebrochen und dann habe ich mich eben so gerächt. Schließen wir Frieden.« Ende gut – alles gut? Wir finden, das war wieder einmal viel Lärm um nichts …

A ■ Welche Gefühle haben die beiden Sängerinnen gegenseitig verletzt? Überlege dir Situationen aus dem Schul- oder Familienalltag, bei denen vergleichbare Verletzungen geschehen.

■ Text 59
Die Nibelungen:
Siegfrieds Jugend und erste Abenteuer *Willi Fährmann*

Eine der abenteuerlichsten Geschichten ist die Sage vom jungen Siegfried. Er war ein Königssohn der Niederlande und lebte vor langer, langer Zeit in der überall bekannten Stadt Xanten. Die liegt dort, wo der Rhein auf das Meer zufließt. Siegfried wuchs zu einem jungen Mann heran und wurde groß und
5 stark. Die Mädchen drehten die Köpfe nach ihm. Von den Männern wagte bald keiner mehr seine Kräfte mit ihm zu messen. Denn er besiegte sie alle. Eines Tages machte Siegfried sich auf. Er wollte ferne Länder sehen. […] Einige Tage lang war Siegfried schon unterwegs. Da musste er einen großen finsteren Wald durchqueren. Es wurde Abend. In der Dämmerung sah er einen Feuerschein.
10 Er ging darauf zu und gelangte vor ein Haus, in dem sich eine Schmiede befand. Mime, der Schmiedemeister, saß auf der Bank unter einem alten Baum. Um ihn herum hockten seine Gesellen. Das waren lauter große, starke Kerle. Siegfried fragte: »Kann ich nicht bei euch das Schmiedehandwerk erlernen?« »Da kann ja jeder kommen«, antwortete Mime und schüttelte den Kopf. »Nicht
15 jeder ist so stark wie ich«, prahlte Siegfried. »Ich kann den schwersten Hammer schwingen und werde nicht müde dabei. Versucht es mit mir!« »Zeig, was du kannst«, antwortete Mime. Sie gingen in die Schmiede. Ein Geselle trat den Blasebalg und entfachte das Schmiedefeuer. Mime nahm ein Stück Eisen und warf es in die Feuersglut. Bald leuchtete das Eisen hellrot. Mit einer Zange holte
20 Mime es heraus und legte es auf den Amboss. »Zeig, was du kannst«, sagte er noch einmal. Siegfried griff nach dem schwersten Schmiedehammer, der in der Schmiede zu finden war. Die Gesellen lachten über ihn. Siegfried aber schwang den Hammer hoch empor. Er schlug mit solcher Wucht auf das glühende Eisen, dass die Funken sprühten und der Amboss tief in den Erdboden einsank. Da
25 erschraken Mime und seine Gesellen. So etwas hatten sie noch nie erlebt. Der starke Siegfried war ihnen unheimlich. Mime dachte: Der Kerl ist stärker als wir alle zusammen. Eines Tages wird er mich aus der Schmiede fortjagen und selber der Meister sein wollen.

Als Siegfried sich aufs Stroh gelegt hatte und eingeschlafen war, da steckten
30 Mime und seine Leute die Köpfe zusammen. »Was meint ihr«, fragte Mime, »was sollen wir mit Siegfried anfangen?« Einer schlug vor: »Nimm ihn zum Schein als Lehrling an! Es wird uns schon etwas einfallen, wie wir uns den Fremdling vom Halse schaffen können.« Mime wälzte sich schlaflos in seinem Bett und überlegte viele Nächte hindurch, wie er den Burschen wieder
35 loswerden könnte. Und er brütete einen finsteren Plan aus. Siegfried blieb für einige Zeit in der Schmiede. Er lernte Lanzenspitzen zu schmieden und Helme und Schwerter. Mime lobte ihn und sagte: »Bald kannst du dein Gesellenstück machen.« Er zeigte Siegfried einen harten Stahl und schlug vor: »Daraus darfst du ein Schwert schmieden, wie es weit und breit kein schärferes gibt. Die Hitze

Texte lesen und verstehen

¹ **Kohlemeier** = mit Erde abgedeckter, großer Stapel von Holzstücken, die durch langsames Verbrennen zu Holzkohle werden

im Schmiedeofen muss für diesen Stahl besonders groß sein, sonst gelingt das Schmieden nicht. Du brauchst dazu die beste Holzkohle, die man nur brennen kann.« »Wann soll es losgehen?«, fragte Siegfried. »Bald, bald«, antwortete Mime. Am nächsten Morgen tat Mime sehr freundlich und gab Siegfried den Auftrag, weit in den Wald hineinzugehen. Er sollte dort einen Kohlemeiler¹ bauen und die Holzkohlen für das Schmiedefeuer brennen. Mime wusste, dass tief im Walde der schreckliche Drache Fafner hauste. Dieser tötete jedes Lebewesen, das sich in seine Nähe wagte. Schon mancher tapfere Ritter hatte gegen den Drachen gekämpft und sein Leben lassen müssen. Deshalb machten die Menschen einen großen Bogen um Fafners Wald. Und genau dorthin gelangte Siegfried, wie Mime ihm befohlen hatte. Siegfried schwang die Axt und fällte dicke Buchen. Er trug einen gewaltigen Berg Holz zusammen, baute einen Meiler und zündete ihn an. Da schoss der Drache aus seiner Höhle. Fürchterlich war er anzusehen. Schwefelrauch quoll aus seinen Nüstern. Er hob seine gewaltigen Pranken, riss das Maul auf und stieß ein Fauchen und Grollen hervor. Siegfried zerrte einen glühenden Baumstamm aus dem Meiler und rammte dem Drachen das Holz tief in den Schlund. Das Untier heulte vor Schmerz auf und verfolgte Siegfried. Der aber lief rund um den Meiler herum. Blind vor Wut wollte der Drache ihn packen. Er versuchte über den Meiler zu springen. Da stieß Siegfried noch einmal mit dem Baumstamm zu. Der Drache stürzte in das Feuer und verbrannte. Seine Hornhaut schmolz in der großen Hitze und quoll in breitem Strom aus dem Feuer heraus. Ein kleiner Vogel begann zu zwitschern. Siegfried verstand, was er sang. »Tauch ein, tauch ein ins Drachenblut! Tut gut, tut gut. Die Haut wird sein so hart wie Stein, so hart, so hart wie Marmelstein.« Da badete Siegfried im Blute des Drachen. Seine Haut wurde so undurchdringlich wie ein Drachenpanzer. Ein Lindenblatt aber war vom Baum gefallen und hatte sich zwischen Siegfrieds Schulterblätter gelegt. Diese Stelle konnte nicht von der Hornhaut überzogen werden. Dies blieb der einzig verwundbare Teil seines Körpers.

Siegfried brannte die Holzkohle und kehrte zu der Schmiede zurück. Schon von fern hörte er Lachen und Geschrei aus dem Hause dringen. Mime prahlte, wie listig er den starken Lehrling um Leib und Leben gebracht hatte. »Keinen Finger, nicht einmal den kleinsten, habe ich dafür gerührt«, schrie er und reckte seinen kleinen Finger hoch in die Luft. Die Schmiedegesellen jubelten ihm zu. Da durchschaute Siegfried den hinterlistigen Mordplan. Er stürmte ins Haus. Entsetzt erkannten die Männer Siegfried und standen wie gelähmt. Siegfried erschlug den bösen Mime. Die Gesellen flohen voller Furcht und liefen in den Wald hinein. Siegfried aber schmiedete sich ein blitzendes Schwert. Die Klinge war biegsam und scharf. Er konnte damit auf einen Stein schlagen, ohne dass sie zersprang. Dann sattelte Siegfried das beste Pferd aus Mimes Stall und kehrte der düsteren Schmiede den Rücken.

Siegfried kommt dann auf seiner Abenteuerfahrt nach Island und trifft dort die Königin Brunhilde, deren Stärke ihm imponiert. Danach gelangt er noch in den

A ■ Entwirf eine Mind-Map, die die wichtigsten Inhalte des Textes zusammenfasst und die auch wichtige Eigenschaften Siegfrieds enthält.

B ■ Märchen oder Sage? Untersuche, welcher Begriff besser zum Anfang des Nibelungenlieds passt.

C ■ Angst, Macht, Ehre, Stolz: Erläutere, inwiefern diese vier Gefühle hier eine wichtige Rolle spielen.

Besitz einer Tarnkappe und eines unermesslichen Schatzes, des Schatzes der Nibelungen, nach dem das ganze Epos benannt ist. Der Zwerg Alberich, der schon für die Vorbesitzer den Schatz bewacht hat, verspricht auch Siegfried, für ihn den Schatz zu hüten. Später gelangt er nach Worms. Dort herrscht König Gunther mit seinen Brüdern Gernot und Giselher über das Reich der Burgunder. Kriemhild, die einzige Schwester der drei, und Siegfried verlieben sich ineinander und Gunther verspricht Siegfried, dass er seine Schwester heiraten könne, wenn er ihm helfe die starke Brunhild zur Frau zu gewinnen.

Das Nibelungenlied: Literarisches Leben im Mittelalter

INFO

Kein Internet, kein Computer, noch nicht einmal Druckmaschinen – nur mühsam **mit der Hand geschriebene**, aus teuren Tierhäuten bestehende **Bücher** gab es im Mittelalter, die meist in lateinischer Sprache geschrieben und für den Gottesdienst gedacht waren. Aus den relativ wenigen Werken deutschsprachiger, nicht-religiöser Literatur wurde an großen Festen **vorgelesen** – oder von Burg zu Burg fahrende Sänger trugen die unterhaltsamen Texte auswendig vor. Die Zahl der literarischen Bücher war also verglichen mit heute sehr gering, zumal die Unterhaltungsliteratur von der Kirche nicht gern gesehen wurde. Ein Schriftsteller konnte sich nur dann ganz dem Schreiben und Vortragen widmen, wenn und solange er die Gunst eines hochgestellten Herren genoss. Diesen Hintergrund muss man kennen, um die Literatur des Mittelalters verstehen zu können. Damit man sich längere Texte leichter einprägen kann, wurden sie in gereimten Versen verfasst – man nennt sie **Epen** (Sing. Epos), Vorläufer unserer Romane.

Das bekannteste mittelalterliche Epos der deutschen Literatur ist das **Nibelungenlied**. Es besteht aus 2000 Strophen zu je vier gereimten Zeilen und ist in 36 (für das Mittelalter eine hohe Zahl!) unterschiedlichen Pergamenthandschriften überliefert. Es ist um 1200, also im Hochmittelalter, entstanden, sein historischer Kern geht aber zurück in die Zeit der Völkerwanderung (400 – 600 n. Chr.), was sich vor allem in seinem zweiten Teil zeigt, als die Burgunder mit den Hunnen in kriegerische Auseinandersetzungen geraten. Wer der Verfasser dieses Heldenepos war, ist unbekannt. Vermutlich ging der Niederschrift eine längere Zeit rein mündlicher Überlieferung voraus.

Erst Ende des 18. Jahrhunderts entdeckten Gelehrte mittelalterliche Handschriften des beinahe vergessenen Epos wieder. Im 19. Jahrhundert wurde das Nibelungenlied zu einer sehr populären deutschen **Nationaldichtung**, die auch von vielen zeitgenössischen Künstlern aufgegriffen wurde, am bekanntesten sind die Nibelungen-Opern von Richard Wagner.

A ■ Neben den »Nibelungen« gibt es etliche andere bekannte mittelalterliche (z. B. »Erek«, »Iwein«, »Lanzelot«) und antike (»Ilias«, »Odyssee«, »Änëis«) Epen. Bildet arbeitsteilig Gruppen und wählt eines der Epen aus. Informiert euch darüber und stellt es eurer Klasse in einem Kurzreferat vor.

→ **Grundwissen**, S. 314

Texte lesen und verstehen

■ Text 60
Die Nibelungen:
Siegfried als Helfer Gunthers *Willi Fährmann*

Brunhild: germanischer Vorname, der aus der Verknüpfung von *brunni* (althochdeutsch: Brustpanzer) und *hiltja* (althochdeutsch: Kampf, Held) entstand
Kriemhild: germanischer Name, zusammengesetzt aus den zwei althochdeutschen Bestandteilen *grim* = Maske, Verkleidung und *hiltja* = Kampf, Held
Siegfried: althochdeutsch: *sigu* (Sieg) und *fridu* (Friede, Schutz, Sicherheit)

Brunhild empfing die Gäste in ihrer Burg. Sie dachte: Siegfried ist zurückgekommen, weil er mich wiedersehen will. Und sie freute sich darüber sehr. Als Ersten wollte sie ihn begrüßen. Doch Siegfried wich zurück, zeigte auf Gunther und sagte: »Er ist mein Herr. Ich bin nur ein Ritter dieses Königs.« Als
5 Brunhild schließlich hörte, was die Männer wirklich nach Island geführt hatte, da warnte sie: »Überlegt es euch gut, ob König Gunther mit mir kämpfen will. Ihr kennt den Preis, wenn er den Kampf verliert.« Der Burgunderkönig jedoch nahm sich nicht lange Zeit zum Nachdenken. Er wollte Brunhild für sich gewinnen. »Und wenn es meinen Kopf kosten sollte«, sagte er, »ich will mein Glück
10 versuchen.« »Nun gut«, stimmte Brunhild zu. »Zuerst wollen wir einen Speer gegeneinander schleudern. Dann soll ein Felsbrocken weit gestoßen werden. Schließlich wollen wir dem Stein nachspringen, soweit wir können. Gewinnst du, König vom Burgunderland, dann will ich Island verlassen und als deine Frau mit dir ziehen. Bleibe jedoch ich Siegerin, dann musst du sterben, wie so mancher
15 Ritter vor dir, und mit dir werden alle deine Männer den Tod erleiden.« [...] Ohne dass es im Getümmel der Vorbereitungen jemand bemerkte, schlich Siegfried zum Schiff zurück. Er streifte seine Tarnkappe über. Für jedermann unsichtbar stand er bald darauf wieder neben Gunther und berührte ihn an der Schulter. Gunther zuckte zusammen; denn er spürte wohl die Hand, aber sehen konnte er
20 niemanden. »Ich werde deinen Schild halten und den Speer zurückschleudern«, flüsterte Siegfried ihm zu. Kurz darauf kam Brunhild auf den Wettkampfplatz. Ihr Brustpanzer aus purem Gold funkelte und ihr schwarzes Haar glänzte im Sonnenlicht. Sie sah herrlich und furchtbar zugleich aus. »Niemals werden wir lebendig von Island wegkommen«, murmelte Hagen. »Und Schuld daran trägt
25 Siegfried aus Xanten. Er hat dem König immer aufs Neue von Brunhild erzählt. Seine Geschichten haben König Gunther den Kopf verdreht.« Brunhild wog den Speer in ihrer Hand und warf ihn dann mit Macht. Die scharfe Spitze drang durch Gunthers Schild hindurch. Obwohl Siegfried Gunther stützte, sanken sie beide in die Knie, so voller Wucht war Brunhilds Wurf. »Sie sollte lieber die Frau
30 des Teufels werden«, rief Hagen. Siegfried nahm den Speer und warf ihn mit der stumpfen Seite gegen Brunhilds Schild. Der Aufprall ließ einen dumpfen Klang ertönen. Von der Gewalt des Wurfes stürzte Brunhild nieder. Voll Zorn raffte sie sich auf, griff nach dem Felsenstein und stieß ihn viele Meter weit. Gleich darauf sprang sie ihm nach. Erst weit hinter dem Stein berührten ihre Füße wieder den
35 Boden. Den Gefährten von König Gunther lief ein Schauer über den Rücken. So etwas hätten sie nicht für möglich gehalten. »Eine Zauberin ist sie«, seufzte Hagen. Doch mit Siegfrieds großer Kraft vermochte Gunther den Stein weiter zu stoßen als Brunhild. Auch sein Sprung war höher und weiter, als je ein Mensch gesprungen war. Das konnte nur geschehen, weil der unsichtbare Siegfried den

Texte lesen und verstehen

40 König im Sprung unterstützte. Einen Augenblick standen alle starr vor Staunen. »Das geht nicht mit rechten Dingen zu«, sagte Hagen leise, doch die Burgunder, die in der Nähe waren, verstanden ihn wohl und es wurde ihnen unheimlich zu Mute. Gunther aber trat zu Brunhild, verbeugte sich vor ihr und bot ihr seine Hand. Da neigte Brunhild ihren Kopf und
45 folgte dem König ins Burgunderland. Eine große Hochzeit wurde gefeiert, als Gunther die Königin aus Island heiratete und Siegfried die Königstochter aus Burgund zur Frau nahm.

50 In der Brautnacht geriet König Gunther in arge Bedrängnis. Er wollte sich zu Brunhild in das Ehebett legen, doch da weigerte sich diese mit ihm zu schlafen. Gunther gab keine Ruhe. Brunhild geriet in Zorn, packte
55 Gunther, band ihn mit ihrem Gürtel und hängte ihn wie ein Bündel an einen Haken in der Wand. Die Zauberkräfte waren noch nicht von ihr gewichen. Brunhild wunderte sich, wie leicht es ihr gefallen war, König Gunther zu überwinden. Sie fragte
60 sich: Wie konnte es nur geschehen, dass Gunther mich in Island zu bezwingen vermochte? Siegfried hörte von Gunthers Not. Wieder bot er seine Hilfe an. In der folgenden Nacht zog er seine Tarnkappe über. Er umklammerte Brunhild so fest, dass ihr die Luft wegblieb und sie schließlich um Gnade bat. Da verließen die Zauberkräfte sie. Heimlich zog Siegfried ihr einen Ring vom Finger und
65 nahm ihren Gürtel an sich. Brunhild aber wurde Gunthers Frau. Später schenkte Siegfried voll Übermut seiner Frau Kriemhild den Gürtel und Ring, welche er Brunhild weggenommen hatte. Brunhild wusste von alledem noch nichts.

Die Ermordung Siegfrieds durch Hagen; Wandgemälde von Julius Schnorr von Carolsfeld, 1847

A ■ Schreibe eine Zusammenfassung zu diesem Text.

B ■ Sowohl bei Brunhild als auch bei Gunther und Siegfried finden sich in diesem Abschnitt viele starke Emotionen. Einige werden wörtlich genannt, andere kann man als Leser vermuten und aus dem Verhalten erschließen. Entwirf ein Schaubild, das die drei Figuren mit ihren wechselnden Gefühlen zueinander zeigt.

C ■ Angsthase, Pessimist, Stimme der Vernunft oder treuer Diener seines Herrn – welche Bezeichnung beschreibt Hagens Rolle am besten? Begründe deine Meinung.

D ■ Informiere dich über die Stellung einer Ehefrau eines Bauers oder Bürgers im Mittelalter und vergleiche damit die Beziehung von Gunther und Brunhild.

E₁ ■ Übertrage die Handlung in die Gegenwart. Wie könnte ein moderner »Dreikampf« zwischen Mann und Frau aussehen?

E₂ ■ Überlege, wie die Handlung weitergehen könnte. Denke dir dazu zwei Möglichkeiten aus, einmal eine konfliktreiche Fortsetzung mit negativem Ausgang und einmal eine Fortsetzung mit positivem Ausgang.

→ **Grundwissen**, S. 294

→ **Grundwissen**, S. 297 f.

Texte lesen und verstehen

■ Text 61
Die Nibelungen:
Der Streit der Königinnen und seine Folgen *Willi Fährmann*

Nach einigen Jahren lädt Gunther Siegfried und Kriemhild nach Worms zu einem großen Fest ein. Brunhild drängte bei Gunther darauf, beide wiederzusehen, denn sie möchte Klarheit über die Stellung Siegfrieds gegenüber Gunther (Ist er dessen Gefolgsmann, wie er es ihr gegenüber gesagt hat, oder ein eigener, unabhängiger König?). Außerdem erhofft sie sich Aufklärung über den rätselhaften Wechsel zwischen Schwäche und Stärke bei ihrem Mann. Im Laufe des Textes geraten die beiden Königinnen in Streit darüber, wessen Mann mächtiger sei.

A ■ Stelle die Handlungsschritte zusammen, die zur Ermordung Siegfrieds führen.

→ **Grundwissen**, S. 294

Am Sonntag war ihr Ärger so groß geworden, dass sie nicht einmal gemeinsam zur Kirche gehen wollten. Vor der Kirchentür trafen sie aufeinander. Keine der beiden wollte der anderen den Vortritt lassen. Wütend beschimpfte Kriemhild ihre Schwägerin und die zahlte bittere Worte zurück. Kriemhild rief
5 voll Zorn, dass nie und nimmer Gunther es gewesen war, der Brunhild besiegt hatte. Siegfried habe seine Hand im Spiel gehabt. Da erkannte Brunhild ihren eigenen Ring an Kriemhilds Finger, den Ring, den sie seit der Brautnacht vermisste. Auch ihren Gürtel trug Kriemhild. Das kränkte Brunhild tief. Sie verlor alle Fröhlichkeit und weinte bitterlich. Schließlich drohte sie, sie wolle Gun-
10 ther verlassen und wieder nach Island zurückkehren. So erfüllten sich Hagens schlimme Ahnungen, die ihn jedes Mal überkamen, wenn Siegfried ihm begegnete. Eines Abends suchte er die Könige auf. Er sprach zu Gunther, Gernot und Giselher: »Ich habe es von Anfang an gespürt, dieser Siegfried bringt uns nur Unglück. Er stürzt Burgund ins Verderben.« Giselher sprang auf und sagte: »Du
15 vergisst, Onkel, dass Siegfried mein Freund ist. Er hat uns in der Not geholfen. Ohne ihn hätten wir die Sachsen und die Dänen wohl kaum besiegt.« Und er rief allen Siegfrieds Rettungstat ins Gedächtnis. »Auch ich verdanke ihm viel«, wandte Gunther ein. Insgeheim aber dachte er: Niemand außer Siegfried und mir weiß, was in Island und in der Brautnacht in Worms wirklich geschehen ist.
20 Es wäre gut, wenn ich keinen Mitwisser mehr hätte. »Was gewesen ist, ist gewesen«, brummte Hagen. »Aber all das hilft uns heute nicht weiter. Niemals wird Brunhild den Streit mit Kriemhild vergessen, niemals wird sie Siegfried verzeihen, dass er ihr Ring und Gürtel genommen und an seine Frau weitergegeben hat.« Da schwiegen die Könige. Sie wussten, dass Hagen die Wahrheit sprach.
25 »Wisst ihr einen Ausweg, der den Frieden ins Königshaus zurückbringt?«, fragte Hagen. Die Brüder blieben stumm. »Es bleibt nichts anderes übrig«, sagte Hagen düster, »Siegfried muss sterben.« […]

Hagen wusste, dass keiner der drei Könige im Stande war, den Mord an Siegfried zu begehen. Aber hatte er nicht seinem König, hatte er nicht Gunther die
30 Treue geschworen? »Wenn ich es nicht selbst auf mich nehme«, sagte er zu sich, »dann wird niemand es tun, niemand wird dann den König und das Land

vor größerem Unheil bewahren.« Hagen wartete von Stund an auf eine günstige Gelegenheit. Er streute in jenen Tagen das Gerücht aus, die Sachsen und Dänen würden wiederkommen und das Land mit Krieg überziehen. Siegfried bot sogleich seine Hilfe an. Kriemhild machte sich Sorgen um ihren Mann. Hagen aber schmeichelte sich bei ihr ein. Er tröstete sie: »Dein Mann ist doch unverwundbar. Seine Hornhaut schützt ihn vor Stoß und Schlag.« Da verriet Kriemhild ihm, dass sich zwischen Siegfrieds Schulterblättern die verletzliche Stelle befinde. Hagen versprach: »Ich werde deinen Mann beschützen. Damit ich aber genau weiß, wo Siegfried verwundbar ist, sticke dorthin ein Kreuz auf sein Wams.« Das tat Kriemhild.

Es stellte sich bald heraus, dass weder die Sachsen noch die Dänen zum Kampf heranzogen. Die Männer, die sich nun einmal versammelt hatten, beschlossen im Odenwald, eine große Jagd abzuhalten. Dort forderte Gunther den Siegfried gegen Ende des Jagdtages zu einem Wettlauf heraus. Das Ziel sollte ein Quellbrunnen mitten im Walde sein. Lange vor Gunther erreichte Siegfried die Quelle. Er wartete höflich, bis Gunther angekommen war und getrunken hatte. Danach beugte auch er sich nieder und löschte seinen Durst mit dem frischen Wasser. Hagen aber schaffte währenddessen heimlich Siegfrieds Waffen beiseite. Dann stieß er dem jungen Siegfried einen Speer tief zwischen die Schulterblätter, genau dorthin, wo Kriemhild das Kreuz eingestickt hatte. Er traf ihn ins Herz. Mit letzter Kraft raffte Siegfried sich auf und suchte nach seinem Schwert, fand es aber nicht. Er riss den schweren Schild hoch und schlug Hagen, dass dieser zu Boden taumelte. Dann sank Siegfried nieder. Sterbend bat er darum, dass die Burgunder Kriemhild und seinen kleinen Sohn verschonen möchten. Das Blut färbte Gras und Blumen ringsum rot. Die burgundischen Könige hätten den Mord gern ungeschehen gemacht. Sie beschlossen, dass keiner, der dabei gewesen war, die Wahrheit von Siegfrieds Tod gestehen sollte. Räuber, so wollten sie verbreiten, Räuber hätten Siegfried hinterrücks erschlagen. Der finstere Hagen trug die Leiche Siegfrieds nach Worms zurück. Er legte den Toten vor Kriemhilds Kammertür nieder. Dort fand ihn Kriemhild, als sie am frühen Morgen zur Kirche gehen wollte. Weinen und Wehklagen erfüllten die Burg und schließlich ganz Worms. Kriemhild glaubte nicht, dass Räuber am Tod ihres Mannes Schuld trugen.

B ■ »Zickenkrieg« oder unvermeidlicher Streit? Vergleiche die Auseinandersetzung zwischen den beiden Königinnen mit der der Sängerinnen aus **Text 58** und beurteile jeweils das Verhalten der Frauen.

C ■ Der Unterschied zwischen einem freien und abhängigen Menschen bzw. zwischen einem Lehnsherrn und einem Lehensmann war für das Mittelalter sehr wichtig. Informiere dich über die Begriffe Lehnsherr und Lehensmann/Dienstmann und untersuche, inwiefern diese Vorstellungen sowohl für Hagen als auch für die beiden Königinnen eine zentrale Rolle spielen.

→ **Grundwissen**, S. 297 f.

D ■ Informiere dich über den Fortgang der Handlung nach Siegfrieds Tod.

Texte lesen und verstehen

Das Nibelungenlied ist in mittelhochdeutscher Sprache verfasst. Der Anfang klingt in dieser Sprache so:

> Uns ist in alten maeren wunders vil geseit
> Von helden lobebaeren, von grôzer arebeit
> Von frôuden, hôchgezîten, von weinen und von klagen,
> von küener recken strîten muget ir nu wunder hoeren sagen.

A ▪ Versuche, den mittelhochdeutschen Text in modernes Deutsch zu übertragen.

Entwicklung der Sprache
INFO

Stünde plötzlich ein Mensch aus dem Mittelalter vor uns – wir würden ihn nicht verstehen, auch wenn er Deutsch spräche, denn er würde eine Sprache sprechen, in denen einige Wörter recht vertraut klingen, andere aber ganz fremdartig: entweder **Althochdeutsch** (gesprochen ca. 800 – 1100 n.Chr.) oder **Mittelhochdeutsch** (ca. 1100 – 1400). Um 1400 veränderte sich die deutsche Sprache allmählich zum heute noch gesprochenen **Neuhochdeutschen** hin, so wurden z. B. aus den lang gesprochenen Lauten *i, ü, u* die Diphthonge *ei, eu, au*.

Aber nicht nur der Klang der Sprache veränderte sich, in etlichen Fällen auch die **Bedeutung der Wörter**. Solche Prozesse laufen über einen großen Zeitraum ab, finden aber auch heute noch statt. Es gibt verschiedene Möglichkeiten des **Bedeutungswandels**:
▪ **Bedeutungsverengung:** *hôch(ge)z´i`ten* (Singular: *hochz´i`t*) ist im Mittelalter die »hohe Zeit«, gemeint ist die schöne, positive Zeit, das Fest. Diese Bedeutung hat sich verengt auf ein spezielles Fest: die Heirat zweier Menschen.
▪ **Bedeutungserweiterung:** *Edel* im Mittelhochdeutschen meint von adeliger Geburt, ein edler Mensch ist demnach ein Adeliger. Heute versteht man darunter einen vorbildlichen, guten Menschen ganz unabhängig ob er ein Adeliger, Bauer oder Bürger ist.
▪ **Bedeutungsverbesserung:** Manche Begriffe werden im Lauf der Zeit aufgewertet: *Marhescalh* nannte man den Pferdeknecht, es wurde ein sehr hoher militärischer Offiziersrang daraus.
▪ **Bedeutungsverschlechterung:** *Mehre* bedeutet ursprünglich ganz neutral Pferd, inzwischen versteht man darunter ein altes, abgemagertes, wenig brauchbares Pferd.

A ▪ Ordne die Wörter aus der Liste mittelhochdeutscher Wörter mit der damaligen Bedeutung einer der vier Bedeutungsveränderungen zu.

1. *maere* = Bericht, Erzählung
2. *gemein* = allgemein, normal
3. *muos* (= alle Arten von Speisen)
4. *arebeit* = Mühsal, Mühe
5. *wîp* = Frau
6. *gift* = Geschenk, Gabe
7. *billig* = angemessen, richtig
8. *horn* = Horn eines Tieres
9. *frouwe* = Herrin

Nicht nur Krieg und Kampf

So wie heute Schriftsteller ganz viele verschiedene Arten von Texten schreiben und nicht nur Krimis, so gab es auch in der mittelalterlichen Literatur ganz verschiedenen Themen und Textarten.

■ Text 62
Nieman kann mit gerten *Walther von der Vogelweide*

Nieman kan mit gerten
kindes zuht beherten.
den man z' êren bringen mac,
dem ist ein wort als ein slac.
5 kindes zuht beherten
nieman kan mit gerten.

Hüetent iuwer zungen,
daz zimt wol dien jungen.
stôz den rigel für die tür,
10 lâ kein boese wort dar für.
daz zimt wol dien jungen:
hüetent iuwer zungen! [...]

TIPP *ie, üe, uo, ou* = jeder Laut wird getrennt ausgesprochen;
ˆ = lang gesprochener Vokal; *i* → *ei*
iu = *ü*
zz, z am Wortende = *s*
ht = *cht*
beherten = bewirken
mac = kann

Walther von der Vogelweide (ca. 1170 – 1230), bekanntester deutscher Dichter des Mittelalters; schrieb vor allem Liebeslieder, Minnegedichte (= Lobpreis hochstehender adeliger Frauen) und politische Gedichte (oft als Klage über die politische Schwäche der Könige und des Reiches). Er lebte und dichtete jahrzehntelang für verschiedene hohe Adelige, die seinen Lebensunterhalt finanzierten. Erst als er 50 war, schenkte ihm Kaiser Freidrich II. ein kleines Gut bei Würzburg.

A ■ Versuche, (mit Hilfe des Tipps) das Gedicht zunächst auf Mittelhochdeutsch zu lesen und dann zu übersetzen.
B ■ Überlege, ob diese Erziehungsratschläge noch zeitgemäß sind.

■ Text 63
Dû bist mîn *anonym*

Dû bist mîn, ich bin dîn.
des solt dû gewis sîn.
dû bist beslozzen
in mînem herzen,
5 verlorn ist das sluzzelîn:
dû muost ouch immêr darinne sîn

A ■ Versuche, das Gedicht zunächst auf Mittelhochdeutsch zu lesen und dann zu übersetzen.

Texte lesen und verstehen

Text 64

Nein und Ja *Heinrich von Morungen*

Frau, wenn du mich erretten willst,
So sieh mich doch ein wenig an:
Wenn du die große Not nicht stillst,
5 So ist es bald um mich getan.
Denn ich bin siech¹, mein Herz ist wund:
O Frau, das hat mir zugefügt
Dein Auge klar, dein roter Mund.

Frau, wenn du nicht mein Leid bedenkst,
10 Verlier ich Leben bald und Leib.
Ein böses Wort du stets mir schenkst,
Ach, dreh es um, holdselig Weib!
Du sprichst nur immer: Nein, o nein,
O nein, und immer nur o nein:
15 Das bricht mein Herz und wärs von Stein:
So sprich doch nun auch einmal ja,
Ja ja und noch einmal ja ja!
Das liegt wohl meinem Herzen nah.

1 **siech** = dauerhaft krank, schwach

A ■ Lest dieses Gedicht laut und übertrieben flehend und bittend vor.
B ■ Überlege, warum hochgestellten Frauen Minnelyrik gefallen hat und warum es keine ganz ernst gemeinten Liebesgedichte sind, obwohl Minne ins Neuhochdeutsche übersetzt Liebe bedeutet.

Text 65

Zusammenfassung der Gudrunsage

Vor langer Zeit lebte in Irland König Hagen und seine Frau Hilde. Sie hatten eine bildhübsche Tochter, die den Namen ihrer Mutter trug. Jeder lobte ihre Anmut und ihren Liebreiz, und bald drang der Ruf von Hildes Schönheit über Land und Meer. »Ich werde nur dem die Hand meiner Tochter geben«, erklärte
5 König Hagen hart, »der mich im Wettkampf besiegt.« Viele Bewerber hatte er schon bezwungen und erschlagen.

Als König Hetel von Hegelingen eine Braut suchte, warb er deshalb nicht offen um die schöne Hilde, sondern sandte seine tapferen Gefolgsleute Wate, Frute und Horand aus, um die Königstochter durch eine List zu gewinnen. Als Kaufleute ver-
10 kleidet, kamen die drei in Irland an. Ihr bewaffnetes Gefolge versteckten sie unter Deck. Sie gewannen die Gunst des Königs und seiner Tochter. Voller Fernweh und betört durch den wundervollen Gesang Horands, entschloss sich Hilde, freiwillig zu Hetel zu reisen. Durch eine List wurde sie bei einem Besuch der dänischen Schiffe von ihren Eltern getrennt, und die Schiffe stachen plötzlich in See. Die Flucht gelang.
15 Ein günstiger Fahrtwind führte die Hegelingen zur Heimatküste, und König Hetel, kam, um die schöne Hilde mit allen Ehren zu begrüßen. In fröhlichem Einverständnis gelobten sich beide Liebe und Treue. Aber noch ehe es Abend wurde, kam eine erschreckende Botschaft: König Hagen war mit seiner Flotte bereits nahe der Küste, um die geraubte Tochter zurückzuholen. Denn er glaubte, dass Hilde von Seeräu-
20 bern entführt worden sei. Bald darauf kam es zu einem schweren Kampf, bei dem auch Hetel und Hagen verwundet werden. Auf Hildes Bitten aber versöhnte sich Hagen mit Hetel und gab diesem seine Tochter zur Frau.

A ■ Untersuche, welche Parallelen sich zu den »Nibelungen« finden lassen.
B ■ Was sind die wichtigsten Themen mittelalterlicher Literatur, die sich bei der Geschichte von Siegfried wie auch in diesem Text finden lassen?

154

Texte lesen und verstehen

Jugendbücher

Viele Jugendbücher beschäftigen sich mit Personen und Geschehnissen aus fernen Ländern und/oder früheren Zeiten, z. B. aus dem Mittelalter. In diesem Teilkapitel lernst du(,) …
- eine berühmte Geschichte aus dem Mittelalter kennen,
- Begriffe zu recherchieren und zu erläutern,
- ein Lexikon zu einem Jugendbuch zu erstellen und zu gestalten.

A ▪ Besprecht, was ihr bereits über Ritter und Sagen aus dem Mittelalter wisst.

B ▪ Beschreibt die Abbildungen und vergleicht sie miteinander.

Wolfram von Eschenbach (um 1160/1180 – um 1220) ist einer der berühmtesten Dichter des Mittelalters. Er schrieb mehrere Romane in Versen. Im »Parzival« (ca. 25.000 Verse) erzählt er, wie sich ein unerfahrener junger Mann zu einem Ritter entwickelt, viele Abenteuer besteht, Mitglied der Tafelrunde von König Artus wird und schließlich Hüter des Grals.

C ▪ Sammelt Informationen über Wolfram von Eschenbachs Herkunft und verfasst einen Lexikonartikel darüber. Berücksichtigt dabei die Regeln und Tipps im folgenden Info-Kasten.

155

Texte lesen und verstehen

Ein Lexikon zu einem Jugendbuch erstellen

INFO

Nicht immer sind alle Wörter in einem Jugendbuch jedem Leser verständlich, besonders wenn die Handlung in fernen Ländern oder früheren Zeiten spielt. Dann kann es hilfreich sein, wenn man sich zu dem Buch ein »**Lexikon**« anlegt:
Was wird aufgenommen? Alles, was erläuterungsbedürftig erscheint: Figuren (besonders bei figurenreichen Romanen), Orte, Gegenstände, ungewöhnliche oder seltene Wörter und Formulierungen, Informationen zu Autor – Werk – Entstehungszeit.
Wie geht ihr vor?
- Bildet Zweier- oder Dreiergruppen und teilt den Text nach Kapiteln oder Seitenbereichen untereinander auf; jede Gruppe widmet sich einem dieser Textteile, stellt eine Liste erläuterungsbedürftiger Begriffe zusammen und bereitet Informationen vor.
- Achtet darauf, Wiederholungen zu vermeiden. Ihr könnt eine Redaktionsgruppe wählen, die es übernimmt, alle Lexikoneinträge alphabetisch zu ordnen, gegebenenfalls zu ergänzen oder mit anderen zu verknüpfen und auf die Angabe von Seitenzahlen zu achten, damit Textstellen schnell wiedergefunden werden können.
- Die Erläuterungen, die ihr für euer Lexikon verfasst, sollten knapp sein; wenn sie Zusammenhänge betreffen, systematisch und klar.

Wo findet ihr Informationen? ihr könnt z. B. in Lexika, Büchern, Zeitschriften und im Internet recherchieren.

Einen Lexikonartikel schreiben

Verfasser von Lexikonartikeln sollen **effizient** (wirksam, wirkungsvoll) arbeiten: Ein gelungener Text ist, je nach Thema, so kurz wie möglich und enthält dennoch so viele wesentliche Informationen wie nötig.
Aufbau: Der Lexikonartikel sollte eine Begriffsdefinition (kurze Vorstellung des Themas) enthalten. Wesentliche Aspekte werden in sinnvoller Reihenfolge (z. B. zeitlich) präsentiert; falls nötig: Absätze mit Zwischenüberschriften einbauen. Auf Details sollte verzichtet werden.
Beim **Stil** ist auf Folgendes zu achten: überwiegend kurze Sätze; Möglichkeiten der Verdichtung nutzen (Bsp.: statt »*Wolfram schrieb den Parzival. Darin erzählt er, wie …*« besser: »*Wolfram erzählt im Parzival, wie …*«); Fachwortschatz; Verzicht auf Alltagssprache; Nominalstil (Substantive, substantivierte Wörter, Passiv).

→ **Grundwissen**, S. 294

A ▪ Informiert euch über die Handlung des »Parzival« von Wolfram von Eschenbach. Verfasst zu jedem der Bücher, in die der Roman gegliedert ist, eine knappe Zusammenfassung in kurzen Sätzen und fügt sie in euer Lexikon ein. In Sachbüchern zur Literaturgeschichte, z. B. in dem Sachbuch »Mythen und Sagen des Nordens« von Edmund Jacoby (2007), und im Internet findet ihr mehrere Inhaltsübersichten zum »Parzival«.

B ▪ Erstellt aus diesen Informationen für euer Lexikon einen Lebenslauf Parzivals.

C ▪ Klärt, an welchen Stellen im Handlungsverlauf die nachfolgenden Textauszüge 1 – 4 aus Auguste Lechners Bearbeitung des »Parzival« einzuordnen sind.

Text 66
Parzival (1. Auszug) *Auguste Lechner*

Auguste Lechner
(1905–2000) bearbeitete viele mythologische und geschichtliche Stoffe aus Antike und Mittelalter und erzählte sie als Jugendbücher neu.

Nach dem Tod ihres Mannes, Gahmuret, hat sich Parzivals Mutter, Herzeloide, aus der Welt der Menschen zurückgezogen. Parzival wächst im Wald auf.

Nach einer Weile hörte er ein Geräusch, das ihn sogleich regungslos stillstehen ließ. Es war kein *Wild*, das merkte er wohl. Es war auch sonst nichts, was er kannte. Es klang wie dumpfe Hufschläge auf dem weichen Boden, und dazwischen klirrte es leise, wie von vielen Ketten, die aneinanderschlugen.

Parzival wog den *Gabylot* in der Hand: Er war neugierig, was für ein Wesen wohl da so *klingenden* Ganges herankommen mochte. Niemand auf dem Hofe machte einen so wunderlichen Lärm, kein Mensch und kein Tier. Vielleicht – vielleicht war es der Teufel, die Mutter hatte gesagt, er stelle *allenthalben* den Menschen nach. »Ei, meinetwegen«, dachte Parzival, »ich will schon fertig werden mit ihm!«

Aber im gleichen Augenblick *fuhr er zusammen*. Dort vorne auf dem *Steig* tauchte es zwischen den Büschen auf und jagte auf ihn zu … Es musste wohl ein Reiter sein, wenigstens saß er auf einem Pferd, aber – großer Gott, der Mann, wenn es einer war, bestand vom Kopf bis zu den Füßen aus lauter silbernen Ringen, ein riesiges Messer baumelte an seiner Seite herab, und in der Hand trug er einen langen Spieß, gegen den sein Gabylot wie ein Knabenspieß aussah. Und diese Hände, nein, Menschenhände waren das nicht, sie waren gewaltig groß und auch gänzlich aus Silber, schien es. Aber das schrecklichste war: der Reiter hatte kein Gesicht! An der Stelle des Kopfes saß ihm eine glänzenden Silberkugel auf den Schultern, aus der oben statt der Haare lange schwarze Federn wuchsen.

Obgleich es Parzival sehr unheimlich zumute war, schien ihm die klirrende, glänzende Gestalt unbeschreiblich herrlich, viel herrlicher als alles, was er je gesehen hatte! Und als er das dachte, da traf es ihn wie der Blitz: nein, das war nicht der Teufel, das musste der *Herre* Gott sein! Gott war endlich nach *Soltane* gekommen!

Da warf der Knabe Parzival seinen Gabylot fort, fiel mitten im Pfad auf die Knie nieder, und während der silberne Reiter sein Pferd zurückriss, um den närrischen Knaben nicht niederzureiten, sagte Parzival atemlos vor Entzücken: »Oh, Herre Gott, ich will immer dein treuer Knecht sein! Ich habe lange auf dich gewartet.«

Danach brachte er nur noch einen *gurgelnden* Schrei hervor: denn der Herre Gott war plötzlich nicht mehr allein. Hinter ihm auf dem Pfad war ein zweiter erschienen, der ihm zum Verwechseln ähnlich sah, nur dass er irgendein grässliches Untier auf dem silbernen Kopfe trug … und jetzt kam noch ein dritter herangeklirrt, genau so herrlich anzusehen.

A ■ Gib mit eigenen Worten die Handlung des Textauszugs wieder und überlege, warum sich Parzival so merkwürdig verhält.

Texte lesen und verstehen

Erläuterungen verfassen	INFO
Wenn Texte, die ihr genau kennen lernen wollt oder müsst, **Begriffe**, **Namen** und **Ausdrücke** enthalten, die ihr nicht kennt, solltet ihr es euch zur Gewohnheit machen, neugierig zu sein, dazuzulernen und euch **zu informieren**. Lexika, Sachbücher, Wörterbücher und gleichartige Angebote im Internet helfen euch	mit Erläuterungen und oft auch Abbildungen weiter. Damit ihr die **Zuverlässigkeit** (und Vollständigkeit) von Informationen beurteilen könnt, solltet ihr, besonders bei komplizierteren Vorgängen und Zusammenhängen, mindestens zwei Informationsquellen verwenden.

B ▪ Erläutere die im ersten Textauszug kursiv hervorgehobenen Namen und die unbekannten oder selten gewordenen Wörter, Begriffe und Ausdrücke (und gegebenenfalls weitere).

C ▪ Beschreibe die Teile der Rüstung eines Ritters und suche Abbildungen dazu. Verfasse dazu einen ergänzenden Eintrag für dein Lexikon.

 D ▪ Klärt im Gespräch, was man unter dem »Ritter-Ideal« versteht.

▪ Text 67

Parzival (2. Auszug)   *Auguste Lechner*

Auf der Suche nach einer Herberge wird Parzival unter merkwürdigen Umständen in eine Burg eingeladen.

Als Parzival den Saal betrat, fand er schon viele Ritter da versammelt. […] Er blickte den Mann an, der droben an der Stirnseite des Saales im Hochsitz lehnte, in seinen Zobelmantel gehüllt, von vielen Polstern gestützt, bleich und krank […] König Amfortas.

5 Parzival ging durch den Saal hinauf, als der König ihm winkte.

Er ging erhobenen Hauptes, sicher und ruhig […]. Wo er vorüberkam, erhoben sich die Ritter von ihren Sitzen, und selbst die grauhaarigen Männer verneigten sich, obgleich er doch viel jünger war als sie. Und abermals fühlte Parzival mit Verwunderung und einem leisen Unbehagen die Freude und das
10 Wohlwollen, mit dem sie ihn empfingen. Was hatte er getan, um es zu verdienen – oder was erwarteten sie von ihm? […]

»Ich heiße dich willkommen in meinem Hause«, sagte Amfortas. »Setze dich neben mich, ich habe dich mit Sehnsucht erwartet.«

Parzival fuhr herum. Wieder diese unverständliche Rede, die ihn hier auf
15 Schritt und Tritt verfolgte! Aber er fand nicht Zeit zu antworten: Denn drunten am Ende des Saales sprang in diesem Augenblick eine schmale eiserne Tür auf, und ein Knappe trat herein. Er passte schlecht zu all der funkelnden Herrlichkeit ringsum. Er trug einen alten zerbeulten Harnisch, und in der Hand hielt er eine

Texte lesen und verstehen

Lanze. Langsam ging er den Saal entlang […]. Als er zu Parzival kam, stand er zögernd still und sah ihn an, als warte er auf etwas. Und plötzlich gewahrte Parzival, dass auch die Ritter alle und selbst Amfortas ihn auf die gleiche Weise ansahen: eindringlich, mahnend, voll Angst und Hoffnung zugleich.

Das Blut schoss ihm in den Kopf. Wunderliche Sitten hatten sie hier! Er warf nur einen Blick auf die Lanze: Die stählerne Spitze war dunkel gefärbt wie von getrocknetem Blut. Aber was ging das ihn an? Lanzen wurden nun einmal zum Kämpfen gebraucht! Der Knappe war indes schon wieder weitergegangen, den Kopf traurig gesenkt, Amfortas lehnte sich müde zurück, und sein Gesicht war noch bleicher als zuvor. […]

Zuletzt kam eine schöne Jungfrau in einem grünen Samtgewand mit einer Krone auf dem Haupte, und das mochte wohl die Königin Repanse sein, die ihm den Mantel gegeben hatte. Sie hielt etwas in den Händen – Parzival konnte nicht erkennen, was es war: Es sah aus wie eine große glänzende Schale, davon ging ein solches Strahlen aus, dass er geblendet die Augen schließen musste. […]

Parzival vor der Gralsburg

Er warf einen Blick hinab in den Saal. Da saßen sie alle, wohl mehr als hundert, und jeder hatte die herrlichsten Speisen vor sich stehen. Vor dem König aber lag auf dem goldenen Teller nichts als ein Stücklein Brot, und auch das rührte er nicht an.

»Wenn man zu krank ist, um zu essen, soll man kein Gastmahl halten«, dachte Parzival verdrossen, als er es gewahrte. »Ich habe, weiß Gott, noch nie ein so trauriges Fest gesehen. Keiner redet, wie eine Versammlung prächtig aufgeputzter Gespenster sitzen sie da, und es ist wahrhaftig schade um das gute Essen und den Wein.«

[…] Parzival fühlte, wie er feuerrot wurde. Was hatte er getan, dass ihn die Herrin der Burg nicht einmal begrüßte? Was hatte er getan, dass die Ritter, die ihn so freudig empfangen hatten, ihn jetzt mit zornigen Blicken betrachteten?

In diesem Augenblick sah Parzival etwas. Die Königin schritt just durch die Seitentür des Saales hinaus, und das Licht des Grals erhellte ein kleines Gemach, darin lag auf einem Ruhebett ein Greis mit langem weißem Haar und schlief.

Aber ehe Parzival ihn noch recht ansehen konnte, fiel die Tür zu, und alles war verschwunden.

[…] »Du wirst gewiss müde sein und schlafen wollen, Herr«, redete ihn Amfortas wieder an. »So will ich dich nicht länger zurückhalten. Dieses Schwert aber sollst du als Gastgeschenk von mir nehmen. Ich habe es selbst in vielen Kämpfen geführt. Aber da das Unheil über mich gekommen ist, werde ich seiner wohl nie mehr bedürfen.« Er zögerte, als warte er, dass sein Gast eine Frage stelle. Aber Parzival dachte gar nicht daran: Er war sehr erleichtert, dass er endlich gehen konnte […].

A ■ Gib mit eigenen Worten die Handlung des Textauszugs wieder und erkläre das Verhalten der Figuren.

B ■ Verfasse auf Grundlage der Textauszüge 1 und 2 einen Lexikonartikel zu »Parzivals Charakter«.

C ■ In der Parzival-Geschichte spielt der Gral eine wichtige Rolle. Forsche nach, was man unter dem Gral versteht. Stelle Informationen und Abbildungen zum Gral zusammen und verfasse einen Lexikonartikel hierzu.

Texte lesen und verstehen

■ Text 68

Parzival (3. Auszug)
Auguste Lechner

Am Hof von König Artus, vor den versammelten Rittern, wird Parzival von Kundrie, der Botin des Grals, verflucht.

[…] [D]a wandte sich Kundrie Parzival zu. »Du bist es also«, sagte sie langsam, und es lag kein Zorn in ihrem
5 Blick, sondern eher ein tiefer Kummer. »Man glaubt es nicht gern, wenn man dich so ansieht! Du bist ein schöner Ritter, Herr Parzival, und du
10 hast schon viel Ehre erworben in deinem jungen Leben, hörte ich. Man nennt dich sogar einen Ritter ohne Tadel […]. Mir graut vor deiner Tadellosigkeit, Herr Parzival! Denn deine Seele ist
15 krank, und das ist schlimmer, als wenn du blind oder lahm oder aussätzig wärst oder eine Mißgeburt wie Kundrie, die Hexe. Du bist krank an Eigenliebe, und selbst wenn du andern Gutes tust, so tust du es noch zu deinem eigenen Preis, damit sie sagen: Seht, welch ein edler Ritter! Dein Herz ist hart und gefühllos gegen fremdes Leid! […]«

20 Parzival wäre gerne aufgefahren und hätte ihr zornige Worte ins Gesicht geschrien. Aber er konnte nicht. Er sah, wie die Tränen aus ihren hässlichen Augen stürzten und über die Runzeln in den Wangen hinabflossen. Da schwieg er.

Kundrie verlässt die Ritterrunde. Parzival und der mit ihm befreundete Ritter Gawain verabschieden sich voneinander.

25 »So muss ich dich gehen lassen!«, sprach Gawain traurig. »Aber ich schwöre dir, wenn ich erst meine Schwester gefunden habe, dann werde ich mich aufmachen, dich zu suchen, und wenn ich bis ans Ende der Welt reiten müsste. Indessen mag dich Gott behüten!«

Da fuhr Parzival auf. »Gott?« Gawain blickte erschrocken in sein Gesicht: es
30 sah aus, als wollte Parzival lachen. Aber es gelang ihm nicht. »Gott?«, wiederholte er bitter. »Ich will dir etwas erzählen, Freund. Mein Leben lang habe ich geglaubt, Gott zu dienen. Aber es scheint, er hasst mich, oder er treibt seinen Spott mit mir. Nun, so muss ich es ertragen. Aber von diesem Tage an wird er meinen Dienst entbehren müssen und ich lebe, wie es mir gefällt. […]«

A ■ Kundrie wirft Parzival »Eigenliebe« vor und »gefühllos gegen fremdes Leid« zu sein. Erkläre diesen Vorwurf.

Texte lesen und verstehen

■ Text 69
Parzival (4. Auszug) *Auguste Lechner*

Parzival hat seinen Halbbruder Feirefiß getroffen und sieht Kundrie wieder.

»König Artus«, sagte Parzival, »ich empfehle meinen Bruder Feirefiß Anschewin deiner Obhut, bis ich selbst ...«. Er brach ab und wandte langsam den Kopf nach dem Erker hinüber, denn im Erker stand Kundrie. Sie stand ganz allein und sah ihn unverwandt an. Er fühlte, wie eine fast unerträgliche Spannung von ihm
5 Besitz ergriff: Einmal schon war er Kundrie begegnet, und dies war der böseste Augenblick seines Lebens gewesen. Und jetzt war sie abermals seinetwegen gekommen, er wusste es.
 Da ließ er König Artus und Feirefiß stehen und ging in den Erker hinüber. »Kundrie«, sagte er tonlos vor Erregung, »warum bist du hier, Kundrie?«

A ■ Untersuche zunächst, wie in dieser kurzen Szene Spannung erzeugt wird. – Lies dann in deiner Inhaltsübersicht (S. 156, Aufgabe A) nach, was Kundrie Parzival mitteilt, und überlege, weshalb zwischen Kundries Flucht und ihrem erneutem Erscheinen so viel anderes erzählt wird.

B ■ Erläutere die folgenden Wörter für dein Lexikon: *Obhut, jemanden jemandes Obhut empfehlen, Erker, unverwandt, abermals.*
Suche auch in den Textauszügen 2 und 3 nach selteneren Wörtern.

C ■ Informiere dich über Formen und Bedeutung eines Ritterturniers und schreibe auch hierüber einen kurzen Artikel.

D ■ Schreibe für dein Lexikon einen Artikel zum Thema »Weiterleben des Rittertums heute«. Gehe dabei so vor:
  – Überlege, in welchen Lebensbereichen oder bei welchen Gelegenheiten man heute noch Rittern »begegnet«. Die folgende Zusammenstellung kann dir Anregungen geben: Film, Literatur, Ritterfestspiele, Musik usw.
  – Arbeitet in Gruppen und tragt Material zusammen.
  – Schreibe den Artikel.

Texte lesen und verstehen

Sachtexte

> Du hast schon einige Methoden kennen gelernt, um Sachtexte zu erschließen. In diesem Teilkapitel lernst du, …
> - Sachtexte mit Hilfe einiger vertrauter und mehrerer neuer Methoden zu erschließen,
> - bewusst schnell und bewusst langsam zu lesen,
> - Fragen an einen Text zu stellen und zu beantworten,
> - einen Text mit Hilfe von Sinnabschnitten und Überschriften zu strukturieren und seinen Gedankengang nachzuvollziehen,
> - Abbildungen, Tabellen und Grafiken zu lesen,
> - Texte in eine andere Darstellungsform zu übertragen.

Bittersüße Schokolade

Schokolade ist eine der beliebtesten Süßigkeiten. Sie gehört fest zu unserem Alltag. Mehr als 90 Tafeln isst jeder von uns durchschnittlich im Jahr. Etwa eine Million Tonnen Schokolade werden jährlich in Deutschland hergestellt. Aber was wissen wir über ihre Geschichte, ihre Herstellung und ihren Verzehr?

→ vgl. S. 315

A ■ Tragt zusammen, was ihr schon über Kakao und Schokolade wisst. Macht ein Brainstorming oder erstellt eine Mind-Map.
B ■ Beschreibt die beiden Abbildungen oben zunächst jede für sich; stellt dann Gemeinsamkeiten und Unterschiede einander gegenüber.
C ■ Haltet in einer Liste von Fragen (»Leitfragen«) fest, was ihr noch über das Thema Kakao wissen wollt.

- Text 70
Alltag eines Kakaobauern in Afrika

Kwadjo Assamoha ist ein Kakaobauer aus Ghana. Er ist mehr als 70 Jahre alt. Er weiß, dass er zwischen dem großen Krieg der Ashanti gegen die Engländer im Jahr 1900 und dem Besuch des Prinzen von Wales in Ghana 1925 geboren wurde. Kwadjos Familie besteht aus vierzig Personen: seiner Frau und
5 seinen Kindern, einem Bruder seines Vaters, aus den Frauen seiner verstorbenen Brüder und ihren Kindern. Die ganze Familie lebt von den Nahrungsmitteln, die die Frauen anbauen und auf dem Markt verkaufen.

Zusammen mit seinen Söhnen hat Kwadjo einen Acker von fünf Hektar. Er verwendet keine Insektizide, da er Chemikalien und Sprühmaschinen nicht be-
10 zahlen kann. Kwadjos Frau stellt aus den Schalen der Kakaofrucht Seife her. Sie lässt die Schalen in der Sonne trocknen und verbrennt sie dann. Die Asche wird mit Palmöl vermischt, wodurch kleine Seifenkugeln gebildet werden, die etwas zusätzliches Geld zum Familieneinkommen hereinbringen. Kwadjo: »Beinahe das ganze Einkommen aus dem Kakao wird durch das, was die Familie kostet,
15 aufgebraucht: die Schule für die Kinder, Krankenhaus- und Arztrechnungen. All diese Sachen muss ich heute selber bezahlen. Früher war das kostenlos. Das Oberhaupt einer ghanaischen Familie hat eine große Verantwortung.« Weiß Kwadjo jedoch, was mit dem Kakao geschieht, nachdem er ihn zum Cocoa Board gebracht hat? »Keine Ahnung. Ich hab' noch niemals gesehen, was man
20 daraus macht. Schokolade? Ich weiß, dass es so was gibt, aber ich habe sie noch nie gegessen. Das einzig Wichtige ist, dass ich einen guten Preis für meinen Kakao bekomme. Der Preis wird sicherlich wieder steigen. Kakao aus Ghana ist ja der Beste überhaupt.«

Ashanti = ein Volk in Südghana, dessen Reich im 19. Jahrhundert von Großbritannien unterworfen wurde

Cocoa Board = Institution zur Unterstützung aller am Kakaoanbau in Ghana beteiligten Firmen und Personen

→ **Grundwissen**, S. 313

A ▪ Teile zusammen mit einem Lernpartner den Text in zwei Hälften; jeder überfliegt eine der Hälften. Berichtet dann einander, ohne in den Text zu schauen, an welche Begriffe, Zahlen und Aussagen ihr euch erinnert (W-Fragen!).

B ▪ Haltet die von euch gefundenen Schlüsselbegriffe in einer zweispaltigen Tabelle fest: Schlüsselbegriff – Erläuterung.

C ▪ Gebt in möglichst knapper Form – nicht mehr als zwei Hauptsätze – die Hauptaussage(n) des Textes wieder.

D ▪ Prüft, welche eurer Leitfragen (vgl. Aufgabe C auf S. 162) von dem Text beantwortet worden sind, welche nicht.

Texte lesen und verstehen

■ Text 71
Kakao – von den Tropen in alle Welt

Der Kakaobaum wächst nur in den heißesten Zonen der Erde – in den Äquatorial-Ländern rund um den Globus. Gleichmäßige Wärme und hohe Boden- und Luftfeuchtigkeit sind wichtige Voraussetzungen für gutes Gedeihen der Kakaobäume. Besonders reiche Ernten liefern die westafrikanischen Kakaopflanzungen. Hier werden vor allem die ertragreichen Konsumarten angebaut. Die Edelkakaosorten kommen dagegen – neben Konsumsorten – vorwiegend aus dem nördlichen Südamerika, aus Mittelamerika und aus Indonesien. Bei der Kakaoernte werden die reifen Früchte – wie schon vor 500 Jahren – von Hand mit scharfen Messern abgeschlagen. An den Sammelplätzen öffnen die Erntearbeiter die Früchte mit einem geschickten Schlag ihrer Buschmesser und lösen die von weißlichem Fruchtfleisch – der Pulpa – umgebenen Samen aus der Schale. Um aus den noch unansehnlichen Samenkernen hochwertigen Rohkakao entstehen zu lassen, werden sie einem Gärprozess unterzogen. Dazu füllt man die Samen mit dem Fruchtfleisch in Kästen oder häuft sie auf Bananenblätter und deckt sie ab. Nach kurzer Zeit setzt der – Fermentation genannte – Gärprozess ein. Die herben Gerbstoffe oxidieren[1], das feuchte Fruchtmus löst sich auf und fließt ab, die Kerne färben sich dunkel, das typische Kakaoaroma entsteht. In fünf bis zehn Tagen ist die Fermentation abgeschlossen. Anschließend werden die Kakaobohnen in der Tropensonne ausgebreitet und unter ständigem Wenden getrocknet. […] Die Weiterverarbeitung des Kakaos beginnt mit dem Rösten. Bei genau eingehaltener Temperatur entfaltet sich in den Bohnen der Kakaogeschmack. Dann werden die gerösteten Kerne gebrochen, von den letzten, auch kleinsten Unreinheiten und Schalenteilchen getrennt und in Mühlen und Walzwerken immer weiter zerkleinert. Durch die dabei entstehende Reibungswärme tritt das Fett der Kakaobohne aus den Partikeln aus; es entsteht die tiefbraune, fließfähige Kakaomasse. Beim ersten Verarbeitungsweg wird die flüssige Kakaomasse in Presskammern gefüllt, in denen bei einem Druck von bis zu 900 atü (heute sagt man »bar«) die Kakaobutter abgepresst wird. Sie fließt klar und golden wie Sonnenblumenöl aus der Kakaopresse. Die zurückbleibenden »Presskuchen« werden zerkleinert und zum wohlbekannten Kakaopulver zermahlen.

1 **oxidieren** = Sauerstoff aufnehmen

→ **Grundwissen**, S. 313

A ■ Kläre alle unbekannten Begriffe.
B ■ Zerlege den Text in Sinnschritte und füge Absätze ein. Fasse Abschnitt für Abschnitt zusammen.

Texte lesen und verstehen

Kakaobutter zählt zu den teuersten Pflanzenfetten überhaupt. Sie ist daher nur ganz selten in anderen Erzeugnissen als Schokolade anzutreffen.

Ihr niedriger Schmelzgrad – nahe der menschlichen Körpertemperatur (um 40 38 Grad Celsius) – macht Kakaobutter auch für einige kosmetische und pharmazeutische[2] Produkte interessant.

Nachdem die Kakaobutter abgepresst wurde, bleibt als Pressrückstand der Presskuchen in den Kammern der Kakaopresse zurück. Er hat einen Durchmesser von ca. 45 cm und ist 5 cm dick; zermahlen wird Kakaopulver daraus.

45 Für jeden Verwendungszweck gibt es das richtige Kakaopulver. Die Kakaohersteller bieten bis zu 60 verschiedene Sorten an.

Zur Herstellung einer bestimmten Schokolade werden Kakaomassen verschiedener Sorten unter Zugabe von Milch, Zucker, Kakaobutter oder Sahne vermischt – je nachdem, ob eine Zartbitter- oder eine Vollmilchschokolade ent-
50 stehen soll. Die genaue Einhaltung der Rezeptur und die sorgfältige Mischung bestimmen den Geschmackscharakter des Endproduktes.

Elektronisch gesteuerte Dosiereinrichtungen geben die Garantie für eine gleichbleibende Mischung. Auch hier wachen sorgfältige Qualitätsprüfungen über die Beschaffenheit des Zwischenproduktes. Das Ergebnis ist eine knetfä-
55 hige Masse, die bereits alle geschmacklichen Eigenschaften der Schokolade aufweist. Allein die endgültige Feinheit fehlt noch. Zwischen mehreren Stahlwalzen hauchdünn zerrieben, gelangt die Masse zu den Conchen, Rühr- und Reibsystemen, die nach ihrer ursprünglichen Form benannt sind (la conche, frz.: die Muschel). Erst nach Tagen des ununterbrochenen Drehens, Wendens, Lüftens
60 und Temperierens ist die Masse so glatt, dass man daraus feinste Schokolade gießen kann. Der Weg zu 1000 Köstlichkeiten aus Schokolade ist frei.

Die zunächst noch trockene, pulverartige Mischung wird beim Conchieren flüssig. Nach diesem letzten Veredelungsprozess kann die nun gießfähige Schokoladenmasse in Formen gegossen und zu Tafeln oder zu einer Vielzahl anderer Schokoladenerzeugnisse weiterverarbeitet werden.

2 **pharmazeutisch** = Arzneimittel und deren Herstellung betreffend

C ■ Kläre alle Fremdwörter und Fachbegriffe des Textes.

Texte lesen und verstehen

Die meisten Teile des Textes »Kakao – von den Tropen in alle Welt« beschreiben, wie aus Kakaobohnen Schokolade hergestellt wird. Es finden sich daneben aber Informationen, die nicht direkt die Herstellung von Schokolade betreffen. Auch die Überschrift verrät eigentlich fast nichts vom Inhalt des Textes (um den Leser neugierig zu machen).

Wer dem Text die einzelnen Phasen der Herstellung von Schokolade entnehmen und sich einen präzisen Überblick verschaffen will, kann sich der folgenden Methode bedienen.

Übertragung eines Textes in andere Darstellungsform – Diagramme I

INFO

Manchmal sind Informationen und wesentliche Aussagen zu einem Thema so über einen Text verstreut, dass man sie **zusammensuchen und ordnen** muss, um einen **Überblick** zu erhalten. Die Informationen können dabei in eine **andere Textsorte**, z. B. in ein Struktur- oder Ablaufdiagramm, übertragen werden.

In **Struktur- oder Ablaufdiagrammen** lassen sich mit Hilfe grafischer Elemente besonders klar und übersichtlich die Phasen und Schritte einzeln darstellen, in denen Handlungen, Vorgänge und Entwicklungen ablaufen.

Die Phasen eines Vorgangs werden stichpunktartig in jeweils einem Feld notiert, die Felder untereinander durch Linien oder Pfeile verbunden, die die Zusammenhänge symbolisieren: Ursache, Folge, Wirkung usw.

Weitere geeignete Textsorten: Begriffsnetz, Mind-Map.

Herstellung von Schokolade

Vermischen von Kakaopulver, Milch, Zucker, Kakaobutter (Sahne)
↓
Herstellen einer knetfähigen Masse
↓
Prüfen der Qualität
↓
Zerreiben zwischen Stahlwalzen
→ hauchdünne Masse
↑
mehrtägiges Conchieren: Drehen, Wenden, Lüften, Temperieren, Verflüssigen
↑
glatte Masse
↑
Gießen der Schokolade in Formen oder zu Tafeln

D ▪ Erstelle nach den Informationen in **Text 71** ein Strukturdiagramm zur Herstellung von Kakaopulver.

Diagramme II

INFO

Diagramme sind besonders geeignet, um die Verteilung bestimmter Inhalte zu veranschaulichen. Ein **Tortendiagramm** wird häufig bei Prozentangaben genutzt. Mit Hilfe eines **Balkendiagramms** (horizontale Anordnung) oder eines **Säulendiagramms** (vertikale Anordnung) lassen sich Werte miteinander vergleichen, die nicht in Prozenten, sondern z. B. in Maßeinheiten für Anzahl, Gewicht oder Fläche ausgedrückt werden.

Herkunft des Kakaos und Verbrauch

Einfuhr von Rohkakao nach Deutschland

Im Jahr 2011 importierte Deutschland 446.883 Tonnen Rohkakao im Wert von 1,06 Milliarden Euro.

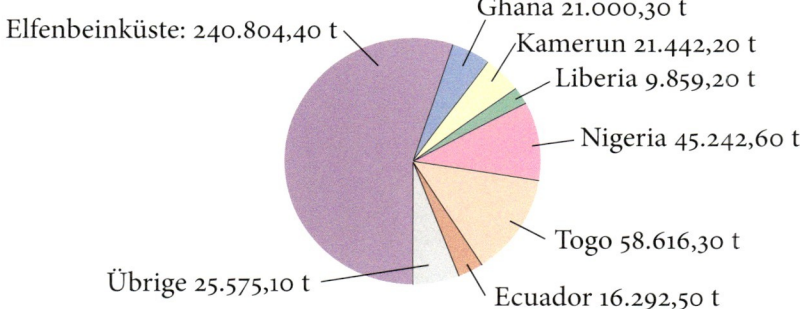

Pro-Kopf-Verbrauch an Schokolade 2010 (Schweiz: 2011)
Quelle: International Confectionery Association (ICA)

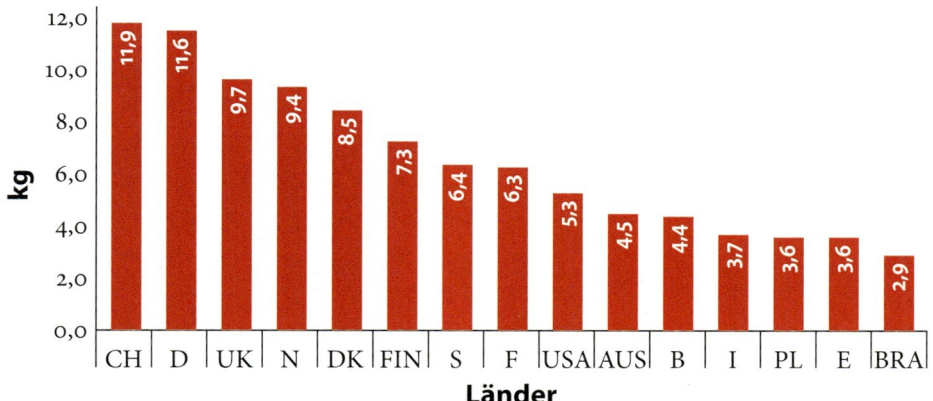

Schweiz → Angaben vom Jahr 2011, übrige Länder → 2010

A ■ Benenne die in den Abbildungen verwendeten Diagrammtypen.

Texte lesen und verstehen

 B ■ Bildet Gruppen und wählt ein Diagramm aus. Beschreibt und erläutert das Diagramm, indem ihr die darin enthaltenen Informationen in einen Text umsetzt. Beachtet dazu die Hinweise des folgenden Info-Kastens.

Diagramme beschreiben | INFO

Bei der **Erläuterung eines Diagramms** sollte man auf folgende Aspekte eingehen:
- Thema, Untersuchungsbereich
- Quelle, Bezugszeitraum
- Diagrammtyp
- Bezugsgröße (z. B. Prozente, Zahleinheiten)
- Strukturelemente (Bilder, Textbausteine, Grafik)
- Informationsabsicht, Adressat(en)

Produktion von Süßwaren in Deutschland 2011
(Veränderung zum Vorjahr in %)

Menge in 1.000t

	Menge	Veränderung
Süßwaren gesamt	3.809,4	+ 2,2 %
Schokoladeware	1.030,9	+ 1,9 %
Kakao- und Schokoladenhalberz.	539,3	+ 9,4 %
Kakaohaltige Lebensmittelzuber.	253,8	+ 2,0 %
Zuckerwaren	546,9	+ 3,6 %
Feine Backwaren	745,9	– 1,8 %
Knabberartikel	262,8	+ 0,6 %
Speiseeis	368,4	+ 0,9 %
Rohmassen	61,5	– 0,1 %

Quelle: BDSI, Bundesverband der Deutschen Süßwarenindustrie e. V., © 2012

C ■ Beschreibe und erläutere das Diagramm, indem du die darin enthaltenen Informationen in einen Text umsetzt.

■ Text 72
Zahlen und Konzerne

Knapp 50 Millionen Menschen leben weltweit davon, drei Millionen Tonnen Kakaobohnen zu ernten – ein Ertrag, der seit 1900 jedes Jahr um drei Prozent angestiegen ist. Der Preis für Rohkakao – das sind die per Hand geernteten, per Hand aufgeschlagenen und per Hand aus der Pulpe entnommenen Bohnen, die
5 zudem noch fermentiert und getrocknet werden müssen – schwankt zwischen 1,5 und 2,5 Dollar für das Kilo. Der durchschnittliche Bauer verdient am Tag unwesentlich mehr.

Die sechs größten Konzerne erzielten im Jahr 2005 mit irgendwie kakaohaltigen Süßwaren einen Umsatz von knapp 40 Milliarden Dollar [...]. In absteigen-
10 der Reihenfolge sind es Mars Inc (9,5), Cadbury Schweppes (8,1), Nestlé (7,9), Ferrero (5,6), Hershey Foods (4,9) und Kraft Foods (2,2). Vergleichsweise klein, obgleich immer noch riesig: Lindt & Sprüngli (1,7) und Barry Callebaut (1,4) – der weltgrößte reine Kakaoverarbeitungskonzern.

In Deutschland wurden im Jahr 2009 circa eine Million Tonnen Schokolade
15 hergestellt – in 100-Gramm-Tafeln ausgedrückt: zehn Milliarden. 93 Prozent des dazugehörigen Kakaos stammen aus Westafrika, von den restlichen 7 Prozent ist mehr als die Hälfte aus Ecuador [...]. Venezuela, Kolumbien, Peru, Mexiko, die gesamte Karibik, ja selbst São Tomé, Madagaskar und Indonesien (was zwar im Weltmaßstab das zweitgrößte Anbaugebiet ist, aber andere Regionen bedient)
20 teilen sich hierzulande ein winziges Nischlein.

Übersetzen wir diese Situation in Musik, haben wir 93 Prozent DJ Bobo, DSDS, The Dome, Kastelruther Spatzen, Operettenstadl und Grand Prix d'Eurovision. Den Rest teilt sich der Rest.

A ■ Wähle einen Aspekt aus dem Text und überlege, welches Diagramm geeignet ist, diese Informationen darzustellen. Begründe deine Wahl.
B ■ Erstelle zu dem Text ein Diagramm. Achte dabei auf folgende Arbeitsschritte:
– Formuliere einen Titel (= Thema),
– erkläre in einer Legende die von dir gewählten Strukturelemente (Farben, Formen etc.) und die Bezugsgröße,
– gib Quelle, Veröffentlichungsdatum und Bezugszeitraum an,
– suche die zentralen Informationen und erstelle aus ihnen ein Diagramm oder Schaubild.

C ■ Präsentiert und diskutiert eure Ergebnisse.

Die **Bezugsgröße** ist die Einheit, von der man ausgeht. Das kann z. B. eine bestimmte Mengenangabe sein oder 100 %.

> **TIPP**
> Ihr könnt die Diagramme auf großen DIN A2-Bögen erstellen. Die Präsentation erfolgt dann direkt vor dem aufgehängten Diagramm.

Texte lesen und verstehen

■ Text 73

Bananen im Handel

Der Handel im Überblick
Export und Import

Bananen gedeihen rund um den Globus. Von den über 50 Millionen Tonnen, die jährlich weltweit geerntet werden, wandert jedoch weniger als ein Fünftel in den Export. In ihrer Wiege, den ostasiatischen Ländern, reifen sie fast ausschließlich für den Eigenbedarf als Mehl- oder Kochbananen. Als süße Exportfrucht wird die Banane hauptsächlich in Mittelamerika angebaut. Für Länder wie Guatemala, Panama oder Honduras gehört sie zu den wichtigsten Wirtschaftsgütern. Die Abhängigkeit vom Bananenexport und den dahinterstehenden Konzernen macht diese Länder zu den sprichwörtlichen »Bananenrepubliken«. Aber auch außerhalb Mittelamerikas ist der Bananenexport für einige Länder und Regionen eine bedeutende Einnahmequelle. Die Dominikanische Republik und die Winward Islands beziehen ihre Deviseneinnahmen[1] zu über 80 % aus dem Bananenexport. Auf den Kanarischen Inseln ist besonders La Palma auf den Bananenanbau angewiesen. Der größte Abnehmer ist die Europäische Union. Hier landen 40 % aller Bananenexporte. Auf die USA entfallen weitere 30 %. Zunehmend beliebter werden Bananen in Japan und den osteuropäischen Ländern. In Polen, Ungarn oder Tschechien machen sich Südfrüchte mit dem westlichen Lebensstil zunehmend in den Regalen breit. Im internationalen Handel stehen Bananen hinter Apfelsinen und Trauben an dritter Stelle. Sie werden ganz überwiegend als Frischobst verzehrt. Bananenchips, -säfte und -marmeladen sind Nischenprodukte; allenfalls als Babybrei lassen sich größere Mengen absetzen. In Deutschland gehören Bananen nach Äpfeln zum meistverzehrten Frischobst. Der Pro-Kopf-Verbrauch liegt bei ca. 14 kg jährlich, das entspricht in etwa 80 Früchten. Sie bescheren den Handelsketten rund 10 % ihres Obstumsatzes. Die Gewinnmargen[2] sind besonders groß. Die Differenz zwischen Großhandels- und Einzelhandelspreisen liegt bei gut 1/2 Euro pro Kilo. Zu berücksichtigen ist allerdings, dass ein beträchtlicher Teil der Früchte noch in den Regalen auf Kosten des Einzelhandels verdirbt.

[…] Untrennbar ist das Bananengeschäft mit den Namen »Chiquita« (früher United Brands), »Dole« (früher Standard Fruits) und »Del Monte« verbunden. Über 70 % der weltweiten Exporte und über 90 % der Einfuhren in die USA gehen auf das Konto dieser Gesellschaften. Seit über 100 Jahren ist Chiquita Marktführer der Bananenindustrie. […].

1 Devisen = Zahlungsmittel in ausländischer Währung

2 Gewinnmargen = Gewinnspannen

→ **Grundwissen**, S. 313

A ■ Teile den Text in Sinnabschnitte ein und schreibe die zentralen Informationen heraus.

B ■ Erstelle jeweils ein Diagramm zu den Einnahmen der einzelnen Länder durch den Bananenexport und zu den Importländern.

Der Vitamin-Cocktail
Jährlicher Pro-Kopf-Verbrauch von Frischobst in Deutschland (insgesamt 62,6 kg)

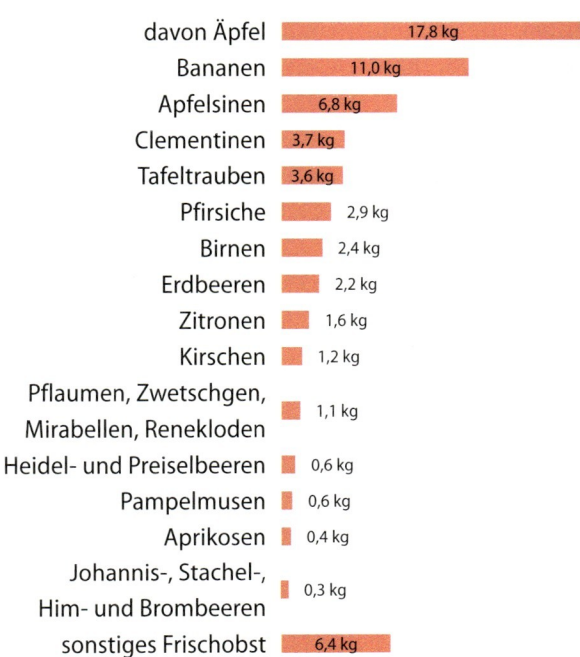

Die wichtigsten Bananen-Exportländer 2004

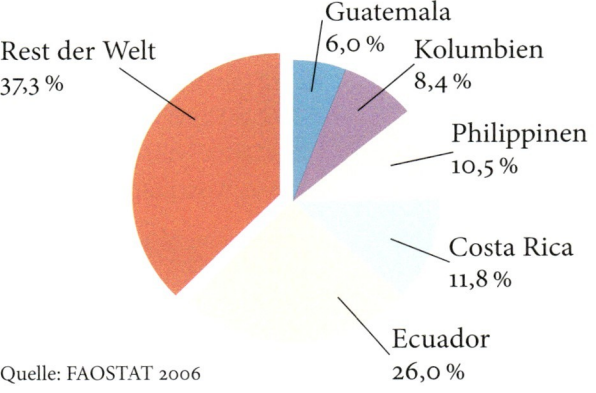

Quelle: FAOSTAT 2006

A ▪ Beschreibe die Schaubilder/Diagramme. Nutze hierbei auch die Fachbegriffe.
B ▪ Formuliere zu den Informationen einen kurzen Sachtext.

▪ Text 74
Zucker ist der Industrie teuer *Evelyn Binder*

65 Cent für ein Kilogramm Zucker – bei den großen Discountern können sich Kunden dieser Tage gerade wieder über eine kleine Preissenkung freuen. In vielen osteuropäischen Ländern dagegen ist Zucker zum teuren Gut geworden – in Polen etwa kostet das Kilo derzeit fast das Doppelte. Kein Wunder, dass in grenznahen Regionen seit Monaten ein regelrechter Zucker-Tourismus herrscht: Oft seien es Zwischenhändler, die sich hier mit großen Mengen eindecken, um sie dann in Polen und Tschechien mit ordentlichem Gewinn weiterzuverkaufen, berichten Einzelhändler. Deshalb sind Ketten wie Edeka und Real vor Monaten schon dazu übergegangen, im äußersten Osten der Republik die Zucker-Abgabe auf maximal acht Päckchen pro Kunde zu rationieren. […]

Für viele Süßwarenhersteller ist die Beschaffung des süßen Rohstoffs […] in

Texte lesen und verstehen

den vergangenen Monaten zum Problem geworden. Dabei ist nach Angaben von Dominik Risser, Sprecher des Zuckerherstellers Südzucker, genügend Ware auf dem Markt – zu einem Preis allerdings, den die Industrie offenbar vielfach
15 für inakzeptabel hält. Einige Getränke- und Süßwarenhersteller könnten derzeit nicht die Mengen bekommen, die sie brauchen, sagt Karsten Daum vom Bundesverband der Deutschen Süßwarenindustrie. 85 Prozent des in der EU benötigten Zuckers werden zwar in der EU hergestellt, 15 Prozent aber müssen weltweit beschafft werden. Der Weltmarktpreis ist zuletzt zwar von knapp 600
20 auf deutlich unter 500 Euro pro Tonne Weißzucker und damit praktisch auf EU-Niveau gesunken. Doch für Importe aus Ländern außerhalb der EU seien häufig hohe Zölle fällig, sagt Daum. Und zollfreie Ware aus Entwicklungsländern sei zuletzt nicht in ausreichender Menge auf den Markt gekommen. […] Die ersten Schokoladenhersteller haben bereits Preiserhöhungen angekündigt – Ritter et-
25 wa »erwartet« entsprechende Schritte, weil Zucker um bis zu 50 Prozent teurer geworden sei. Krüger in Bergisch Gladbach spricht ebenfalls von Preissprüngen in dieser Größenordnung. Und auch Stollwerck-Chef Philipp Schoeller beklagt deutliche »Übertreibungen am Zuckermarkt«. Dabei ist der Zucker nur ein Teil der Wahrheit: Auch Weizen, Kakao und Nüsse verteuerten sich zum Teil stark.
30 Kostspieliger wurde auch Energie. Ob es der Industrie gelingt, Preiserhöhungen im Handel durchzusetzen, steht auf einem anderen Blatt. Rewe-Chef Alain Caparros wies solche Forderungen »auf breiter Front« zuletzt scharf zurück.

Zuckerraffinerie

Texte lesen und verstehen

A ■ Kläre alle unbekannten Begriffe.
B ■ Zerlege den Text in Sinnabschnitte und füge Absätze ein. Fasse Abschnitt für Abschnitt zusammen.
C ■ Beschreibe und erläutere das untenstehende Diagramm, indem du die darin enthaltenen Informationen in einen Text umsetzt.
D ■ Erkläre den Zusammenhang von Text und Diagramm.
E ■ Du hast in diesem Kapitel gelernt, wie man den Inhalt von Sachtexten und Diagrammen gut erfassen kann. Fasse die wichtigsten Arbeitsschritte noch einmal mit eigenen Worten zusammen.

→ **Grundwissen**, S. 294 f.

Nahrungsmittelpreise
Preisanstiege ausgewählter Lebensmittel
2001 – 2010 in Prozent

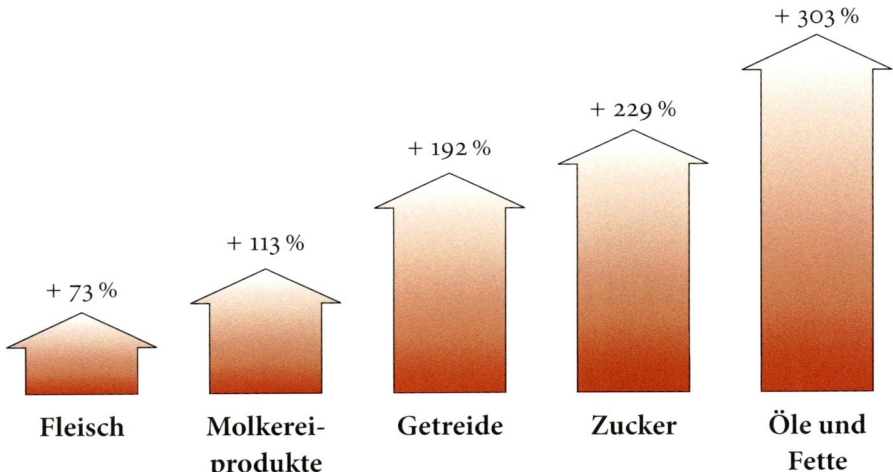

Medien nutzen

Wie gehen Jugendliche mit Medien um und wozu nutzen sie diese? Dazu werden jedes Jahr 12- bis 19-Jährige befragt. Hintergründe, Beweggründe und individuelle Einstellungen zum Medienverhalten sollen dabei erfasst werden. Folgende Äußerungen sind eine Auswahl von Antworten auf diese Frage:

»Ein Tag ohne Handy ist wie ungesalzene Pommes.« *(Junge, 13 Jahre)*
»Ich lese sehr gerne und kann dabei auch mal vom Alltag abschalten.« *(Mädchen, 16 Jahre)*
»Ich mag Musik sehr gerne und man kann sie auch nebenbei hören. Man kann sich beruhigen und ausruhen mit Musik.« *(Junge, 14 Jahre)*
»Ich möchte auf dem neuesten Stand sein mit den Nachrichten und den Serien. Ich suche beim Fernsehen Unterhaltung und Zerstreuung.« *(Mädchen, 18 Jahre)*

A ▪ Sprecht über die Antworten: Welche Medien werden genannt? Wozu werden sie genutzt?
B ▪ Welche Medien nutzt ihr selbst? Wann und wozu nutzt ihr sie?
C₁ ▪ Stellt die Ergebnisse in einem Diagramm dar. Ihr könnt dazu die Grafik auf der nächsten Seite als Vorlage nutzen.
C₂ ▪ Beschreibe einen Tagesablauf, in dem deine Mediennutzung deutlich wird.

Medien nutzen

Medien gehören fest zu unserem Alltag, immer mehr Leute besitzen ein Handy, einen MP3-Player und einen Computer. Nachschlagewerke im Netz verdrängen Lexika, Politiker bloggen, Stars twittern und auch der Einkauf geschieht immer mehr über das Internet. Bücher und Zeitungen gibt es inzwischen in digitaler Form, selbst Kommunikation findet häufig im Chatroom oder per SMS statt.

Medienbeschäftigung in unserer Freizeit

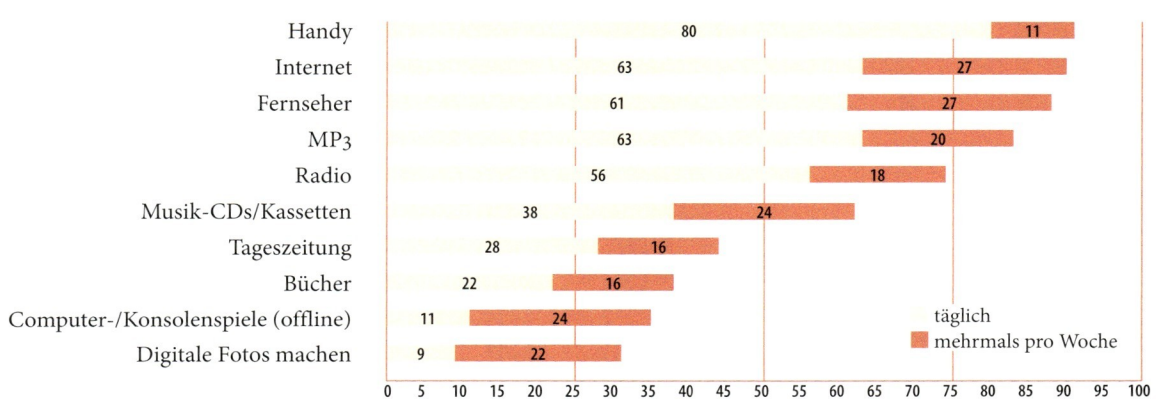

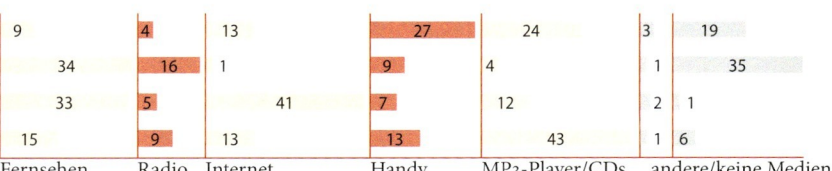

D ▪ Das Diagramm stellt Ergebnisse zu einer weiteren Frage des Medienverhaltens dar: Auf welche Frage gibt das Diagramm Antworten?

E ▪ Vergleiche diese Ergebnisse mit deiner eigenen Mediennutzung und nenne Unterschiede und Übereinstimmungen.

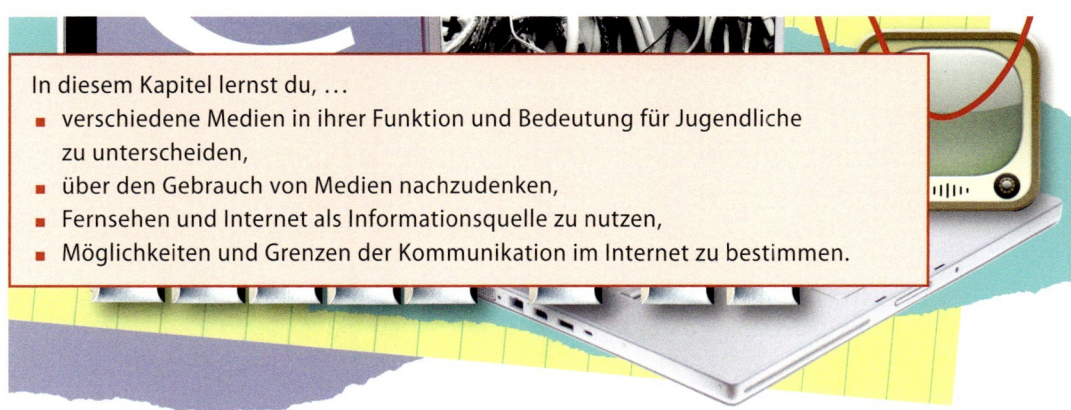

In diesem Kapitel lernst du, …
- verschiedene Medien in ihrer Funktion und Bedeutung für Jugendliche zu unterscheiden,
- über den Gebrauch von Medien nachzudenken,
- Fernsehen und Internet als Informationsquelle zu nutzen,
- Möglichkeiten und Grenzen der Kommunikation im Internet zu bestimmen.

Medien nutzen

Medien zum Informieren nutzen

> Fernsehen und Internet bieten eine große Fülle an Informationen.
> In diesem Teilkapitel lernst du(,) …
> - Fernsehen und Internet als Informationsquelle zu nutzen,
> - das gezielte Suchen von Informationen,
> - das Recherchieren im Internet.

■ Text 75

Fernsehen und Jugendliche

Zwei Drittel der Jugendlichen sehen täglich fern (65 %). 90 Prozent tun dies zumindest mehrmals die Woche. Diese Werte zeigen deutlich, dass das Fernsehen weiterhin eine hohe Bedeutung im Alltag von Jugendlichen innehat. Dies wird auch durch die mit Fernsehen verbrachte Zeit deutlich. Im Durch-
5 schnitt sehen Jugendliche nach eigener Schätzung von Montag bis Freitag täglich 2 ¼ Stunden fern (137 Minuten) – Fernsehen liegt somit gleichauf mit der Nutzung des Internets (134 Minuten). Jungen (136 Minuten) und Mädchen (138 Minuten) unterscheiden sich kaum hinsichtlich der Fernsehdauer. Im Altersverlauf ändert sich das Fernsehverhalten: Am kürzesten sehen die 12- bis 13-Jähri-
10 gen mit 129 Minuten fern, die 14- bis 15-Jährigen sitzen im Schnitt 20 Minuten länger vor dem Bildschirm, dann nimmt die Dauer wieder etwas ab (16–17 Jahre: 131 Minuten, 18–19 Jahre: 137 Minuten). Besonders deutlich unterscheidet sich der Fernsehkonsum der Jugendlichen hinsichtlich ihrer formalen Bildung. Jugendliche am Gymnasium sehen zwei Stunden pro Tag fern (123 Minuten), Re-
15 alschüler bzw. Jugendliche mit mittlerem Bildungsabschluss sehen 20 Minuten länger fern (142 Minuten) und die höchste tägliche Fernsehdauer haben mit 162 Minuten Jugendliche an der Hauptschule bzw. mit einem Hauptschulabschluss.

    Für mehr als die Hälfte der Jugendlichen ist es bedeutsam (wichtig bzw. sehr wichtig), über aktuelle Fernsehsendungen schnell Bescheid zu wissen. Meist
20 informieren sie sich hierüber direkt im Fernsehen (43 %) oder in Zeitschriften (39 %). Das Internet (7 %) spielt hier kaum eine Rolle. Online werden Informationen zum Fernsehprogramm oder zu Sendungen vor allem bei Google und den Onlineangeboten von TV-Zeitschriften nachgefragt. Jugendliche zeigen bei Fernsehinhalten also ein sehr traditionelles Informationsverhalten.

25   Im Zeitalter der Konvergenz[1] können Fernsehinhalte auch über den Computer genutzt werden. Da inzwischen deutlich mehr Jugendliche einen eigenen Computer als einen eigenen Fernseher haben, wird zunehmend darüber spekuliert, ob die Nutzung von Fernsehinhalten von jungen Menschen nur noch im Internet erfolgt. Bei genauer Betrachtung des Sehverhaltens im Internet wird
30 deutlich, dass dort vor allem Videoportale wie z. B. YouTube gewählt werden, zwei Drittel der Jugendlichen nutzen dies regelmäßig. Fernsehinhalte live (4 %)

1 **Konvergenz** = Übereinstimmung, Annäherung

oder zeitversetzt (8 %) sehen sowie Mediatheken (3 %) haben bei Weitem keine vergleichbare Alltagsrelevanz. Klassische Fernsehinhalte werden also bislang noch über den Fernseher genutzt.

A ▪ Arbeite aus dem Text die Informationen zu den Interessen der Jugendlichen am Medium Fernsehen bzw. am Medium Internet heraus.

B ▪ Vergleiche die Informationen aus dem Text mit deinen eigenen Interessen.

Recherchieren auf verschiedenen Wegen …

Die Studie zeigt, dass es vielen Kindern und Jugendlichen wichtig ist, über aktuelle Themen gut informiert zu sein. Dafür nutzen sie verschiedene Informationsquellen.

Ich informiere mich zum Thema »Aktuelles« am häufigsten …

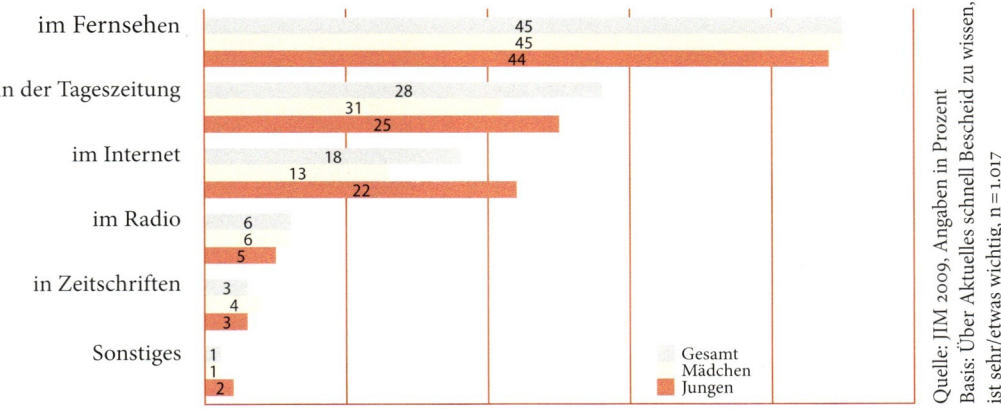

Quelle: JIM 2009, Angaben in Prozent
Basis: Über Aktuelles schnell Bescheid zu wissen, ist sehr/etwas wichtig, n = 1.017

A ▪ Besprecht die im Diagramm veranschaulichten Ergebnisse:
  – Welche Medien werden zur Information über aktuelle Themen genutzt?
  – Welche Unterschiede werden zwischen den Antworten der Mädchen und der Jungen deutlich?
  – Wie sind eure persönlichen Erfahrungen?

B ▪ Arbeitet in Gruppen:
  – Wählt ein aktuelles Thema (z. B. Jugendschutz, Sicherheit im Netz …), das alle Gruppen bearbeiten.
  – Entscheidet euch je Gruppe für ein Recherchemedium und sichtet, ordnet und schreibt eure dort gefundenen Ergebnisse auf.
  – Vergleicht die Ergebnisse der einzelnen Gruppen.
  – Sammelt und diskutiert Vor- und Nachteile der verschiedenen Medien bei der Informationsbeschaffung. Kriterien des Vergleichs können z. B. sein:
    – Aktualität,
    – Ausführlichkeit,
    – Menge der Informationen,
    – Sachgehalt/Glaubwürdigkeit,
    – Zeitaufwand.

Medien nutzen

■ Text 76

Nachrichtensendungen

Du findest nachfolgend drei Versionen derselben Nachricht: aus der »Tagesschau« der ARD, aus der »heute«-Sendung vom ZDF und aus »logo!« vom Kika.

1. Tagesschau

Filmbericht: 27 besonders kreative und engagierte Pädagogen sind in Berlin mit dem »Deutschen Lehrerpreis« geehrt worden. Bundespräsident Köhler forderte, den Pädagogen mehr Respekt und Anerkennung entgegenzubringen. Die Kritik an der Bildungspolitik dürfe nicht auf sie abgeladen werden. Wie jedes Jahr hatten Schüler die Lehrer für den Preis vorgeschlagen. Außerdem konnten Pädagogen eigene Unterrichtskonzepte einreichen. Die Aufzeichnung wird unter anderem vom deutschen Philologenverband vergeben.

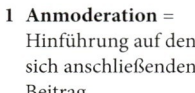

Tagesschausprecherin Judith Rakers

1 **Anmoderation** = Hinführung auf den sich anschließenden Beitrag

2. heute

Anmoderation[1]: Gerecht oder richtig streng – wann ist ein Lehrer ein perfekter Lehrer? Unzählige Schüler und bestimmt auch viele Betroffene werden sich diese Frage schon gestellt haben. Jetzt gibt es darauf eine ganz offizielle Antwort. Man muss so sein wie eine Musiklehrerin aus Wuppertal. Für ihren besonderen Unterricht hat sie heute den deutschen Lehrerpreis gewonnen.

Filmbericht: Musikunterricht an der Realschule Hohenstein in Wuppertal: Instrumentenkunde einmal ganz anders. Statt grauer Theorie bauen die Schüler Schlag-, Streich- oder Blasinstrumente selbst zusammen – aus Abfallprodukten. Ihre Lehrerin machte aus der Not eine Tugend.

2 **O-Ton** = Originalton

O-Ton[2] *(Kordula Kupferschmidt):* »Weil der Musikraum hier zu war wegen Umbaumaßnahmen und im Lehrplan der Klasse 6 Instrumentenkunde steht, deswegen hab ich mir dann gedacht, dann sollen die Schüler die Instrumente eben selber bauen, damit sie davon auch was haben.«

Filmbericht: Unterricht, von dem die Schüler gleich mehrfach profitieren sollten, denn alle Instrumente mussten hinterher spielbar sein. Motivation auch für diejenigen, die mit Musik sonst nicht so viel anfangen können, dank des Praxisbezugs.

O-Ton (Schülerin): »Kann man halt auch mal kreativ sein und zeigen, was man auch eigentlich so kann.«

Filmbericht: Das Wuppertaler Projekt ist in diesem Jahr Erster beim deutschen Lehrerpreis in der Kategorie »Ungewöhnliche Unterrichtskonzepte« geworden. Ein Beispiel für kreatives Lernen, das Schule macht in Deutschland – hofft der Bundespräsident. […]

Claus Kleber im ZDF-heute journal-Studio 19.04.2007

Medien nutzen

3. logo!

Anmoderation (Jule): Hallo bei logo! Heute war in einigen Schulen – Lehrer-Mangel. Einige von ihnen waren nämlich nicht im Unterricht, sondern in Berlin. Dort haben die besten Lehrer Deutschlands eine begehrte Auszeichnung bekommen, den »Deutschen Lehrerpreis«. Na, und wir zeigen euch, wer ihn abgeräumt hat – und wofür.

Filmbericht: Den ersten Preis gewann die Musiklehrerin Kordula Kupferschmidt aus Wuppertal. Ihr besonderer Musikunterricht hat der Preis-Jury am besten gefallen. Denn im Unterricht von Frau Kupferschmidt ist alles etwas anders – auch die Musikinstrumente. Die Schüler von der Realschule Hohenstein bauten Gitarren, Panflöten oder Trommeln selbst – aus Sperrmüll und Schrott. Ungewöhnlich – aber spannend. Die Idee dazu kam ihrer Musiklehrerin aus der Not heraus.

O-Ton (K. Kupferschmidt): »Weil der Musikraum hier zu war wegen Umbaumaßnahmen und im Lehrplan der Klasse 6 Instrumentenkunde steht, deswegen hab ich mir dann gedacht, dann sollen die Schüler die Instrumente eben selber bauen, damit sie davon auch was haben.«

Filmbericht: Deshalb war es auch egal, wie die Instrumente aussehen. Wichtig war, dass die Schüler darauf spielen können. Selbst Musikmuffel hat dieser Unterricht begeistert.

O-Ton (Schülerin): »Kann man halt auch mal kreativ sein und zeigen, was man auch eigentlich so kann.«

O-Ton (Schüler): »Dass man das auch mal hinbekommt, nicht dass man immer nur denkt, ja, das kann man nicht machen, dass man halt auch so was schaffen kann.«

Filmbericht: Dreihundertsechzig Instrumente haben Frau Kupferschmidts Schüler insgesamt gebaut – sie wurden nach dem Schuljahr für einen guten Zweck versteigert – für ein Jugendprojekt in Afrika.

Abmoderation[3] (Jule): Und wir wollen auf logo.de von euch wissen, was macht einen guten Lehrer aus, wie muss er sein und was für Unterricht muss er machen. Klickt euch ins Forum auf logo.de.

[3] **Abmoderation** = den Beitrag abschließender Kommentar oder Überleitung zu einem neuen Aspekt

A ■ Vergleiche die drei Darstellungen derselben Nachricht unter besonderer Beachtung von Informationsgehalt, Sprache und Adressaten.

B ■ Schneidet selbst eine »logo!«-Sendung mit oder ruft sie im Internet ab. Untersucht die Nachrichtensendung unter folgenden Gesichtspunkten:
- Studioeinrichtung, An- und Abmoderation, Auftreten der Moderatoren,
- Verwendung von Filmen, Musik, Grafiken, Bildern (Perspektiven, Einstellungsgrößen),
- Themenwahl und Themenfolge.

C ■ Vergleicht die Darstellung und Themenauswahl mit anderen Nachrichtensendungen.

Unterwegs im World Wide Web

In vielen Fernsehsendungen, in Zeitungen und Zeitschriften wie auch im Radio wird immer wieder auf Internetseiten hingewiesen, welche die Beiträge der unterschiedlichen Anbieter ergänzen und vertiefen. Natürlich kannst du auch auf eigene Faust das Internet nach Themen und Angeboten durchsuchen. Und wie bei einer »richtigen« Entdeckungstour in der Stadt gibt es auch im Internet einiges zu beachten.

A ■ Was solltest du bei einem Ausflug »auf eigene Faust« in eine (dir zunächst unbekannte) Stadt beachten? Sammelt Ideen, warum ihr euch auch im Internet nicht ohne angemessene Planung oder Begleitung auf den Weg machen solltet.

Wegweiser im Internet

Die Wegweiser des World Wide Webs (www) sind die Suchmaschinen. Sie helfen dir, wenn du im Internet etwas ganz Bestimmtes finden willst. Für Kinder und Jugendliche gibt es spezielle Suchmaschinen und Portale.

B ■ Wähle ein Thema und recherchiere dazu (vgl. Info-Kasten auf der nächsten Seite). Nutze die angegebenen Suchmaschinen und Portale zur Informationssuche.

C ■ Prüfe die gefundenen Quellen und Informationen mit Hilfe der Kriterien aus dem nachfolgenden Info-Kasten.

Medien nutzen

Informationen suchen und auswerten

INFO

Neben einem zufälligen oder beiläufigen Erfassen von Aussagen und Darstellungen wird das **gezielte Suchen von Informationen** zu einem Sachverhalt oder Thema unterschieden: das **Recherchieren**. Diese gezielte Suche sollte in drei Schritten vor sich gehen.

1. Schritt:
- Das Thema oder Problem möglichst genau beschreiben,
- eine eigene Fragestellung formulieren,
- den Ablauf planen.

2. Schritt:
- Die wichtigen, in der Regel die neuen Informationen erfassen,
- die gewonnenen Informationen überprüfen.

3. Schritt:
- Die gewonnen Informationen ordnen,
- die Ausgangsfrage mit den Informationen beantworten,
- prüfen, ob eine weitere Suche notwendig ist.

Im Internet recherchieren

Das gezielte Suchen nach Informationen im **Internet** erfolgt in den drei Schritten einer Recherche. Eine wichtige Hilfe dabei sind Suchmaschinen, die zu dieser Recherche genutzt werden können. Die Fragestellung, die bei einer Informationssuche formuliert wird, kann dabei eingegeben werden. In vielen Fällen aber ist es besser, zentrale Begriffe der Frage oder des Themas zur Suchanfrage zu nutzen. In der Regel sind die angebotenen Informationen so zahlreich, dass sie wiederum gezielt ausgewählt werden müssen. Vor allem aber müssen die angebotenen Informationen **kritisch geprüft** werden, ob und inwiefern sie ernsthaft und zuverlässig sind.

Folgende **Anforderungen** sollte eine **Internetquelle** erfüllen:
- Der Urheber der Internetquelle kann festgestellt werden.
- Der Urheber ist seriös und vertrauenswürdig.
- Der Urheber hat die Informationen selbst verfasst oder gibt die Quelle an, aus der die Informationen stammen.
- Die Internetquelle ist keine Fake- oder Hate-Seite, d. h., sie ist echt und nicht bloß erfunden, um andere zu täuschen oder zu verleumden.
- Andere Quellen verweisen auf die gefundene Quelle.
- Die gebotenen Informationen können von weiteren Quellen bestätigt werden.

A ■ Was unterscheidet die Darstellung der Informationen im Internet von den Nachrichten im Fernsehen? Stelle die beiden Informationsquellen in einer Tabelle gegenüber und füge zunächst Kriterien zur Beurteilung ein.

B ■ Das Internet bietet neben der Informationsentnahme auch die Möglichkeit, die eigene Sicht der Dinge einzubringen und sich mit anderen über bestimmte Themen auszutauschen. Sprecht darüber, welche Meinungen ihr im Internet eingebracht habt oder einbringen würdet.

Medien nutzen

Medien zur Kommunikation nutzen

Smartphones und soziale Netzwerke werden gerne zur Verständigung genutzt. In diesem Teilkapitel lernst du, …
- über den Umgang mit Smartphones und sozialen Netzwerken nachzudenken,
- Möglichkeiten und Grenzen der Verständigung in sozialen Netzwerken zu erfassen.

Text 77
Carina über ihr Mobiltelefon

A ■ Wie nutzt Carina ihr Mobiltelefon? Vergleiche ihr Medienverhalten mit deinem eigenen.

B ■ Welche Anwendungen sind bei Jugendlichen besonders beliebt? Werte dazu die Grafik »Smartphone: die wichtigsten Apps« aus.

C ■ Erläutere, inwiefern Carinas Nutzerverhalten im Vergleich dazu passt.

D ■ Welche Probleme im Umgang mit diesem Medium gibt es? Tauscht euch dazu aus und erstellt ein Wandplakat.

»Also, ich gehe ohne mein Handy nicht aus dem Haus. So bin ich immer und überall zu erreichen, und ich selbst kann auch meine Freundinnen anrufen oder ihnen eine SMS schreiben. Außerdem kann ich nun auch unterwegs ins Internet gehen und bleibe so immer auf dem Laufenden. Ich bin in einem Netzwerk von Bekannten und Freunden, auch das kann ich jederzeit nutzen, Informationen austauschen, Fotos hochladen oder Bilder von meinen Freunden anschauen. Und wenn mir langweilig ist, beim Warten auf den Bus oder so, dann spiele ich ein Spiel wie ›Sims‹. Ich hab aber auch von Mobbing über das Handy gehört, ich selbst hatte auch schon mal eine beleidigende SMS bekommen und jemand hat ein Foto, wie ich beim Sport ungeschickt hinfalle, auf seiner Seite hochgeladen.«

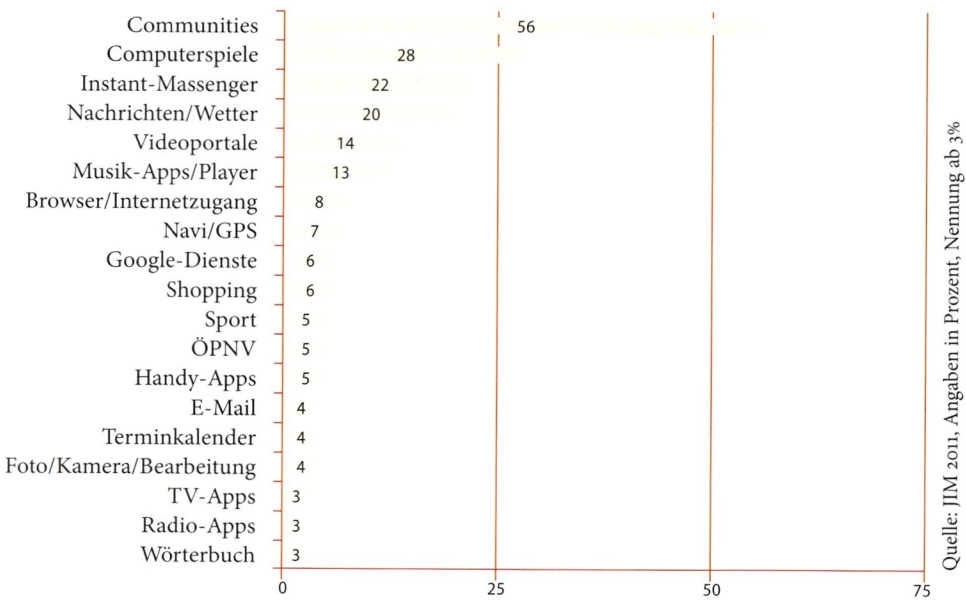

Smartphone: Die wichtigsten Apps
– bis zu drei Nennungen –

App	%
Communities	56
Computerspiele	28
Instant-Massenger	22
Nachrichten/Wetter	20
Videoportale	14
Musik-Apps/Player	13
Browser/Internetzugang	8
Navi/GPS	7
Google-Dienste	6
Shopping	6
Sport	5
ÖPNV	5
Handy-Apps	5
E-Mail	4
Terminkalender	4
Foto/Kamera/Bearbeitung	4
TV-Apps	3
Radio-Apps	3
Wörterbuch	3

Quelle: JIM 2011, Angaben in Prozent, Nennung ab 3%
Basis: Befragte, die Apps auf dem Handy haben, n = 251

Soziale Beziehungen im Internet

Kontakt zu Bekannten und Freunden haben, sich mit ihnen verständigen und Informationen tauschen steht für sehr viele Jugendliche an erster Stelle. Im Internet bieten sich soziale Netzwerke (Online-Communities) dafür an. Einige nutzen dieses Angebot, aber einige haben auch Bedenken und sehen es kritisch.

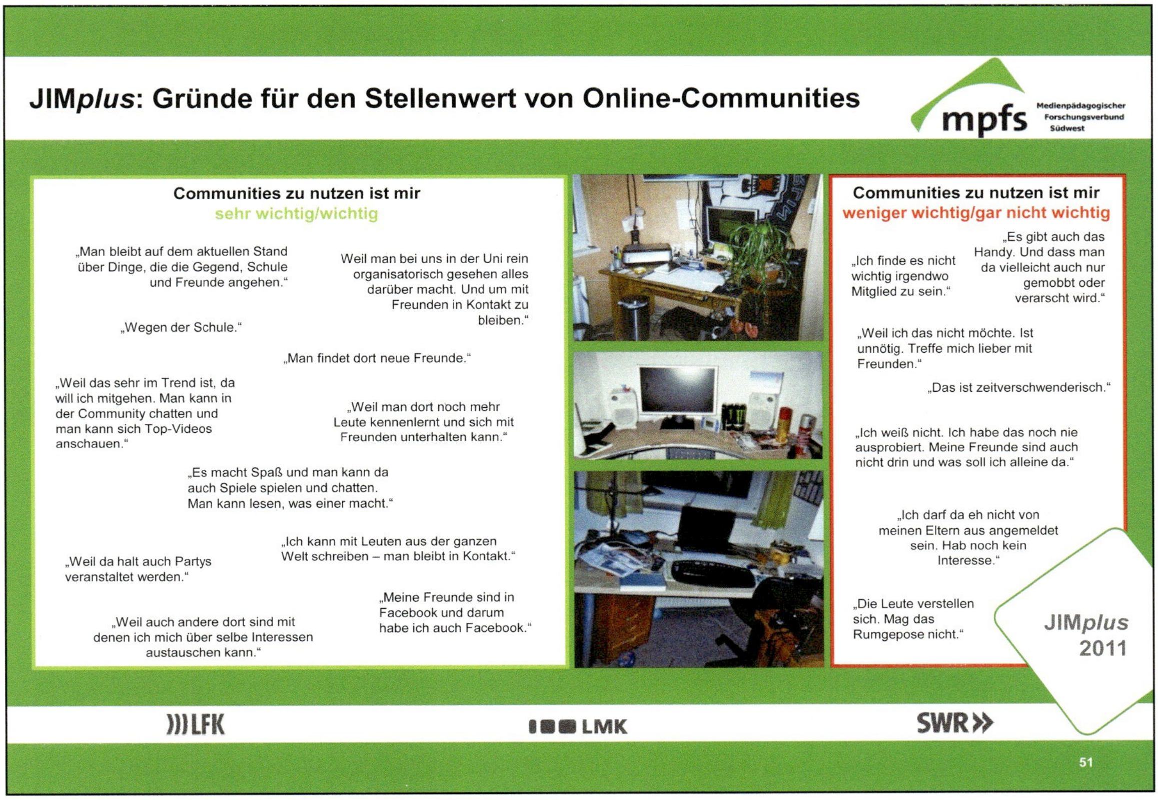

JIMplus: Gründe für den Stellenwert von Online-Communities

Communities zu nutzen ist mir sehr wichtig/wichtig

„Man bleibt auf dem aktuellen Stand über Dinge, die die Gegend, Schule und Freunde angehen."

„Wegen der Schule."

„Weil das sehr im Trend ist, da will ich mitgehen. Man kann in der Community chatten und man kann sich Top-Videos anschauen."

„Weil da halt auch Partys veranstaltet werden."

„Weil auch andere dort sind mit denen ich mich über selbe Interessen austauschen kann."

„Weil man bei uns in der Uni rein organisatorisch gesehen alles darüber macht. Und um mit Freunden in Kontakt zu bleiben."

„Man findet dort neue Freunde."

„Weil man dort noch mehr Leute kennenlernt und sich mit Freunden unterhalten kann."

„Es macht Spaß und man kann da auch Spiele spielen und chatten. Man kann lesen, was einer macht."

„Ich kann mit Leuten aus der ganzen Welt schreiben – man bleibt in Kontakt."

„Meine Freunde sind in Facebook und darum habe ich auch Facebook."

Communities zu nutzen ist mir weniger wichtig/gar nicht wichtig

„Ich finde es nicht wichtig irgendwo Mitglied zu sein."

„Es gibt auch das Handy. Und dass man da vielleicht auch nur gemobbt oder verarscht wird."

„Weil ich das nicht möchte. Ist unnötig. Treffe mich lieber mit Freunden."

„Das ist zeitverschwenderisch."

„Ich weiß nicht. Ich habe das noch nie ausprobiert. Meine Freunde sind auch nicht drin und was soll ich alleine da."

„Ich darf da eh nicht von meinen Eltern aus angemeldet sein. Hab noch kein Interesse."

„Die Leute verstellen sich. Mag das Rumgepose nicht."

JIMplus 2011

A ■ Untersuche die Antworten zur Bedeutung von sozialen Netzwerken für Jugendliche und ordne sie nach den verschiedenen Beweggründen.

B ■ Erläutere die Aussage: »Die Leute verstellen sich. Mag das Rumgepose nicht.«

C ■ Erkläre die Gestaltung der Darstellung in der Grafik »Gründe für den Stellenwert von Online-Communities«.

D ■ »Wer Informationen über sich und andere Online stellt, sollte sich das vorher gut überlegen. Danach ist es zu spät.«
Erläutere diese Aussage und nimm dazu in einem Leserbrief oder Forenbeitrag Stellung.

→ **Grundwissen**, S. 295 ff.

Präsentieren

■ Text 78

Wer sprechen kann, der kann auch gut reden? *(Variante 1)*

Es lässt sich überhaupt nicht vermeiden: Wir sprechen den ganzen Tag. Wir fragen und antworten, wir informieren und urteilen, wir loben und schimpfen. Wir können sprechen und wir sprechen tagtäglich ohne Probleme und ohne Angst.

Es ist aber ein großer Unterschied, deinem Freund von der tollen Eisdiele zu
5 erzählen oder vor einer Gruppe über ein Buch zu sprechen. Es ist ein Unterschied, zehn Sekunden zu sprechen oder zehn Minuten. Manchen gefällt es, sich und ihre Ideen zu präsentieren. Andere wünschen, dass sich der Boden auftut und sie versinken können. Sie haben Lampenfieber. Das Herz schlägt schneller, der Mund wird trocken, die Hände zittern und der Kopf wird rot. Sie haben
10 Angst, nicht mehr weiter zu wissen und stecken zu bleiben. Sie fürchten, keine gute Figur zu machen, wenn alle sie ansehen. Sie trauen sich nicht, vor einer größeren Gruppe zu sprechen. Gott sei Dank kann man es aber lernen, Reden zu halten.

 A ■ Sprecht mit eurem Nachbarn über mögliche Probleme, wenn man vor der Klasse reden muss.

Präsentieren

- Text 79
Wer sprechen kann, der kann auch gut reden? *(Variante 2)*

Dass wir sprechen, lässt sich überhaupt nicht vermeiden. Wir sprechen den ganzen Tag, indem wir Fragen stellen, antworten, Informationen geben, Urteile fällen, Lob spenden und auf andere Leute schimpfen. Wir sprechen tagtäglich, ohne dass wir Probleme oder Angst hätten.

Es macht aber einen großen Unterschied, ob man einem Freund ein Erlebnis erzählt oder vor einer größeren Gruppe redet, und es macht einen Unterschied, ob man nur kurz oder lange spricht. Manchen gefällt es, wenn sie sich und ihre Ideen präsentieren können, aber andere wünschen, überhaupt nicht vor dem Publikum stehen zu müssen, denn sie haben Lampenfieber und sind deswegen nervös. Sie haben Angst, zu versagen und fürchten, vor einem größeren Publikum nicht gut zu wirken, deswegen trauen sie sich nicht vor einer größeren Gruppe zu sprechen. Es ist aber möglich, die wesentlichen Regeln, die man beachten muss, wenn man einen guten Vortrag halten will, zu lernen.

B ■ Überlege, wie man Lampenfieber bekämpfen kann.

C ■ Versuche, den **Text 78** so vorzutragen, als ob du frei sprechen würdest.

D ■ Vergleiche **Text 78** mit **Text 79**. Suche die Veränderungen heraus und begründe, warum der **Text 78** für Zuhörer leichter zu verstehen ist.

Das Auftreten vor anderen üben INFO

Kurze **Konzentrations- und Entspannungsübungen** helfen, das Auftreten vor anderen zu üben und das eigene Lampenfieber zu bekämpfen. Diese Übungen können allein oder in Gruppen durchgeführt werden.
Gezieltes Training von **Körperhaltung** und **Sprechweise** hilft darüber hinaus, die eigene Nervosität zu mindern. Zu einem gelungenen Vortrag gehört eine aufrechte Körperhaltung. Natürlich darf man bei einem Vortrag seine Aufzeichnungen als Gerüst benutzen – man sollte allerdings nicht ablesen, sondern möglichst frei sprechen und den Blick auf die Zuhörer richten. Wenn man begleitendes Anschauungsmaterial nutzt (z. B. Folien), kann man den Vortrag durch **hinweisende Gesten**, mit denen man auf die dargestellten Inhalte oder Bilder zeigt, unterstützen. Insgesamt sollten die Gesten nicht zu übertrieben sein, da durch unnötiges »Herumhampeln« die Zuhörer abgelenkt werden.
Beim **Vortrag in der Gruppe** muss vorher genau abgesprochen werden, wer was in welcher Reihenfolge sagt. Sonst entstehen unnötige und verwirrende Pausen.

In diesem Kapitel lernst du(,) …
- wie du dein Lampenfieber bekämpfen kannst,
- wie du ein Referat formulieren musst, damit es gut verständlich ist,
- Ideen zu sammeln und zu strukturieren,
- den Beginn und den Schluss eines Referats zu formulieren,
- Folien zu gestalten,
- ein Referat erfolgreich vorzutragen,
- einen Vortrag zu beobachten und zu bewerten.

Präsentieren

Das Auftreten vor anderen üben

Als Faustregeln für den Vortrag gelten u. a.: offene Körperhaltung, Vermeiden von unnötigem »Hampeln« und das möglichst freie Sprechen. Dies kann man üben.
In diesem Teilkapitel lernst du, …
- Körperhaltungen während eines Vortrages zu bewerten und zu üben,
- Stegreifreden zu halten.

Beim Vortrag: Allein …

A ■ Beschreibe die auf den Fotos dargestellte Körperhaltung und ihre Wirkung auf die Zuhörer.

B ■ Worauf solltet ihr beim Auftreten vor anderen achten? Formuliert Faustregeln und schreibt sie auf.

… in der Gruppe

C ■ Beschreibe das Auftreten der beiden Zweiergruppen vor der Klasse.
D ■ Könnt ihr an den Bildern erkennen, ob sich die Gruppen für ihre Präsentation gut vorbereitet haben?
E ■ Worauf muss man achten, wenn man gemeinsam vor anderen auftritt? Ergänzt eure Liste der Faustregeln.
F ■ Übt nacheinander das Auftreten vor anderen allein oder zu zweit:
  - vor ein Publikum treten,
  - 15 Sekunden stehen bleiben,
  - sich verbeugen und an den Platz zurückkehren.

Text 80
Stegreifreden

Kleine Übungen können euch dabei helfen, mit Lampenfieber umzugehen und die Sprechangst zu überwinden. Die Vorbereitungszeit für die Rede ist ganz kurz, dann geht jeder nach vorne und beginnt. Hier ein paar Anregungen:

Nonsens-Rede
- Der Montag soll abgeschafft werden!
- Eierköpfen ist brutal, denn …
- Essen und Zähneputzen sollte man gleichzeitig machen, denn …
- Im Bus müssen alle im Schneidersitz sitzen.
- Rasenmähen – eine Grasquälerei!
- Bücher sollen nur noch in Spiegelschrift geschrieben werden!

Merkwürdige Gesetze
- Manche Gesetze sind durchaus fragwürdig. Daher ist es wichtig, den Mitbürgern ihre Notwendigkeit darzulegen und zu begründen:
- Wer einen Elefanten an einer Parkuhr abstellt, muss in die Parkuhr Geld einwerfen.
- Es ist verboten, auf einer Giraffe sitzend zu angeln.
- Beim Rückwärtsgehen durch die Straßen der Stadt darf man nicht pfeifen.
- Es ist nicht erlaubt, einem Kaninchen einen Kaugummi anzubieten.
- Nach Sonnenuntergang ist es verboten, in kurzen Hosen auf einem Pferd zu reiten.

Preisverleihung
- Der Schulleiter / die Schulleiterin überreicht einen Fantasiepreis für besondere Leistungen beim Schuheputzen.
- In der Ferienfreizeit wird der Oscar an das fantasievollste Kind überreicht.
- Der Trainer ehrt den Torwart, der die meisten Tore kassiert hat.
- Die Schulsprecherin verleiht den SV-Preis an die Klasse, die am meisten Kuchen gegessen hat.
- Ein Werbefachmann preist sein neuestes Fensterwisch-Set an, das für besondere Haltbarkeit ausgezeichnet wurde.
- Der Schulleiter / die Schulleiterin bedankt sich mit einem Pokal bei dem Lehrer, der seinen Unterricht nur noch nachts durchführt.

A ■ Suche dir ein Thema aus, bereite dich zwei Minuten darauf vor und halte dann die Stegreifrede:
- Jede Rede muss eine Begrüßung enthalten (z. B. *Liebe Zuhörer* …).
- Jede Rede endet mit einem Schlusssatz (z. B. *Vielen Dank für eure Aufmerksamkeit* …).
- Am Ende der Rede bleibt der Redner kurz stehen und empfängt den Applaus des Publikums.

B ■ Gebt euch anschließend ein Feedback zu eurem Auftreten vor der Klasse. Bezieht dabei eure »Faustregeln« mit ein.

> **TIPP**
> Ihr könnt die Stegreifreden auch zu zweit halten: Einer spricht die Begrüßung und nennt einige Argumente, dann übernimmt der andere, nennt weitere Argumente und beendet die Rede.

Präsentieren

Ein Referat vorbereiten, halten und beobachten

Ein Referat ist ein komplexer Arbeitsprozess, der die Schritte der Vorbereitung, das Halten des Referats sowie die Beobachtung und Bewertung durch die Zuhörer umfasst.
In diesem Teilkapitel lernst du, …
- ein Referat vorzubereiten,
- einen Vortrag zu beginnen und zu beenden,
- einen Vortrag zu beobachten und zu bewerten.

> **TIPP**
> Beschrifte Blätter bzw. Karteikarten nur einseitig.
> Verwende Farben und Symbole, um Zusammenhänge hervorzuheben.
> Markiere wichtige Begriffe mit dem Textmarker oder unterstreiche sie.

Zur Vorbereitung eines Referats musst du zuerst Ideen/Informationen sammeln. Diese bringst du in eine sinnvolle Ordnung, indem du die einzelnen Informationen Obergriffen zuordnest.

Mind-Map

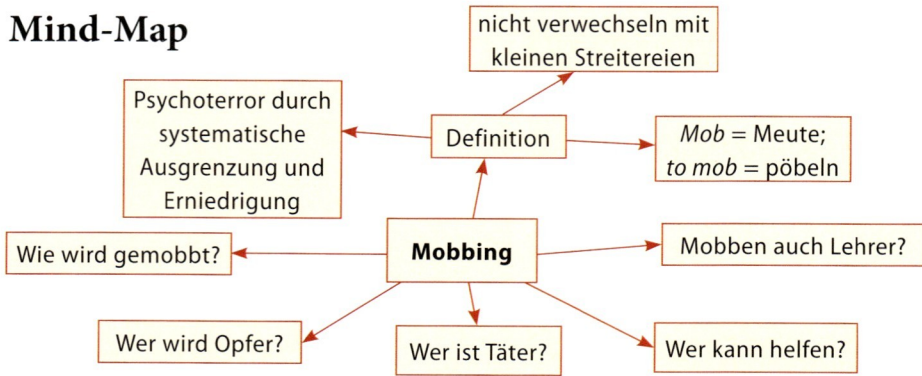

Stichwortzettel

Definition
Wie wird gemobbt?
a) Tuscheln und Lachen
b) dem Opfer drohen
c) beleidigende SMS schicken

Wer wird Opfer?
a) Außenseiter
b) kleinere, schwächere Schüler

Wer ist Täter?
Wer kann helfen?
Mobben auch Lehrer?

A ▪ Wähle eine der Gliederungsmöglichkeiten aus und ergänze sie.
B ▪ Bereitet in Gruppen auf dieselbe Weise einen Vortrag zu einem der nachfolgenden Themen vor.
- Wir wollen in unserer Schule Streitschlichter haben.
- Endlich einen Partyabend für die 7. Klassen!
- Wir wollen mit unserer Klasse am Wandertag ins Spaßbad gehen.
- Wir wollen einen Spendenlauf durchführen.

Präsentieren

Einen Vortrag beginnen

a) Ich will euch heute erklären, was Mobbing ist. Unter Mobbing versteht man die systematische Ausgrenzung und Erniedrigung von Menschen.

b) Was ist das Problem des Fußbodens? Er wird von der Putzfrau dauernd gemoppt. Da hat er Recht und er muss es dulden, weil es gut für ihn ist. Es ist aber nicht in Ordnung, wenn einer von uns dauernd gemobbt wird.

c) Wurde einer von euch schon einmal von einem Mitschüler ausgegrenzt und erniedrigt? Wenn ja, dann wisst ihr, wie es sich anfühlt, wenn man gemobbt wird.

d) Ich habe neulich mitbekommen, dass eine Mitschülerin zur Realschule gewechselt ist. Nicht weil ihre Noten schlecht waren, sondern weil sie von ihren Mitschülern schwer gemobbt wurde.

e) Jemand hat einmal gesagt: »Der Mob ist eine Gruppe von Menschen mit Köpfen, aber ohne Gehirn.« Das trifft auch auf das Mobbing zu: Wer mobbt, denkt nicht darüber nach, was er beim anderen anrichtet.

f) Ich halte euch heute einen Vortrag über Mobbing; ich halte den Vortrag auch für dich, lieber Bernd, auch wenn du gerade nicht so aussiehst, als ob du mir geistig folgen könntest. Was habe ich gemacht? Ich habe Bernd beleidigt. Wenn ich das öfter machen würde, dann würde man das Mobbing nennen.

A ■ Ordne die abgedruckten Redeanfänge den Möglichkeiten der Redeeinleitungen aus dem Info-Kasten zu. Beschreibe ihre Wirkung auf die Zuhörer.

B ■ Formuliere Redeeinleitungen zu dem Thema »Unsere Schule soll sauberer werden«.

Redeeinleitungen — INFO

1. direkter, informierender Einstieg in das Thema
2. Frage an die Zuhörer
3. aktueller Anlass
4. Provokation / witzige Bemerkung
5. Demonstration oder Anschauungsobjekte
6. Zitat

Einen Vortrag beenden

a) Jetzt habe ich alle Wichtige gesagt. Vielen Dank für eure Aufmerksamkeit.

b) Ich habe am Anfang ein Zitat gebracht: »Ein Mob ist eine Gruppe von Menschen mit Köpfen, aber ohne Gehirn.« Dieses Zitat zeigt, worauf es ankommt: Erst nachdenken, dann handeln!

c) Natürlich gibt es noch weitere Aspekte zu diesem Thema, aber dafür ist hier leider keine Zeit mehr.

d) Zusammenfassen kann man also sagen, dass …

e) Damit bin ich am Ende meines Vortrags. Gibt es Fragen?

A ■ Beurteile die vorgeschlagenen Redeschlüsse und gestalte den aus, den du für den Mobbing-Vortrag geeignet hältst.

Präsentieren

Zwei Folien

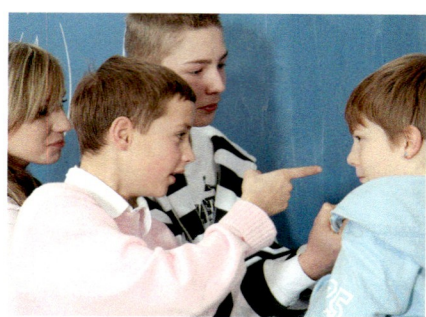

1 Bei der **SMS-Bombe** bekommst du mehrere Hundert SMS auf einmal zugeschickt, sodass dein Handy völlig überlastet ist und (zumindest zeitweise) nicht mehr funktioniert.

→ **Grundwissen**, S. 314

Wie wird gemobbt?
In der Schule kommen oft folgende drei Verhaltensweisen vor:
- Die Mitschüler lachen und tuscheln über einen Mitschüler, z. B. wenn er sich meldet oder wenn sie an ihm vorübergehen.
- Auf dem Pausenhof drohen ihm Mitschüler mit Worten oder mit Gesten.
- Dem Mitschüler werden beleidigende Mails geschickt oder eine SMS-Bombe legt sein Handy lahm.

A ■ Beschreibe die beiden Folien: Wie unterscheiden sie sich? Wie können sie bei eurem Vortrag eingesetzt werden? Welche Vor- oder Nachteile haben sie?
B ■ Entwirf selbst eine Folie zu dem Thema »Wer wird Mobbing-Opfer?«.

Zwei Vorträge

Fabian steht mit Karteikarten in der Hand vor der Tafel und schaut in die Klasse. Nach einer kurzen Pause beginnt er seinen Vortrag zum Thema »Mobbing«:

1 Das Thema, das ich euch vorstellen möchte, lautet »Mobbing«. Ich habe es gewählt, weil ich letzte Woche ein schlimmes Beispiel in der Parallelklasse mitbekommen habe. Aber davon später mehr. (*Pause*) Bei meinem Vortrag werde ich zunächst auf das Wort Mobbing eingehen, dann werde ich zwei Beispiele
5 aus unserer Schule für Mobbing anführen und einige Möglichkeiten aufzeigen, wie ihr euch dagegen wehren könnt. Zum Schluss werde ich euch noch kurz das »Streitschlichtermodell« vorstellen, das es ab nächstem Schuljahr an unserer Schule geben soll. Dazu werde ich euch einen Ausschnitt auf Kassette vorspielen. (*Pause*) Ich komme nun zum ersten Punkt (*schaltet OP mit Folie an*): »Mobbing«
10 – woher kommt das Wort eigentlich? …

Stephanies Thema lautet: »Ein besonderer Wochenendtipp«.
Sie beginnt so:

2 Also, äh, (*Pause, Blick auf das Redemanuskript*) O.K., Wochenendtipps, steht ja an der Tafel. Äh, ja, also, zum Wochenende kann ich eigentlich nur sagen, dass ich mich super auf das Wochenende freue, ähm (*Pause, Blick nach unten*), weil nämlich wir fahren für drei Tage in die Eifel und wollen super Party
5 machen. Ähm, ja, (*Pause*) eigentlich war ich nicht so sicher, weil meine Mutter nicht so gut drauf war, ähm (*Pause, Blick nach unten*), aber das war dann kein Problem. Äh, sprech ich zu schnell (*kurzer Blick zum Publikum*)? Mir tut nämlich schon der Mund weh (*Blick nach unten*). Äh, jetzt habe ich gerade voll den Aussetzer. (*Blick auf das Redemanuskript*) Äh, ich weiß jetzt gerade nicht mehr,
10 was ich sagen wollte (*fuchtelt mit den Armen herum*). Äh, O.K., jetzt fällt es mir wieder ein (*lehnt sich über den Tisch*). Ich freue mich schon auf das Ende dieser Stunde, ja, weil, echt der Tag heute war anstrengend. Erst Mathe, dann Bio …

A ■ Vergleiche die beiden Ausschnitte: Wie wird jeweils das Thema inhaltlich gefüllt und wie wird es sprachlich gestaltet?

B ■ Welche Tipps zum Auftreten und Reden vor anderen wurden in den beiden Reden berücksichtigt bzw. vernachlässigt? Du kannst dich an der obenstehenden Checkliste orientieren.

C ■ Tragt eure vorbereiteten Vorträge vor und gebt den Rednerinnen und Rednern eine Rückmeldung. Orientiert euch dabei an der Checkliste.

Checkliste: Einen Vortrag halten

Inhalt
– Einstieg
– roter Faden
– Verständlichkeit
– Anschaulichkeit
– Wichtiges hervorheben

Redetechnik
– frei sprechen
– deutlich und laut sprechen
– vollständige Sätze
– Lebendigkeit
– Zuhörerkontakt
– Körperhaltung

Medien/Präsentation
– Tafel
– Folie/Plakat
– Hörbeispiel
– Gegenstand
– PowerPoint-Präsentation

TIPP
Zur Beobachtung der Vorträge könnt ihr die Beobachtungsbögen auf S. 192 nutzen.

Präsentieren

Zwei Beobachtungsbögen

Während eines Vortrags achten die Beobachter genau darauf, was der Redner / die Rednerin sagt und macht. Dabei kann man einen Beobachtungsbogen ausfüllen.

1

Was nehme ich wahr?	Wie wirkt das auf mich?	Wie reagiere ich?
sehr schnelles und hastiges Reden, bricht Sätze ab	nervös, …	komme nicht mit, werde unruhig
zu viele Bewegungen mit den Händen	…	achte nur noch auf die Bewegungen
ab und zu Pausen gemacht	überlegt und sicher	kann mir gut Notizen machen
liest vom Blatt ab	einschläfernd, ermüdend	…
bringt mehrere Beispiele	…	interessiert, neugierig
schaut die Zuhörer an, lächelt auch einmal	offen, freundlich, angenehm	…

2

Vortrag von: _____

Bewertung	+	o	–
Körperhaltung			
Gestik/Mimik			
Blickkontakt zu den Zuhörern			
deutliche Aussprache			
Pausen beim Sprechen			
freies Sprechen			
verständliche Wortwahl			
verständliche Sätze			
Gliederung des Vortrags			
Nachvollziehbarkeit des Inhalts / der Beispiele			

Das hat mir bei deinem Vortrag besonders gut gefallen: _____

Das kannst du beim nächsten Mal besser machen: _____

A ■ Wendet diese Beobachtungsbögen bei euren Vorträgen an.
B ■ Diskutiert, welche Vor- oder Nachteile die einzelnen Bögen haben und wie ihr als Beobachter mit ihnen zurechtkommt.

Mündliches Feedback[1]

Statt eines schriftlichen Beobachtungsbogens kann man einem Redner auch mündlich eine Rückmeldung zu dem Inhalt seines Vortrages und zu seinem Vortragsstil geben. Dieses Feedback kann dabei helfen, das nächste Mal Fehler zu vermeiden.
Stell dir vor, du hörst nach deinem Vortrag solche Äußerungen:

Du hast deine Gedanken sehr klar gegliedert. ■ Deine Mind-Map fand ich bescheuert. ■ Die Beispiele waren klasse! Gut ausgewählt. ■ Ich fand's ätzend langweilig. ■ Ich hätte mir zwischendurch eine kleine Redepause gewünscht. ■ Das war ja vielleicht ein Drunter und Drüber! ■ Du standest da wie ein Ochs am Berg, der nicht wusste, wohin er gehen soll. ■ Mir ist aufgefallen, dass du fast ganz frei gesprochen hast. ■ Du hast immer so drum herumgeredet. ■ Wenn du immer nur alles abliest, kann ich das ja gleich selber nachlesen. ■ Also zeichnen kannst du wirklich nicht gerade toll, diese Skizze da an der Tafel, naja …

> Eine einfache Form des Feedbacks:
> ■ Was war gut?
> ■ Was war noch nicht so gut?
> ■ Was habe ich vom Redner gelernt?

C ■ Welche Äußerungen empfindest du als hilfreich, welche weniger? Welche sind verletzend?
D ■ Formuliere die problematischen Feedbacks so um, dass sie für den Redner hilfreich sind.

1 **Feedback** (engl.) = Rückmeldung

Feedback-Experimente

A Einer in der Gruppe trägt etwas vor, z. B. ein Lied, eine kurze Rede, ein Gedicht … Am Ende des Vortrags gibt jeder Zuhörer ein Feedback, indem er mindestens zwei der folgenden Satzanfänge vervollständigt:
■ Mir gefällt an dir …
■ Du kannst gut …
■ Ich finde gut, dass du …
■ Ich habe vermisst, dass du …
■ Kannst du beim nächsten Mal versuchen …

B Jeder in der Gruppe interviewt drei Gruppenmitglieder zu folgenden Themengebieten und macht sich Notizen dazu: Essen, Sport, Schulfächer, Tiere, Freundschaft. Anschließend werden zu jedem Gruppenmitglied die Ergebnisse der Interviewer vorgetragen. Wem gelingt es am besten, die Vorlieben, Stärken und Schwächen der vorgestellten Person darzustellen?

E ■ Führt die Experimente reihum in kleinen Gruppen durch.
F ■ Erstellt eine Liste mit Regeln, an die sich jeder hält, wenn ihr den Vortrag eines anderen kommentiert.

Mittelalter – ein spannendes Zeitalter

»**Du führst doch etwas im Schilde!**«
Bedeutung heute: Damit ist gemeint, dass du etwas planst oder vorhast, von dem dein Gegenüber erst einmal nichts wissen soll.
Ursprung: Diese Redewendung ist wohl daraus entstanden, dass feindliche Ritter hinter ihrem Schild eine Waffe verbergen konnten. So waren sie vielleicht erst freundlich, um dann im richtigen Moment zuschlagen zu können.

»Du kannst mir nicht das Wasser reichen!«   »Schieb das nicht auf die lange Bank!«

»Ich fühle mich wie gerädert …«   »Da hast du Schwein gehabt!«   »Da nahm ich Fersengeld!«

»Leg' mal einen Zahn zu!«   »Meine Mutter hat mich in die Schranken gewiesen.«

»Man sollte das nicht an die große Glocke hängen!«   »Das passt mir nicht in den Kram!«

→ **Grundwissen**, S. 308

A ■ Erläutere die heutige Bedeutung der oben aufgeführten Redewendungen wie in dem Beispiel.
B ■ Recherchiere die ursprüngliche Bedeutung der Redewendungen und füge diese deiner Erklärung hinzu.
C ■ Kennst du noch weitere Redewendungen, die ihren Ursprung im Mittelalter haben?

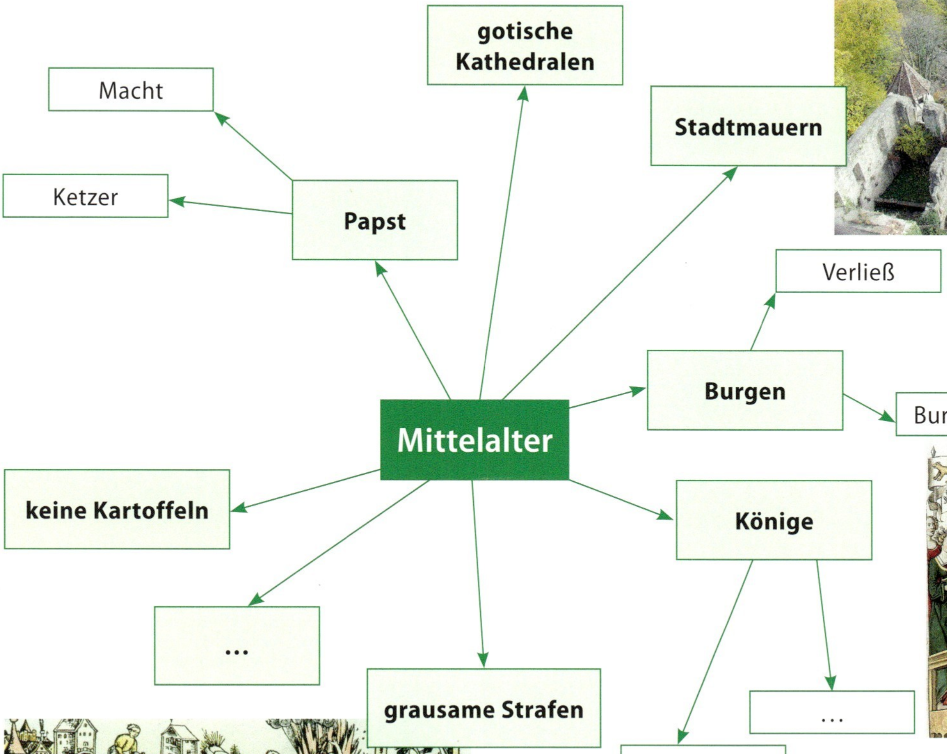

Mittelalter – ein spannendes Zeitalter

Ideennetz "Mittelalter":
- Macht
- Ketzer
- Papst
- gotische Kathedralen
- Stadtmauern
- Verließ
- Burgen
- …
- Burgfräulein
- **Mittelalter**
- keine Kartoffeln
- …
- grausame Strafen
- Könige
- …
- Kreuzzüge

A ■ Was verbindest du mit dem Mittelalter? Übertrage das Ideennetz in dein Heft und ergänze es.

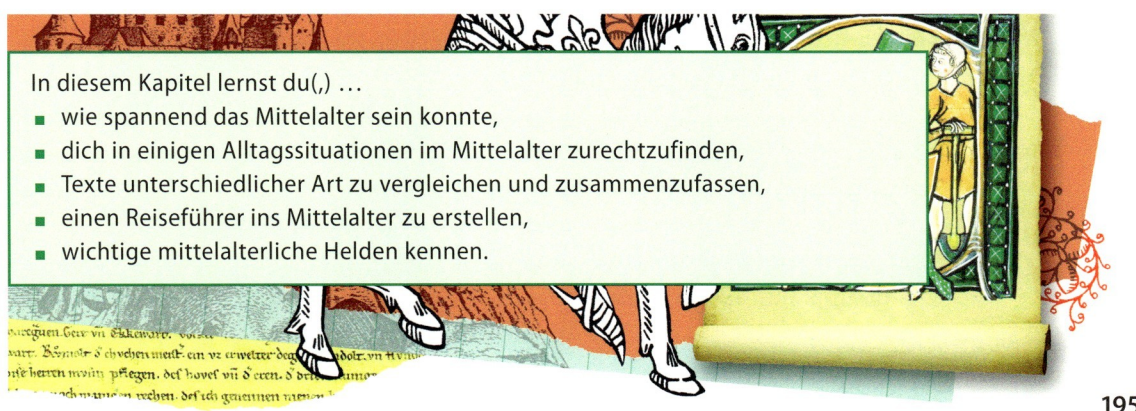

In diesem Kapitel lernst du(,) …
- wie spannend das Mittelalter sein konnte,
- dich in einigen Alltagssituationen im Mittelalter zurechtzufinden,
- Texte unterschiedlicher Art zu vergleichen und zusammenzufassen,
- einen Reiseführer ins Mittelalter zu erstellen,
- wichtige mittelalterliche Helden kennen.

Mittelalter – ein spannendes Zeitalter

Zeitreise ins Mittelalter

> Fiktive Zeitreisen ermöglichen es, sich in eine andere Zeit zu begeben.
> In diesem Teilkapitel lernst du(,) …
> - das Mittelalter kennen,
> - unterschiedliche Texte zum Mittelalter miteinander zu vergleichen,
> - Texte zusammenzufassen,
> - einen kleinen Reiseführer für das Mittelalter zu erstellen.

A ■ Beschreibe, was das Faszinierende an Zeitreisen ist.

B ■ Überlege dir, an welchen Ort, in welche Situation du als Zeitreisender ins Mittelalter reisen möchtest.

C ■ Warum genügt die Auswahl der passenden Kleidung eigentlich nicht zur Vorbereitung einer Zeitreise?

■ Text 81

Die geheimnisvolle Truhe *Claudia Frieser*

Du kennst doch den alten Baum in unserem Garten. Hinter dem ganzen Efeu versteckt sich ein sehr dicker Stamm. Es ist eine Eiche. Und ob du's glaubst oder nicht, sie ist schon über 1000 Jahre alt und somit das Bindeglied zwischen den verschiedenen Zeitdimensionen. Dieser Baum hat, seit es ihn gibt, alle Au-
5 genblicke gespeichert. Wenn du den Efeu etwas auseinander schiebst, wirst du entdecken, dass sich im Inneren der Eiche eine geräumige Höhle befindet. Von meinen Reisen weiß ich, dass sie seit mindestens 700 Jahren existiert. Such dir die Kleidungsstücke aus der Truhe, die der Zeit entsprechen, in die du reisen willst. Im Stamm ist Platz genug, dass du dich dort umziehen kannst. Sprich
10 dabei den Tag und die Uhrzeit, in die du reisen willst, vor dich hin und schon wirst du dich in der Vergangenheit wiederfinden. Auf dieselbe Art und Weise kannst du auch in die Gegenwart zurückkehren. – Diese geheimnisvolle Nachricht findet Oskar in der Truhe, die ihm sein Opa vererbt hat.

■ Text 82

Einladung ins Mittelalter *Horst Fuhrmann*

Das Leben der Menschen damals war äußerst hart. Man wohnte – zunächst auch in der Stadt – meist in zugigen Holzhütten. Nur manche Häuser, die wir heute öffentliche Bauten nennen würden, waren in Stein ausgeführt: verschiedene Pfalzgebäude, Klöster, Kirchen, städtische Befestigungen usw. Erst im 12. Jahr-
5 hundert scheinen Steinbauten häufiger zu werden, entsteht der neue Typ der Ritterburg und des reichen Bürgerhauses.
Dichtgedrängt hockte man, zumal im Winter, um den offenen rauchend-rußigen Herd; das Licht fiel durch die Eingangstür oder durch die Rauchluke des Daches. Waren Fensteröffnungen vorhanden, so wurden sie, da es Glas noch
10 nicht gab – es wurde vom 12. Jahrhundert an zunächst nur in Kirchen verwendet –, mit hölzernen Rahmen, in die geöltes Pergament gespannt war, zugestellt, manchmal nur mit Stroh zugestopft. Stroh diente auch als Unterlage beim Schla-

fen auf dem gestampften Lehmboden. [...] Für den Menschen Mitteleuropas vom 10. bis 12. Jahrhundert hat man eine durchschnittliche Lebenserwartung von wenig über 30 Jahren errechnet. Aber das statistische Mittel verwischt die gruppenspezifischen Unterschiede. Betrachtet man zum Beispiel das Sterbealter der deutschen Könige [...], so kommt man auf einen Durchschnittswert von nicht ganz fünfzig Jahren. Was das Mittel der Lebenserwartung hinabdrückte, war zum einen die hohe Säuglingssterblichkeit, zum anderen der im Allgemeinen frühe Tod von Angehörigen der Unterschichten, die auszehrende körperliche Arbeit zu verrichten hatten und Krankheit und Naturkatastrophen besonders ausgesetzt waren. Heimsuchungen verschiedenster Art gehörten gleichsam zur Lebensausstattung eines mittelalterlichen Menschen: Hunger, Krieg, Krankheiten, Drangsal, Witterung. Hinter jedem Unheil wurde eine Strafe Gottes vermutet: »Wer nimmt nicht wahr«, so verkündete Kaiser Ludwig der Fromme in einem Reichsgesetz von 828, »dass Gott durch unsere nichtswürdigen Taten beleidigt und zur Wut gereizt worden ist, wenn er sieht, dass dessen Zorn in dem uns anvertrauten Reich viele Jahre hindurch mit den verschiedenartigsten Plagen wütete?« Fasten und Beten im ganzen Reich wurden zur Abwehr des Unglücks durch Gesetz verordnet. Wenn die Sarazenen oder die Normannen mordend einfielen, hieß es, sie seien gekommen »als Sühne für die Sünden der Menschen«.

■ Text 83
Das Kaltenberger Ritterturnier

Die spektakuläre Ritterturnier-Show ist das Highlight in der Kaltenberg Arena. Erleben Sie waghalsige Pferdeaction, eingerahmt von farbenfrohen Kulissen und eindrucksvollen Special Effects. Vor und nach der Turniershow erwartet Sie ein abwechslungsreiches Gauklerspektakulum auf dem gesamten Schlossareal. Neben den großen Bühnen tummeln sich zahlreiche Unterhaltungskünstler zwischen den Gästen und laden zu amüsanten Theater-, Tanz- und Musikvorführungen ein. Auf dem Mittelaltermarkt verarbeiten Marketender und Handwerker natürliche Materialien zu Kunstwerken. In den lebenden Werkstätten können die Besucher den Entstehungsprozess live erleben. Das Kaltenberger Ritterturnier ist ein Erlebnistag im Mittelalter, der Jung und Alt begeistert! Fiebern Sie mit, wenn der Kampf um das Land zwischen dem sagenhaften König Artus und seinem Gegenspieler, dem düsteren Mordred, endgültig entschieden wird. Denn eins steht fest: Artus kehrt mit seinen Rittern der Tafelrunde zurück in die Kaltenberg Arena! Tauchen Sie ein in die Kaltenberger Erlebniswelt, denn über 1.000 künstlerisch Mitwirkende, viele neue Gaukler, Spielmannszüge und Vagantengruppen werden das mittelalterliche Leben noch bunter gestalten. Erleben Sie die Stars der mittelalterlichen Musik live beim Kaltenberger Ritterturnier!

A ■ Ritterturnier, Rittermahl, Mittelaltermarkt – erzählt von euren Erlebnissen mit dem nachgespielten Mittelalter von heute. Inwiefern passt zu einem Besuch bei solchen Ereignissen der Begriff »Zeitreise«, inwiefern passt er nicht?

B ■ Beide Texte stammen aus der Gegenwart und handeln vom Mittelalter. Dennoch unterscheiden sie sich stark: Arbeite ihren unterschiedlichen Blick aufs Mittelalter heraus.

C ■ Überlege, welches Ziel die Verfasser mit ihren Texten jeweils verfolgen.

Mittelalter – ein spannendes Zeitalter

■ Text 84

Ein Tag im Mittelalter

A ■ Fasse mit eigenen Worten zusammen, was du in **Text 84** und **Text 85** über das Leben im Mittelalter erfährst.

→ **Grundwissen**, S. 294 ff.

Wie fieberte ich dem Tag entgegen, an dem ich endlich ein vollwertiger Kämpfer werden sollte! Danach würde ich einen Herren finden und ihm beweisen, dass ich stärker, schneller und gewandter war als alle anderen und würdig, in seinen Dienst zu treten.

5 Gerade sieben Jahre alt war ich gewesen, als mein Vater mich zu einem Verwandten meiner Mutter geschickt hatte, der ein großes Landgut in der Nähe des Klosters Stablo besaß. Dort hatte ich als Page Dienst getan, dem Herrn und der Dame aufgewartet, reiten und schwimmen gelernt. Auch Lesen und Schreiben hatte man mir dort beigebracht und ein paar Brocken Latein. Dann, acht Jahre
10 später, war ich Knappe meines Herrn geworden, hatte ihn begleitet, wenn er seine Felder inspizierte oder von seinen Bauern die Abgaben einzog, wenn er auf die Jagd oder einen Kriegszug ritt. Ich hatte mich im Schwertkampf, im Bogenschießen und in allen anderen Fertigkeiten geübt, die man von einem tüchtigen Lehensmann erwartete.

15 Und jetzt endlich rückte der Tag heran, an dem ich vor meinem Herren knien und die Schwertleite empfangen sollte. Dann wollte ich an einen der großen Höfe ziehen und mir ein Lehen erbitten, denn mein Vater war noch zu jung; mein Erbe konnte ich noch nicht antreten. Am Nachmittag vor der feierlichen Zeremonie hatte ich ein paar Stunden geschlafen. Ich wollte mich gerade in die
20 Burgkapelle begeben, um dort, wie es der Brauch verlangte, die Nacht im Gebet zu verbringen, als ein junger Mann mit raschen Schritten den Burghof betrat. Das Pferd, das er am Zügel führte, war schweißbedeckt.

Er blickte sich suchend um und kam dann rasch auf mich zu. Da erkannte ich ihn. Es war einer der Waffenknechte meines Vaters. Er war kaum älter als ich
25 und eher ein Vertrauter als ein Diener. […]

»Ihr müsst mit mir kommen, junger Herr. Sofort. Euer Vater …« – »Was ist mit Vater?« – »Er ist gestürzt … gestern Morgen … beim Brunnenbau.« – »Um Gottes Willen! Ist es schlimm?« Der Knecht zuckte die Achseln. »Schlimmer als schlimm, soweit ich es beurteilen kann. Er ist totenblass und spuckt sich die Seele aus dem Leib, jeder Atemzug tut ihm weh, alles Mögliche hat er sich gebrochen und geprellt … Und kaum dass er
30 einen klaren Moment hatte, verlangte er, dass ich euch hole. Also packt schnell zusammen, was ihr braucht, damit wir nicht noch zu spät kommen …« Ich konnte keinen klaren Gedanken fassen. Mein Vater vielleicht auf den Tod verletzt, die Schwert-
35 leite in weite Ferne gerückt … fast schien es mir, als wollte Gott mich strafen. Aber ich hatte doch nichts getan?

Mittelalter – ein spannendes Zeitalter

■ Text 85
Noch ein Tag im Mittelalter

Godric erwachte noch vor Tagesanbruch. Er spürte die Regentropfen, die sich ihren Weg durch das Grasdach seiner Hütte bahnten, auf der Haut und wusste gleich, dass es wieder ein ungemütlicher Tag voller Arbeit sein würde. Mit einem kurzen Fluch erhob er sich, zog seinen groben Überrock aus Wolle über die Kleider, in denen er geschlafen hatte, band einen Stofflumpen um die Füße und eilte mit weit ausholenden Schritten hinaus aufs Feld. Der Gutsverwalter würde alle zur Rechenschaft ziehen, die zu spät zum Pflügen der herrschaftlichen Felder erschienen.

Bei diesem Wetter war es eine entsetzliche Plackerei, die Ochsen anzutreiben und den Kratzpflug über die schwere, nasse Erde zu führen. Nur wer diese Arbeit zur Zufriedenheit des Herrn erledigte, durfte dieses Ochsengespann einmal in der Woche zum Pflügen des eigenen Landes benutzen.

Als die Glocke der Dorfkirche endlich zum Sanktus läutete, ruhte Godric kurz aus und aß die Brotkruste, die er sich am Morgen eingesteckt hatte. Er mischte sich in das Gespräch der anderen Leibeigenen, die sich über die Aufregung des vorigen Tages unterhielten. Der Verwalter des Gutsherrn hatte allen Bauern befohlen, einen Wilderer zu suchen, der am Waldrand beim Schlingenlegen gesehen worden war. Nach einer dramatischen Verfolgungsjagd hatten sie den Wilderer ergriffen und in die Scheune gesperrt. Godric hatte den armen Teufel mit einem Kameraden die ersten Stunden der Nacht bewacht. Morgen bereits sollte er vor das Gutsgericht gebracht werden. Im besten Fall kam er mit einer Geldstrafe davon, wahrscheinlich erwarteten ihn jedoch einige Peitschenhiebe oder Schlimmeres.

Um drei Uhr nachmittags beendete Godric seine Fronarbeit auf den Ländereien des Gutsherrn. Es war Winter, und schon bald würde die Sonne untergehen. Godric trieb schnell die Ochsen in die herrschaftlichen Stallungen und begab sich auf den Heimweg. Zu Hause war noch einiges zu erledigen, vor allem musste das Schwein gefüttert werden. Godric hatte bereits großen Hunger, doch es würde noch einige Zeit bis zur Abendmahlzeit vergehen. Als Godric alle Arbeiten erledigt und ein Stück Brot, etwas weichen Käse und eine Suppe aus getrockneten Bohnen zu Abend gegessen hatte, fiel er vollkommen erschöpft auf seine Strohmatratze. Morgen brauchte er keine Fronarbeit für den Herrn zu leisten, sondern durfte das von ihm gepachtete Land bestellen. Wenn es doch nur wenigstens zu regnen aufhören würde …

B ■ Im Gedankenspiel der Zeitreise kann der Zeitreisende sich sein Ziel (Gegend, Zeit und Situation) aussuchen, ohne dauerhaft dort bleiben zu müssen. Welche der beiden Schilderungen reizt eher zu einem Besuch bei einer Zeitreise? Begründe.

C ■ Welcher der beiden Texte entspricht mehr unserer Vorstellung vom Mittelalter? Begründe.

Mittelalter – ein spannendes Zeitalter

■ Text 86

Kreuzzug in Jeans *Thea Beckmann*

Langsam wagte er wieder zu denken. Er konnte es noch kaum glauben, dass das Experiment gelungen war. Eines stand jedenfalls fest: Er befand sich nicht mehr an demselben Ort wie vorher. Ob er sich auch in einem anderen Zeitalter befand, das musste er erst herausfinden. Er warf einen Blick auf seine Armbanduhr. Sie zeigte auf zwei Minuten nach eins. Das schien also zu stimmen. […]
Es war recht warm und er begann, in seiner gefütterten Jacke zu schwitzen. Er wagte jedoch nicht, sie auszuziehen, obwohl er darunter noch einen dicken Pullover trug. Außerdem hatte er Jeans, dicke Socken und feste Winterschuhe an. Zu dumm, hier war natürlich Sommer. […] Er ging ein Stückchen den Weg hinab. Als er die Biegung erreichte, sah er ein weites Tal und in der Ferne eine Stadt. »Das muss Montgivray [*weil er ein Buch über ein Ritterturnier in diesem Ort im Juni 1212 gelesen hatte, wollte er genau dorthin*] sein«, sagte er laut. »Es hat also tatsächlich geklappt!«. Obwohl die Stadt im Hitzedunst fast verschwand, konnte er erkennen, dass es keine moderne Stadt war. Er unterschied die vagen Konturen von Stadtwällen und Türmen. Tief unter ihm fuhr eine Art Planwagen in Richtung Stadttor.
[*In einer spontanen Reaktion hilft er einem einsamen Reisenden, zwei Räuber erfolgreich abzuwehren und in die Flucht zu schlagen.*] Dann sahen sie einander an. Der Fremde lächelte. Rolf begriff, dass er keine Angst zu haben brauchte. Der Mann winkte Rolf, ihm zu folgen. Der tat es nur allzu gerne, denn in dieser Welt schien es lebensgefährlich zu sein, allein herumzulaufen. Der Mann holte aus seiner Reisetasche Brot und kaltes Fleisch und bot Rolf davon an. Sie setzten sich ins Gras und begannen zu essen. Das Brot schmeckte dem Jungen herrlich. Aber nach dem ersten Bissen Fleisch schaute er überrascht auf und überlegte, von welchem Tier es wohl stammen könnte. Er konnte es nicht feststellen, aber es schmeckte … es schmeckte irgendwie wild! Ein anderes Wort fand er einfach nicht dafür.
Er fühlte sich jetzt so wohl, dass er es endlich wagte, seine Windjacke auszuziehen. Er sah, wie der Mann verwundert auf seine Jeans und seinen Pullover schaute. Jetzt erst kam es Rolf zu Bewusstsein, dass der andere ebenfalls noch jung war. Er hatte langes, dunkles Haar, schöne braune Augen und eine wettergebräunte Haut. Er trug einen grünen Überwurf, der mit einem Lederriemen zusammen gehalten war, in dem ein kurzer Dolch steckte. Er hatte braune Stiefel an und neben ihm im Gras lag ein seltsamer grüner Hut. Rolf fand, dass er wie ein Hippie aussah, wie ein etwas seltsam herausgeputzter Student.
Sie waren mit dem Essen fertig. Der Mann sah Rolf ins Gesicht, deutete dann auf sich und sagte: »Leonardo. Leonardo Fibonacci – da Pisa.« »Pisa?«, stammelte Rolf verwundert. Er glaubte, sich verhört zu haben. Aber der andere nickte bekräftigend. Rolf wusste, dass er sich jetzt auch vorstellen sollte. Und anscheinend nannte man auch den Geburtsort. Deshalb sagte er, indem er auf sich selbst zeigte: »Rudolf Wega aus Amsterdam.«

Mittelalter – ein spannendes Zeitalter

Es war Rolf klar, dass nun die Sprachschwierigkeiten beginnen würden. Er konnte kein Französisch, und das Französisch des Mittelalters schon gar nicht! Auch in Latein war er kein großes Licht …
Leonardo begann nun flink draufloszureden, sodass Rolf Hören und Sehen verging. Er begriff endlich, dass es weder Altfranzösisch noch Italienisch war. Die Sprache ähnelte ein wenig dem Deutschen und Holländischen, klang aber doch ganz anders. »Langsam«, rief er, »so kann ich nichts verstehen.« […]
»Du kannst mir ruhig vertrauen, mein Freund«, sagte er zu Leonardo. »Ich bin Student wie du, aber ich habe mich verirrt.« »Student? Dann sprichst du doch Latein?« – »Nicht sehr gut.« – »Was kannst du denn? Mathematik?« – »Ja«, sagte Rolf erleichtert. Er war zwar keine Leuchte in Mathematik, aber glaubte doch, es darin mit einem Menschen des Mittelalters aufnehmen zu können. Mit einem dürren Ästchen zeichnete Leonardo ein paar Figuren in den Sand: ein Dreieck, ein Parallelogramm. Rolf grinste, nahm das Ästchen und zeichnete einen Kegel, ein Viereck, eine Pyramide. Dann schüttelten sie einander herzlich die Hände. Sie hatten sich gefunden. […] Natürlich, er rechnet doch mit römischen Ziffern, dachte Rolf erschrocken. Schnell wischte er alles fort und begann, die römischen Ziffern von I bis X aufzuschreiben. Darunter schrieb er die arabischen Ziffern, ebenfalls bis 10. »Das sind östliche Zeichen!«, rief Leonardo. Rolf nickte. »Ja, die benutzen wir immer. Man kann damit viel einfacher rechnen als mit den römischen. […] »Wo hast du das nur gelernt?«, fragte Leonardo. »In der Schule, in Holland.« – »Das ist ausgeschlossen!«, rief Leonardo. »In Holland wohnen Barbaren, dumme Ritter und noch dümmere Geistliche, die kaum Latein können. Dort gibt es ja nicht einmal eine Universität.« Wie sollte er das nur erklären?

A ■ Untersuche den Textausschnitt im Hinblick darauf, wodurch Rolf bei Leonardo Verwunderung auslöst.
B ■ Wodurch gelingt es den beiden, sich zu verständigen und sogar Sympathie zueinander zu entwickeln, obwohl sie aus ganz verschiedenen Welten kommen?

C ■ Überlege, inwiefern eine erste Begegnung mit mittelalterlichen Menschen auch ganz anders verlaufen könnte.
D ■ Verfasse eine Zusammenfassung zu diesem Text.
(→ **Grundwissen**, S. 294)
E ■ Rolfs Kleidung passt nicht ins Mittelalter. Was müsste er anziehen, um nicht aufzufallen?

Gemälde um 1500, reiche Kaufmannsfamilie

Mittelalter – ein spannendes Zeitalter

■ Text 87
Die Kleidung des Mannes im Mittelalter

Der Mann trug ein Unterhemd und eine Art Unterhose (genannt: Brouche) aus Leinen. Darüber wurde ein langärmliger Kittel getragen. Der wollene Kittel reichte bis über die Knie und wurde gegürtet. Um die Schultern legte man einen Rechteckmantel aus Wolle, der auf der rechten Seite durch eine Spange gehalten wurde. Als Kopfbedeckung wurden Filzhüte getragen. Die Füße und Beine wurden bis ins 11. Jahrhundert noch mit Binden umwickelt, danach setzten sich lange Strumpfbeine durch, welche man heute als Beinlinge bezeichnet. Die Schuhe bestanden aus Leder und wurden wendegenäht hergestellt.

Brouche (auch Bruche, Bruoch) ist die Bezeichnung für die einer Unterhose nicht unähnliche Bekleidung im Mittelalter. Sie ähnelte den heutigen Boxershorts. Befestigung: An die Brouche wurden Beinlinge angenestelt, bis die enge Kleidung des 14. Jahrhunderts es notwendig machte, dass letztere an einem Wams befestigt wurden. Diese Kombination wurde schließlich Anfang des 15. Jahrhunderts von der geschlossenen Strumpfhose mit Schamkapsel verdrängt.

Beschaffenheit: Die Brouche wird in zeitgenössischen Abbildungen nahezu ausschließlich weiß oder naturfarben dargestellt, was in Zusammenhang mit anderen Quellen darauf hindeutet, dass sie nahezu immer aus Leine oder anderen, regional verfügbaren Fasern gefertigt war (Hanf, eventuell auch weiße Wolle), also Material, das sich leicht reinigen ließ.

Ständeordnung

A ■ Beschreibe mit Hilfe der Bilder und des Textes, welche Kleidung ein männlicher Zeitreisender tragen sollte, um nicht aufzufallen.

B ■ Recherchiere, wie die Frauen im Mittelalter gekleidet waren. Mache dir dazu Stichwortzettel, auf denen du das Wichtigste notierst.

C ■ Der Artikel über die männliche Kleidung ist zwar recht genau, dennoch bleiben Details ungeklärt, z. B. erfahren wir nicht, ob es Knöpfe, Schmuck, Reiß- oder Klettverschlüsse gab, und wenn ja, aus welchem Material sie waren. Fällt man mit einer Brille sofort auf oder mit einer Armbanduhr? Überlege, ob es noch weitere Einzelheiten gibt, die man berücksichtigen muss.

Mittelalter – ein spannendes Zeitalter

Was erwartet uns im Mittelalter? Vieles ist völlig anders als heute, sodass man gut daran tut, sich darauf einzustellen. Zwei Beispiele:

■ Text 88
Zähneputzen

Am Morgen spülte man den Mund und rieb die Zähne mit einem Lappen, vielleicht unter Zutat von Salz, Alaun oder einem kreidigen Zahnpulver ab. Da diese Pulver aber häufig harte Bestandteile enthielten, die den Zahnschmelz verletzten, und da das Brot unzählige Steinpartikel enthielt, die von den Mühlsteinen
5 herrührten und zu einer starken Abnutzung der Kauflächen führten, dürfte es um die Zähne im Mittelalter mehr schlecht als recht bestellt gewesen sein. Aus den Bildnissen des Mittelalters kommen sie uns immer wieder entgegen, die zahnlosen Münder der alten Weiber und Greise.

Schmutzwasserübergruss; Holzschnitt von Hans Weidlitz, 1520

■ Text 89
Müll und »Straßenreinigung«

Die Bürger mussten schon recht erfinderisch sein, wollten sie den Abgrund von Schmutz überwinden, der sich in den ungepflasterten, erdigen Straßen bildete, die oft nicht besser waren als heute draußen ein Feldweg. An den Kreuzungen lagen Springsteine und Holzstapfen. Wichtige Straßen waren gelegentlich
5 mit Holzbohlen, Kies oder Sand belegt und führten dann den wohlmeinenden Namen Steinwege. In Nürnberg begann man 1366 und in Frankfurt erst 1399 zu pflastern, und da nur die wichtigsten Straßen. Ob einfach Erdreich auf den Straßen lag, ob Kies oder gar Pflaster: Schmutz und Kot gab es trotzdem noch mehr als genug – leerten doch die Bürger ihren Abfall auf die Gassen. Wo
10 sollten sie auch hin damit, in einer Zeit, in der es noch keine Mülltonnen und Straßenreinigung gab? Kehricht und Unrat flogen durch das Fenster, selbst die Nachtgeschirre wurden auf die Straße entleert.
Schließlich leistete noch das liebe Stadtvieh seinen gewichtigen Beitrag. Hielten sich doch viele Bürger, Kleinbauern gleich, in den Ställen neben den Häusern
15 und in Verschlägen auf den Höfen Kühe, Ziegen und Schweine auf. […] Der Schweinehirt trieb täglich das Vieh hinaus vor die Stadt und führte es am Abend wieder den Besitzern zu. Häufig begnügten sich diese aber auch damit, die lieben Tiere einfach auf die Gasse hinauszulassen.

A ■ Vergleiche die in den Texten geschilderten Zustände mit der heutigen Zeit und überlege, warum es sinnvoll ist, dass sich ein Zeitreisender auf diese Zustände einstellt.

B ■ Fasse die für einen Zeitreisenden wichtigsten Informationen beider Sachtexte jeweils in zwei Sätzen zusammen.

→ **Grundwissen**, S. 294 ff.

Mittelalter – ein spannendes Zeitalter

■ Text 90
Zwei Rezepte mittelalterlicher Gerichte

Getreidebrei

Gerade bei den einfacheren Leuten des Mittelalters war der Getreidebrei sehr beliebt. Denn er war einfach zuzubereiten und sehr nahrhaft.
Zutaten Getreidebrei: 125 g Haferflocken, 500 ml Dickmilch, ihr könnt aber auch Joghurt nehmen, 1 l Wasser
Zubereitung: Das Wasser mit einer Prise Salz zum Kochen bringen. Die Haferflocken dazugeben und das Ganze 20 bis 25 Minuten köcheln lassen, dabei ab und zu umrühren.
Angerichtet wird der Brei in Schüsseln mit etwas von der Dickmilch. Ihr könnt aber auch noch frische Früchte darauf garnieren – oder Nüsse.

Arme Ritter

Vielleicht habt ihr ja schon einmal Arme Ritter gegessen? Das ist eine Speise, die tatsächlich schon die Menschen im Mittelalter genossen haben. Vor allem, wenn ihnen ein hartes Brotstück über geblieben war.
Zutaten für Arme Ritter: 1 Scheibe Weißbrot, 1 Ei, 3 EL Milch, eine Prise Zimt; Zucker oder Salz
Zubereitung: Ei und Milch verrühren und das Brot darin einweichen lassen. Anschließend das Brot in der Pfanne mit Öl goldbraun braten. Dann könnt ihr das Toastbrot nach Belieben mit Zimt, Zucker oder Salz bestreuen.

→ **Grundwissen**, S. 297 f.

A ■ Vergleiche die mittelalterlichen Speisen mit unserem heutigen Essen. Vielleicht hat jemand Lust, die Rezepte einmal auszuprobieren?

B ■ Recherchiert, was es außer den aufgeführten Gerichten noch an Speisen gab, denkt dabei auch an Festtage. Inwiefern unterschied sich das Essen der Oberschicht (Adel, reiche Kaufleute) von der Ernährung einfacher Menschen? Stellt eure Ergebnisse der Klasse vor.

C ■ Welche wichtigen Tischsitten gab es, welches Besteck wurde verwendet? Sucht Informationen darüber und haltet eure Ergebnisse stichpunktartig fest.

Mittelalter – ein spannendes Zeitalter

Projekt: Ein kleiner Reiseführer fürs Mittelalter

Sofort als Fremder aus einer ganz anderen Zeit enttarnt zu werden, könnte problematisch, ungünstig, ja sogar gefährlich sein: Man könnte als Spion einer fremden Macht, im schlimmsten Fall sogar als Abgesandter des Teufels angesehen werden, außerdem würde man wenig über Alltag und Normalität der Menschen mitbekommen, denn gegenüber einem völlig Anderen verhalten sich die Menschen auch ganz anders als gewöhnlich.

Man müsste sich also gründlich vorbereiten, um anders als Rolf aus dem Jugendbuch nicht gleich als Fremder aus einer anderen Zeit erkannt zu werden. So müsste man, vergleichbar mit den Vorbereitungen für Filmaufnahmen zu einem Film, der im Mittelalter spielen soll, alles, was nicht in die Zeit passt, entfernen. Allerdings darf man dabei nicht nur an Gegenstände denken, sondern auch an Verhaltensweisen, Einstellungen und Gefühle.

1. Überlegt zunächst einmal, worum man sich bei einer solchen Vorbereitung auf eine Zeitreise alles kümmern müsste. Die unten stehende Liste kann euch dazu einige Hinweise geben.
2. Recherchiert dann die von euch als wichtig erachteten Punkte zum Leben im Mittelalter und stellt eure Ergebnisse der Klasse vor. Neben Bibliotheken und Internet solltet ihr auch an Lehrkräfte anderer Fächer als Auskunftgeber denken.

   Wie leben die Menschen im Mittelalter?
   - Sprache
   - Hygiene, Haare
   - Trinken
   - Verhalten gegenüber höher gestellten Menschen
   - Bräuche und Religion
   - Zeitrechnung
   - Strafen
   - Geld
   - Gasthäuser, Hotels
   - Musik
   - Ängste usw.

3. Schreibt nun zu den einzelnen Punkten kurze Sachtexte, die wie in einem Reiseführer dem Reisenden die wichtigsten Informationen liefern, damit er sich in dem fremden Land »Mittelalter« zurechtfindet, z. B. »empfehlenswerte und weniger empfehlenswerte Übernachtungsmöglichkeiten«. Wahlweise könnt ihr aber auch kürzere erzählende Texte zu den gleichen Themen verfassen, die von euch erfundene Begebenheiten aus dem Mittelalter schildern, wie z. B. »Zwischen Mauleseln und Pferden – meine unruhige Nacht in einer mittelalterlichen Stadt«; auch viele Reiseführer lockern ihre Sachinformationen immer wieder mit fiktionalen Texten auf.
4. Wenn ihr noch einige Bilder und Illustrationen sucht und ein ansprechendes Layout gestaltet, habt ihr am Ende des Projekts einen interessanten und unterhaltsamen Reiseführer für eine Zeitreise ins Mittelalter.

A ■ Beende folgenden Satz: »Eine Zeitreise ins Mittelalter ist spannend, weil …«.

Heldenleben

Das Mittelalter ist unmittelbar mit dem Begriff des »Helden« verknüpft.
In diesem Teilkapitel lernst du(,) …
- Helden des Mittelalters kennen,
- Plakate zu Helden zu gestalten,
- über den Begriff des »Helden« nachzudenken.

Kategorie: Superhelden
Name: Batman
Eigenschaften:

Kategorie: Antike
Name: Herkules
Eigenschaften:

Kategorie: Zauberer
Name: Merlin
Eigenschaften:

Kategorie: Star Wars
Name: R2D2
Eigenschaften:

A ■ Sammle Informationen über die vier abgebildeten Helden.

B ■ Versuche, Eigenschaften (z. B. Stärke, Größe usw.) zu finden, mit denen man die Helden beschreiben kann. Ergänze die Quartettkarten entsprechend.

C ■ Erstellt in Gruppenarbeit ein vollständiges Heldenquartett (8 Quartette), d. h., ihr müsst die Beispiele vervollständigen und vier neue Kategotien mit Helden finden.

Mittelalter – ein spannendes Zeitalter

Helden des Mittelalters

Roland ist eine historische Figur, über dessen Leben es aber kaum gesicherte Fakten gibt. In Einhards Lebensbeschreibung Karls des Großen wird er als Graf der bretonischen Mark aufgeführt. Im Rolandslied wird eine Episode aus den Feldzügen des Karolingerheeres gegen den sarazenischen Herrscher von Saragossa, Marsilie, erzählt.

Während eines Kriegsrats bei Karl dem Großen kommt es zum Streit zwischen dem kämpferischen Roland und dem eher friedfertigen Ganelon. Karl beschließt, Marsilie den Frieden anzubieten und Ganelon mit diesem Angebot ins Lager Marsilies zu schicken. Aber aus Hass gegen Roland stachelt Ganelon Marsilie zum Betrug an: Er soll das Friedensangebot zum Schein annehmen, doch die Nachhut Karls, die unter der Führung Rolands steht, angreifen. Dieser unvorhergesehene Angriff erfolgt bei Übergang über die Pyrenäen.

■ Text 91

Das Rolandslied (1. Auszug)

Der Lärm schallte herauf bis zu den Franken. »Mein Bruder, horcht«, sprach Olivier, »mir scheint, da wollen Sarazenen[1] mit uns Kampf. Und Roland sagte: »Gott mög ihn uns gewähren«. Er gab Befehl, die Panzer anzulegen. »Wir müssen gut bestehn für unsern König!«, rief er alle an. »Für seinen Lehnsherrn
5 muss man viel erdulden, ob harten Frost, ob große Hitze, selbst Haut und Haare muss man für ihn lassen und Fleisch und Blut! Darum soll jeder tüchtig kämpfen, dass man kein Spottlied von uns singen kann. Zum Ruhme Gottes, schlagt die Heiden! Von mir sollt ihr kein schlechtes Beispiel sehn.«

Derweil war Olivier auf einen Berg gestiegen, wo er das braune Hochland
10 überschaute. Als er zur Rechten niedersah, erstarrte er, ihn graute bis ins Mark: Da war ein solches blitzendes Gewimmel in der Morgensonne, ein Flammentanz der Helme, Brünnen, Lanzenspitzen, ein Funkensprühn des Goldes und der Edelsteine, das dehnte sich ins Unermeßliche, das wälzte sich in Wogen wie ein Meer talauf. Die Zahl der Feinde vermochte er nicht zu schätzen. So schnell
15 er konnte, lief er vom Berg herab. »Gott geb uns Kraft!«, rief er. »Es sind unendlich viele. Der Schurke Ganelon hat uns verraten!« Doch Roland sagte nur: »Schweig, Olivier, erwähn ihn nicht!« »Mein Freund«, beschwor ihn Olivier, »glaub mir, mehr Heiden, als da kommen, hat kein Mensch auf Erden je sehn! Wir Franken sind zu wenige. Ich bitt dich, stoß in dein Horn! Karl wird es hören
20 und umkehren mit dem Heer.« Und Roland: »Ich mach mich nicht zum Narren, Bruder! Mein Ruhm in Frankreich wäre hin! Lass doch die Schufte kommen, die schlag ich dir mit meinem Durindal zusammen. Wenn sie's nicht anders wollen, können sie's haben!« »Roland, mein Freund«, flehte Olivier, »blast Euren Olifant[2]! Karl wird nicht zögern und, uns beistehn mit den Franken!«

[1] **Sarazenen** = Sammelbezeichnung für die islamischen Völker, die ab ca. 700 n. Chr. in den Mittelmeerraum eingedrungen waren.

[2] **Olifant** = Signalhorn

Mittelalter – ein spannendes Zeitalter

»Verhüte Gott«, sprach Roland, »dass mein Geschlecht um meinetwillen in Verruf gerät! Ich winsele nicht um Hilfe, da schwing ich lieber Durindal, mein starkes Schwert. Die Lumpen schlag ich alle!« »Ach, Roland, liebster Bruder, blast Euren Olifant! Der König hört es oben im Gebirge, die Franken kehren um, ich bitt Euch, glaubt mir!« »Das walte Gott«, rief Roland, »dass nie ein Lebender erzählen kann, der Heiden wegen hätte ich ins Horn gestoßen! Bin ich erst in der großen Schlacht, schlag ich zehntausend Hiebe und noch mehr! In ihrem Blut färb ich mein Durindal rot bis zum Goldknauf! Verlass dich drauf, die Franken stehen ihren Mann. Der Heiden Tod ist schon besiegelt!« »Mög es so sein!«, sagte Olivier. »Doch hab ich sie gesehen: Das ganze weite Tal ist voll von ihnen. In ungeheuren Mengen ziehen sie herauf. Wir sind zu wenige!« »Mich treibt es desto mehr zum Kampf«, stritt Roland. »Durch mich soll Frankreichs Ehre keinen Schaden leiden. Eher nehm ich den Tod hin als die Schmach. Der König liebt uns, wenn wir uns gut schlagen!«

Roland war tapfer, Olivier war klug. Von wunderbarer Kühnheit waren beide, wenn sie gerüstet in den Sätteln saßen, und beide scheuten keine Schlacht. Hart trafen ihre Reden aufeinander. Ein jeder blickte stolz das Gelände abwärts, woher die Sarazenen kommen mussten.

Auf einmal tauchten überm Kamm vom Tal her Fahnen und braune Lanzenschäfte auf. In immer breiterer Front erschienen Reiter, dann die Rosse und drängten vor zu dicht und dichteren Massen. »Da, seht sie Euch an!«, sprach Olivier. »Ihr wolltet Euer Horn nicht blasen. Blickt hinter Euch den Hang hinan: Die hier mit uns die karge Nachhut sind, stellen nie mehr eine!« »Übertreibt nicht so!«, versetzte Roland. »Dem Herzen Schmach, das in der Brust erzittert!«

Die Feinde reihten sich zum Kampf. Roland befahl den Franken, sich bereit zu halten. Erzbischof Turpin spornte sein Roß heran. »Ihr Herren Ritter«, rief er, »hier, wo der König uns gelassen hat, müssen wir heut wohl für ihn sterben! Die Heiden seht Ihr dort! Gleich gehn wir in die große Schlacht. Ruft Gott um Gnade an und beichtet Eure Sünden. Ich sprech Euch frei, wenn Ihr gut kämpft, auf dass Ihr Märtyrer im Tode werdet und Gottes Paradies gewinnt! Wahrlich, ich sage Euch, Ihr werdet wohnen bei den Sündelose!« Die Franken stiegen eisenrasselnd von den Pferden und knieten nieder zum Gebet. Der Erzbischof erteilte ihnen Gottes Segen. Rasselnd erhoben sie sich und saßen auf.

Jetzt sprengte Roland vor die Scharen. Zum Himmel reckte er den Speer. Ein weißes Banner war daran geknüpft, das flatterte vom schnellen Lauf, die goldenen Quasten schlugen seine Hände. »Ihr Herren Ritter, auf!«, rief er. »Und haltet kurzen Schritt! Die Heidenschurken reiten an. Haut sie zusammen, und Ihr macht Beute wie noch nie!« Es nähern sich die Heere. »Ihr Freunde«, mahnt Olivier, »achtet gut, wie ihr euch schlagt und deckt, dass wir standhalten solang als möglich! Fallt in Karls Schlachtruf ein: Montjoie[3]!«

Und zwanzigtausend Franken schreien. Es schreien die Sarazenen. Da faucht der Hass durch ihre Herzen. Trompeten, Hörner schmettern, Zimbeln schrillen. Die Rosse wiehern, schnauben, stampfen. Ins Aberwitzige schwillt das Gedröhn.

A ■ Welches Bild von den Sarazenen wird hier gezeichnet?

3 Montjoie = Schlachtruf im Frankreich des Mittelalters, der Bezug auf eine Festung im Heiligen Land nimmt.

Mittelalter – ein spannendes Zeitalter

■ Text 92
Das islamische Weltreich

Die Toleranz gegenüber Andersgläubigen hat die Eroberungen des Islam sehr erleichtert. Nach dem Tod des Propheten eroberten seine Nachfolger in nur 100 Jahren ein Weltreich. Ohne einen festen Eroberungsplan und ohne eine riesige, hochtrainierte Armee brachten die muslimischen Kämpfer den
5 Norden Afrikas und Palästina unter ihre Gewalt und kamen bis nach Russland. Über Spanien gelangten sie nach Frankreich, wo sie im Jahr 732 von einem fränkischen Heer gestoppt wurden. In den Ländern, die von den Muslimen erobert wurden, durften Christen und Juden weiterhin in ihren eigenen Kirchen und Synagogen beten, sie mussten lediglich Tribut zahlen.
10 Viele der neuen Untertanen waren ganz zufrieden mit ihren neuen Herrschern, oft ging es ihnen unter einem muslimischen Gouverneur besser als vorher. Die Muslime waren nicht nur tolerant, sie förderten auch Kunst, Kultur und Wissenschaft. Dreihundert Jahre lang bestimmten arabische Philosophen, Mediziner und Mathematiker die Wissenschaft der Welt. Bis heute benutzen
15 wir in der Mathematik die arabischen Zeichen, auch die Zahl null kennen wir nur durch arabische Mathematiker. In ihrem goldenen Zeitalter gründeten die Muslime Schulen und Hochschulen, bauten großartige Häuser, Moscheen und Paläste. Bagdad, die heutige Hauptstadt des Irak, wurde 762 zur Hauptstadt des gesamten islamischen Reiches.
20 In der Stadt am Tigris, die damals schon eine Million Einwohner zählte, residierte der berühmte Kalif Harun ar-Raschid, hier trafen sich Gelehrte und Wissenschaftler aus aller Welt. Es war kein Wunder, dass Arabisch bald zur wichtigsten Sprache wurde und dass auch Christen und Juden in großer Zahl dem Islam beitraten. Der Islam war die Erfolgsreligion, auch wenn die Muslime
25 erst gar nicht so begeistert über die vielen Übertritte waren. Schließlich konnten sie von den neuen muslimischen Brüdern und Schwestern keinen Tribut mehr nehmen.

■ Text 93
Razzia oder die Rettung des Abendlandes?

Der Sieg der Franken über die Araber in der Schlacht bei Poitiers wurde in Europa sehr gefeiert. Karl, der Führer der fränkischen Truppen, erhielt den Beinamen »der Hammer«, er galt als Retter des Abendlandes. In der arabischen Geschichtsschreibung wird die Schlacht dagegen kaum erwähnt. Der
5 Vorstoß der maurischen Reiter-Truppe war für die Muslime wahrscheinlich nur einer der üblichen Beutezüge in den Norden und kein groß angelegter Eroberungsversuch. Ghazwa nannten die Araber einen solchen Raubzug ins Land der Christen. Das deutsche Wort Razzia leitet sich davon her.

B ■ Lies den folgenden Auszug aus dem Sachbuch »Warum beten Muslime auf Teppichen?«. Schreibe alle wichtigen Informationen über die Herrschaft der Muslime in den von ihnen eroberten Gebieten heraus.

C ■ Das Rolandslied ist wahrscheinlich um 1100 entstanden, zu einer Zeit, als der Papst zum Kampf gegen die islamische Herrschaft in Südspanien aufrief. Erkläre mit Blick auf diesen Hinweis und den Text über Karl den Großen (Text 93), warum die Sarazenen so negativ dargestellt werden.

209

Mittelalter – ein spannendes Zeitalter

■ Text 94
Das Rolandslied (2. Auszug)

Zum ersten Treffen rennt Marsilies Neffe Aelroth gegen Roland.
»Franke! Dein Kaiser ist ein Narr, dass er euch hier gelassen hat!«, schreit er. »Ihr fallt heut alle, und aus ist euer Ruhm!« Roland hört es, und er wird wilder als ein Löwe. Er spornt sein Pferd zu mächtigem Anlauf, jagt gegen Aelroth wie
5 der Donner, zerschmettert ihm den Schild. Mit voller Lanzenwucht durchstößt er seinen Panzer. Schon bohrt er ihm die Waffe in die Brust, wirft, hebt den Gegner aus dem Sattel und schleudert ihn aufs Feld. Er blickt nicht um sich, er ist sicher, dass viele Augen voll schaudernder Bewunderung auf ihn sehn. »Schuft du! Der Kaiser ist kein Narr!«, schreit er. »Montjoie! Schlagt drein, ihr
10 Franken!« […]

Die Wut der Franken wächst aus ihrem Todesmut. Erbittert müssen sie sich großer Übermacht erwehren. Für jeden, den sie fällen, ersteht ein neuer Feind mit frischer Kraft. Kaum bleibt die Zeit, beim Knappen hinten Waffen oder Pferde auszuwechseln. Nach fünfzehn Stößen bricht Rolands Speer. Da zieht
15 er Durindal, sein Schwert, das ihm der König einst geschenkt, dass er's für ihn in Tapferkeit und Kühnheit führe. Damit kämpft er den starken Chernuble von Muneigre nieder, dass der nicht weiß, wie ihm geschieht. Als er danach zur Seite blickt, sieht er, wie Olivier voll blindem Ingrimm, nurmehr den Stumpf vom Speerschaft in der Faust, auf einen Gegner rennt.

20 »Was tust du, Freund? Wo ist dein Schwert?«, schreit Roland. Und Olivier besinnt sich. Vor vielem Stechen, schreit er zurück, sei er noch nicht zum Ziehn gekommen! Und beide verlieren sich wieder im Getümmel. Das ist ein Hauen, Schleudern, Splittern, Krachen. Die einen zielen, die andern decken sich. Wie sie auch Hiebe setzen, ob mit der Lanze, mit dem Schwert, bald sind von den zwölf
25 Maurenrittern zehn besiegt. […]

Und Angriff folgt auf Angriff. Die Sarazenen sind sehr schnell und kühn und haben flinke Rosse. Die Franken rennen wuchtig auf schweren Gäulen an und schlagen sich mit großer Kraft. Von Kopf bis Fuß in Eisen, halten sie lange unverwundet stand. Doch triefen sie von Schweiß in ihren Panzern. Der Durst
30 quält sie, und keine Zeit bleibt zum Verschnaufen. Die Feinde wachsen zahllos nach. Gewichtig sind die Waffen. Arme und Fäuste werden lahm. Die Augen sehen durch die engen Schlitze nicht mehr scharf, wo treffen, wo sich decken. Von vielen Schlägen auf den Helm wird mancher taumelig, und leicht verlöscht er dann durch Hieb und Stich. Den einen sackt das Pferd getroffen unterm Lei-
35 be weg, die andern stürzen mit gebrochnen Gliedern aus dem Sattel. Auf allen vieren kriecht, wer kann, aus dem Gewühl, sonst trampeln ihn die brüllenden Tiere nieder. Schon liegen Tausende mit blutigen Wunden wie Tote zwischen Toten. Keiner ist da, der rettet und sie birgt. Nie sehen ihre Mütter, ihre Frauen sie wieder. Viel schöne Jugend stirbt in dieser Hölle. […]

40 Marsilie, der in seinem Zelt den Stand der Dinge sich berichten ließ und der

bestürzt vernommen hatte, dass seine besten Feldherrn zu keinem Kriegsrat mehr erscheinen würden, war entschlossen, nun den letzten Schlag zu führen. Vom Tal her schickte er zwanzig frische Scharen. Groß war die Hitze, dicht stand der Staub.

45 Und Roland sammelt die hart geschundenen Franken. Nicht halb so viele sind sie mehr. Schon mancher stöhnt und keucht und will den schweißverklebten Panzer von sich werfen. »Ihr Herren«, ruft Roland, »ehe wir ins Paradies einziehn, verkaufen wir uns teuer! Rafft alle Kraft, und keiner fliehe, auf dass die Chronik melden kann, wir haben bis zuletzt gekämpft als wahre Helden!
50 Der Schurke Ganelon hat uns verraten, doch seid gewiss, der König wird große Rache für uns nehmen! Gebt keine Schonung, schlagt Euch gut! Montjoie! Auf geht's, ihr Franken!« Und wieder reiten sie an mit Wutgeschrei.

Nun ist es Turpin, der auf Abisme, den mächtigen Heerführer der Feinde, trifft. Der Erzbischof im Eisenkleid hat so verzweifelte Gewalt in sich, dass er
55 den Prangenden bald niederstreckt. »Gott, was für ein Held!«, staunen die Frankenritter. »Der Krummstab ist bei ihm in guter Hand!« Und neuer Mut belebt die Kräfte. Sie hauen, stechen, wehren sich. »Montjoie!«, schrein sie und fallen.

Wer sich noch hält, den packt der Schmerz, zu sehn, wie seine Freunde niederbrechen. […] »Leicht sind die Franken zu besiegen!«, jubeln die Sarazenenkrie-
60 ger und stürmen immer kühner an. […] Da fühlt Roland so mächtigen Zorn, dass fast sein Herz zerspringt. Er reitet gegen Valdabron den Alten, der einem Frankengraf ein schönes Schwert geschenkt, und sticht ihn aus dem Sattel. Und Olivier trifft Climborin zu Tod, der Ganelon den bunten Helm verehrte.

Jedoch der Niedergang der Franken schreitet fort. Wer jetzt vier Angriffen
65 standgehalten hat, dem wird der fünfte bang und schwer. Ein wunderbarer Maurenheld, Grandonie von Kappadokien, erschlägt den starken Berengier, dann Anseis, und auch der stolze Astor stirbt von seiner Hand. Die Franken schreien: »Weh um so gute Ritter!« Und wieder reitet Roland an. Nach bitterer Wehr und Gegenwehr kann er den Kappadokier überwinden. »Tüchtig ist unser Schirmherr!«,
70 loben ihn die Franken. Hart sind die Schläge und heiß der Kampf der Schwerter. Gewaltig tobt die Schlacht, auf beiden Seiten sind die Wunden groß. Viel Männer liegen blutig, bleich und tot. An Franken sind sechzig noch am Leben.

Als Roland innewird, wie wenige sie noch sind, stürzt er zu Olivier: »Mein Bruder, so viel Ritter sind gefallen! Und unser König ist nicht hier! Was sollen
75 wir tun? Wie geben wir ihm von uns Nachricht?« Und Olivier: »Da weiß ich keinen Rat. Ich sterbe lieber, eh ich Schande auf mich lade!« »Ich stoß ins Horn, dass es der König hört«, sagt Roland, »dann kehrt er um und hilft uns mit den Franken!« Und Olivier: »Das wäre große Schmach. Den Vorwurf, denkt Euch, müsste Eure Sippe ihr ganzes Leben tragen!« Und Roland fleht: »Mein Freund,
80 verlass mich nicht! Zu ungleich ist die Schlacht! Ich blase lieber,, dann kommt der König und steht uns bei!« Und Olivier: »Wollt Ihr die Toten da mit Schimpf bedecken? Als ich's Euch sagte, konntet Ihr nicht hören. Jetzt braucht Ihr mich nicht mehr zu fragen. Wenn Ihr jetzt blast, tut Ihr es nicht aus Stärke. Euch

Mittelalter – ein spannendes Zeitalter

triefen beide Hände schon von fremdem und von eignem Blut.« »Ich habe
schöne Schläge ausgeteilt!«, erwehrt sich Roland. Und Olivier: »Ihr nicht alleine,
Freund! Ich sage Euch, käm ich noch je nach Haus zu meiner edlen Schwester
Alde, Ihr solltet nie in ihren Armen liegen.« »Ach, Olivier, was zürnst du so mit
mir?« Und der: »Mein Freund, Ihr tragt die Schuld. Besonnen handeln heißt
nicht feige sein. Die Franken sind durch Euren Leichtsinn hingestorben. Von
uns wird keiner mehr Karl dienen. Hättet Ihr auf mich gehört, wäre der König
hier. Wir hätten die Schlacht gewonnen. Marsilie wär gefangen oder tot. Mit
Eurer Tollkühnheit habt Ihr uns alle in den Tod geschickt. Geschändet habt Ihr
Frankreichs Ruhm. Vor heute Abend endet unsre treue Brüderschaft, es wird
ein schwerer Abschied.«

Als Erzbischof Turpin sie streiten hört, spornt er sein Ross heran: »Herr Roland und Herr Olivier, ich bitt Euch, lasst das sein! Das Horn zu blasen hilft von uns keinem mehr. Doch tut es trotzdem: Dann kommt der König her, er wird uns rächen. Die Heiden sollen nicht frohlocken. Wenn unsre Ritter uns hier tot und zerstückelt finden, beweinen sie uns und graben uns ein, dass uns nicht Wölfe oder Schweine fressen.«

Roland nimmt seinen Olifant zum Mund und bläst aus aller Kraft. Hoch sind die Berge, bis dreißig Meilen tönt der Schall. Karl hört den Ruf, und alle Ritter halten. […] Der König hört's, es horchen alle Franken. […] »Das Horn hat langen Atem«, sagt er. Und Naimes spricht: »Der dieses Horn bläst, dem ist nicht zum Spaßen. Und der Euch rät, nicht darauf achtzugeben, der hat ihn verraten! Ganz sicher stehen die Unsrigen in schwerem Kampf. Auf, lasst uns rüsten, eilen, Hilfe bringen. Ihr hört es deutlich, Roland ist in Not!« Der König gibt Befehl, dass alle Hörner Umkehr blasen. Die Ritter steigen ab. Sie legen die Helme an, die Panzer, sie gürten die Schwerter und wenden ihre Rosse. […]

Und Roland blickt den weiten Hang hinan: Tot liegen so viel Franken, und tot durch seine Schuld. »Ihr tapfren Herren«, klagt er, »Gott möge Eurer Seele gnädig sein. Um meinetwillen seid Ihr hier gefallen. Mein Bruder Olivier, wenn mich kein andrer tötet, sterbe ich vor Qual. Kommt, kehren wir zurück zur Schlacht.« »Das macht Ihr gut«, ruft Turpin ihnen zu, »wer Waffen trägt und noch auf gutem Pferde sitzt, soll dreinschlagen, solange wir noch können! Wer weinen will, ist nicht vier Heller wert, mag er als Mönch im Kloster sitzen.« Und Roland schreit: »Montjoie, ihr Freunde! Schont die Heiden nicht!« Und wieder stürzen Olivier und Roland ins Getümmel. Und mörderisch tobt das Gefecht. Furchtbar wehrt sich ein Mann, der weiß, Gefangene gibt es nicht.

Marsilie sieht sein Kriegsvolk vor den letzten Franken zagen. Er will ein Ende machen, und grimmig rennt er selber in die Schlacht. Mit sirrendem Hieb mäht seine Klinge Gerard von Roussillon den Alten. Dann streckt er Ivon hin, dann Ivorie. Dem Vater ist Prinz Jurfaleu gefolgt, Marsilies junger Sohn.

Als Roland seine Freunde fallen sieht, gibt ihm der Schmerz noch einmal Kraft. Er stürmt an auf den Maurenkönig, haut ihm den Schwertarm ab. »Eh ich heut scheide«, schreit er, »trifft dich mein Durindal ins Herz!«, schwingt abermals die Waffe und trennt des Prinzen Haupt vom Leib. Die Mauren schreien vor Entsetzen. Die einen führen ihren König weg, die andern bergen den Knaben. Zorn flammend fliegt auf goldnem Renner Marsilies Oheim, der Kalif, heran. Er spannt den Bogen, zielt und schnellt den Pfeil mit solcher Wucht, dass ihn kein Panzer hält: Tief in die Brust schießt Olivier der Stahl. Zu Tod getroffen, kämpft der noch den Kalifen nieder. Noch schlägt er um sich, dass Lanzen, Buckelschilde splittern. Dann stöhnt er auf: »Mein Bruder Roland, kommt zu mir!« Todwund ist Olivier. Er blutet so, dass seine Augen trüb geworden sind. Nichts kann er mehr erkennen nah und fern. Im Sattel wankend, ruft er den Gefährten.

Der eilt herbei. Er sieht dem Freund ins Angesicht. Verfärbt ist es, ganz fahl und bläulich. Das klare Blut quillt über seinen Leib und fällt in dicken Tropfen auf die Erde. Roland sieht es, die Sinne schwinden ihm. Wie leblos hockt er auf dem Pferd.

Und Olivier erkennt nichts mehr in seiner Düsternis. Er spürt nur, da ist einer. Taumelnd fasst er sein Schwert, sucht mit der Spitze des andern Rüstung, haut auf ihn ein. Und der kommt zu sich.

»Mein Bruder, warum tut Ihr das?«, sagt er. »Ich bin doch Roland, der Euch immer so sehr liebte. Habt Ihr mich denn herausgefordert?« »Jetzt höre ich Euch sprechen«, sagt Olivier, »ich seh Euch nicht, mög Gott Euch sehen. Verzeiht mir, dass ich Euch geschlagen habe.« »Mein Freund, seid ruhig, Ihr habt mich nicht verletzt«, sagt Roland, »und ich vergebe Euch von Herzen.«

Sie neigen einer vor dem anderen das Haupt. Olivier lässt sich vom Pferd herab. Er bricht ins Knie. Der Helm fällt ihm vornüber. Er streckte sich, war tot. So schieden sie zuletzt in Liebe.

Als Roland seinen Bruder sterben sieht, sackt er erneut zusammen. Allein die Bügel halten ihn, dass er nicht aus dem Sattel stürzt. Das Pferd trägt ihn umher, er merkt es nicht. [...] Voll Schweiß ist Rolands Leib. In seinem Kopf dreht es sich. Ein Bersten geht durch seinen Schädel. Schwäche fühlt er und namenloses Elend. Er steigt vom Pferd und lässt es laufen.

Ob Karl kommt, will er wissen. Er hebt den Olifant und bläst, und Antwort tönt ihm aus den Bergen. Es braust in seinen Ohren. Das Horn hat er in einer Hand, die Waffe in der andern. So schleppt er sich zu einem Felsblock, wo zwei hohe Bäume stehn. Dort fällt er auf die Knie ins Gras. Da nimmt er Durindal, sein Schwert, und haut es an den Felsen. Der Stahl knirscht, bricht aber nicht. »Ach, Durindal«, klagt er, »leb wohl, mein gutes Schwert! Wie lange hab ich dich geführt und viel mit dir gesiegt! Vergehe nun mit mir.«

Er schlägt es an den harten Stein. Der Stahl knirscht, bricht aber nicht und wird nicht schartig. »Ach, Durindal, wie bist du hell und glänzend, und ich zu Tode wund. Der König hat dich mir geschenkt, ich führte dich in Ehren. Jetzt stirb mit mir, vergeh!« Und Roland schlägt die Waffe an den Fels. Da splittert viel von dem Granit herunter. Es knirscht das Schwert, jedoch der Stahl birst nicht und wird nicht schartig. Als Roland sieht, die Waffe bleibt, er kann sie nicht zerstören, wälzt er sich drüber und deckt sie zu mit seinem Leib.

Mittelalter – ein spannendes Zeitalter

■ Text 95
Die ritterlichen Tugenden

Ritter waren nicht einfach Draufgänger und Haudegen, sondern schworen einen Eid. Dabei verpflichteten sich die Ritter dazu, solange sie Ritter seien, sich auch wie Ritter zu
5 verhalten. Dieser Ehrenkodex änderte sich im Laufe der Geschichte.

1. Tugenden gegenüber ihren Herren

Anfangs waren es Treue, Gehorsam und Respekt gegenüber ihrem König oder sons-
10 tigen Herren. Da sie […] Krieger waren, gehörte auch die Tapferkeit mit dazu. Die ersten drei Tugenden sind natürlich ganz und gar nichts für Jugendliche, daher wurde man auch erst mit 21 Jahren zum Ritter. Bei der Verletzung dieser Tugenden, war Schluss mit lustig.

15 2. Tugenden im Glauben an Gott

Im 10. Jahrhundert kamen christliche Tugenden hinzu. Ein Ritter war nicht mehr nur Krieger, sondern auch ein echter Christ: Er musste natürlich die Heiligtümer ehren und beschützen, Ungläubige bekämpfen, Kranken, Armen und Schwächeren helfen und selbstverständlich ein gottesfürchtiges Leben führen.

20 3. Tugenden gegenüber der Gesellschaft

Dann kamen Tugenden wie Gelassenheit, maßvolles und besonnenes Verhalten und natürlich nicht zu vergessen, Höflichkeit gegenüber den Damen dazu.

Es gab sogar noch mehr Tugenden. So fuhr ein Ritter niemals auf einem Bauernwagen, er ritt selbstverständlich zu Pferde. Da ist eine kleine Geschichte
25 erhalten geblieben. Lancelot, Ritter der Tafelrunde, war es, der einfach keine Lust hatte auf Tugenden. Er konnte es sich auch erlauben. Er fuhr eines Tages dann doch auf einem Wagen mit. Die Leute lachten [lauthals] und hielten ihn für einen albernen und verweichlichten Ritter. Über Ritter aber lacht man nicht. Doch Lancelot ließ das kalt. Angekommen in Camelot sahen das die anderen
30 Ritter. Verärgert über das Gelächter der einfachen Leute, setzen sie sich zu Lancelot mit auf den Wagen und fuhren gemütlich in die Burg hinein. Ja, so etwas konnte man sich erlauben, wenn man zu den besten aller Ritter gehört. Lancelot musste das eben nicht allen und jeden immer wieder beweisen, er war der Beste und blieb unbesiegt.

A ■ Charakterisiere Roland. Warum weigert er sich zunächst, sein Horn zu blasen und Hilfe zu holen? Weshalb macht er es am Ende doch?

B ■ Lies **Text 94** und beurteile, ob Roland dem Ideal eines Ritters entspricht.

C ■ Roland war ein eine Heldenfigur im Mittelalter. Diskutiert, ob er euren Vorstellungen von einem Helden entspricht.

Mittelalter – ein spannendes Zeitalter

■ Text 96
Hildegard von Bingen

Was diese Frau alles gemacht hat! Den Kaiser beraten, Lieder geschrieben, Texte über Gott und die Welt verfasst, über Heilkunde und die Pflanzenwelt. Und das, obwohl im Mittelalter die Möglichkeiten von Frauen ganz stark eingeschränkt waren. Aber jetzt der Reihe nach:

Im »Hauptberuf« war Hildegard von Bingen Nonne: Schon mit acht Jahren bringen ihre Eltern sie in ein Kloster; dort lernt sie lesen, schreiben und ein bisschen Latein. Später wird sie zur Leiterin des Klosters – zur Äbtissin. Immer wieder legt Hildegard sich mit den Männern an, sogar mit dem mächtigen Bischof von Mainz. Denn sie hat oft ihre eigene Meinung: »Ich empfange Botschaften von Gott«, sagt Hildegard und schreibt sie in ihren Büchern auf. Sie lässt sich nicht einschüchtern und gründet ihr eigenes Kloster: Rupertsberg bei Bingen am Rhein. Hildegard ist eine ganz besondere Frau, die selbstbewusst auftritt und mit ihrer freundlichen Art die Menschen begeistert.

Sie ist bekannt: Als erste Nonne predigt sie öffentlich auf Marktplätzen, sie berät Kaiser Barbarossa und reist zu Klöstern.

Hildegard gilt aber auch als erste deutsche Naturforscherin und Heilerin: Sie schreibt über Pflanzen, über Krankheiten und wie sie entstehen. Das Besondere bei ihr ist, dass sie den Menschen »ganzheitlich« sieht: Für Hildegard ist ein Mensch nicht einfach nur krank. Wie er sich fühlt, ist genauso wichtig. Denn alles hängt für Hildegard miteinander zusammen: Der Körper und die Gefühle mit der Natur und mit Gott. […] In ihren Büchern gibt sie auch Tipps: Wie lebe ich gesund? Wie ernähre ich mich richtig? […]

Mit 81 Jahren stirbt sie im September 1179. Eine große Frau, die heute noch verehrt wird – in der katholischen Kirche sogar als Heilige.

A ■ Recherchiert zu Hildegard von Bingen.

B ■ Sammelt die Materialien und erstellt in Gruppenarbeit Plakate über das Leben Hildegards von Bingen. Stellt eure Plakate in Form eines Galeriegangs vor.

C₁ ■ Beantworte schriftlich folgende Frage: Warum ist Hildegard von Bingen auch heute noch populär, während Roland, der Ritter Karls des Großen, beinahe in Vergessenheit geraten ist?

C₂ ■ Verfasse für die Schülerinnen und Schüler der Unterstufe einen Steckbrief eines anderen mittelalterlichen Helden deiner Wahl.

→ **Grundwissen**, S. 297 f.

Mittelalter – ein spannendes Zeitalter

Moderne Helden

Eine Auswertung von Profileinträgen Jugendlicher ergab im Jahr 2008 folgendes Ergebnis:

Moderne Helden – Deutschland

#	Held	%
1	Superman	19,8 %
2	Gott	5,4 %
3	Brad Pitt	5,4 %
4	Harry Potter	4,8 %
5	Homer Simpson	3,9 %
6	Martin Luther King	3,6 %
7	Tupac Shakur	3,6 %

Quelle: qeep
Basis der Erhebung: 7.800 Profileinträge der 17- bis 25-Jährigen

A ■ Macht in eurer Klasse eine Umfrage: Wer sind für euch moderne Helden?
B ■ Erstellt Heldensteckbriefe, in denen ihr euren Held oder eure Heldin vorstellt und begründet, warum ihr ihn oder sie ausgewählt habt.

216

Mittelalter – ein spannendes Zeitalter

■ Text 97

Heldensuche: Aufruf des Bundespräsidenten zum Geschichtswettbewerb 2008/09

»Helden: verehrt – verkannt – vergessen«: So lautet 2008/2009 das Thema des Geschichtswettbewerbs des Bundespräsidenten. Helden sind Symbolfiguren, die durch ihre Haltung und ihr Tun Orientierung vermitteln können. Und zugleich sind sie Spiegelbilder der Zeit, die sie zu Helden gemacht hat.

Keine Frage: In Deutschland haben sich zu allen Zeiten Menschen mit großem Wagemut für Freiheit und Demokratie eingesetzt, haben als Wissenschaftler oder Kulturschaffende Außergewöhnliches geleistet oder unter Einsatz ihres Lebens andere aus gefährlichen Situationen gerettet. Aber viele Helden bleiben unerkannt. Denken wir nur an die aufrechten Menschen, die im Nationalsozialismus der Stimme ihres Gewissens folgten und zum Beispiel jüdische Mitbürger vor Verfolgung und Tod bewahrt haben, oder an Oppositionelle, die in der DDR trotz persönlicher Nachteile unerschrocken für die Freiheit eingetreten sind. Viele von ihnen konnten nur im Verborgenen wirken. Und viele wurden von ihren Gegnern nicht nur verfolgt, sondern ihr Andenken wurde totgeschwiegen. Umgekehrt ist mancher, der zu bestimmten Zeiten als Held gefeiert wurde, aus unserer heutigen Sicht alles andere als ein Vorbild, dem nachzueifern lohnt.

Das kritische Hinterfragen historischer Heldenfiguren und die Suche nach Menschen, deren vorbildliches Handeln bislang nicht im Scheinwerferlicht der Geschichte steht, kann unseren Blick schärfen für das, was im Leben des Einzelnen und der Gemeinschaft wirklich zählt: Zivilcourage, Tapferkeit, uneigennütziges Handeln. Es lohnt, den Spuren solcher Menschen zu folgen und ihre Geschichten zu erzählen. Diese Spurensuche wird – davon bin ich überzeugt – zugleich dazu anregen, über unsere Werte und das Zusammenleben in unserer Gesellschaft nachzudenken und Maßstäbe für das eigene Handeln zu entwickeln. […]

Euch, liebe junge Geschichtsforscherinnen und Geschichtsforscher, wünsche ich viel Erfolg bei der Suche nach den wahren Helden!

Oskar Schindler vor einem Flugzeug 1957; er war ein deutscher Unternehmer, der während des Zweiten Weltkriegs etwa 1200 bei ihm angestellte jüdische Zwangsarbeiter vor der Ermordung in den Vernichtungslagern des Nationalsozialismus bewahrte.

A ■ Welches Heldenbild vertritt der damalige Bundespräsident? Belege am Text.

B ■ Erstellt in Kleingruppen eine Ausstellung zu dem Thema des Geschichtswettbewerbs. Dabei könnt ihr die Themenstellung erweitern, indem ihr auch literarische Helden, »die durch ihre Haltung und ihr Tun Orientierung vermitteln«, mit einbezieht.

Theater, Theater

Der Kutschersitz[1]

1 **Kutschersitz** = atementlastende Sitzposition

Fangt mit dieser Übung an, um euch zu entspannen und zu konzentrieren:

- Setzt euch gerade auf die Stuhlkante, die Füße sind leicht gegrätscht, die Arme lasst ihr seitlich hängen; schließt die Augen.
- Lasst den Oberkörper sehr langsam auf die Knie sinken, der Kopf hängt zwischen den Knien.
- Gebt nach und nach das Gewicht völlig auf die Knie ab und lasst euch richtig hängen (die Nase wächst nach unten); atmet dabei ruhig weiter.
- Wenn ihr merkt, dass sich euer Körper entspannt, dann bringt ihr langsam wieder Spannung in den Körper – von unten nach oben aufbauend: die Zehen in den Boden »krallen«, die Hacken anspannen, dann die Waden, die Oberschenkel, das Gesäß.
- Richtet euch ganz langsam, Wirbel für Wirbel, wieder auf; hebt zuletzt behutsam den Kopf und streckt ihn, aber nicht die Schultern!

Vor der Übung
Die Tische werden zur Seite geschoben. Jeder sucht sich mit seinem Stuhl einen Platz im Klassenraum. Es wird nicht gesprochen. Der Spielleiter gibt die Anweisungen.

Theater, Theater

Theaterübungen

Momentaufnahmen

TIPP Teilt den Klassenraum in die Bereiche Bühne und Publikum.

Gefühlszustand
Geht im normalen Tempo umher, ohne Blickkontakt mit den anderen Spielern. Auf ein Zeichen friert ihr einen vorgegebenen Gefühlszustand (z. B. Trauer, Wut, Verzweiflung) wie auf einem ausdrucksstarken Foto für zehn Sekunden ein. Dann geht weiter und wartet auf die nächste Vorgabe.

Körpersprachen-Switch[1]
Verschiedene Ausdrucksformen sollen durch Körperhaltung, Bewegung und Mimik im fließenden Wechsel dargestellt werden. Achtet auf den allmählichen, nicht zu abrupten Wechsel! Hier ein paar Vorschläge für Ausdrucksformen: nachdenklich – entschlossen – misstrauisch – herzlich – gleichgültig – schüchtern – ablehnend – selbstzufrieden – nervös – wütend.

[1] switchen (engl. to switch) = umschalten, überwechseln

Bewegungspantomime
Geht auf unterschiedliche Weise im Raum (z. B. geschäftig, humpelnd, schleppend, schleichend) umher. Dabei sollt ihr die Bewegungen immer wieder kurz »einfrieren«, um die Aufmerksamkeit auf die Körperhaltung zu lenken.

Gruppenpantomime
Bildet mehrere Gruppen. Jede denkt sich eine Situation aus, die von allen pantomimisch zwei bis drei Minuten dargestellt werden soll. Hier ein paar Beispiele: ein sehr eigenartiges Objekt am Himmel erblicken; einen Fremden beobachten, einkreisen und ausschließen.

A ■ Führt die Übungen durch: Eine Gruppe spielt, eine schaut zu, dann wechselt ihr.

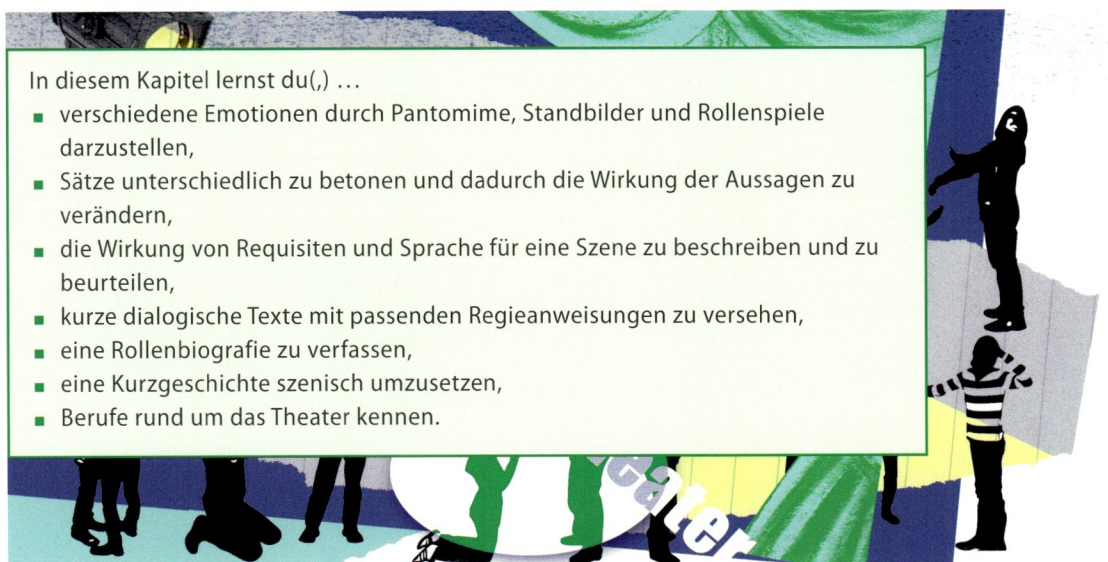

In diesem Kapitel lernst du(,) ...
- verschiedene Emotionen durch Pantomime, Standbilder und Rollenspiele darzustellen,
- Sätze unterschiedlich zu betonen und dadurch die Wirkung der Aussagen zu verändern,
- die Wirkung von Requisiten und Sprache für eine Szene zu beschreiben und zu beurteilen,
- kurze dialogische Texte mit passenden Regieanweisungen zu versehen,
- eine Rollenbiografie zu verfassen,
- eine Kurzgeschichte szenisch umzusetzen,
- Berufe rund um das Theater kennen.

Theater, Theater

A ■ Entscheide dich für einen Ort und überlege dir, wie sich eine Person, die sich an diesem Ort befindet, fühlen könnte. Notiere fünf Adjektive, die die Stimmung an diesem Ort wiedergeben.

 B ■ Haltet diese Stimmung in einem Standbild fest.

C ■ Lasst Personen, die sich ebenfalls an diesem Ort befinden, im Spiel aufeinandertreffen. Sprecht euch dazu untereinander nicht ab.

D ■ Setzt euch in Gruppen zusammen und entwickelt zu jeweils einem Raum eine kurze Szene.

Ein Standbild bauen

INFO

Ein **Standbild** zeigt eine Situation oder ein Gefühl als **Momentaufnahme**, bei der die Darsteller in ihrer Bewegung, ihrer Gestik und Mimik für kurze Zeit »**einfrieren**«. Vor dem Aufbauen des Standbildes wird bestimmt, wer Baumeister und wer Modell ist. Die Modelle verhalten sich völlig passiv und werden vom Baumeister in die richtige Position gebracht. Wenn das Bild »steht«, verharren alle Spieler für ca. 30 Sekunden starr und geben so den Beobachtern die Möglichkeit, das Bild auf sich wirken zu lassen.

A ■ Suche dir ein Bild aus und stelle das Gefühl in Form eines Standbildes dar. Achte dabei besonders auf deine Körperhaltung.

B ■ Die Stimme soll nun die Gestaltung des Standbildes unterstützen. Die nebenstehenden Äußerungen stehen dazu zur Auswahl. Bewegt euch gemeinsam im Raum.

 C ■ Führt die nachfolgenden Übungen durch.

Ah! ■ Ih! ■
Bäh! ■ Oh! ■
Eh! ■ Äh! ■
Uh! ■ Na? ■
Ach! ■ Ja! ■
Nein! ■ Wie? ■
Was? ■
Mmmh ■ So! ■
Und?

Herr und Knecht

Überlege dir, wie sich Herr und Knecht in Mimik und Gestik unterschieden. Stellt diese Beziehung in einem Standbild dar.

Vorne geht der Herr, der mit einer Zeitungsrolle in der Hand durch Haltung, Bewegung und Gang einen Herrn darstellt. Dahinter geht im Abstand von ein bis zwei Metern sein Diener. Er parodiert seinen Herrn durch Grimassen. Der Herr wittert diese Unbotmäßigkeit und versucht, ihn bei seinen Späßen zu ertappen.

Wenn der Herr etwas sieht, prügelt er mit seiner Zeitungspeitsche auf den Diener ein, der sofort unterwürfig reagiert. Dreht sich der Herr um und geht weiter, rächt sich der Diener, indem er seinen Herrn umso stärker parodiert.

Marionettentheater

Verteilt euch gleichmäßig im Raum und versucht, euch wie eine Marionette zu bewegen.

Findet euch in Paaren zusammen und einigt euch auf einen Ablauf, den ihr gemeinsam spielen wollt. Nun stellt sich der Marionettenspieler hinter seine Marionette auf einen Stuhl und bewegt die unsichtbaren Fäden der Marionette, die sich nun entsprechend bewegt. Beginnt zunächst sehr langsam. Falls ihr einen großen Spiegel zur Verfügung habt, könnt ihr diesen zum Üben verwenden.

D ■ Entscheide dich für einen der folgenden Sätze. Bewegt euch im Raum und geht aufeinander zu. Äußert nun jeweils euren Satz, wenn ihr vor einer Person steht.

- Das hast du davon!
- Schön, dich zu sehen!
- Beeil dich mal ein bisschen!
- Hast du morgen Zeit?
- Der Bus kommt gleich!

- Bis morgen!
- Hast du das gesehen?
- Muss das sein?
- Kann ich kurz vorbei?
- Das ist ja toll!

E ■ Eine Person aus der Klasse ist der Spielleiter, der angibt, wie ihr euren Satz äußern sollt: flüsternd ■ laut ■ singend ■ aggressiv ■ höflich ■ ironisch ■ liebevoll.

Theater, Theater

■ Text 98

Optiker Nolte *Loriot*

→ **Grundwissen**, S. 312

A ■ Erzähle die Handlung der Szene nach.

B ■ Erkläre, warum sich Optiker Nolte aus seinem Berufsleben zurückziehen möchte.

 C ■ Spielt die Szene in drei verschiedenen Varianten:
  a) pantomimisch und ohne Requisiten,
  b) pantomimisch und mit Requisiten,
  c) mit Sprache und Requisiten.

D ■ Vergleicht die Wirkung der drei Varianten.

Text 99
Der Milchtopf

Zwei Jungen, ein irdener Henkeltopf

Junge A *von rechts*
Junge B *von links*
Beide bleiben stumm, aber herausfordernd voreinander stehen.
Junge A Na?
Junge B Na?
Junge A *grob* Was hast'n da?
Junge B *ebenso* Siehst de doch - - 'n Topp!
Junge A For was?
Junge B Geht dich nischt an!
Junge A Du! Wird nicht frech!
Junge B So frech wie du kann keener wird'n!
Junge A Du! Soll ich dir vielleicht deinen Topp zertrümmern?
Junge B Mach's doch!
Junge A Dann heulste!
Junge B Ich? - - und heulen? Nich die Bohne – bin doch nicht du! Mach's doch - - aber du traust dich ja doch nicht!
Junge A Ich knall deinen Topp runter - - und du heulst - - garantiert!
Junge B Denkste! Nee - - ich heul nich!
Junge A *drohend* Pass auf! Ich mach's - -
Junge B Na, traust du dich!
Junge A holt aus und schlägt den Topf herunter, er zerspringt.
Junge A *platt* Du heulst wirklich nich?
Junge B *lacht* Nee - - denn den Topp hat sich nämlich meine Mutter eben erst von deiner Mutter geborgt!
Licht aus

A ■ Gestaltet den Text als szenische Lesung. Teilt den Text auf zwei Sprecher auf. Ein Erzähler übernimmt die Textteile, die keiner Person zugeordnet werden können.

→ **Grundwissen**, S. 312

Theater, Theater

Kurztexte zum Leben erwecken

> Kurze Texte, z. B. kleine dialogische Texte, Gedichte oder aber so genannte Minidramen eignen sich besonders gut für die szenische Umsetzung. Dabei kann man die Texte noch weiter ausgestalten. In diesem Teilkapitel lernst du, …
> - kurze Texte mit Regieanweisungen zu verknüpfen,
> - passende Kostüme auszuwählen,
> - eine Rollenbiografie zu verfassen.

■ Text 100
Wo?

A Wo?
B Da! Da!
A Da?
B Nein, da nicht! Da!
A Da?
B Da! Du Trottel!

■ Text 101
Na, wunderbar!

A Also?
B Also was?
A Du hast / Sie haben es getan, nicht wahr?
B Wovon redest du / reden Sie überhaupt?
5 A Das weißt du / wissen Sie ganz genau!
B Ich versteh gar nichts mehr.
A Tu / tun Sie doch nicht so.
B Aber ich hab doch überhaupt nichts angefasst!
A Und was ist das?
10 B Was?
A Na, das!
B Das?
A Und du hast / Sie haben gar nichts angefasst?! Na, wunderbar!

■ Text 102
Extrawürstchen

A Bitte!
B Lassen Sie mich!
A Ach, bitte!
B Gehen Sie!
5 A Aber ich will doch nur …
B Nur? Nur?
A Ja, wirklich, ich will …
B Nur was? Ein Extrawürstchen?
A Augenblick mal!
10 B Danke!

■ Text 103
Wenn du meinst!

A Es tut mir sehr leid …
B Schluss mit den Albernheiten!
A Beruhige dich!
B Das hättest du dir früher überlegen müssen!
5 A Also gut, dann eben nicht!
B Aber so hab ich das doch gar nicht gemeint!
A Wie denn?
B Jetzt hab ich wieder die Schuld!
A Und was machen wir jetzt?
10 B Das war nur ein Missverständnis!
A Wenn du meinst!

A ■ Entwickelt zu den Sprechtexten jeweils Szenen. In welcher Situation die Szene spielt und welche Stimmung herrscht, müsst ihr gemeinsam festlegen.
B ■ Ergänzt den Sprechtext nach eurer Idee um Regieanweisungen.

→ **Grundwissen**, S. 314

Theater, Theater

Eine Rollenbiografie verfassen
INFO

Die **Rollenbiografie** ist eine **Selbstdarstellung einer Person** in der **Ich-Form**. Sie kann auf folgende Fragen Antwort geben:
- Wer bin ich (Alter, Beruf, Herkunft, Familienstand, Beziehungen, Vorlieben) und wie heiße ich?
- Welche Eigenschaften habe ich?
- Bin ich eher aktiv oder passiv, bin ich fordernd oder zurückhaltend?
- Bin ich freundlich oder gemein zu anderen?
- Bin ich eher stark oder schwach?
- Was mag ich besonders, was mag ich gar nicht?
- Mit wem komme ich gut aus, mit wem habe ich Probleme?
- Was will ich in der Szene erreichen?
- Woher komme ich in dieser Szene?
- Wohin gehe ich nach dieser Szene?
- Wie geht es mir am Anfang in der Szene und wie geht es mir am Schluss?

Das Erstellen einer Rollenbiografie hilft dir, dich in eine Person besser hineinzuversetzen und sie dadurch glaubhafter auf der Bühne darzustellen.

Wer ist Xaver?

Ihr sollt die Bühnenfigur Xaver zum Leben erwecken. Außer dem Namen ist bisher nichts bekannt: Keiner weiß, wie Xaver aussieht, ob er ein älterer Herr oder ein junger Mann ist, was er für ein Leben führt, ob er ein Geizhals, ein Sonderling oder ein verkanntes Genie ist. Wer ist Xaver? Welche Rolle könnte er in einem Theaterstück spielen? Erfindet ihn!

A ■ Schreibt in Partnerarbeit eine Rollenbiografie zu der Bühnenfigur Xaver in der Ich-Form.
B ■ Erfindet eine zweite Figur, gebt ihr einen Namen und schreibt ihre Rollenbiografie.
C ■ Denkt euch eine Begegnung der beiden Figuren an einem bestimmten Ort aus und improvisiert einen kurzen Dialog, den ihr vorführt.

→ **Grundwissen**, S. 308
→ **Grundwissen**, S. 312

Beispiel für eine Rollenbiografie

Letzte Woche bin ich 65 geworden. So fühl ich mich manchmal auch. Ich bin ziemlich klein, ein bisschen dicklich, eher kugelig. Ich esse eben gern, habe nie Sport getrieben, lieber Schach gespielt und mich um den Garten gekümmert. Ich lebe mit meinem Pudel Flocki sehr zurückgezogen als pensionierter Postbeamter in dem Städtchen Heide. Am Wochenende besuche ich oft meine Geschwister …

D ■ Auf welche Fragen gibt die Rollenbiografie Antworten?
E ■ Welche weiteren Fragen könnten Aufschluss über diese Figur geben?
F ■ Schreibe diese Rollenbiografie weiter. Gib der Figur einen Namen.

Theater, Theater

■ Text 104

im park *Ernst Jandl*

bitte ist hier frei
nein hier ist besetzt
danke
bitte ist hier frei
5 nein hier ist besetzt
danke
bitte ist hier frei
nein hier ist besetzt
danke
10 ist hier frei
nein hier ist besetzt
danke
ist hier frei
hier ist besetzt
15 danke
ist hier frei
nein besetzt
danke
bitte ist hier frei
20 nein
danke
hier frei
besetzt
danke
25 ist hier frei
nein hier ist leider besetzt
danke
ist hier frei
bitte
30 danke

A ■ Überlege dir verschiedene andere Situationen, in denen dieser Text spielen könnte (z. B. in einem Bus, im Wartebereich am Flughafen).
B ■ Entwirf Rollenbiografien der beteiligten Personen und stelle sie dar.

■ Text 105
Herzstück *Heiner Müller*

Eins Darf ich Ihnen mein Herz zu Füßen legen?
Zwei Wenn Sie mir meinen Fußboden nicht schmutzig machen.
Eins Mein Herz ist rein.
Zwei Das werden wir ja sehn.
Eins Ich krieg es nicht heraus.
Zwei Wollen Sie, daß ich Ihnen helfe?
Eins Wenn es Ihnen nichts ausmacht.
Zwei Es ist mir ein Vergnügen. Ich kriege es auch nicht heraus.
Eins heult.
Zwei Ich werde es Ihnen herausoperieren. Wozu habe ich ein Taschenmesser. Das werden wir gleich haben. Arbeiten und nicht verzweifeln. So, das hätten wir. Aber das ist ja ein Ziegelstein. Ihr Herz ist ein Ziegelstein.
Eins Aber es schlägt nur für Sie.

A ■ Wie könnte dieses Stück in verschiedenen Zeiten gespielt werden?
– im Mittelalter auf einer Ritterburg: Minnesänger und adlige Dame,
– während einer Tanzstunde zu Beginn unseres Jahrhunderts,
– in einer modernen Disco.
Überlegt, welche Kostüme und Requisiten ihr dazu benötigt.

B ■ Versucht, den Text mit Andeutungen von Kostümen, die zu den jeweiligen Zeiten passen, umzusetzen.

C ■ Tauscht euch über mögliche Schwierigkeiten bei der Umsetzung der Spieltexte in diesem Teilkapitel aus. Entwickelt daraus Tipps für das Spielen.

Theater, Theater

Einen Erzähltext auf die Bühne bringen

> Auch Kurzgeschichten eignen sich besonders gut für eine szenische Umsetzung. In diesem Teilkapitel lernst du, …
> - die Handlungsschritte der Kurzgeschichte in Spielszenen umzuwandeln,
> - eine Bühnenfassung der Kurzgeschichte zu erstellen.

A ■ Lies die Geschichte.

■ Text 106

Ihr dürft mir nichts tun *Achim Bröger*

Wir hatten einen bei uns in der Klasse. So fangen Schulgeschichten an. Aber Bernds Geschichte kann nicht so anfangen. Da wäre schon das erste Wort falsch. *Wir* hatten Bernd nicht. Zwischen uns und ihm gab es kein Wir. Wir waren die Klasse. Bernd war erst mal nur ein Satz von Hopf, dem Klas-
5 senlehrer: »Wir bekommen einen Neuen. Der lag lange im Krankenhaus und wird vieles nicht mitmachen können. Kümmert euch um ihn. Gebt euch Mühe.«

Bernd Braeckow kam. Am Anfang fiel vor allem seine Narbe auf. Diese lange rote Furche am Hinterkopf. Als hätten sie ihn da umgegraben. Bernds Narbe, die sich wegen seiner kurz geschnittenen Haare nicht übersehen ließ. Und das
10 Tablettenschlucken fiel natürlich auch auf. Jede Stunde eine. Die Packung steckte in seiner Schultasche wie bei uns das Pausenbrot.

Was haben die nur mit seinem Kopf gemacht?, hatte ich oft überlegt und mir alles Mögliche vorgestellt. Aber fragen wollte ich ihn nicht danach, die anderen auch nicht. Und er erzählte nie irgendwas davon.

15 Er redete überhaupt nicht viel. Nach der Schule kam er stumm zur Fußball-
wiese mit und trug uns den Ball. Dann stand er neben dem Tor und sah mit seinen großen, vorstehenden Augen zu. Oder er stand daneben, wenn wir mit den Mädchen aus unserer Klasse Völkerball spielten. Bernd mit seiner Narbe am Hinterkopf und dem Tablettenröhrchen in der Tasche sah immer nur zu und
20 sagte nichts. So war das jedenfalls am Anfang.

Einmal waren wir bei ihm eingeladen. Kuchen gab's und Kakao. Und das alles in einem kleinen Wohnzimmer. Wir saßen zu fünft auf einem weichen Sofa und versanken darin. Bernd zwischen uns. Seine Mutter saß im einzigen Sessel. Ein Vater hätte in diese Wohnung nicht mehr gepasst.

25 Seine Mutter sagte: »Ihr seid also Bernds Freunde.« Wir nickten, obwohl das sicher nicht stimmte. Wie bei einem Krankenhausbesuch war das, stockend und leise. Keiner wusste, worüber man reden sollte, gespielt wurde auch nichts. Die Mutter saß daneben, beobachtete uns und sagte: »Greift doch zu. Fühlt euch wie zu Hause.« Wir blieben dann nicht lange.

30 Eigentlich wollte ich den Bernd wirklich zu meinem Geburtstag einladen, weil er mir leidtat. Aber mehr als acht Leute passten nicht in mein Zimmer. Bernd war zu viel. Er wurde auch sonst von niemandem eingeladen.

Eine Zeit lang ging Bernd noch stumm neben uns her und sah uns zu. Trug den Ball, stand neben dem Tor und wurde immer mehr übersehen. Aber plötzlich ließ er sich nicht mehr übersehen. Wenn ein Ball auf ihn zurollte, drosch er ihn weit in die Büsche. Dann rannte er weg und schrie aus sicherer Entfernung: »Ihr dürft mir nichts tun!«

Das hatte uns auch der Klassenlehrer gesagt: »Passt auf, dass ihm keiner was tut. Das könnte böse ausgehen.«

Wir sahen hinter Bernd her. Einer meinte: »Komischer Kerl, hat bisher nie was gesagt und jetzt schreit er plötzlich los.« Als das öfter vorkam, hieß es:

»Der ist unberechenbar. Das hat wohl was mit der Narbe am Kopf zu tun. Vielleicht sollte er mal andere Tabletten nehmen.«

Dann begann Bernd zu schlagen. Er haute auf dem Schulhof dem Pit die Faust in den Magen, weil der ihn aus Versehen berührt hatte. Der starke Pit schnappte nach Luft.

Bernd stand vor ihm, rot im Gesicht, und sagte: »Du darfst mir nichts tun!«

»Der glaubt wohl, er kann sich alles erlauben. Nur weil er irgendwas am Kopf hat. So ein fieser Kerl.«

Mit dem Mitleid war's jetzt vorbei. Wir ließen ihn stehen. Unseren Ball trugen wir selbst.

Bernd schlug immer häufiger und schrie sein »Ihr dürft mir nichts tun!« Irgendwie erfuhr unser Klassenlehrer davon. Er sagte: »Schluckt's runter, auch wenn ihr wütend auf ihn seid. Und fasst ihn bitte nicht an.«

Wir fassten ihn nicht an. Und wir redeten kein Wort mit ihm, obwohl Bernd plötzlich überhaupt nicht mehr still war. Er schrie und tobte, wenn ihm eine Kleinigkeit nicht passte. Bernd haute um sich, egal, wohin er traf, meldete jeden, der abschrieb oder in der Pause nicht auf den Hof hinunterging. Bernd Braeckow wirkte wie ausgewechselt. Wir standen da und schüttelten die Köpfe. Immer öfter sagte einer: »Der ist ja nicht normal. Jetzt dreht er völlig durch.«

Als Bernd krank wurde, wollte ihm keiner die Schularbeiten bringen. Hopf musste erst einen bestimmen. Und er bat wieder: »Gebt euch Mühe mit ihm, auch wenn er anders ist.« Noch drei Tage kam Bernd in die Schule. Dann blieb er für immer weg. Hopf sagte dazu: »Wir haben's nicht geschafft.«

Bernd hatte nur seine Narbe, seine Tabletten und keinen von uns. Deswegen kann ich nicht sagen: Wir hatten einen bei uns in der Klasse. Es gab kein Wir. Für kurze Zeit gab es den gleichen Klassenraum und die gleichen Lehrer. Sonst nichts.

B ■ Entscheide dich für einen Satz aus der Kurzgeschichte, der dir bemerkenswert vorkommt: ein Satz, der dich verwirrt, verärgert oder besonders anspricht.

→ vgl. S. 129 ff.

C ■ Geht im Raum umher. Immer wenn ihr einer Person begegnet, äußert ihr euren Satz.

D ■ Formuliert Fragen, die ihr an die Personen oder ihr Verhalten habt: *Welche Krankheit hat Bernd? Wie fühlt sich der Erzähler, als Bernd nicht mehr in der Klasse ist?*

E ■ Prüft, welche Passagen der Kurzgeschichte sich szenisch darstellen lassen.

Theater, Theater

In dieser Tabelle wird die Handlung der Kurzgeschichte »Ihr dürft mir nichts tun« als Folge von Szenen dargestellt.

Handlungsschritte / Fragen des Regisseurs	Handlungsorte	Personen
Der »Neue« erscheint – *Wie reagieren die Mitschüler?*	1. Klassenzimmer	Klassenlehrer Bernd Schülerinnen/Schüler
Fußballspiel – Völkerball *Wie verhält sich Bernd?*	2. Fußballwiese I	Bernd Mädchen/Jungen aus der Klasse
»Wie bei einem Krankenhausbesuch …« – *Wie sieht das aus?*	3. Wohnzimmer bei Bernd zu Hause	Bernd seine Mutter vier Jungen aus der Klasse
Bernd »dreht völlig durch« – *Was sagen die anderen?*	4. Fußballwiese II	Bernd Mädchen und Jungen aus der Klasse
Bernd schlägt Pit – *Wie reagieren die anderen?*	5. Auf dem Schulhof	Bernd Pit weitere Schüler
Bernds Satz »Ihr dürft mir nichts tun« – *Zu wem, wie oft und wie sagt er ihn?*	6. Fußballwiese III	Bernd mehrere Mädchen und Jungen aus der Klasse
Ein Schüler bei Bernd im Krankenhaus *Wie verläuft die Begegnung?*	7. Krankenhauszimmer *nur angedeuteter Handlungsschritt*	Bernd ein Mitschüler [Stationsarzt]
Bernds Wegbleiben Gespräch in der Klasse *Was ist passiert?*	8. Klassenzimmer *offenes Ende*	Klassenlehrer Schülerinnen/Schüler

> trotzig ▪ verwirrt ▪ leise ▪ ärgerlich ▪ mit den Rücken zu den anderen ▪ verlegen ▪ neidisch ▪ allein ▪ auf Augenhöhe sprechend ▪ abweisend ▪ Stille ▪ Abstand ▪ jemanden übersehen ▪ aggressiv ▪ laut ▪ ausfällig ▪ eingeschüchtert ▪ mitleidig ▪ wütend ▪ von unten nach oben blickend

→ **Ein Standbild bauen**, S. 220

→ **Grundwissen**, S. 312

A ▪ Bildet Gruppen und gestaltet zu den einzelnen Handlungsorten ein Standbild. Achtet dabei besonders auf die Beziehungen der Personen untereinander.

B ▪ Jede Gruppe wählt einen Handlungsschritt aus und improvisiert dazu eine kurze Szene. Beachtet dabei folgende Arbeitsschritte:
- Haltet zunächst die Stimmung fest, die in dieser Szene herrscht.
- Einigt euch darauf, welche Regieanweisungen für euch entscheidend sind.
- Diskutiert, wie die Personen zueinander stehen müssen, damit ihr Verhalten abweisend, mitleidig, eingeschüchtert, aggressiv wirkt. Übt das Verhalten ein.
- Überlegt, ob und welche Requisiten ihr benötigt.

C ▪ Schreibt zu dem ersten Handlungsschritt eine Dialogfassung mit Regieanweisungen.

■ Text 107
Die Szene bei Bernd zu Hause

Wir saßen zu fünft auf einem weichen Sofa.

Ort: *Wohnzimmer*
Personen: *Bernd, seine Mutter, vier Mitschüler*

Es ist halb fünf. Die Mutter sitzt im Sessel, ihr gegenüber auf der Couch sitzt Bernd zwischen seinen vier Mitschülern. Er hält einen Becher mit Kakao in der Hand. Auf dem Couchtisch steht eine Platte mit Kuchenstücken.

Bernds Mutter *(freundlich)* Ihr seid also Bernds Freunde. *(Stille)*
1.–4. Mitschüler *(nicken unsicher. Bernd beobachtet sie aus dem Augenwinkel.)*
4. Mitschüler *(leise)* Ja – ja. *(Verlegenes Räuspern. Stille.*
Die Mutter legt Bernd ein neues Stück Kuchen auf den Teller. Er isst schweigend.)
5 **Bernds Mutter** Na, erzählt mal, was macht ihr so in eurer Freizeit?
(Stille. Bernd schaut immer wieder vom Teller zu den Schülern rechts und links neben ihm.)
1. Mitschüler Wir spielen Fußball. *(Steckt schnell ein Stück Kuchen in den Mund.)*
10 **Bernd** *(eifrig)* Wir sind mittwochs immer zusammen auf der Fußballwiese.
(Die anderen schauen ihn kurz an. Bernd senkt den Blick.)
2. Mitschüler *(zögernd)* Na ja, es sind nicht immer alle da. *(Stille)*
Bernds Mutter *(deutet zur Kuchenplatte)* Greift doch zu. Fühlt euch wie zu Hause.
15 *(Stille. Mitschüler 2 nimmt verlegen ein Stück Kuchen, reicht es dem Nachbarn, nimmt sich selbst ein Stück. Schweigend essen alle. Drei Mitschüler gleichzeitig:)*
2. Mitschüler *(zögernd)* Ich hab nachher noch Training.
3. Mitschüler *(schnell)* Also, ich muss dann auch mal gehen, weil …
4. Mitschüler *(sich unsicher erhebend)* Es ist ja schon halb fünf. Also, dann …
20 **Bernd** *(trotzig)* Ist mir doch egal …

A ■ Ergänzt diese Szene und spielt sie.
B ■ Schreibt weitere Spielszenen mit Dialogen und Regieanweisungen. Orientiert euch an der Szenenübersicht und verwendet die Dialoge aus dem Erzähltext.
C ■ Probt die Szenen und spielt sie vor.

→ **Grundwissen**, S. 312

Theater, Theater

[1] **Bühnenfassung** = Bühnenbearbeitung eines literarischen Werks (z. B. einer Erzählung), die für die Aufführung auf der Bühne bestimmt ist.

Eine Bühnenfassung[1]

Ihr könnt auf der Basis aller bisherigen Schritte eine Bühnenfassung der gesamten Erzählung »*Ihr dürft mir nichts tun*« erstellen und eine Aufführung vor anderen planen. Hier sind ein paar Ideen dazu.

▶ Programmheft

Ihr dürft mir nichts tun
Kurzgeschichte von Achim Bröger
in einer Spielfassung der Klasse 7c

Personen:
Bernd Braeckow, der Neue; seine Mutter;
Herr Hopf, Klassenlehrer der 7c; Pit; vier Mitschüler;
weitere Schülerinnen und Schüler der Klasse 7c
Regie:
Bühnenbild:
Beleuchtung und Tontechnik:

▶ Regiekonzept

Für die Erzählerfigur muss eine Lösung gefunden werden.
Ein Vorschlag: ...

▶ Vorszene

[Musikeinblendung]
[Spieler: Freeze]

Alle Schüler stehen auf der Bühne, mit dem Rücken zum Publikum, Arme hinten verschränkt. Ein Schüler steht an der Rampe zum Publikum gewandt. Er schaut mit weit geöffneten Augen ins Leere.

Parallel zu diesem Eröffnungsbild ertönt eine Stimme aus dem Off:

Sprecher Wir hatten einen bei uns in der Klasse. So fangen Schulgeschichten an. Aber Bernds Geschichte kann nicht so anfangen. [...] Bernd war erst mal nur ein Satz von Hopf, dem Klassenlehrer: »Wir bekommen einen Neuen. Der lag lange im Krankenhaus und [...]«

Theater, Theater

▶ **Szene 1**

[Freeze]

Im Klassenzimmer. Herr Hopf am Pult mit dem neuen Schüler. Alle Blicke auf Bernd gerichtet.

Parallel aus dem Off:
Sprecherin Bernd Braeckow kam. Am Anfang fiel vor allem seine Narbe auf. Diese lange …

[Auflösen des Freeze]
Bernd geht zu einem freien Platz, setzt sich. – Pause –

Dialog
Schüler 1 *(flüstert)* Guck mal, die Narbe …
Schüler 2 … und die Augen, komisch irgendwie …

▶ **Szene 2**

Auf der Fußballwiese
Sprecher Ihr dürft mir nichts tun! *(mehrmals, laut)*

▶ **Szene 3**

Wohnzimmer bei Bernd
Mutter …

A ■ Erstellt in Gruppenarbeit eine Bühnenfassung der Kurzgeschichte von Achim Bröger. Geht dabei folgendermaßen vor:
– Ergänzt das Regiekonzept.
– Fertigt eine vollständige Spielfassung an und kopiert sie.
– Verteilt die Rollen und beginnt mit dem Einstudieren der Szenen.
– Führt eure Szenen vor.

B ■ Gebt euch anschließend Feedback: Was war gut gelungen, was weniger gut?   → vgl. S. 193

Theater, Theater

Hinter den Kulissen

Bei eurer eigenen Inszenierung hast du gemerkt: Es steckt viel Arbeit darin, ein Theaterstück zu inszenieren. In diesem Teilkapitel lernst du …
- Begriffe und Berufe rund um das Theater kennen.

A ▪ Erkundigt euch, wo es in eurer Nähe ein Theater gibt.
B ▪ Besorgt einen aktuellen Spielplan des Theaters und überlegt, ob ihr als Klasse gemeinsam ins Theater gehen wollt.
C ▪ Beschreibe mit Hilfe der Illustration auf der gegenüberliegenden Seite die verschiedenen Berufe, die es im Theater gibt.
D ▪ Vergleiche diese mit den Aufgaben, die ihr in euren Theaterübungen und in eurer Inszenierung übernommen habt.

Spielplan | INFO

Unter einem **Spielplan** versteht man im Theater die **Übersicht der geplanten Aufführungen**. Darin sind jedoch nicht nur das Stück, der Autor und das Datum der Aufführung angeführt. In der Regel werden auch Regisseur und Hauptdarsteller genannt. Besitzt das Theater verschiedene Aufführungsorte, so finden sich diese auch im Spielplan.

E ▪ Falls es bei euch in der Nähe ein Theater gibt, erkundigt euch, ob man eine Führung hinter den Kulissen machen könnte.
 F ▪ Beende folgenden Satz: Am Theater/Theaterspielen reizt mich besonders …

Training: Schreiben

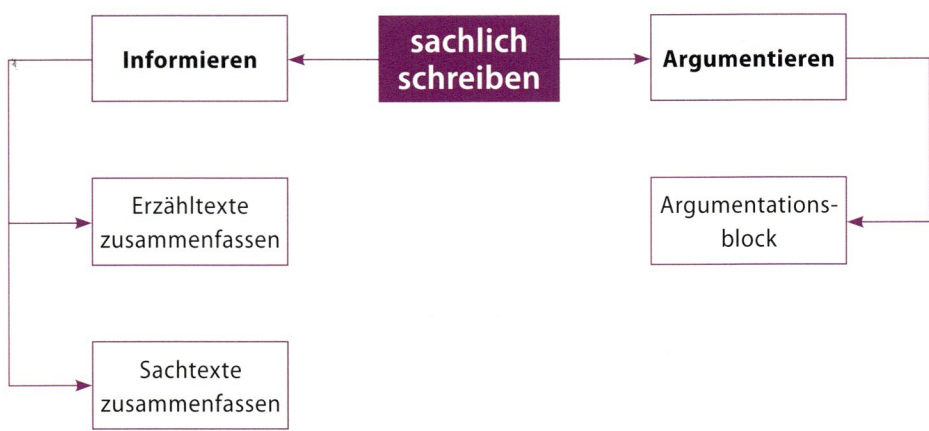

→ **Grundwissen**, S. 294 ff.

A ■ Notiere in Form eines »Spickzettels«, wie du bei den jeweiligen Schreibanlässen vorgehen musst.

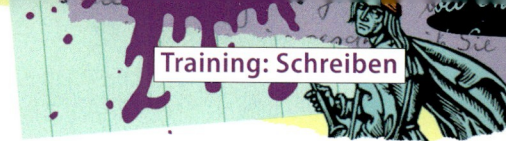

Training: Informieren

Erzähltexte zusammenfassen

■ Text 108
Huck rettet das Leben der Witwe *Mark Twain*

Huck und Tom wollen an eine Schatzkiste kommen, die im Besitz des Kriminellen Indianer Joe ist. Huck hat die Aufgabe, in der Nacht zu wachen.

Die Uhr schlug elf, und die Lichter des Wirtshauses wurden gelöscht. Überall herrschte jetzt Dunkelheit. Huck wartete, wie ihm schien, eine elend lange Zeit, aber nichts geschah. Seine Zuversicht schwand. Hatte es einen Sinn? Hatte es wirklich irgendeinen Sinn? Sollte er nicht aufgeben und schlafen gehen?

5 Ein Geräusch drang an sein Ohr. Im Nu war er hellwach. Die Tür zur Gasse wurde leise geschlossen. Er sprang hinter die Ecke des Kramladens. Im nächsten Moment eilten zwei Männer an ihm vorbei, der eine von ihnen schien etwas unter dem Arm zu tragen. Das musste die Kiste sein! Also schafften sie den Schatz woanders hin. [...]

10 Huck schloss auf und verkürzte den Abstand, denn sie würden ihn nicht sehen können. Er trottete ein Weilchen vor sich hin, dann verlangsamte er seinen Schritt, weil er fürchtete, zu schnell aufzuholen, ging noch ein Stück und blieb dann stehen. Er horchte. Kein Laut. Nichts als das Klopfen seines Herzens. Von der anderen Seite des Hügels erklang der Ruf einer Eule – ein Unglück verhei-
15 ßender Laut! Aber keine Schritte. Verflixt, war alles umsonst! Er wollte schon die Beine in die Hand nehmen, als ein Mann sich räusperte – keine vier Fuß[1] von ihm entfernt! Hucks Herz machte einen Hüpfer bis hoch in seinen Hals, aber er schluckte es wieder runter, und dann stand er da und zitterte wie von einem Dutzend Schüttelfrösten gleichzei-
20 tig geschüttelt. Ihm war so schwach, dass er glaubte, er würde gleich zu Boden stürzen. Er wusste, wo er war. Er wusste, er war nur fünf Schritte von dem Zaunübertritt, der zum Grundstück der Witwe
25 Douglas führte. [...]

Jetzt erklang eine Stimme – eine sehr leise Stimme – die von Indianer Joe:

»Zur Hölle mit ihr, sie hat scheint's Be-
30 such – da ist noch Licht, obwohl's so spät ist.«

»Ich seh keins.«

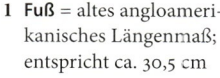

1 **Fuß** = altes angloamerikanisches Längenmaß; entspricht ca. 30,5 cm

Training: Schreiben

Das war die Stimme des Fremden – des Fremden aus dem Spukhaus. Eine tödliche Kälte griff nach Hucks Herz – das war also die »Rache«, die sie vorhatten! Sein erster Gedanke war, zu fliehen. Dann fiel ihm ein, dass die Witwe Douglas mehr als einmal nett zu ihm gewesen war, und vielleicht wollten diese Männer sie ermorden. […]

»Weil der Busch es dir verdeckt. Jetzt – hier rüber – jetzt kannst du's sehen, oder?«

»Ja. Sie *muss* Besuch haben, schätz ich mal. Geben wir's besser auf.«

»Aufgeben, wo ich kurz davor bin, das Land für immer zu verlassen? Aufgeben und vielleicht nie wieder die Gelegenheit kriegen? Ich sag dir's noch mal, wie ich's dir schon mal gesagt habe – mich interessiert nicht ihr Zaster, den kannst du haben. Aber ihr Mann hat mich mies behandelt – oft hat er mich mies behandelt – aber vor allem war er der Friedensrichter, der mich wegen Rumtreiberei eingelocht hat. Und das ist nicht alles. Es ist noch nicht mal ein Millionstel! Er hat mich *auspeitschen lassen*! Vor dem Gefängnis auspeitschen lassen wie nen Nigger! Und die ganze Stadt hat zugeguckt! AUSGEPEITSCHT! – verstehst du? Er war schneller als ich und ist abgekratzt! Aber *ihr* zahl ich's heim.«

»Nein, bring sie nicht um! Mach das nicht!«

»Umbringen? Wer hat was von Umbringen gesagt? *Ihn* würd ich umbringen, wenn er da wäre. Wenn du an ner Frau Rache nehmen willst, dann bringst du sie nicht um – Schwachsinn! Du machst dich an ihr Gesicht. Du schlitzt ihr die Nase auf, du kerbst ihr die Ohren ein wie ner Sau!«

»Um Himmels willen, das ist ja …« […]

Huck ahnte, dass nun Schweigen eintreten würde – etwas noch Grauenhafteres als jedes Mordgerede. Also hielt er den Atem an und machte äußerst vorsichtig einen Schritt rückwärts. Er setzte seinen Fuß vorsichtig, aber fest. […] Als er beim Steinbruch ankam, fühlte er sich in Sicherheit, also nahm er seine flinken Beine in die Hand. Hinunter und hinunter raste er, bis er das Haus des Walisers erreichte. Er schlug an die Tür und bald steckten der alte Mann und seine beiden stämmigen Söhne die Köpfe aus den Fenstern.

»Was ist das für'n Lärm da draußen? Wer klopft da? Was willst du?« […]

»Aber bitte, sagen Sie's nie weiter, dass *ich* es Ihnen gesagt hab«, waren Hucks erste Worte, als er ins Haus kam, »bitte nicht! Ich werd sonst umgebracht, das ist sicher. Aber die Witwe war manchmal nett zu mir und ich will alles sagen, ich *werd* alles sagen, wenn Sie mir versprechen, dass Sie niemandem sagen, dass ich es war.«

»Bei Gott, er hat wirklich was zu sagen, sonst würd er sich nicht so aufführen!«, rief der alte Mann. »Raus damit, und keiner hier wird dich jemals verraten, Junge.«

Drei Minuten später waren der alte Mann und seine Söhne bewaffnet auf dem Weg den Hügel hinauf. […]

A ■ Lies den Text: Warum hat Huck Todesangst?

Fragen an einen Text stellen

> Die Überschrift deutet auf eine lebensbedrohliche Situation hin.

> Huck handelt aus Dankbarkeit klug und mutig, obwohl er selbst in großer Gefahr ist.

> Bei seiner Verfolgung erfährt er von dem schrecklichen Vorhaben Indianer Joes. Er sucht Hilfe bei einem Waliser und seinen Söhnen, die der Witwe sofort zur Hilfe eilen.

> Huck hält Wache in der Nacht, um, wenn Indianer Joe das Haus verlässt, die Schatzkiste an sich zu nehmen. Als er zwei Männer mit einer Kiste kommen sieht, glaubt er, dass sie den Schatz woanders hinbringen. Er folgt ihnen.

1. Worauf deutet die Überschrift hin?
2. Wie ist die Ausgangssituation?
3. Welche Figuren werden auffallend charakterisiert?
4. Wie stehen die Figuren zueinander?
5. Welche Handlungsvorgänge sind wichtig?
6. Welche überraschenden Wendungen gibt es?
7. Wie endet der Romanausschnitt?
8. Wie lautet die Aussage des Romanauszugs?

> Obwohl der Schluss offen ist, wird deutlich, dass die beiden Verbrecher ihre Mordpläne nicht ausführen können.

> Indianer Joe will Rache an der Witwe Douglas nehmen, deren verstorbener Mann, der Friedensrichter, Indianer Joe der Justiz übergeben hat. Huck hat furchtbare Angst.

> Die Verfolgung der beiden Männer dient zunächst nur Hucks Schatzsuche. Huck erkennt dann, dass sie etwas ganz anderes vorhaben. Er will flüchten, als er von ihren Mordplänen erfährt. Er holt Hilfe.

> Indianer Joe und der Fremde sind skrupellos, wollen Rache an der Witwe nehmen. Huck hat Angst vor den Verbrechern, dennoch zeigt er aus Dankbarkeit Mut, um die Witwe zu retten.

B ■ Ordne die Antworten den Fragen zu. Unterschiedliche Zuordnungen sind möglich.

Training: Schreiben

Emilias Gliederung

Abschnitt 1
Nach langer Wartezeit erscheinen die beiden Verbrecher.

Abschnitt 2
Huck nimmt trotz riesiger Ängste die heimliche Verfolgung auf.

→ **Grundwissen**, S. 294

Falks Gliederung

Abschnitt 1
Langeweile

Abschnitt 2
Plötzliches Erscheinen von zwei Männern

Abschnitt 3
Verfolgung der Männer durch Huck

Abschnitt 4
Hucks Todesängste

Die Uhr schlug elf, und die Lichter des Wirtshauses wurden gelöscht. Überall herrschte jetzt Dunkelheit. Huck wartete, wie ihm schien, eine elend lange Zeit, aber nichts geschah. Seine Zuversicht schwand. Hatte es einen Sinn? Hatte es wirklich irgendeinen Sinn? Sollte er nicht aufgeben und schlafen gehen?

Ein Geräusch drang an sein Ohr. Im Nu war er hellwach. Die Tür zur Gasse wurde leise geschlossen. Er sprang hinter die Ecke des Kramladens. Im nächsten Moment eilten zwei Männer an ihm vorbei, der eine von ihnen schien etwas unter dem Arm zu tragen. Das musste die Kiste sein! Also schafften sie den Schatz woanders hin. […]

Huck schloss auf und verkürzte den Abstand, denn sie würden ihn nicht sehen können. Er trottete ein Weilchen vor sich hin, dann verlangsamte er seinen Schritt, weil er fürchtete, zu schnell aufzuholen, ging noch ein Stück und blieb dann stehen. Er horchte. Kein Laut. Nichts als das Klopfen seines Herzens. Von der anderen Seite des Hügels erklang der Ruf einer Eule – ein Unglück verheißender Laut! Aber keine Schritte. Verflixt, war alles umsonst! Er wollte schon die Beine in die Hand nehmen, als ein Mann sich räusperte – keine vier Fuß von ihm entfernt!

Hucks Herz machte einen Hüpfer bis hoch in seinen Hals, aber er schluckte es wieder herunter, und dann stand er da und zitterte wie von einem Dutzend Schüttelfrösten gleichzeitig geschüttelt. Ihm war so schwach, dass er glaubte, er würde gleich zu Boden stürzen. Er wusste, wo er war. Er wusste, er war nur fünf Schritte von dem Zaunübertritt, der zum Grundstück der Witwe Douglas führte. […]

A ■ Vergleiche die beiden Gliederungsvorschläge: Worin gleichen sie sich, was ist unterschiedlich? Welcher Gliederungsvorschlag überzeugt dich mehr?

B ■ Gliedere den weiteren Text von S. 237 f. (Z. 26 ff.), finde dafür Überschriften oder fasse den Abschnitt jeweils in einem Satz zusammen.

■ Text 109
Was ist passiert?

Hucks Freund Tom Sawyer wäre gern in dieser Nacht dabei gewesen. Er liebt Abenteuer. Jetzt muss Huck ihm alles erzählen. So hätte das Gespräch zwischen ihnen verlaufen können:

Tom Blöd, dass ich diese Nacht nicht mit dir Wache gehalten habe. Erzähl doch mal, wo du warst, als die beiden in die Gasse traten.
Huck Na, ich lag wie üblich auf der Lauer, um den Schatz endlich zu bekommen. Wollte schon aufgeben,
5 hat sich ja nichts gerührt. Ja, und da kamen sie …
Tom Wer, Huck?
Huck Indianer Joe, ist doch klar.
Tom Und wer noch?
Huck Indianer Joe und der Fremde aus dem Spukhaus.
10 Mann, hatte ich ne Angst.
Tom Hätte ich auch. Komm, erzähl weiter.
Huck Wir wollten doch die Schatzkiste. Dachte, die wollen sie verstecken, deshalb bin ich ihnen vorsichtig in der Dunkelheit gefolgt. Und dann plötzlich war alles still, ich hab nichts mehr gehört.
15 **Tom** Weiter, mach es nicht so spannend, und dann?
Huck Und plötzlich hörte ich ein Räuspern, direkt vor mir. Fast wäre ich in sie reingelaufen. Und als ich mich umschaute, sah ich, dass alles ganz anders war.
Tom Wie, alles anders? Los, weiter!
Huck Na, wir standen nicht weit entfernt vom Haus der Witwe Douglas. Also,
20 es ging gar nicht um die Schatzkiste, sie wollten der Witwe an den Kragen. Mir wurde ganz schlecht. Rache wollte Indianer Joe an ihr nehmen, jetzt, wo der alte Friedensrichter Douglas tot ist.
Tom Mann, wäre ich doch dabei gewesen. Was hast du dann gemacht?
Huck Ich bin ja ein ziemlicher Nichtsnutz, sagen alle, wollte auch schon
25 weglaufen. Doch dann hab ich gedacht, dass die Witwe immer so gut zu mir war …
Tom Und was hast du getan?
Huck …
Tom Hat der dich überhaupt reingelassen?
30 **Huck** …
Tom Mensch, Huck, warum war ich bloß nicht dabei!

A ■ Ergänze Hucks Antworten, indem du die wichtigsten Inhalte des Textes von S. 237 f. nennst.
B ■ Überprüfe, inwiefern Tom alle wichtigen Informationen über das nächtliche Abenteuer erhalten hat.

Training: Schreiben

■ Text 110
Huck findet den entflohenen Sklaven Jim *Mark Twain*

Huck hat sich auf der Flucht vor seinem Vater auf die unbewohnte Insel Jackson Island geflüchtet. Um seine Flucht zu tarnen, täuscht er vor, dass er ermordet und sein Leichnam im Fluss versenkt worden sei. Auf der Insel stößt er auf den entflohenen Sklaven Jim. Huck erzählt:

Ich musste rauskriegen, wer hier mit mir auf der Insel war. Entweder ich krieg's raus oder ich drehe durch. […] Also nahm ich mein Gewehr und schlich in die Richtung, wo ich auf das Lagerfeuer gestoßen war, hielt aber alle ein, zwei Minuten an, um zu horchen. Irgendwie hatte ich kein Glück, ich konnte die
5 Stelle nicht finden. Doch dann sah ich kurz Feuerschein aufblitzen, weiter weg zwischen den Bäumen. Ich ging langsam und vorsichtig darauf zu, bis ich nah genug war, um was sehen zu können, und da lag ein Mann auf dem Boden. Mir lief es kalt den Rücken runter. Er hatte eine Decke über dem Kopf und sein Kopf lag fast im Feuer. Ich hockte mich hinter ein Gebüsch, vielleicht sechs Fuß von
10 ihm entfernt, und ließ ihn nicht aus den Augen. Jetzt dämmerte es grau. Ziemlich bald gähnte er und räkelte sich und warf die Decke ab, und da war es Miss Watsons Jim! War ich vielleicht froh, ihn zu sehen! Ich sagte:

»Hallo, Jim!«, und hüpfte hinter dem Busch hervor.

Er schrak hoch und starrte mich wild an. Dann fiel er auf die Knie und presste
15 die Hände zusammen und sagte:

»Tu mir nix – bloß nix! Ich hab noch nie nem Gespenst was getan. Ich hab Tote immer gern gehabt und alles für sie getan, was ich konnte. Du gehst jetzt

Training: Schreiben

wieder innen Fluss zurück, wo du hingehörst, und tust dem alten Jim nix, der immer dein Freund gewesen is.«

20 Na, ich machte ihm schnell klar, dass ich nicht tot war. Ich war so froh, Jim zu sehen. Jetzt war ich nicht mehr allein. Ich sagte ihm, ich hätte keine Angst, dass *er* den Leuten verrät, wo ich war. Ich redete einfach drauflos und er saß nur da und starrte mich an, sagte aber kein Sterbenswort.

Dann sagte ich:

25 »Es ist schon richtig hell. Lass uns frühstücken. Mach dein Lagerfeuer ruhig wieder an.«

»Was hat'n das für 'n Sinn, das Lagerfeuer anzumachen, um Erdbeern und so 'n Grünzeug zu kochen. Aber du hast ja 'n Gewehr! Da können wir was Besseres als Erdbeern holen.«

A ▪ Lies den Text, gliedere ihn in wichtige Handlungsschritte. → **Grundwissen**,
B ▪ Verfasse auf der Grundlage deiner Notizen eine Textzusammenfassung. S. 294

▪ Text 111
Inhaltsangabe – ein Beispiel

In diesem Textauszug aus dem Roman *Huckleberry Finns Abenteuer* von Mark Twain wird von dem glücklichen Zusammentreffen des auf eine Insel geflohenen Jungen Huck mit dem flüchtigen Sklaven Jim erzählt, der sich dort versteckt hält.

5 Von Angst getrieben, macht sich Huck vorsichtig auf die Suche nach der Person, die auch auf der Insel zu sein scheint. Als er in der Ferne einen Feuerschein sieht, schleicht er sich an und entdeckt einen Mann, der sich dort zum Schlafen hingelegt hat. Gegen Morgen wacht der Mann auf und Huck, der ihn die ganze Zeit beobachtet hat, bemerkt zu seiner großen Erleichterung, dass es sich um
10 den Sklaven Jim handelt, der ihm sehr vertraut ist. Doch als er sich zu erkennen gibt, ist Jim zu Tode erschrocken, weil er den Geist eines Toten zu sehen meint, der ihm Böses will. Er beschwört Huck, von ihm zu lassen, denn er habe noch nie einem Gespenst etwas zuleide getan. Während Huck versucht, beruhigend auf ihn einzureden, sitzt Jim völlig erstarrt und stumm da. Huck schlägt vor,
15 dass sie frühstücken. Jim allerdings möchte, dass sie sich mit dem Gewehr etwas Besseres besorgen als Erdbeeren.

Der Romanausschnitt zeigt, wie ein weißer Junge und ein Sklave, beide auf der Flucht, aufeinandertreffen und jeder froh ist, einen Gefährten gefunden zu haben.

C ▪ Untersuche genauer, welche Handlungsschritte gerafft wiedergegeben sind und vergleiche sie mit deiner Fassung.
Was ist gleich? Was fehlt?

Training: Schreiben

■ Text 112
Huck legt die Sklavenjäger rein *Mark Twain*

Huck und Jim treiben den Mississippi auf einem Floß hinunter, um die Stadt Cairo im Staat Ohio zu erreichen, wo die Sklaverei abgeschafft ist. Huck plagen Gewissensbisse: Darf er gegen das Gesetz handeln und Jim helfen?

Es blieb uns nichts zu tun, als nach der Stadt Ausschau zu halten, damit wir sie nicht verpassten. Er sagte, er würde sie todsicher sehen, weil er in genau der Minute ein freier Mann wäre. Wenn er sie aber verpasste, wäre er wieder im Sklavenland und hätte keine Chance auf Freiheit mehr. […]

5   Ich spähte nach einem Licht aus und sang dabei vor mich hin. Dann sah ich eins. Jim jubelte: »Wir haben's geschafft, Huck, wir sind in Sicherheit! Komm, mach nen Luftsprung! Das ist das gute alte Cairo, das weiß ich ganz sicher!«

Ich sagte: »Ich nehm das Kanu und guck nach, Jim. Vielleicht ist es doch was anderes.«

10   Er sprang auf und machte das Kanu fertig. […]

Ich bewegte mich nur langsam vorwärts, und ich war mir nicht sicher, ob ich froh sein sollte, dass ich losgefahren war, oder nicht. […]

In dem Moment kommt ein Ruderboot mit zwei bewaffneten Männern vor-

Training: Schreiben

bei. Sie hielten an und ich hielt auch an. Der eine von ihnen sagte: »Was ist denn das da drüben?«

»Ein Stück von nem Floß«, sagte ich.

»Gehörst du dazu?«

»Ja, Sir.«

»Sind da Männer drauf?«

»Nur einer, Sir.«

»Hör mal, heute Nacht sind fünf Nigger durchgebrannt, ein Stück vor der Flussbiegung da oben. Ist dein Mann weiß oder schwarz?«

Ich antwortete nicht sofort. Ich versuchte es, aber die Worte kamen nicht über meine Lippen. Ich versuchte es ein oder zwei Sekunden lang, mich zusammenzureißen und raus damit, aber ich war nicht Manns genug – hatte nicht so viel Mut wie ein Hase. Ich spürte, dass ich's nicht schaffte. Also gab ich's auf und sagte: »Er ist weiß.«

»Ich glaube, wir sehen lieber mal selber nach.«

»Ach, das wäre toll«, sagte ich, »denn es ist mein Pa, der da liegt, und vielleicht können Sie mir helfen, das Floß rüber ans Ufer zu ziehen, da, wo das Licht ist. Er ist krank – genauso wie Mum und Mary Ann.« […]

»Sag mal, Junge, was ist denn mit deinem Vater?«

»Es sind … hem … die … hm … es ist nix Schlimmes, nich sehr.«

Sie hörten auf zu rudern. Es war nur noch ein kurzes Stück bis zum Floß. Der eine sagte: »Junge, du schwindelst. Was ist mit deinem Vater? Sag jetzt die Wahrheit, das ist besser für dich.«

»Ja, Sir, ich will ganz ehrlich … aber lassen Sie uns bitte nicht im Stich. Es sind die … die … Gentlemen, wenn Sie nur noch ein bisschen weiterrudern und ich Ihnen die Leine gebe, Sie brauchen dazu gar nicht nah ans Floß zu kommen – bitte!«

»Ruder zurück, John, zurück!«, sagte der andere. Sie ruderten rückwärts. »Bleib uns vom Leib, Junge – bleib auf der Leeseite¹. Verdammt, wahrscheinlich hat's der Wind schon zu uns hergetragen. Dein Vater hat die Pocken, das weißt du ganz genau. Warum hast du das nicht gleich gesagt? Willst du alle Leute damit anstecken?«

»Nein«, stammelte ich weinend, »aber immer, wenn ich's vorher gesagt habe, sind die Leute weg und haben uns im Stich gelassen.«

»Armer Teufel, da ist was dran. Du tust uns wirklich leid, aber wir – verdammt, wir wollen keine Pocken kriegen, verstehst du. […] Auf Wiedersehen, mach's gut. Wenn du ein paar davongelaufene Nigger siehst, holst du Hilfe und schnappst sie dir, damit kannst du ein bisschen Geld verdienen.«

»Auf Wiedersehen, Sir«, sagte ich, »ich werd keine davongelaufenen Nigger durchlassen, wenn ich's verhindern kann.«

Sie fuhren weg und ich stieg aufs Floß […].

1 Leeseite = die dem Wind abgekehrte Seite

A ■ Schreibe zum Text »Huck legt die Sklavenjäger rein« eine Textzusammenfassung.

→ **Grundwissen**, S. 294

Training: Schreiben

Sachtexte zusammenfassen

■ Text 113
Wale: Gefahr durch Treibnetze

Durch Überfischung wurden die küstennahen Fischbestände so stark dezimiert, dass die nationalen Fischereigesetze und Kontrollen verschärft werden mussten, um die wertvollen Nahrungsquellen zu schützen. Die Fischereiflotten reagierten auf diese veränderte Situation, indem sie auf die hohe See
5 auswichen. Mangelnde Kontrollmöglichkeiten und noch ungenutzte Fischpopulationen[1] versprachen auch hier wieder reiche Gewinne. Da die Fischbestände in den küstenfernen Meeresgebieten verstreuter vorkommen, wurden die Netze vergrößert: Bis zu 120 km lange Treibnetze fischen alles ab, was in sie hineingerät, und dies sind nicht nur die bejagten Thun- und Tintenfische oder
10 Lachse. So dokumentierte die Umweltorganisation Greenpeace die Fangzahlen einer aus 20 Schiffen bestehenden japanischen Flotte, die in nur 3 Monaten neben mehr als 700.000 Thunfischen auch 4.000 Haie und 6.400 Delphine erlegte. Hinzu kommen Schätzungen, wonach jährlich Zehntausende von Dalls-Schweinswalen in den Netzen japanischer Tintenfischfänger zugrunde gehen
15 und mindestens 2.000 Gestreifte Delphine im Mittelmeer als Beifang durch die Jagd der Italiener auf Schwertfisch und Bonito umkommen. Auch der Nördliche Glattdelphin-, der Pazifische Weißseiten- und der Gewöhnliche Delphin wie auch viele andere Walarten sind stark gefährdet, denn die verwendeten Nylonnetze sind so fein, dass selbst das hoch entwickelte Sonarsystem[2] der Zahnwale
20 die Gefahr nicht erkennt.

Nach vorsichtigen Hochrechnungen bewegt sich die weltweite Tötung der Meeressäuger durch Hochseetreibnetze jährlich im Bereich sechsstelliger Zahlen. Bei einer Todeswand von 60.000 km Länge, die jede Nacht allein von asiatischen Fangflotten im Pazifik ausgelegt wird, ist diese Rechnung wahr-
25 scheinlich noch zu niedrig angesetzt, denn nicht mehr nur die Ursprungsländer der Treibnetzfischerei wie Japan, Taiwan und Korea, sondern auch Frankreich, England, Spanien, Irland oder Dänemark werfen mittlerweile ihre Fallen aus. Hinzu kommt, dass die synthetischen[3] Netze nicht immer vollständig wieder eingeholt werden. So fangen jährlich weitere 1.000 km Geisternetze alles ab, was
30 in sie hineingerät, bis sie unter dem Gewicht ihrer Opfer zu sinken beginnen und noch Bewohner der Tiefsee unter sich begraben.

Nur wenige Länder haben bisher versucht, dieser ökologischen Katastrophe in ihren eigenen Hoheitsgewässern[4] Einhalt zu gebieten (Neuseeland, Australien), oder haben gar den Treibnetzflotten die Hafenrechte entzogen (Südafrika,
35 Mauritius). Zwar verbietet seit einiger Zeit ein Beschluss der Europäischen Gemeinschaft Treibnetze von mehr als 2,5 km Länge, doch wurde ihre Anzahl nicht limitiert. Und selbst wenn Treibnetze bald international verboten werden soll-

---

1 **Population** = Bevölkerung

2 **Sonarsystem** = hier: Fähigkeit der Wale, Gegenstände und Lebewesen zu orten

3 **synthetisch** = künstlich hergestellt

4 **Hoheitsgewässer** = hier: in den an ihr Land angrenzenden Küstenstreifen

ten, dürfte eine Kontrolle der Fangschiffe auf den Weltmeeren wohl unmöglich sein. Außerdem hat Japan, bekannt für seine ungewöhnliche Auffassung von wissenschaftlicher Forschung, bereits angekündigt, dass es zu Forschungszwecken die Treibnetzfischerei weiterbetreiben will.

A ■ Kläre weitere, dir unbekannte Begriffe.
B ■ Prüfe, welche der Merkmale von Sachtexten, die im Infokasten auf S. 41 genannt werden, in **Text 113** vorkommen.

Bei folgenden Formulierungen handelt es sich um »Paraphrasen«:

a Die Netze wurden vergrößert, weil die Fischbestände fern von der Küste verstreuter sind.
b Nach bestimmten Schätzungen gehen jährlich Tausende Schweins-Dallwale in den Netzen von japanischen Fischern zugrunde.
c Außerdem werden die synthetischen Netze nicht immer vollständig wieder eingeholt.
d Die Europäische Gemeinschaft verbietet zwar seit einiger Zeit Treibnetze mit einer Länge über 2,5 Meter, aber ihre Anzahl wurde nicht limitiert.

A ■ Vergleiche die Paraphrasen mit den entsprechenden Stellen im **Text 113**. Beschreibe so genau wie möglich, worin sie sich unterscheiden und worin sie sich gleichen.
B ■ Bestimme die Wörter, die für eine Textzusammenfassung auf jeden Fall ersetzt werden, und die Stellen, die sich im Satzbau ändern müssen. Formuliere dann für jeden der Sätze einen neuen Vorschlag.
C ■ Finde heraus, unter welchem Oberbegriff folgende Begriffsreihen hier zusammenzufassen sind. Benutze in Zweifelsfällen ein Lexikon. Beachte unbedingt den Zusammenhang, in dem die Begriffe im Text stehen.

→ **Grundwissen**, S. 295

a Thunfisch, Schwertfisch, Bonito, Tintenfisch, Lachs
b Japan, Taiwan, Korea
  Frankreich, England, Spanien, Irland, Dänemark
c Dalls-Schweinswale, Gestreifte Delfine
d Nördlicher Glattdelfin, Pazifischer Weißseitendelfin, Gewöhnlicher Delfin, Zahnwale

D ■ Bestimme: Welche Zahlen aus dem Text müssen exakt in einer Textzusammenfassung wiedergegeben werden? Wie geht man mit den anderen Angaben um?
E ■ Schreibe eine Textzusammenfassung von **Text 113**.

Training: Schreiben

■ Text 114

Pro Delfinhaltung: Tiergarten hofft auf Zuchterfolge

Bildung, Forschung sowie Werbung für Tier- und Artenschutz« sind für den stellvertretenden Direktor des Nürnberger Tiergartens Helmut Mägdefrau die schlagenden Argumente für die Delfinhaltung. Mit dem Einzug in die Delfinlagune soll es auch mit dem Nachwuchs bei den Meeressäugern klappen.

»Zucht müsste klappen«

Zwischen 1986 und 1998 habe der Tiergarten Nürnberg gute Zuchterfolge bei Delfinen verbuchen können, erklärt Mägdefrau. Fünf Jungtiere wurden großgezogen. Damals seien die Bedingungen für die Delfine allerdings sehr viel schlechter gewesen als heute, so Mägdefrau. Woran es liegt, dass es im Nürnberger Tiergarten mit dem Nachwuchs nicht klappt, weiß er nicht genau. Auch Forscher und Wissenschaftler können sich die schwierige Nachzucht nicht erklären. Mägdefrau ist allerdings optimistisch, dass sich mit dem Einzug in das neue Zuhause auch die Zuchterfolge wieder einstellen.

Wenn es allerdings langfristig mit der Zucht nicht klappt, müsse auch der Tiergarten darüber nachdenken, die Delfinhaltung aufzugeben, gibt Helmut Mägdefrau zu. »Dabei sprechen wir von einem Zeitraum von zirka 20 Jahren«, so der Vize-Tiergartenchef. Die Tiergarten-Verantwortlichen geben sich selbstbewusst. »Alle Experten aus Amerika, aus den Niederlanden und anderen Ländern haben uns bestätigt, dass es klappen müsste«, erklärt Mägdefrau. Zuchterfolg lasse sich nur langfristig messen. Wann es wieder Nachwuchs bei den Delfinen geben soll, steht nach Mägdefraus Angaben noch nicht fest.

Delfine oder Elefanten

Auf 1.580 Quadratmetern haben die Verantwortlichen im Tiergarten Nürnberg mit der Delfinlagune ein neues Zuhause für Delfine, Manatis und Seelöwen geschaffen. Die Tiere können sich in sechs Becken bewegen.

Viele Zoos haben ihre Delfinarien geschlossen. Das liege aber nicht daran,

dass sie sich grundsätzlich gegen die Delfinhaltung entschlossen hätten, sondern daran, dass sich die Tierparks entscheiden müssten, für was sie Geld ausgeben wollen. In Hamburg haben die Verantwortlichen anstelle eines Delfinariums ein Orang-Utan-Haus gebaut. »Wir in Nürnberg mussten uns entscheiden: Delfine oder Elefanten«, erklärt Mägdefrau. Beides wäre zu teuer geworden. Deshalb werde es nach seinen Angaben in Nürnberg bis auf weiteres keine Elefanten geben.

Unterstützung von Hilfsprojekten

Der Tiergarten Nürnberg unterstützt verschiedene Forschungs- und Hilfsprojekte. Eines davon ist »yaqu pacha« auf der chilenischen Insel Chiloé. Der Lebensraum der dort lebenden Delfine ist durch große Muschelfarmen bedroht. Oft enden die Tiere als Beifang im Netz der Fischer. Mit der finanziellen Unterstützung des Tiergartens führt ein Forschungsteam in Chile Workshops durch. Den Menschen vor Ort soll damit gezeigt werden, warum es notwendig ist, die im Meer lebenden Tiere zu schützen.

Nach eigenen Angaben hat der Tiergarten ein starkes Interesse daran zu sehen, wie und wann sich Delfine wohl fühlen. Eine Untersuchung der Universität Bayreuth zum Thema Stress habe gezeigt, dass die Tiere während des Trainings oder einer Vorstellung keine erhöhte Anzahl an Stresshormonen ausschütten, erklärt Mägdefrau. Sie würden sich bis zu 80 Prozent so verhalten wie im Freiland.

A ▪ Formuliere das Thema des Textes in einem präzisen Satz. Worum geht es?
B ▪ Teile den Text in Sinnabschnitte. Schreibe die Schlüsselbegriffe des vorliegenden Textes nebeneinander in dein Heft und notiere unter jeden jeweils ca. 3 – 5 weitere Begriffe, die ihn entsprechend dem Text näher erläutern.
C ▪ Formuliere eine Textzusammenfassung, die weniger als die Hälfte des Umfangs des vorliegenden Textes hat.

→ **Grundwissen**, S. 294 f.

▪ Text 115
Kontra Delfinhaltung: »Besser in Delfinschutz investieren«

Die Delfin-Nachzucht ist nicht nachhaltig«, argumentiert Karsten Brensing, Meeresbiologe der »Whale & Dolphin Conservation Society« (WDCS). Der Tiergarten Nürnberg hätte seiner Ansicht nach die 24 Millionen Euro für den Bau der Lagune in den Delfinschutz investieren sollen.

Wenn die Delfinzucht nicht funktioniert, seien Delfinarien auf Wildfänge angewiesen, zeigen sich die Tierschützer der WDCS besorgt. Um zu verhindern, dass Delfine aus dem Meer gefangen werden, gebe es nur eine Lösung: ein striktes Verbot der Delfinhaltung. Außerdem könnten Menschen den Meeressäugern keine artgerechten Lebensbedingungen schaffen. Ein Clownfisch, der

Training: Schreiben

in einer Annemone leben kann, habe sein ganzes Umfeld. Ein Delfin brauche sehr viel mehr Platz, erklärt der Meeresbiologe Karsten Brensing.

Für die Tiere, die bereits im Tiergarten leben, sei die Lagune eine Verbesserung, auch wenn die Anlage nicht optimal gestaltet sei, erklärt Brensing. Da Delfine nicht rückwärts schwimmen können, würden sie in freier Wildbahn niemals in Becken schwimmen, die durch ein Tor oder eine Schwelle verbunden sind. »Das ist für Delfine eine gefährdende Situation«, so der Delfinschützer.

Mehr Transparenz gefordert

»Wir sind sehr besorgt, weil Delfinzucht und -haltung in den Tiergärten nicht transparent ist«, sagt Brensing. Die Sorge der Tierschützer: Wenn sich keine Zuchterfolge einstellen, würden die Zoos eventuell auf Wildfänge zurückgreifen – auch wenn das in Europa verboten ist. »Über Schlupflöcher wurden in den Jahren zwischen 1998 und 2004 viele Wildfänge in die EU eingeführt«, so Brensing. Darum hat sich die WDCS vor dem Bayerischen Verwaltungsgerichtshof uneingeschränkte Akteneinsicht über die Delfinhaltung im Nürnberger Tiergarten erklagt.

Delfine lernen voneinander

Wie die Verantwortlichen im Tiergarten weiß auch Brensing nicht genau, warum die Zucht von Delfinen so schwierig ist. Wissenschaftler gehen davon aus, dass Meeressäuger die Geburt und Aufzucht der Kleinen voneinander lernen. Dadurch, dass sie in Gefangenschaft bei der Geburt separiert werden, können sie das nicht, so der Meeresbiologe. Die ersten Delfine in Gefangenschaft seien Wildfänge gewesen, die das Gebären noch in ihrer sozialen Gruppe gelernt hätten. Die nächste Generation konnte sich das Verhalten nicht abschauen, erklärt Brensing.

Ab 2012 soll in der Lagune eine so genannte Delfin-Therapie angeboten werden. Nach Angaben des Tiergartens hat eine Forschungsreihe der Universitäten Würzburg und Berlin ergeben, dass autistische Kinder offener werden, nachdem sie mit Delfinen geschwommen sind. Das sehen die Tierschützer vom WDCS kritisch. »Die Delfin-Therapie gilt nicht als erfolgversprechend«, so Brensing. Eine richtige Therapie würde mit wilden Tieren nicht funktionieren. Diese reagieren nur auf ihren Trainer und interagieren nicht mir ihren Patienten, erklärt der WDCS-Biologe. Außerdem sei die Therapie im Vergleich zum Beispiel mit einer Reit-Therapie sehr viel teurer.

→ **Grundwissen**, S. 294 f.

A ■ Formuliere das Thema des Textes in einem präzisen Satz. Worum geht es?

B ■ Teile den Text in Sinnabschnitte. Schreibe die Schlüsselbegriffe des vorliegenden Textes nebeneinander in dein Heft und notiere unter jeden jeweils ca. 3 – 5 weitere Begriffe, die ihn entsprechend dem Text näher erläutern.

C ■ Formuliere eine Textzusammenfassung, die weniger als die Hälfte des Umfangs des vorliegenden Textes hat. Achte dabei insbesondere darauf, die wörtliche Rede in eigene Formulierungen einzubauen oder in indirekter Rede wiederzugeben.

Training: Argumentieren

■ Text 116

»Markenklamotten« – ein Gespräch in der Pause

Tom Was haltet ihr denn von Jonas' neuer Jeans?
Mona Ich finde seine neue Jeans nicht so toll, weil er damit doch nur angeben will. Schließlich wissen ja alle, was so eine Markenjeans kostet.
Michael Ich meine dagegen, jeder sollte das anziehen, was ihm gefällt.
Olga Es geht doch nicht nur um den persönlichen Geschmack und die eigene Freiheit. Du solltest aber auch einen anderen wichtigen Punkt nicht übersehen: Nicht alle Schüler können sich so teure Klamotten kaufen.
Moritz Ist das nicht dein Problem, wenn du nicht genug Geld hast? Ich jedenfalls will nicht in einer Schuluniform herumlaufen.
Tom Vielleicht könnt ihr etwas sachlicher miteinander streiten …
Tabea Meiner Meinung nach ist es nicht so wichtig, was ein Mensch anzieht, weil es mir weniger auf sein Äußeres ankommt.

Mona Moritz hat eben von Schuluniformen gesprochen. Er hat sie zwar abgelehnt, aber haben Schuluniformen nicht auch ihr Gutes?
Michael Na ja, da ist wohl etwas dran, Mona. Denn wenn alle – wie zum Beispiel in England – Schuluniformen tragen, sieht man nicht, ob die Eltern viel oder wenig Geld haben. Es gibt so wahrscheinlich weniger Vorurteile über Mitschülerinnen und Mitschüler.
Tom Vielleicht können wir uns darauf einigen, dass jeder das anziehen soll, was er will und ihm gefällt – natürlich auch Jonas. Aber dieses Recht sollten eben alle haben, ohne dass jemand ausgegrenzt wird. Und jetzt müssen wir in die Klasse zurück. Es hat schon längst geklingelt!

A ■ Untersuche, wie hier argumentiert wird. Arbeite dazu Behauptungen, Begründungen und Beispiele heraus.

→ **Grundwissen**, S. 295 ff.

Training: Schreiben

Handy und MP3-Player in der Schule?

In vielen Schulen ist es Schülerinnen und Schülern nicht erlaubt, Handys oder ähnliche technische Geräte zu benutzen.
Als es im Deutschunterricht der Klasse 7c um den Gebrauch von Medien geht, entsteht eine Diskussion über diese Regelung: Was spricht dafür? (Pro), was spricht dagegen? (Kontra)

Hausordnung einer Schule

[…]

5. **Nutzung digitaler Medien**

Handys und vergleichbare digitale Geräte verbleiben im Unterricht und bei Schulveranstaltungen ausgeschaltet in der Tasche. Bei Klassen- und Studienfahrten erstellen die Fahrtenleiter entsprechende Regeln für die Nutzung dieser und ähnlicher Geräte.
Nicht vorher durch die Schulleitung genehmigte Aufzeichnungen in Bild und Ton – ausgenommen für unterrichtliche Zwecke – sind verboten.
Bei Zuwiderhandeln gegen diese Regeln werden die entsprechenden Geräte durch die Lehrerin / den Lehrer eingezogen. Sie werden nur den Erziehungsberechtigten oder den volljährigen Schülerinnen und Schülern am Ende des Schultages im Schulbüro wieder ausgehändigt.

[…]

Die Schülerinnen und Schüler der Klasse 7c bereiten eine Pro-und-Kontra-Diskussion zum Thema »Mediennutzung in der Schule« vor. Dazu stellt die Hälfte der Klasse Pro-Argumente, die andere Hälfte Kontra-Argumente in Form von Diskussionskärtchen zusammen.

KONTRA Handy-Verbot

Behauptung: Ich muss mein Handy immer benutzen können.

Begründung: Meine Eltern muss ich immer erreichen können.

Beispiel: Wenn ich in einer Notsituation bin, muss ich doch gleich zu Hause anrufen.

→ **Grundwissen**, S. 295 ff.

A ■ Finde Argumentationsblöcke – so wie in dem Beispiel –, sowohl pro als auch kontra Mediennutzung in der Schule.

Training: Schreiben

Pro Delfinhaltung: Argumentationsblöcke

> Die Delfine im Tiergarten stehen stellvertretend für viele ihrer Art. Sie sind sozusagen Werbeträger.

> Durch die Haltung der Delfine in Gefangenschaft können Menschen die Tiere »live« erleben und viel über sie lernen, erklärt Mägdefrau.

> »Wenn alle Besucher des Delfinariums zum ›Dolphin Watching‹ fliegen würden, wäre das eine ökologische Katastrophe«, so der stellvertretende Tiergarten-Direktor.

> Nur durch Delfinarien ist die Erforschung der Delfine schnell vorangeschritten.

> »Wie die Partnerwahl bei Delfinen abläuft, können wir natürlich nicht in einem Delfinarium erforschen, aber beispielsweise welche Situationen Stress auslösen«, so Mägdefrau.

> Durch den Besuch des Delfinariums bilden sich die Menschen weiter.

> Der Tier- und Artenschutz wird durch die Haltung in Zoos gewährleistet.

> Gewisse Reaktionen und Verhaltensweisen können auf einfache Art und Weise erforscht werden.

> Im Tiergarten können die Menschen die Meeressäuger hautnah erleben und lernen, was jeder Einzelne für den Schutz der Delfine tun kann.

A ■ Je drei Sätze gehören thematisch zusammen. Sortiere sie.
B ■ Die drei Sätze bilden jeweils einen Argumentationsblock. Bestimme jeweils Behauptung, Begründung und Beispiel.
C ■ Sortiere die Argumentationsblöcke nach dem Prinzip der Steigerung.

→ **Grundwissen**, S. 295 ff.

Training: Schreiben

Kontra Delfinhaltung: Gliederung

> **Argumentationsblock Bildungsauftrag**
> **Behauptung:** ...
> **Begründung:** Die Tiere müssen in der Delfinlagune vor Menschen geschützt werden, die Essen ins Wasser schmeißen. Warntafeln wie im Tiergarten sind nicht ausreichend.
> **Beispiel:** In einer Show-Fütterung lernen Tiergarten-Besucher nur, Wildtiere zu füttern – egal mit was.

> **Argumentationsblock Nachzucht**
> **Behauptung:** Eine nachhaltige Nachzucht in Gefangenschaft ist nicht möglich.
> **Begründung:** ...
> **Beispiel:** Nach Angaben des Nürnberger Tiergartens sind seit 1980 elf Delfin-Babys gestorben.

> **Argumentationsblock Soziale Struktur**
> **Behauptung:** Delfine leben in sozialen Gruppen zusammen. Junge Männchen gelten als Unruhestifter.
> **Begründung:** Darum müssten die Tiere eine Möglichkeit haben weit genug von der Gruppe wegschwimmen zu können.
> **Beispiel:** ...

→ **Grundwissen**, S. 295 ff.

→ vgl. S. 26 ff.

A ■ Ergänze die drei Argumentationsblöcke jeweils um den fehlenden Aspekt.

B ■ Entscheide dich entweder für oder gegen die Delfinhaltung und bereite die begründete Stellungnahme vor. Gehe dabei folgendermaßen vor:
- Sammle weitere Stichpunkte für Argumentationsblöcke. Tipp: Du kannst dabei auf die Texte aus dem Kapitel »Schreiben« zurückgreifen.
- Formuliere weitere Argumentationsblöcke. Wähle drei Argumentationsblöcke aus, die dich am meisten überzeugen, und sortiere diese nach dem Prinzip der Steigerung.
- Fertige eine Gliederung an und formuliere Einleitung und Schluss.

C ■ Verfasse eine vollständige begründete Stellungnahme pro oder kontra Delfinhaltung in Form eines Leserbriefs für die Schülerzeitung. Beachte dabei die Regeln zur Sprache des Argumentierens (vgl. Info-Kasten auf der S. 58).

Lösungshinweise

Training: Informieren

Erzähltexte zusammenfassen

■ **Aufgabe A (Seite 237)**

Huck gerät in Lebensgefahr, als er Indianer Joe folgt. Wenn er entdeckt wird, muss er um sein Leben fürchten. Er erfährt Grauenhaftes von dem skrupellosen Mann, was eigentlich für das Ohr eines Jungen nicht bestimmt ist: der teuflische Plan, sich an der Witwe Douglas schrecklich zu rächen.

■ **Aufgabe B (Seite 239)**

Mögliche Zuordnungen von Antworten zu den Fragen:

Frage 1: Die Überschrift deutet auf eine lebensbedrohliche Situation hin.

Frage 2: Huck hält Wache in der Nacht, um Indianer Joe heimlich zu folgen, wenn dieser das Haus verlässt, …

Frage 3: Indianer Joe und der Fremde sind skrupellos …

Frage 4: Die Verfolgung der beiden Männer dient Huck …; Indianer Joe und der Fremde sind skrupellos, wollen …

Frage 5: Indianer Joe will Rache an der Witwe Douglas nehmen, …; Bei seiner Verfolgung erfährt er von dem schrecklichen Vorhaben Indianer Joes. …

Frage 6: Indianer Joe und der Fremde sind skrupellos, wollen Rache an der Witwe nehmen. Huck hat Angst … um die Witwe zu retten; Die Verfolgung der beiden Männer … Er will flüchten … Er holt Hilfe.

Frage 7: Obwohl der Schluss offen ist, wird deutlich, dass …

Frage 8: Huck handelt aus Dankbarkeit klug und mutig, obwohl er selbst in großer Gefahr ist.

■ **Aufgabe A (Seite 240)**

Unterschiedliche Lesarten führen zu unterschiedlichen Textmarkierungen. Dadurch entstehen Lese- und Sinneinheiten. Im Allgemeinen werden sich die Schüler bei der Textgliederung zwar an den sichtbaren Abschnitten orientieren, so wie es sowohl Emilia wie auch Falk getan haben (1. Abschnitt, Z. 1–6, 2. Abschnitt, Z. 7–13). Der nächste große Abschnitt wird dann unterschiedlich in Sinneinheiten aufgeteilt werden. Emilia könnte den Abschnitt in weitere drei Sinneinheiten gliedern: 3. Abschnitt, Z. 14–18: Huck nimmt die Verfolgung auf; 4. Abschnitt, Z. 18–22: Huck meint, die Männer verloren zu haben; 3. Abschnitt, Z. 22–32: Huck hört die Männer ganz dicht vor sich und fürchtet sich zu Tode; d. h., Emilia geht eher kleinschrittig vor. Falk könnte mehr zusammenfassen und wählt zwei Sinneinheiten: Z. 14–22: Verfolgung der beiden Männer in der Dunkelheit und Z. 22–32 Hucks Todesängste. Entsprechend formuliert Emilia näher am Text Überschriften in ganzen Sätzen, während Falk sich an übergreifenden Ereignissen orientiert und in knapper substantivierter Form Überschriften formuliert. Wichtig ist, dass die Gliederungen plausibel erscheinen.

■ **Aufgabe B (Seite 240)**

Mögliche weitere Gliederung in einer Zusammenfassung:

Z. 24–35: Huck identifiziert Indianer Joe und den Fremden vor dem Haus der Witwe Douglas.

Z. 36–53: Huck hört, dass der Fremde Rache an der Witwe Douglas nehmen will, da ihr Mann ihn hat auspeitschen lassen.

Z. 54–71: Huck rennt zum Haus des Walisers, um Hilfe zu holen.

■ Aufgabe A (Seite 241)

Mögliche Antworten Hucks auf Toms Fragen:

Ich habe mich vorsichtig davongeschlichen. Erst als ich mich in Sicherheit befand, da bei dem Steinbruch, bin ich gerannt. Hin zum Haus des Walisers, du weißt schon, der mit seinen beiden Söhnen.

Ich wirkte wohl so aufgeregt und verzweifelt und zeigte ihnen meine Angst, umgebracht zu werden. Aber als ich den Namen der Witwe nannte und sagte, in welcher Gefahr sie sei, da ließen sie mich sofort ins Haus. Und sofort haben sie ihre Pistolen genommen und sind der Witwe zur Hilfe geeilt.

■ Aufgabe B (Seite 241)

Die wichtigen Informationen sind mit Hilfe der W-Fragen zu ermitteln:

Wer: Huck, Indianer Joe und der Fremde
Wo: in der Gasse, wo das Spukhaus liegt
Wann: nachts
Was: Huck will die Schatzkiste, verfolgt die Männer, bei denen er die Schatzkiste vermutet; merkt erst spät, dass die Männer etwas ganz anderes vorhaben.
Wie: Huck entdeckt, dass die Männer nicht den Schatz verstecken wollen, sondern es auf die Witwe Douglas abgesehen haben; überhört deren Mordpläne; will erst nur weg, dann rennt er um Hilfe.
Mit welchen Folgen: Huck holt bei dem Waliser Hilfe, der sich mit seinen Söhnen sofort aufmacht.

■ Aufgabe A (Seite 243)

Die wichtigen Handlungsschritte:

- Huck will herausfinden, wer sich sonst noch auf der Insel aufhält.
- Huck entdeckt den Negersklaven Jim und ist glücklich.
- Der abergläubische Jim hält Huck für ein Gespenst.
- Hucks Vorschlag zu frühstücken weckt Jim aus seiner Erstarrung.

■ Aufgabe B (Seite 243)

Vgl. hierzu die Textzusammenfassung auf der Seite 243!

■ Aufgabe A (Seite 243)

Handlungsschritte der Textzusammenfassung:

- Der Einleitungssatz informiert über Titel des Werks, den Autor und das Thema des Erzähltextes.
- Z. 1–2: Reduktion auf einen Satz, der das Motiv der Suche nennt.
- Z. 2–6: konzentriert sich auf das Warten und die Erleichterung, dass der Fremde Jim ist
- Z. 6–10: knappe Zusammenfassung der gegensätzlichen Reaktion
- Z. 10–12: Die Lösung wird in einem Satz gerafft zusammengefasst.
- Der Schlusssatz fasst als Ergebnis die Handlung des Erzähltextes zusammen.

■ Aufgabe A (Seite 245)

Mögliche Inhaltsangabe:

In dem vorliegenden Textausschnitt aus Mark Twains Roman »Huckleberry Finn« wird erzählt, wie Huck zwei bewaffnete Männer, die nach entflohenen Sklaven Ausschau halten, durch eine List daran hindert, Jim auf dem Floß zu entdecken.

Der entflohene Negersklave Jim und Huck treiben auf einem Floß den Mississippi abwärts in der Hoffnung, die Stadt Cairo zu erreichen, wo Jim ein freier Mann wäre. Als sie Lichter auftauchen sehen, will Huck sich vergewissern, ob es wirklich Cairo ist. Er nimmt das Kanu, während Jim allein auf dem Floß zurückbleibt.

Unterwegs wird Huck von bewaffneten Männern in einem Ruderboot aufgehalten, die nach flüchtigen Negersklaven jagen. Auf deren Fragen, ob auf dem Floß Menschen seien und welche Hautfarbe sie hätten, lügt Huck. Er sagt, dass es ein Weißer ist. Als die Männer sich selbst vergewissern wollen, lügt Huck weiter, dass es sich um seinen Vater handelt, der Hilfe braucht, weil er eine schlimme Krankheit hat. Allmählich werden die Männer misstrauisch und bedrängen Huck immer mehr, dass er doch sagen solle, um was für eine Krankheit es sich handle. Da Huck darauf nicht direkt antwortet, stattdessen herumstottert, sind die Männer überzeugt, dass der Mann auf dem Floß die Pocken hat. Sofort drehen sie ab und rudern schnell weg vom Floß. Erleichtert kehrt Huck zu Jim zurück.

Dieser Textauszug zeigt, dass es Huck mit großem Geschick fertig bringt, seinen Freund Jim zu schützen, obwohl er wegen seiner Lügen ein schlechtes Gewissen hat, weil nach dem Gesetz Sklaven nicht geschützt werden dürfen.

Sachtexte zusammenfassen

■ Aufgabe A (Seite 247)
Mögliche Begriffe:

Überfischung (Z. 1) = Mit Überfischung bezeichnet man die Verkleinerung des Fischbestandes in einem Gewässer durch Fischfang. Überfischung liegt vor, wenn in einem Gewässer auf Dauer mehr Fische gefangen werden, als durch natürliche Vermehrung nachwachsen oder zuwandern.

Fischereigesetze (Z. 2) = Gesetze (Vorschriften) zur Regelung des Fischfangs in Gewässern

Fangflotten (Z. 11) = Flotte von gemeinsam fischenden Schiffen

Geisternetze (Z. 29) = Netze, die von fischenden Schiffen hinterlassen werden

ökologische Katastrophe (Z. 32) = eine von Menschen verursachte, plötzliche und äußerst starke Beeinträchtigung der Umwelt, die die Krankheit oder den Tod von vielen Lebewesen zur Folge hat

Treibnetzflotten (Z. 34) = Treibnetzfischerei ist eine Methode der passiven Fischerei, die in den Gewässern der EU und vielen anderen Gebieten illegal ist. Das Treibnetz ist ein senkrecht schwimmendes, rechteckiges Netztuch.

Hafenrechte (Z. 34) = Gesetze (Vorschriften), die einen bestimmten Hafen betreffen

limitiert (Z. 37) = begrenzt

■ Aufgabe B (Seite 247)
Mit den zahlreichen Angaben zur Anzahl der getöteten Tiere und deren genauer Arten (Z. 12–20) werden Beispiele bzw. Detailinformationen gegeben, die weggelassen bzw. in Oberbegriffe zusammengefasst werden müssen; ebenso bei der Aufzählung der beteiligten Länder (Z. 26 f.).

Vorwissen wird beispielsweise über Japan und seine »ungewöhnliche Auffassung von wissenschaftlicher Forschung« (Z. 39 f.) vorausgesetzt. Die »Todeswand« (Z. 23) ist ein Fall eines bildhaften Ausdrucks, der in der Textzusammenfassung ersetzt werden müsste.

■ Aufgabe A (Seite 247, Mitte)
Satz a: Die Reihenfolge von Haupt- und Nebensatz wurde vertauscht, ansonsten entspricht die Wortwahl dem Vorlagentext.

Satz b und Satz c: Haupt- und Nebensatz wurden in einen Hauptsatz zusammengefasst; die

Wortwahl, vor allem das Prädikat und das (bei Satz b sehr detaillierte) Subjekt, wurden beibehalten.

Satz d: Aus »ein Beschluss der Europäischen Gemeinschaft« ist »die Europäische Gemeinschaft« gemacht und »doch« durch »aber« ersetzt worden, der Rest des Satzes ist in der Wortwahl fast identisch. Wiederum erinnern besonders die Prädikate an den Vorlagentext.

■ Aufgabe B (Seite 247, Mitte)

Oft spielen die Verben sowie sehr aussagekräftige Nomen und deren Attribute eine Rolle; daneben können Konjunktionen von Bedeutung sein, es empfiehlt sich also zu überlegen, ob sich der Zusammenhang beispielsweise zwischen Haupt- und Nebensatz irgendwie anders darstellen lässt. Oft lohnt sich auch ein Wechsel vom Aktiv ins Passiv oder Ähnliches. Ganz zentrale Begriffe muss man allerdings trotzdem gelegentlich beibehalten.

Satz a: vergrößern, weil, fern von der Küste, verstreut → »Um mit den weniger dichten Fischbeständen auf offenem Meer zurechtzukommen, verwendete man größere Netze.«

Satz b: Schätzungen, jährlich, (Zehn-)Tausende, (Dalls-Schweinswale) zugrunde gehen → »Man nimmt an, dass jedes Jahr beispielsweise eine Menge Dalls-Schweinswale im fünfstelligen Bereich durch die Fangmethoden japanischer Fischer sterben.«

Satz c: synthetisch, vollständig, eingeholt werden → »Außerdem nehmen die Fischer die Kunstfasernetze nicht immer komplett wieder mit.«

Satz d: verbieten, mit einer Länge von über 2,5 Meter, Anzahl, limitieren → »Dass die Europäische Gemeinschaft Treibnetze, die länger als 2,5 Meter sind, verbietet, nützt nicht viel, da die Anzahl der Netze nicht begrenzt wurde.«

■ Aufgabe C (Seite 247)

Die Begriffe sind im Textzusammenhang unter Oberbegriffen zusammenzufassen:

a bejagte Fischarten
b Ursprungsländer der Treibnetzfischerei
c Tiere, die als Beifang durch die Jagd zugrunde gehen
d durch die Jagd mit Nylonnetzen gefährdete Walarten

■ Aufgabe D (Seite 247)

Eine exakte Übernahme erscheint sinnvoll bei der Gesamtlänge der Netze (60.000 km, Z. 23) und der Verbotsangabe im letzten Abschnitt (2,5 km, Z. 36). Bei anderen Zahlenangaben können ungefähre Werte angegeben werden (»im fünfstelligen Bereich«, »an die 10.000«); außerdem können Mengenangaben umformuliert werden (3 Monate = ein Vierteljahr).

■ Aufgabe E (Seite 247)

Hierzu bietet es sich an, Sinnabschnitte einzuteilen, jedem eine Überschrift zu geben und daraus die Kernaussage des Abschnitts zu formulieren. Mit folgenden Fragen kannst du testen, ob deine Zusammenfassung in Ordnung ist:

– Wieso sind die Wale auf hoher See neuerdings in Gefahr, wodurch ist diese Situation entstanden und wie sieht sie aus?
– Wie dramatisch ist die Gefährdung bzw. von welchen Mengen von getöteten Meeressäugern ist auszugehen?
– Bei wem (welchen Ländern / Regionen / Kontinenten) ist die Schuld an der massenweisen Tötung zuzurechnen?
– Welche Maßnahmen zur Einschränkung der Gefahr gibt es und warum wirken sie nicht (genug)?

■ Aufgabe A (Seite 249)

Im Text geht es am Beispiel des Nürnberger

Training: Schreiben

Tiergartens um Gründe, die für eine Delfinhaltung in Zoos sprechen.

■ Aufgabe B (Seite 249)
Mögliche Schlüsselbegriffe und ihre Erläuterungen:

Argumente für die Delfinhaltung → »Bildung, Forschung, Werbung für Tier und Artenschutz«

Nachwuchs → in den Achtziger- und Neunzigerjahren gute Zuchterfolge; momentan schwierige Nachzucht, Zuchterfolg durch neues Delfinarium möglich

Neues Zuhause → Delfinlagune mit sechs Becken, Geld in Delfinarium investiert

Forschungs- und Hilfsprojekte → »yaqu pacha« in Chile: bedrohter Lebensraum der Delfine, Workshops zum Schutz der Tiere

Wohlfühlen der Tiere → Untersuchung: kein Stress während des Trainings oder der Vorstellung, Verhalten wie im Freiland

■ Aufgabe C (Seite 249)
Mögliche Textzusammenfassung:

Im Text »Tiergarten hofft auf Zuchterfolge« geht es am Beispiel des Nürnberger Tiergartens um Gründe, die für eine Delfinhaltung in Zoos sprechen. Die stärksten Argumente für die Delfinhaltung sind nach dem stellvertretenden Direktor des Tiergartens »Bildung, Forschung sowie Werbung für Tier- und Artenschutz«. Die Errichtung der neuen Delfinlagune soll im Hinblick auf die momentan schwierige Nachzucht der Delfine wieder für gute Zuchterfolge sorgen, die in den Achtziger- und Neunzigerjahren im Tiergarten bereits verbucht werden konnten. Der Tiergarten Nürnberg hat aus diesen Gründen in die Errichtung einer neuen Delfinlagune investiert, die auf insgesamt über 1.500 Quadratmetern sechs Becken für Delfine, Manatis und Seelöwen bietet. Um die im Meer lebenden Delfine zu schützen, unterstützt der Tiergarten darüber hinaus verschiedene Forschungs- und Hilfsprojekte, z. B. das Projekt »yaqu pacha« in Chile. Bei diesem Projekt klären Forscher die Menschen vor Ort über die Bedeutung des Artenschutzes auf. Dem Tiergarten Nürnberg geht es um das Wohlergehen der Delfine. Eine Untersuchung hat gezeigt, dass kein Stress während des Trainings oder der Vorstellung erzeugt wird und dass das Verhalten der Tiere im Zoo mit dem Verhalten in der Natur nahezu identisch ist.

■ Aufgabe A (Seite 250)
Im Text geht es am Beispiel der Problematik der Delfinzucht um Gründe, die gegen eine Delfinhaltung in Zoos sprechen.

■ Aufgabe B (Seite 250)
Mögliche Schlüsselbegriffe und ihre Erläuterungen:

Delfin-Nachzucht → bei Nicht-Funktionieren Wildfänge, keine artgerechten Lebensbedingungen (z. B. Platz), gefährdende Situation durch nicht artgerechte Haltung in den Delfinlagungen; Lösung: Verbot der Delfinhaltung; sinnvoller: Investition in Delfinschutz

Gründe für Zucht-Schwierigkeiten → Delfine lernen Geburt und Aufzucht voneinander → in Gefangenschaft Trennung der Delfine, sodass kein Abschauen möglich

Delfin-Therapie → Kritik an Therapie, da eine richtige Therapie nicht mit Wildtieren möglich; hohe Kosten

■ Aufgabe C (Seite 250)
Mögliche Textzusammenfassung:

Im Text »Besser in Delfinschutz investieren« geht es am Beispiel der Problematik der Delfinzucht um Gründe, die gegen eine Delfinhaltung in Zoos sprechen. Statt in den Bau der Lagune hätte man nach Ansicht von Karsten Bren-

Training: Schreiben

sing, Meeresbiologe der »Whale & Dolphin Conservation Society« (WDCS), besser in den Delfinschutz investieren sollen. Menschen können keine artgerechten Bedingungen schaffen. Auch eine Verbesserung durch den Bau einer Delfinlagune wie in Nürnberg schafft nicht genug Platz und entspricht nicht dem natürlichen Lebensraum. Dies gefährdet die Tiere. Wenn die Delfinzucht in den Zoos nicht gelingt, ist man auf Wildfänge angewiesen. Probleme bei der Delfinzucht können dadurch entstehen, dass die Zootiere nicht wie ihre freien Artgenossen bei der Geburt und Aufzucht voneinander lernen können, da sie nach der Geburt getrennt werden. Darüber hinaus ist auch die geplante Delfin-Therapie im Nürnberger Tiergarten kritisch zu betrachten, da eine richtige Therapie mit Wildtieren nicht möglich ist und hohe Kosten damit verbunden sind.

Training: Argumentieren

■ Aufgabe A (Seite 251)

Mona Behauptung Ich finde seine neue Jeans nicht so toll, weil Beleg er damit doch nur angeben will. Beispiel Schließlich wissen ja alle, was so eine Markenjeans kostet.

Michael Ich meine dagegen, Behauptung jeder sollte das anziehen, was ihm gefällt.

Olga Behauptung Es geht doch nicht nur um den persönlichen Geschmack und die eigene Freiheit. Du solltest aber auch einen anderen wichtigen Punkt nicht übersehen: Behauptung Nicht alle Schüler können sich so teure Klamotten kaufen.

Moritz Behauptung Ist das nicht dein Problem, wenn du nicht genug Geld hast? Behauptung Ich jedenfalls will nicht in einer Schuluniform herumlaufen.

Tom Behauptung [bezieht sich jedoch auf die Art des Miteinander-Sprechens] Vielleicht könnt ihr etwas sachlicher miteinander streiten …

Tabea Behauptung Meiner Meinung nach ist es nicht so wichtig, was ein Mensch anzieht, weil Beleg es mir weniger auf sein Äußeres ankommt.

Mona Moritz hat eben von Schuluniformen gesprochen. Er hat sie zwar abgelehnt, aber Behauptung haben Schuluniformen nicht auch ihr Gutes?

Michael Behauptung Na ja, da ist wohl etwas dran, Mona. Beleg Denn wenn alle – Beispiel wie zum Beispiel in England – Schuluniformen tragen, sieht man nicht, ob die Eltern viel oder wenig Geld haben. Behauptung Es gibt so wahrscheinlich weniger Vorurteile über Mitschülerinnen und Mitschüler.

Tom Behauptung Vielleicht können wir uns darauf einigen, dass jeder das anziehen soll, was er will und ihm gefällt – natürlich auch Jonas. Aber Behauptung dieses Recht sollten eben alle haben, ohne dass jemand ausgegrenzt wird. Und jetzt müssen wir in die Klasse zurück. Es hat schon längst geklingelt!

■ Aufgabe A (Seite 252)

Mögliche Argumentationsblöcke pro:

Ein generelles Handy-Verbot ist ungerecht. → Es trifft auch die Schüler, die gar nichts gemacht haben. → Die meisten Schüler halten sich an die Regeln.

Ein Handy-Verbot hilft nicht gegen das Mobbing. → Auch mit einem Verbot gehen die Probleme mit den Handys weiter. → Auch ohne Handys hat es schon Gewalt und Mobbing an Schulen gegeben.

Mögliche Argumentationsblöcke kontra:

Ein Handy-Verbot hilft, die Gewalt an den Schulen einzudämmen. → Handys fördern die

Training: Schreiben

Gewalt an Schulen. → Schlägereien etc. werden jetzt auch noch fotografiert und verbreitet.

Ein Handy-Verbot vermeidet den Neid der Schüler untereinander. → Mit den neuen Handys wird nur angegeben. → Das Problem gibt es schon mit Markenklamotten.

▪ Aufgaben A und B (Seite 253)

1. **Argumentationsblock:** *Behauptung:* Durch den Besuch des Delfinariums bilden sich die Menschen weiter. *Begründung:* Durch die Haltung der Delfine in Gefangenschaft könnten Menschen die Tiere »live« erleben und viel über sie lernen, erklärt Mägdefrau. *Beispiel:* »Wenn alle Besucher des Delfinariums zum ›Dolphin Watching‹ fliegen würden, wäre das eine ökologische Katastrophe«, so der stellvertretende Tiergarten-Direktor.
2. **Argumentationsblock:** *Behauptung:* Nur durch Delfinarien ist die Erforschung der Delfine schnell vorangeschritten. *Begründung:* Gewisse Reaktionen und Verhaltensweisen können auf einfache Art und Weise erforscht werden. *Beispiel:* »Wie die Partnerwahl bei Delfinen abläuft, können wir natürlich nicht in einem Delfinarium erforschen, aber beispielsweise welche Situationen Stress auslösen«, so Mägdefrau.
3. **Argumentationsblock:** *Behauptung:* Der Tier- und Artenschutz wird durch die Haltung in Zoos gewährleistet. *Begründung:* Die Delfine im Tiergarten stehen stellvertretend für viele ihrer Art. Sie sind sozusagen Werbeträger. *Beispiel:* Im Tiergarten können die Menschen die Meeressäuger hautnah erleben und lernen, was jeder einzelne für den Schutz der Delfine tun kann.

▪ Aufgabe C (Seite 253)

Ein Prinzip der Steigerung wäre die Argumentation in der Reihenfolge Bildung (Argumentationsblock 1), Forschung (Argumentationsblock 2), Tier- und Artenschutz (Argumentationsblock 3).

▪ Aufgabe A (Seite 254)

Argumentationsblock Bildungsauftrag

Behauptung: Die Menschen werden durch Zoos nicht ausreichend über Delfine aufgeklärt.

Begründung: Die Tiere müssen in der Delfinlagune vor Menschen geschützt werden, die Essen ins Wasser schmeißen. Warntafeln wie im Tiergarten sind nicht ausreichend.

Beispiel: In einer Show-Fütterung lernen Tiergarten-Besucher nur, Wildtiere zu füttern – egal mit was.

Argumentationsblock Nachzucht

Behauptung: Eine nachhaltige Nachzucht in Gefangenschaft ist nicht möglich.

Begründung: Die Nachzucht von Delfinen ist durch die nicht artgerechte Tierhaltung problematisch.

Beispiel: Nach Angaben des Nürnberger Tiergartens sind seit 1980 elf Delfin-Babys gestorben.

Argumentationsblock Soziale Struktur

Behauptung: Delfine leben in sozialen Gruppen zusammen. Junge Männchen gelten als Unruhestifter.

Begründung: Darum müssen die Tiere eine Möglichkeit haben weit genug von der Gruppe wegschwimmen zu können.

Beispiel: Die Begrenztheit der Delfinlagune bietet dazu keine Möglichkeit.

▪ Aufgaben B und C (Seite 254)

Bei der begründeten Stellungnahme kann neben den Texten aus diesem Kapitel auch auf folgende Texte im Buch zurückgegriffen werden: 6, 12, 13 und 14.

Beim Verfassen des Leserbriefs müssen die Adressaten mit berücksichtigt werden.

Training: Texte lesen und verstehen

Checkliste für Kurzgeschichtenschreiber

→ **Grundwissen**, S. 309

A ■ Fülle die Leerstellen und erstelle daraus eine Checkliste für Kurzgeschichtenschreiber.

B ■ Liste die Merkmale von Balladen, Kalendergeschichten und Anekdoten auf und erstelle weitere Checklisten.

Training:
Kurze und ganz kurze Geschichten

■ Text 117

Das Fenstertheater *Ilse Aichinger*

Die Frau lehnte am Fenster und sah hinüber. Der Wind trieb in leichten Stößen vom Fluss herauf und brachte nichts Neues. Die Frau hatte den starren Blick neugieriger Leute, die unersättlich sind. Es hatte ihr noch niemand den Gefallen getan, vor ihrem Haus niedergefahren zu werden. Außerdem wohnte
5 sie im vorletzten Stock, die Straße lag zu tief unten. Der Lärm rauschte nur mehr leicht herauf. Alles lag zu tief unten. Als sie sich eben vom Fenster abwenden wollte, bemerkte sie, dass der Alte gegenüber Licht angedreht hatte. Da es noch ganz hell war, blieb dieses Licht für sich und machte den merkwürdigen Eindruck, den aufflammende Straßenlaternen unter der Sonne machen. Als hätte
10 einer an seinen Fenstern die Kerzen angesteckt, noch ehe die Prozession die Kirche verlassen hat. Die Frau blieb am Fenster.

Der Alte öffnete und nickte herüber. Meint er mich?, dachte die Frau. Die Wohnung über ihr stand leer, und unterhalb lag eine Werkstatt, die um diese Zeit schon geschlossen war. Sie bewegte leicht den Kopf. Der Alte nickte wie-
15 der. Er griff sich an die Stirne, entdeckte, dass er keinen Hut aufhatte, und verschwand im Innern des Zimmers.

Gleich darauf kam er in Hut und Mantel wieder. Er zog den Hut und lächelte. Dann nahm er ein weißes Tuch aus der Tasche und begann zu winken. Erst leicht und dann immer eifriger. Er hing über die Brüstung, dass man Angst bekam, er
20 würde vornüberfallen. Die Frau trat einen Schritt zurück, aber das schien ihn nur zu bestärken. Er ließ das Tuch, löste seinen Schal vom Hals – einen großen bunten Schal – und ließ ihn aus dem Fenster wehen. Dazu lächelte er. Und als sie noch einen weiteren Schritt zurücktrat, warf er den Hut mit einer heftigen Bewegung ab und wand den Schal wie einen Turban um seinen Kopf. Dann
25 kreuzte er die Arme über der Brust und verneigte sich. Sooft er aufsah, kniff er das linke Auge zu, als herrsche zwischen ihnen ein geheimes Einverständnis. Das bereitete ihr so lange Vergnügen, bis sie plötzlich nur mehr seine Beine in dünnen, geflickten Samthosen in die Luft ragen sah. Er stand auf dem Kopf. Als sein Gesicht gerötet, erhitzt und freundlich wieder auftauchte, hatte sie schon
30 die Polizei verständigt.

Und während er, in ein Leintuch gehüllt, abwechselnd an beiden Fenstern erschien, unterschied sie schon drei Gassen weiter über dem Geklingel der Straßenbahnen und dem gedämpften Lärm der Stadt das Hupen des Überfallautos. Denn ihre Erklärung hatte nicht sehr klar und ihre Stimme erregt geklungen.
35 Der alte Mann lachte jetzt, sodass sich sein Gesicht in tiefe Falten legte, streifte dann mit einer vagen Gebärde darüber, wurde ernst, schien das Lachen eine

Training: Texte lesen und verstehen

Sekunde lang in der hohlen Hand zu halten und warf es dann hinüber. Erst als der Wagen schon um die Ecke bog, gelang es der Frau, sich von seinem Anblick loszureißen. Sie kam atemlos unten an. Eine Menschenmenge hatte sich um den Polizeiwagen gesammelt. Die Polizisten waren abgesprungen, und die Menge kam hinter ihnen und der Frau her. Sobald man die Leute zu verscheuchen suchte, erklärten sie einstimmig, in diesem Haus zu wohnen. Einige davon kamen bis zum letzten Stock mit.

Von den Stufen beobachteten sie, wie die Männer, nachdem ihr Klopfen vergeblich blieb und die Glocke allem Anschein nach nicht funktionierte, die Tür aufbrachen. Sie arbeiteten schnell und mit einer Sicherheit, von der jeder Einbrecher lernen konnte. Auch in dem Vorraum, dessen Fenster auf den Hof sahen, zögerten sie nicht eine Sekunde. Zwei von ihnen zogen die Stiefel aus und schlichen um die Ecke. Es war inzwischen finster geworden. Sie stießen an einen Kleiderständer, gewahrten den Lichtschein am Ende des schmalen Ganges und gingen ihm nach. Die Frau schlich hinter ihnen her.

Als die Tür auflog, stand der alte Mann mit dem Rücken zu ihnen gewandt noch immer am Fenster. Er hielt ein großes weißes Kissen auf dem Kopf, das er immer wieder abnahm, als bedeutete er jemandem, dass er schlafen wolle. Den Teppich, den er vom Boden genommen hatte, trug er um die Schultern. Da er schwerhörig war, wandte er sich auch nicht um, als die Männer schon knapp hinter ihm standen und die Frau über ihn hinweg in ihr eigenes finsteres Fenster sah.

Die Werkstatt unterhalb war, wie sie angenommen hatte, geschlossen. Aber in die Wohnung oberhalb musste eine neue Partei eingezogen sein. An eines der erleuchteten Fenster war ein Gitterbett geschoben, in dem aufrecht ein kleiner Knabe stand. Auch er trug sein Kissen auf dem Kopf und die Bettdecke um die Schulter. Er sprang und winkte herüber und krähte vor Jubel. Er lachte, strich mit der Hand über das Gesicht, wurde ernst und schien das Lachen eine Sekunde lang in der hohlen Hand zu halten. Dann warf er es mit aller Kraft den Wachleuten ins Gesicht.

A ■ Im Folgenden findest du fünf Aussagen zu dem Verhalten des alten Mannes. Überlege jeweils, ob die Aussage zutrifft oder nicht und gib eine kurze Begründung dazu ab:
1. Er ist alt und kindisch.
2. Er ist schwerhörig.
3. Er hat Fantasie und Spielfreude.
4. Er ist völlig verrückt.
5. Er ist einsam.

B ■ Die Frau schätzt die Situation ganz falsch ein. Woran zeigt sich das? Handelt sie aus Sorge um den alten Mann oder hat sie andere Beweggründe?

C ■ Überprüfe, inwieweit die Merkmale der Kurzgeschichte auf diesen Text zutreffen.

→ **Grundwissen**, S. 309

Training: Texte lesen und verstehen

■ Text 118
Bagatelle Nr. 8 *Martin Gülich*

An einer Schule in einer Kreisstadt im Harz gab es merkwürdige nächtliche Zwischenfälle. Immer wieder fand der Direktor, der am Morgen das Schulhaus aufschloss, sämtliches Inventar der Aula in heillosem Durcheinander. Schaukästen waren verrückt, Bänke stapelten sich übereinander, die Wegweiser
5 zum Sekretariat, zum Lehrerzimmer und zu den Fachsälen zeigten in falsche Richtungen. Dabei wurde nie etwas beschädigt. Sogar die Anschlagzettel vom Schwarzen Brett, die weitverstreut herumlagen, waren zuvor fein säuberlich von ihren Reißzwecken befreit worden. Der eilig herbeizitierte Hausmeister hatte das Chaos schnell wieder in Ordnung gebracht. Aber da sich die Zwischen-
10 fälle häuften, beschloss man, der Sache auf den Grund zu gehen. Man setzte den Hausmeister als nächtlichen Wachposten ein und installierte schließlich sogar eine Überwachungskamera. Alles blieb ruhig. Erst als man die Kamera nach zwei Monaten auf Anraten des Hausmeisters wieder abmontierte, fing das Durcheinander von Neuem an. Da kam dem Direktor ein Verdacht. Der Haus-
15 meister, direkt mit den Vorwürfen konfrontiert, leugnete keine Sekunde. Er habe diese ganze Ordnung nicht mehr ausgehalten. Da habe er einfach handeln müssen. Danach habe er immer ganz besonders gut geschlafen, wohl wissend, dass am Morgen statt dem Wecker das Telefon klingeln würde. Die zwei Monate Kameraüberwachung aber seien die schlimmsten seines Lebens gewesen.

A ■ Überlege und begründe, ob sich dieser Text eher den Kurzgeschichten oder den Kalendergeschichten zuordnen lässt.

→ **Grundwissen**, S. 309

Training: Texte lesen und verstehen

■ Text 119

Sonderbarer Rechtsfall in England   *Heinrich von Kleist*

Man weiß, dass in England jeder Beklagte zwölf Geschworne von seinem Stande zu Richtern hat, deren Ausspruch einstimmig sein muss, und die, damit die Entscheidung sich nicht zu sehr in die Länge verziehe, ohne Essen und Trinken so lange eingeschlossen bleiben, bis sie eines Sinnes sind. Zwei Gentlemen, die einige Meilen von London lebten, hatten in Gegenwart von Zeugen einen sehr lebhaften Streit miteinander; der eine drohte dem andern, und setzte hinzu, dass ehe vierundzwanzig Stunden vergingen, ihn sein Betragen reuen solle. Gegen Abend wurde dieser Edelmann erschossen gefunden; der Verdacht fiel natürlich auf den, der die Drohungen gegen ihn ausgestoßen hatte. Man brachte ihn zu gefänglicher Haft, das Gericht wurde gehalten, es fanden sich noch mehrere Beweise, und 11 Beisitzer verdammten ihn zum Tode; allein der zwölfte bestand hartnäckig darauf, nicht einzuwilligen, weil er ihn für unschuldig hielte.

Seine Kollegen baten ihn, Gründe anzuführen, warum er dies glaubte; allein er ließ sich nicht darauf ein, und beharrte bei seiner Meinung. Es war schon spät in der Nacht, und der Hunger plagte die Richter heftig; einer stand endlich auf, und meinte, dass es besser sei, einen Schuldigen loszusprechen, als 11 Unschuldige verhungern zu lassen; man fertigte also die Begnadigung aus, führte aber auch zugleich die Umstände an, die das Gericht dazu gezwungen hätten. Das ganze Publikum war wider den einzigen Starrkopf; die Sache kam sogar vor den König, der ihn zu sprechen verlangte; der Edelmann erschien, und nachdem er sich vom Könige das Wort geben lassen, dass seine Aufrichtigkeit nicht von nachteiligen Folgen für ihn sein sollte, so erzählte er dem Monarchen, dass, als er im Dunkeln von der Jagd gekommen, und sein Gewehr losgeschossen, es unglücklicherweise diesen Edelmann, der hinter einem Busche gestanden, getötet habe. Da ich, fuhr er fort, weder Zeugen meiner Tat, noch meiner Unschuld hatte, so beschloss ich, Stillschweigen zu beobachten; aber als ich hörte, dass man einen Unschuldigen anklagte, so wandte ich alles an, um einer von den Geschwornen zu werden; fest entschlossen, eher zu verhungern, als den Beklagten umkommen zu lassen. Der König hielt sein Wort, und der Edelmann bekam seine Begnadigung.

→ **Grundwissen**, S. 309

A ■ »Alles andere, was der Schütze hätte tun können, wäre noch viel ungünstiger gewesen!« Welche Folgen hätte ein anderes Verhalten des Schützen vermutlich?

B ■ Ordne diesen Text begründet den Anekdoten, den Kurzgeschichten oder den Kalendergeschichten zu. Überlege zunächst bei jeder Textsorte, was für und was gegen eine Zuordnung spricht und entscheide dich dann erst.

Training: Texte lesen und verstehen

Training: Balladen

■ Text 120

Johanna Sebus *Johann Wolfgang Goethe*

Zum Andenken der siebzehnjährigen Schönen Guten aus dem Dorfe Brienen, die am 13. Januar 1809, bei dem Eisgange des Rheins und dem großen Bruche des Dammes von Cleverham, Hilfe reichend unterging.

    Der Damm zerreißt, das Feld erbraust,
    Die Fluten spülen, die Fläche saust.
»Ich trage dich, Mutter, durch die Flut,
Noch reicht sie nicht hoch, ich wate gut.« –
5 »Auch uns bedenke, bedrängt, wie wir sind,
Die Hausgenossin, drei arme Kind!
Die schwache Frau! … Du gehst davon!« –
Sie trägt die Mutter durchs Wasser schon.
»Zum Bühle[1], da rettet euch! Harret derweil;
10 Gleich kehr ich zurück, uns allen ist Heil.
Zum Bühl ist's noch trocken und wenige Schritt';
Doch nehmt auch mir meine Ziege mit!«

    Der Damm zerschmilzt, das Feld erbraust,
    Die Fluten wühlen, die Fläche saust.
15 Sie setzt die Mutter auf sichres Land,
Schön Suschen, gleich wieder zur Flut gewandt.
»Wohin? Wohin? Die Breite schwoll,
Des Wassers ist hüben und drüben voll.
Verwegen ins Tiefe willst du hinein!« –
20 »Sie sollen und müssen gerettet sein!«

[1] Bühle = Hügel

Training: Texte lesen und verstehen

      Der Damm verschwindet, die Welle braust,
      Eine Meereswoge, sie schwankt und saust.
Schön Suschen schreitet gewohnten Steg,
Umströmt auch, gleitet sie nicht vom Weg,
25 Erreicht den Bühl und die Nachbarin;
Doch der und den Kindern kein Gewinn!

      Der Damm verschwand, ein Meer erbraust's,
      Den kleinen Hügel im Kreis umsaust's.
Da gähnet und wirbelt der schäumende Schlund
30 Und ziehet die Frau mit den Kindern zu Grund;
Das Horn der Ziege fasst das ein',
So sollten sie alle verloren sein!
Schön Suschen steht noch strack und gut:
Wer rettet das junge, das edelste Blut!
35 Schön Suschen steht noch wie ein Stern;
Doch alle Werber sind alle fern.
Rings um sie her ist Wasserbahn,
Kein Schifflein schwimmet zu ihr heran.
Noch einmal blickt sie zum Himmel hinauf,
40 Da nehmen die schmeichelnden Fluten sie auf.

      Kein Damm, kein Feld! Nur hier und dort
      Bezeichnet ein Baum, ein Turn¹ den Ort.
Bedeckt ist alles mit Wasserschwall;
Doch Suschens Bild schwebt überall. –
45 Das Wasser sinkt, das Land erscheint,
Und überall wird schön Suschen beweint. –
Und dem sei, wer's nicht singt und sagt,
Im Leben und Tod nicht nachgefragt!

1 Turn = altes (mittelhochdeutsches) Wort für Turm

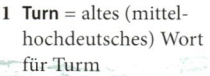→ **Grundwissen**, S. 294

→ **Grundwissen**, S. 310

A ▪ Gib den Inhalt der Ballade mit eigenen Worten wieder.
B ▪ Untersuche die Ballade in Bezug auf lyrische, epische und dramatische Elemente.
C ▪ Ordne die Ballade der Ideen- oder Heldenballade zu und begründe deine Entscheidung.
D ▪ Trage die Ballade wirkungsvoll vor. Denke an die Betonungszeichen, die Stellung des Sprechers im Raum und wie du durch deine Sprache Stimmung erzeugen kannst.

Training: Texte lesen und verstehen

■ Text 121

Der Knabe im Moor *Annette von Droste-Hülshoff*

O schaurig ist's übers Moor zu gehn,
Wenn es wimmelt vom Heiderauche,
Sich wie Phantome die Dünste drehn
Und die Ranke häkelt am Strauche,
5 Unter jedem Tritte ein Quellchen springt,
Wenn aus der Spalte es zischt und singt,
O schaurig ist's übers Moor zu gehn,
Wenn das Röhricht knistert im Hauche!

Fest hält die Fibel¹ das zitternde Kind
10 Und rennt, als ob man es jage;
Hohl über die Fläche sauset der Wind –
Was raschelt drüben am Hage²?
Das ist der gespenstige Gräberknecht,
Der dem Meister die besten Torfe verzecht;
15 Hu, hu, es bricht wie ein irres Rind!
Hinducket das Knäblein zage.

Vom Ufer starret Gestumpf hervor,
Unheimlich nicket die Föhre³,
Der Knabe rennt, gespannt das Ohr,
20 Durch Riesenhalme wie Speere;
Und wie es rieselt und knittert darin!
Das ist die unselige Spinnerin,
Das ist die gebannte Spinnlenor',
Die den Haspel⁴ dreht im Geröhre⁵!

25 Voran, voran! nur immer im Lauf,
Voran als woll es ihn holen;
Vor seinem Fuße brodelt es auf,
Es pfeift ihm unter den Sohlen
Wie eine gespenstige Melodei;
30 Das ist der Geigemann ungetreu,
Das ist der diebische Fiedler Knauf,
Der den Hochzeitheller⁶ gestohlen!

Da birst das Moor, ein Seufzer geht
Hervor aus der klaffenden Höhle;
35 Weh, weh, da ruft die verdammte Margret:
„Ho, ho, meine arme Seele!"
Der Knabe springt wie ein wundes Reh;
Wärn nicht Schutzengel in seiner Näh,
Seine bleichenden Knöchelchen fände spät
40 Ein Gräber im Moorgeschwele.

Da mählich gründet der Boden sich,
Und drüben, neben der Weide,
Die Lampe flimmert so heimatlich,
Der Knabe steht an der Scheide.
45 Tief atmet er auf, zum Moor zurück
Noch immer wirft er den scheuen Blick:
Ja, im Geröhre war's fürchterlich,
O schaurig war's in der Heide!

1 **Fibel** = Lesebuch für die erste Klasse
2 **Hage** = Gebüsch, Hecke
3 **Föhre** = Kiefer
4 **Haspel** = Garnwinde, Spinnspule
5 **Geröhre** = Schilf oder schilfähnliches Gras, wie es in Sümpfen wächst (Röhricht)
6 **Hochzeitheller** = Brautgabe; ein Heller war eine kleine Münze aus Kupfer oder Silber

Annette von Droste-Hülshoff wurde 1797 auf Burg Hülshoff bei Münster in Westfalen geboren. Sie gehört zu den wichtigsten deutschen Schriftstellerinnen des 19. Jahrhunderts. 2002 wurde ihr deshalb eine Briefmarke in der Serie »Frauen in der deutschen Geschichte« gewidmet. Bekannt wurde sie durch die Novelle »Die Judenbuche«, Balladen und Gedichte. 1848 starb sie in Meersburg am Bodensee.

A ■ An welchen Stellen wirkt das Moor besonders unheimlich?
B ■ Untersuche, mit welchen sprachlichen Mitteln die Autorin das Unheimliche besonders hervorhebt.
C ■ Trage den Text so vor, dass die unheimliche Atmosphäre deutlich wird.

→ **Grundwissen**, S. 312

Training: Texte lesen und verstehen

■ Text 122

Der Erlkönig *Johann Wolfgang Goethe*

Wer reitet so spät durch Nacht und Wind?
Es ist der Vater mit seinem Kind;
Er hat den Knaben wohl in dem Arm,
Er fasst ihn sicher, er hält ihn warm.

5 »Mein Sohn, was birgst du so bang dein Gesicht?«
»Siehst, Vater, du den Erlkönig nicht?
Den Erlenkönig mit Kron und Schweif?«
»Mein Sohn, es ist ein Nebelstreif.«

»Du liebes Kind, komm', geh' mit mir!
10 Gar schöne Spiele spiel ich mit dir;
Manch bunte Blumen sind an dem Strand;
Meine Mutter hat manch gülden Gewand.«

»Mein Vater, mein Vater, und hörest du nicht,
Was Erlenkönig mir leise verspricht?«
15 …

Dem Vater grauset's, er reitet geschwind,
Er hält in Armen das ächzende Kind,
Erreicht den Hof mit Mühe und Not;
In seinen Armen das Kind war tot.

A ■ Welche Figuren treten in den ersten Strophen auf?
Welche Konflikte zeichnen sich ab?
B ■ Was könnte in den fehlenden Strophen geschildert sein? Entwirf einen spannenden Mittelteil und vergleiche deine Ideen mit dem Original.

Training: Sachtexte

■ Text 123
Die Welt des Zuckers gerät in Bewegung *Stephan Börnecke*

Wetter und Spekulation führen zu Preissturz nach Rekordhoch / Löst Stevia das Süßmittel auf Dauer ab?

Die internationalen Agrarrohstoffmärkte bleiben schwankungsanfällig: Jüngstes Beispiel ist Zucker. Innerhalb weniger Wochen hat sich der Preis für den weißen Rohstoff fast halbiert. Freilich: Der Absturz kam zustande, nachdem Zucker mit mehr als 30 US-Cents je Pfund (das entspricht 454 Gramm) auf
5 ein 29-Jahres-Hoch gepusht worden war. Sowohl der rasante Preisanstieg als auch der Verfall hängen hauptsächlich mit dem Wetter in den großen Anbauregionen in Indien und Brasilien zusammen. Allerdings haben Verkäufe spekulativ orientierter Anleger den Kursabschwung verstärkt, sagt Nick Hungate, Rohstoffexperte der Rabobank. Der weitere Verlauf, so Eugen Weinberg, Rohstoff-
10 analyst bei der Commerzbank, dürfte hauptsächlich ans Wetter gekoppelt sein. So hatten widrige Witterungsverhältnisse und daraus folgend eine Verknappung der Ernte in beiden Ländern dazu geführt, dass die Preise weltweit kletterten. Und zwar über das EU-Preisniveau, nachdem in Indien ein schwacher Monsun und in Brasilien starke Regenfälle die Ernte vermindert hatten. Für die neue Sai-
15 son prognostizierten die Anbauer Indiens, nach Brasilien zweitgrößter Zuckerproduzent der Welt, wegen günstigen Wetters steigende Erntemengen. Erwartet wird ein Plus von mehr als fünf Prozent auf 16 Millionen Tonnen. Wird nun Indien wieder Exporteur? Weinberg bleibt skeptisch: Es sei noch nicht ausgemacht, dass die erwartete Erntesteigerung auch eintreffe. Doch es gab weitere
20 Signale: Etwa das aus der EU. Hierzulande wurde die Zuckerproduktion in den vergangenen Jahren um rund ein Drittel zurückgefahren, dennoch steigerte die EU nach einer hohen Ernte ihre Ausfuhr. Eine halbe Million Tonnen mehr als mit der Welthandelsorganisation vereinbart kippten die EU-Rübenbauern auf den Weltmarkt. Erlaubt sind ihnen knapp 1,4 Millionen Tonnen. Weltweit
25 werden jährlich rund 167 Millionen Tonnen Rohr- und Rübenzucker erzeugt. […] Für Weinberg ist die EU-Lieferung ein Zeichen, dass die Stimmung an den Märkten von Hausse nach Baisse kippte, obwohl die Versorgungslage global weiter eng bleiben dürfte. Zudem werde die Marktlage von wechselnden Nachrichten bestimmt. Auch China als drittgrößter Produzent werde Zucker importieren
30 müssen, sagt der Analyst voraus. Gleichzeitig aber steigt das Zuckerangebot in einigen Hauptanbauregionen deutlich: Etwa in Center South in Brasilien, wo heuer zehn Prozent mehr geerntet werden sollen als vor einem Jahr, weil der Zuckergehalt der Pflanzen dank guten Wetters höher als zuletzt ausfällt. Nicht ausschließen will der Experte, dass sogar das »Honigkraut« Stevia eine Rolle

Training: Texte lesen und verstehen

35 gespielt haben mag beim Preisrückgang: Die südamerikanische Pflanze, deren Blätter 300 Mal süßer sind als Zucker, ist in der EU noch nicht zugelassen. Der EU-Lebensmittelbehörde Efsa liegen bisher drei Anträge vor. Einer davon stammt vom US-Lebensmittelmulti Cargill, der Coca-Cola mit Stevia-Süßstoff beliefern will. Da auch in der Schweiz und in Frankreich beschränkte Zulassun-
40 gen bestehen, könnte Stevia auf Dauer den Zuckermarkt nachhaltig verändern. Dies ist Weinberg zufolge noch vage, weil derzeit weder die Kosten des Anbaus noch die Akzeptanz beim Verbraucher bekannt sind. Gleichwohl könnte der Trend zu Stevia Spekulanten bewogen haben, zum Jahresbeginn aus dem Zuckergeschäft auszusteigen.

→ **Grundwissen**, S. 313

A ■ Kläre alle unbekannten Begriffe.
B ■ Zerlege den Text in Sinnabschnitte und füge Absätze ein. Fasse Abschnitt für Abschnitt zusammen.

Preise für Kakao

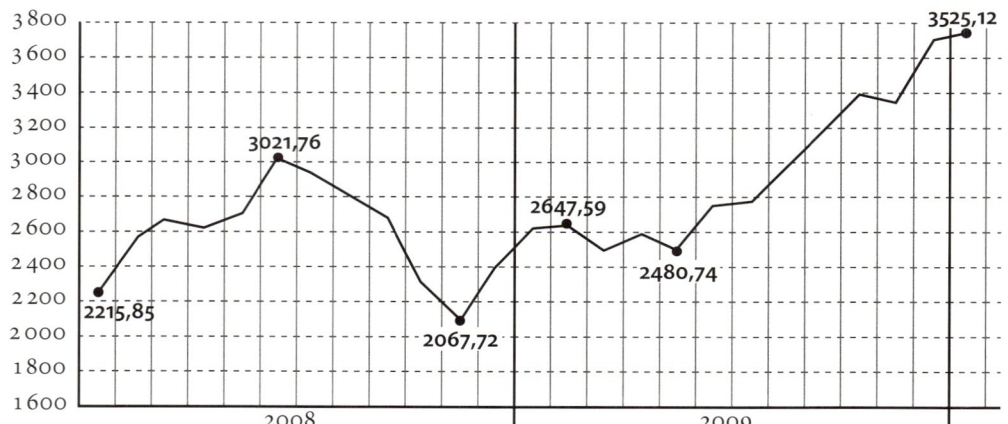

Handel London, monatlicher Durchschnitt, Jan. 2008 – Jan. 2010, Dollar/t

→ **Grundwissen**, S. 313 f.

C ■ Beschreibe und erläutere das Diagramm, indem du die darin enthaltenen Informationen in einen Text umsetzt.
D ■ Erkläre den Zusammenhang von Text und Diagramm.

Training: Texte lesen und verstehen

▪ Text 124

Wie wird aus der Baumwollfaser ein Bekleidungsstück?

Bis aus einer Baumwollfaser ein Kleidungsstück wird, durchläuft der Rohstoff verschiedene Verarbeitungs- und Veredelungsschritte: Nach dem Ernten wird die Baumwolle zum Nachreifen und Trocknen etwa einen Monat gelagert. Eine Entkörnungsmaschine kämmt die Samenkörner, Blätter und
5 Reste der Fruchtkapseln aus der Rohbaumwolle heraus. Die einzelnen Fasern der Rohbaumwolle sind von einer dünnen Wachsschicht umgeben. Diese wird durch Auskochen in einer Natronlauge (das sogenannte Bäuchen) entfernt, um so die hohe Saugfähigkeit von Baumwolle zu erreichen. Die Kardierungsmaschine striegelt die Baumwollfasern in Form. Anschließend werden diese in der
10 Spinnmaschine zu Baumwollgarn gezwirbelt. Damit der Baumwollfaden beim Weben nicht reißt, wird er geschlichtet. Dabei wird eine chemische Imprägnierflüssigkeit aufgebracht, die den Faden geschmeidiger und widerstandsfähiger macht. Beim Entschlichten wird der Schutzfilm mit Lösungsmitteln wieder aus den Stoffen ausgewaschen, bevor man sie weiterverarbeitet. Die Baumwollstoffe
15 werden mit Chlorverbindungen gebleicht, um ein reines Weiß und eine gleichmäßige Saugfähigkeit zu erhalten. Ein Großteil der weißen Stoffe wird anschließend eingefärbt und die Farben werden mit Nitroseverbindungen fixiert. Beim Mercerisieren werden die Baumwollstoffe ein weiteres Mal mit
20 Natronlauge behandelt. Dadurch werden der Farbglanz und die Reißfestigkeit erhöht. Neben den hier aufgeführten Verfahren gibt es noch etliche mehr (Sanforisieren, Imprägnieren, Knitterschutz, Mottenschutz etc.). Fast alle Verfahren gehen mit einem hohen Chemikalien-
25 Einsatz einher, der sowohl die menschliche Gesundheit als auch die Umwelt belasten.

A ▪ Kläre alle Fachbegriffe und unbekannten Wörter.
B ▪ Erstelle nach den Informationen ein Strukturdiagramm zur Verarbeitung und Veredelung von Baumwolle.

→ **Grundwissen**, S. 314

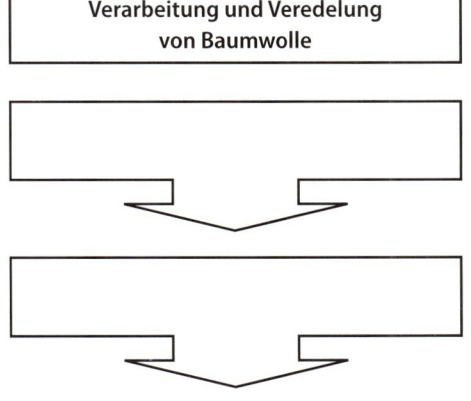

Lösungshinweise

Training: Kurze und ganz kurze Geschichten

■ Aufgabe A (Seite 262)
Elemente der Checkliste für Kurzgeschichtenschreiber:
- unmittelbarer Beginn
- offenes Ende
- offene Fragen und Deutungsmöglichkeiten
- Umfang gering
- ein Handlungsstrang / zeitlicher Rahmen und Figuren begrenzt
- Alltagsgeschichte
- Alltagssprache

■ Aufgabe B (Seite 262)
Vgl. hierzu die Informationen in den Info-Kästen auf den Seiten 121, 140 und 142.

■ Aufgabe A (Seite 264)
1. Er ist alt und kindisch. → nein
   Begründung: Sein Verhalten ist eher kindlich und sehr fantasievoll. Er kommuniziert mit dem Kind, das einen Riesenspaß hat.
2. Er ist schwerhörig. → ja
   Begründung: Aber das hat nichts mit seinem Verhalten zu tun, sondern erklärt nur, dass er die eindringenden Polizisten nicht hört. (vgl. Text Z. 52 ff.)
3. Er hat Fantasie und Spielfreude. → ja
   Begründung: Das Spiel von Fenster zu Fenster ist vergnüglich. Der Mann kommuniziert mit dem Kind über Körpersprache und Requisiten (→ Titel: »Fenstertheater«)
   (vgl. Text: Z. 14 – 25: »zog den Hut und lächelte«, Z. 14 / »begann zu winken«, Z. 15 / »dazu lächelte er«, Z. 18 f./ »stand auf dem Kopf«, Z. 23 f.)
4. Er ist völlig verrückt. → nein
   Begründung: Das denkt nur die Frau, aus deren Perspektive alles verrückt wirkt, da sie nicht sieht, dass der alte Mann mit dem Kind spielt. (vgl. Text: »Das bereitete ihr so lange Vergnügen, bis …«, Z. 22 – 25)
5. Er ist einsam. → ja/nein
   Begründung: Zwar lebt er vermutlich allein, doch kann er sehr schnell Kontakt zu Menschen aufnehmen. (vgl. Text: Z. 55 ff.)

■ Aufgabe B (Seite 264)
Sie glaubt, dass der alte Mann mit seinem »Fenstertheater« sie meint und hält ihn für verrückt. Sie ist sensationsgierig und freut sich daher, dass endlich etwas Außergewöhnliches los ist und sie die Polizei rufen kann. Würde sie sich nur um ihn sorgen, könnte sie einfach zu ihm herübergehen.

■ Aufgabe C (Seite 264)
unmittelbarer Beginn: Die Handlung beginnt unmittelbar mit der Frau, die aus dem Fenster schaut (Z. 1). Es ist eine Wohnsituation, die mit ganz wenigen Sätzen umrissen ist.

offenes Ende: Endet offen mit der Wiederholung der Geste des Lachens durch den Jungen. Von der Frau wird gar nichts gesagt. Der Konflikt bleibt über das Handlungsende hinaus bestehen. Fragen bleiben offen. Es reizt zum Nachdenken und darüber Sprechen (Z. 55 ff.).

kurze, geradlinige, alltägliche Handlung mit nur wenigen Figuren: Es wird nur ein Ausschnitt aus dem alltäglichen Leben der Frau erzählt. Es gibt keine Nebenhandlung (z. B. wie lebt die Frau, wie der Mann, weshalb war das Bett des Kindes an das Fenster geschoben). Die Figuren bleiben anonym. Die Handlung spielt an einem begrenzten Ort (zwei Fenster von sich gegenüberliegenden Häusern, Z. 1 – 10). Es folgen die Beobachtungen der Frau, ihre Gedanken und

Training: Texte lesen und verstehen

Gefühle, Z. 11: »Sie bewegte leicht den Kopf« / Z. 16 f. »… dass man Angst bekam« / Z. 21 f. »… als herrsche zwischen ihnen ein geheimes Einverständnis« / Z. 22 »Das bereitete ihr so lange ein Vergnügen, bis …«.
Sprache: Alltagssprache: nüchtern, prosaisch (Sprache der Frau), vermischt mit Sprache aus dem Theater (Spiel des alten Mannes mit dem Jungen); wenig bildhafte Ausdrücke; meist kurze, einfache Sätze; allerdings auch Verwendung von bildlicher Redeweise, z. B. die Metapher »Fenstertheater« im Titel und »er […] schien das Lachen eine Sekunde lang in der hohlen Hand zu halten (Z. 59)«.

▪ Aufgabe A (Seite 265)

Kurzgeschichte: Es fehlen der plötzliche Beginn und das offene Ende, denn am Anfang werden Ort und Situation erwähnt und am Ende wird alles aufgelöst. Andere Kennzeichen der Kurzgeschichte lassen sich nachweisen: Die hier geschilderten Folgen der Ordnung für einen »Ordnungshüter« führen zu einem Nachdenken über den Sinn und Unsinn von Ordnung; das Geschehen ist für den Hausmeister von großer Bedeutung, aber darüber hinaus zwar ungewöhnlich, aber nicht spektakulär. Die Sprache ist allerdings nicht einfach und alltäglich. Es gibt keine wörtlichen Reden und der Satzbau weist viele Satzgefüge auf.
Kalendergeschichte: Der Neuigkeits- und Unterhaltungswert ist gegeben, auch das Anregen zum Nachdenken und die Pointe am Ende, als derjenige, der zur Überführung des Täters eingesetzt wird, selbst als Täter entlarvt wird. Es fehlt allerdings eine eindeutige Moral und auch die Sprache ist nicht völlig einfach.
Entscheidung: Da Anfang und Ende eindeutig nicht der Kurzgeschichte entsprechen, passt diese Erzählung besser zu den Kalendergeschichten.

▪ Aufgabe A (Seite 266)

Handlungsalternativen:
1. Schütze stellt sich; mögliche Folge: Schütze kann seine Unschuld nicht beweisen und wird verurteilt.
2. Schütze behält Tat für sich; wahrscheinliche Folge: Der unschuldig Angeklagte wird aufgrund seines Ausspruchs verurteilt.

▪ Aufgabe B (Seite 266)

Anekdote; historisches bzw. historisch mögliches und ungewöhnliches Ereignis; dreigliedriger Aufbau: Situation = Vorgeschichte bis zur Gerichtsverhandlung, Handlung = Weigerung des 12. Geschworenen, dem Schuldspruch zuzustimmen; Pointe = Schluss; der Geschworene ist selbst der Täter und rettet mit seinem ungewöhnlichen Verhalten sich und den Angeklagten. Gegen eine Zuordnung spricht die relative Länge des Textes und das Fehlen einer konkreten historischen Persönlichkeit.

Gegen eine Zuordnung zu den **Kurzgeschichten** spricht: abgeschlossene Handlung, weder plötzlicher Beginn noch offenes Ende; kein alltägliches Ereignis; keine Alltagssprache; einzige Übereinstimmung: Text regt zum Nachdenken über Schuld und Rechtssprechung an.

Gegen eine Zuordnung zur **Kalendergeschichte** spricht: fehlende Moral oder Lebensweisheit am Ende; Übereinstimmung: Anregung zum Nachdenken; sprachlich den Kalendergeschichten Hebels vergleichbar.

Am meisten Gemeinsamkeiten hat der Text mit den Anekdoten.

Training: Balladen

▪ Aufgabe A (Seite 268)

Strophe 1: Schön Suschen rettet ihre Mutter nach einem Dammbruch von den Fluten des Hochwassers.

Strophe 2: Nachdem sie die Mutter gerettet hat, kehrt sie zurück, um weitere Menschen zu retten.
Strophe 3: Schön Suschen erreicht trotz steigender Flut den Hügel, auf dem die Nachbarin und ihre Kinder auf Hilfe warten.
Strophe 4: Das Wasser steigt weiter, sodass sowohl die Nachbarin mit ihren Kindern als auch Schön Suschen ertrinken.
Strophe 5: Nach dem Rückgang des Hochwassers wird Suschen von allen Menschen beweint.
In der Ballade geht es um die siebzehnjährige Suschen, die nach einem Dammbruch ihre Mutter aus den Fluten rettet und bei dem Versuch, auch die Nachbarin und ihre Kinder zu retten, in den Hochwasserfluten ertrinkt.

■ Aufgabe B (Seite 268)
lyrische Elemente: Metrum, Reimschema, Strophenform
dramatische Elemente: Sprechen von Personen, z. B. Vers 3 ff.
epische Elemente: Die Handlung von der Rettung wird erzählt.

■ Aufgaben A und B (Seite 269)
Stilmittel, die die unheimliche Atmosphäre in der Ballade deutlich machen:
Personifizierungen: z. B. »die Ranke räkelt« (V. 4); »starret Gestumpf« (V. 17); »nicket die Föhre« (V. 18)
Vergleiche: z. B. »Riesenhalme wie Speere« (V. 20); »Wie eine gespenstige Melodei« (V. 29)
Adjektivattribute zur Kennzeichnung der Moorleichen: »die gebannte Spinlenor'« (V. 23); »der diebische Fiedler« (V. 31); »die verdammte Margret« (V. 35)
lautmalende Verben: z. B. »zischt und singt« (V. 6); »knistert« (V. 8); »es rieselt und knittert« (V. 21)
Ausrufe: z. B. »Hu, hu« (V. 15); »Ho, ho« (V. 36)

■ Aufgabe A (Seite 270)
Um den fehlenden Mittelteil in Goethes »Erlkönig« skizzieren zu können, müssen die lebensbedrohliche Situation des Jungen sowie die Funktion der einzelnen Figuren erkannt sein:
Der Vater reitet sehr schnell mit seinem Sohn im Arm auf einem Pferd durch den dunklen Wald, um nach Hause auf den Bauernhof zu kommen. Während des Rittes der beiden durch den Wald erscheint dem Sohn immer wieder der Erlkönig, der versucht, ihn mit Versprechungen zu sich zu holen. So verspricht er ihm »schöne Spiele« (V. 10) und ein Leben an einem schönen Strand (V. 11). Dabei fragt der Sohn nach jeder Versprechung, die ihm der Erlkönig macht, ob der Vater ihn auch sieht und hört (V. 6 und 13/14). Der Vater antwortet allerdings durchgehend, dass dies nur Einbildungen und Fantasien seien (»es ist ein Nebelstreif«, V. 8). Am Ende erreicht der Vater mit Müh und Not den Hof, doch der Sohn ist tot (V. 20).
Interpretation: Der Sohn halluziniert nur und ist eigentlich sehr krank ist, weswegen er am Ende auch stirbt. Dafür spricht beispielsweise, dass er »sicher« und »warm« (V. 4) vom Vater gehalten wird und dieser die ganze Zeit über nicht das Gleiche hört und sieht (Erlkönig). Weiter stöhnt der Junge gegen Ende der Handlung (»das ächzende Kind«, V. 17), was auf Schmerzen durch eine Krankheit hindeuten kann. Auch der sehr schnelle Ritt unter all seinen Kräften kann als Zeichen dafür gewertet werden.

■ Aufgabe B (Seite 270)
Originaltext:
Sei ruhig, bleibe ruhig, mein Kind;
In dürren Blättern säuselt der Wind. –

»Willst, feiner Knabe, du mit mir gehn?
Meine Töchter sollen dich warten schön;

Training: Texte lesen und verstehen

Meine Töchter führen den nächtlichen Reihn
Und wiegen und tanzen und singen dich ein.« –

Mein Vater, mein Vater, und siehst du nicht dort
Erlkönigs Töchter am düstern Ort? –
Mein Sohn, mein Sohn, ich seh' es genau:
Es scheinen die alten Weiden so grau. –

»Ich liebe dich, mich reizt deine schöne Gestalt;
Und bist du nicht willig, so brauch' ich Gewalt.« –
Mein Vater, mein Vater, jetzt fasst er mich an!
Erlkönig hat mir ein Leids getan! –

Training: Sachtexte

■ Aufgabe B (Seite 272)
1. Absatz: Z. 1–4: Preisanstieg beim Zucker durch Wetter und Spekulation
2. Absatz: Z. 5–12: Stellungnahmen zum Preisanstieg
3. Absatz: Z. 13–16: Prognosen …
4. Absatz: Z. 17–22: … und Signale
5. Absatz: Z. 23–29: Stellungnahme Weinbergs zur EU-Lieferung
6. Absatz: Z. 29–Ende: Bedeutung der Pflanze Stevia für die Entwicklung des Zuckerpreises

■ Aufgabe C (Seite 272)
Bei der Grafik handelt es sich um eine Entwicklungskurve zu dem Thema »Preis für Kakao« im monatlichen Durchschnitt beim Handel in London. Als Quelle sind ICCO und Budziak von der Frankfurter Rundschau angegeben, die Grafik wurde im April 2010 in letzterer veröffentlicht. Zeitraum der Untersuchung ist Januar 2008 bis Januar 2010. Die Bezugsgröße ist Dollar pro Tonne. Auf der x-Achse sind die Jahreszahlen 2008 und 2009 angegeben, auf der y-Achse die Preise in Dollar pro Tonne. Im Januar 2008 betrug der Preis für eine Tonne Kakao 2215,85 Dollar, danach stieg er fast durchgängig bis zum Juni an (Kosten 3021,76), anschließend fiel er wieder. Im November 2008 kostete eine Tonne Kakao 2067,72 Dollar. Im Jahr 2009 stieg der Preis nach kurzem Preisverfall zwischen Februar und Mai beständig (Februar 2647,59 Dollar, Mai 2480,74 Dollar, Januar 2010 3525,12 Dollar).

■ Aufgabe D (Seite 272)
Da zur Herstellung von Schokolade viel Zucker benötigt wird, hängen die Preisentwicklungen beider Lebensmittel eng zusammen, somit bestätigt die Grafik die Aussagen im Zeitungsartikel. Sowohl die Schwankungen als auch der rasante Preisanstieg sind erkennbar.

■ Aufgabe B (Seite 273)

Verarbeitung und Veredelung von Baumwolle
Baumwolle: Ernte und Lagerung: Nachreifen und Trocknen
↓
Herauskämmen von Resten der Fruchtkapsel etc. (Entkörnungsmaschine)
↓
Bäuchen = Auskochen in Natronlauge zur Entfernung der Wachsschicht
↓
In-Form-Striegeln der Fasern (Kardierungsmaschine)
↓
Zwirbeln zu Garn (Spinnmaschine)
↓
Schlichten = chem. Imprägnierung zur Festigung des Fadens
↓
Entschlichten zum Auswaschen der chem. Stoffe
↓
Bleichen ergibt reines Weiß und gleichmäßige Saugfähigkeit
↓
Färben und Fixieren der Farbe
↓
Mercerisieren mit Natron für Farbglanz und Reißfestigkeit

hoher Chemikalieneinsatz = Gefährdung von Mensch und Umwelt

Training: Sprache betrachten

weiblich ▪ traditionsbewusst ▪	obligatorisch ▪ fakultativ ▪
freiwillig ▪ nach und nach ▪	sukzessive ▪ konservativ ▪
haltbar ▪ verpflichtend ▪ kindisch	solide ▪ infantil ▪ feminin

→ **Grundwissen**, S. 300

A ▪ Finde Paare aus Fremdwort und deutscher Übertragung. Bilde Sätze.

Ein Fachmann, der Kunstwerke wiederherstellt oder repariert, ist ein **Restaurator – Requisiteur – Restaurant**.

Wenn man gegenüber einer Person einen besonderen Eindruck hinterlassen hat, dann konnte man dieser **imponieren – importieren – imprägnieren**.

Wenn etwas ganz besonders wirksam und wirtschaftlich ist, dann ist es **ergonomisch – effizient – eloquent**.

B ▪ Welches ist die richtige Bedeutung? Finde zu den anderen Wörtern passende Beispielsätze.

Training: Rechtschreibung

Sportlerrätsel

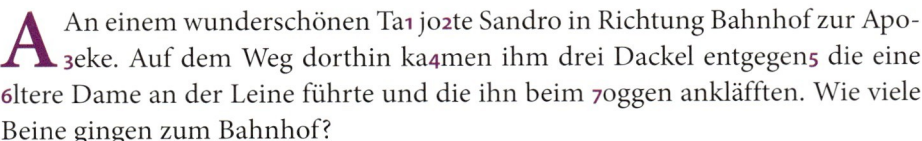

A An einem wunderschönen Ta₁ jo₂te Sandro in Richtung Bahnhof zur Apo-₃eke. Auf dem Weg dorthin ka₄men ihm drei Dackel entgegen₅ die eine ₆ltere Dame an der Leine führte und die ihn beim ₇oggen ankläfften. Wie viele Beine gingen zum Bahnhof?

> ₁ g oder k? – ₂ g oder gg? – ₃ th oder t? – ₄ Dehnungs-h? – ₅ Komma oder nicht? – ₆ e oder ä? – ₇ j oder J?

B Eine Viererkarte für einen Bus kostet 1 Euro. Eine Einzelkarte kostet nu₁r 30 Cent. Fahrräder werden kostenlos transport₂rt. Ein Radfahrer bestieg eili₃ mit seinem Mount₄nbike den Bus, ga₅ dem Fahrer wortl₆s 1 Euro und bekam dafür eine Viererkarte. Woher wusste der Fahrer, da₇ der Mann sich eine Viererkarte finan₈ieren wollte?

> ₁ Dehnungs-h? – ₂ i, ie oder ieh? – ₃ g oder ch? – ₄ ei oder ai? – ₅ p oder b? – ₆ o oder oh? – ₇ s oder ss? – ₈ z oder tz?

C Zwei Mannschaften spielten verbi₁en gegeneinander Fußball. Die Tr₂ner regten sich schreckli₃ über ein absch₄liches F₅l auf. Der Schiedsrichter pfi₆ einen Elfmeter. Durch diesen Elfmeter fi₇l in der 28. Minute das Tor. Dennoch endete das Spiel 0 : 0. Wie ist das möglich?

> ₁ s, ss oder ß? – ₂ ei oder ai? – ₃ g oder ch? – ₄ eu oder äu? – ₅ ou oder au? – ₆ f oder ff? – ₇ e oder eh?

D Michael Schumacher k₁mpfte um den Sieg in einem Formel-1-Re₂en. Er übe₃undete alle Gegner und näherte sich der Ziellinie. Doch kurz bev₄r er das Ziel erreichte₅ stan₆ er auf, wünschte den Gegnern alles ₇ute und legte sich schlafen. Wie konnte das passieren?

> ₁ e oder ä? – ₂ n oder nn? – ₃ r oder rr? – ₄ o, oh oder oo? – ₅ Komma oder nicht? – ₆ d oder t? – ₇ g oder G?

A ■ Diktiert euch die Sportlerrätsel gegenseitig als Partnerdiktate.
B ■ Erkläre an den markierten Stellen, wie du das Rechtschreibproblem löst, und trage das passende Symbol aus der Randspalte unter dem Wort ein.
C ■ Finde in den Rätseln weitere Wörter, bei denen du die Symbole anwenden kannst.

→ **Grundwissen**, S. 298

Training: Sprache betrachten

Groß- und Kleinschreibung, Getrennt- und Zusammenschreibung

Bergsteigen der Extreme

Thomas Bubendorfer (geb. am 14. Mai 1962) ist ein österreichischer Extrembergsteiger. Bekannt wurde er dadurch, dass er ohne Seil an schwierigen Bergwänden alleine **klettert**. Bei einem Unfall brach er sich mehrere Wirbel, konnte sich jedoch wieder erholen und fand den Weg zurück zum **Klettern**. Eine seiner herausragenden Leistungen ist, dass er als erster Kletterer die Aconcagua-Südwand in Argentinien an einem Tag seilfrei alleine **bestiegen** hat. Es folgte das **Besteigen** des Fitz Roy (ebenfalls in Argentinien) in einer 23-stündigen Nonstop-Alleinbegehung. Bis heute unerreicht ist, dass er in den italienischen Dolomiten fünf reine Felswände an einem Tag **durchstieg**. Um dieses **Durchsteigen** der senkrechten bis überhängenden Dolomitenwände zu bewerkstelligen, wurde er mit einem Hubschrauber von einem Gipfel zum Fuß der nächsten Wand transportiert.

Gerlinde Kaltenbrunner (geb. am 13. Dezember 1970) ist eine erfolgreiche österreichische Höhenbergsteigerin. Obwohl sie noch recht jung ist, kann sie bereits auf ein **interessantes** Leben zurückblicken. Zum **Interessantesten** an ihren Erfolgen zählt, dass sie ohne zusätzlichen Sauerstoff auskommt. Kaltenbrunner hat es sich zum Ziel gesetzt, alle Achttausender ohne Sauerstoffflasche zu besteigen. Sie zählt zu den **besten** Bergsteigerinnen der Welt. Deshalb wählt sie meist nicht die leichteste Route auf den Gipfel, sondern gibt ihr **Bestes** und geht oft auch dann noch weiter, wenn die männlichen Kameraden in ihrem Team bereits umkehren und wieder absteigen.

Beim ihrem **ersten** Versuch, den Dhaulagiri im Himalaya zu besteigen, wurde Kaltenbrunner von einem Schneebrett erfasst und unter der Lawine begraben. Sie überlebte knapp dank einer Luftblase. Das **Erste**, was sie tat, war, sich selbst aus den Schneemassen wieder auszugraben.

Im August 2010 startete Kaltenbrunner zum Gipfel des K2 in Nepal. Drei Expeditionen zu dessen Besteigung musste sie bereits abbrechen. Diesmal wünschte ihr die ganze Welt alles **Gute**, doch wieder endete die Besteigung nicht **gut**. Als ein Kamerad vor ihren Augen abstürzte, brach sie die Expedition ab.

> **INFO** Statt *nominalisieren* kann man auch *substantivieren* sagen.

> **TIPP** Achte darauf, was vor den großgeschriebenen Verben und Adjektiven steht.

A ■ Begründe die Schreibung der fett gedruckten Verben und Adjektive in den beiden Texten.
(→ **Grundwissen**, S. 299 f.)

B ■ Stelle einen Sportler oder eine Sportlerin deiner Wahl in einem kurzen Text vor. Benutze dabei möglichst viele nominalisierte Verben und Adjektive.

Becher stapeln ist gut fürs Köpfchen

Wenn die Anhänger des »Sport Stacking« spazieren gehen, sieht man öfter, dass sie kleine Plastikbecher nicht auf dem Boden liegen lassen, sondern mitnehmen. Auch wenn sie einkaufen gehen, können sie die Plastikbecher nicht im Regal stehen lassen. Denn die Anhänger von Sport Stacking kennen nur ein Ziel: aus neun oder zwölf Bechern so schnell wie möglich kleine Pyramiden auf- und abbauen.

Während die Amerikaner die Becher-Hochstapelei schon vor rund 20 Jahren schätzen lernten, blieb die Sportart in Deutschland bis vor einigen Jahren unentdeckt. Viele Deutsche haben die Sportart aber inzwischen kennengelernt, besonders bei Jugendlichen steht das Becherstapeln voll im Trend. Wie viele Menschen letztlich die Becher kreisen lassen, weiß niemand. Denn viele stapeln zu Hause, in Eigenregie, ohne Verein.

Die Becher haben ein Loch an der Unterseite und innen sowie außen unterschiedliche Spezialbeschichtungen, damit sie sich greifen lassen, aber nicht ineinander stecken bleiben. Mit einem Satz Stacking-Becher kann es losgehen.

Durch Becherstapeln kann die Reaktions- und Konzentrationsfähigkeit gefördert werden. Wenn nämlich im Wettkampf die Konzentration flöten geht, passiert es leicht, dass man die Becher fallen lässt – und das kostet wertvolle Zeit.

Besonders Jugendliche wollen häufig stapeln lernen. Die Zehn- bis Vierzehnjährigen sind ohnehin mit großem Vorsprung die besten Hochstapler. In dieser Altersklasse wird auch der Erfolg nicht lange auf sich warten lassen. So hält der zehnjährige Amerikaner Steven Purugganan mit 6,21 Sekunden den Weltrekord in der Königsdisziplin Cycle. Der deutsche Rekordhalter, Yannick Zittlau, ist vierzehn Jahre alt.

Wenn man nur ein paar Minuten stapelt und dabei ständig neue Bestzeiten erreichen will, merkt man gar nicht, dass man ein anstrengendes Konzentrationstraining absolviert. Die Fingerfertigkeit, die man beim Becherstapeln erwirbt, kann so manchen Jongleur und Akrobaten vor Neid erblassen lassen.

Diese Nebeneffekte, die man durch das Sport Stacking erzielen kann, wirken sich auch positiv auf das schulische Lernen der Stapler aus. Also sollen Jugendliche in der Schule nicht nur lesen, schreiben oder rechnen lernen, sondern es werden in immer mehr Schulen Arbeitsgemeinschaften eingerichtet, in denen Interessierte auch stapeln lernen können.

A ■ Suche im Text alle Verbindungen von Verb und Verb und schreibe sie heraus.
B ■ Formuliere eine Schreibregel: Wie werden Zusammensetzungen von Verb und Verb geschrieben?
C ■ Stelle deine Lieblingssportart vor. Versuche, in deinem Text möglichst viele Verbindungen von Verb und Verb zu benutzen.

D ■ Dein Nachbar liest deinen Text und markiert die Verb-Verb-Verbindungen.

→ **Grundwissen**, S. 300

Ausnahme: INFO
kennenlernen und *kennen lernen* – beide Schreibweisen sind möglich.

Training: Sprache betrachten

Kommas in Satzgefügen

Sportlersprüche

> **INFO**
> Eine **Satzreihe** ist eine Verknüpfung von zwei oder mehreren Hauptsätzen. Zwischen zwei Hauptsätzen steht ein Komma; vor *und/oder* muss kein Komma stehen.

Hier findet ihr Zitate von ehemaligen Sportlern, die in ihren Sportarten sehr erfolgreich waren.

Ich war total fertig ▪ mir war den ganzen Tag schlecht ▪ und ich hatte Kopfschmerzen. Ich war so nervös, dass ich mich kurz vor dem Rennen noch aus der Halle stehlen wollte. *Franziska van Almsick, Schwimmerin*

Ein unheimlich abwechslungsreiches Rennen ▪ erst war die eine vorn ▪ dann war die andere hinten. *Christian Neureuther, Skirennfahrer*

Da kam dann das Elfmeterschießen ▪ wir hatten alle die Hosen voll ▪ aber bei mir lief's ganz flüssig. *Paul Breitner, Fußballer*

Die würden nie was sagen ▪ die haben absolutes Schweigeverbot.
Niki Lauda, Formel-1-Rennfahrer

Ich habe sehr viel autogenes Training gemacht ▪ ich habe viel gelernt ▪ und ich kann mich auf den Punkt konzentrieren ▪ und … was war die zweite Frage noch mal?
Annemarie Gerg, Skirennläuferin

Wir können so was nicht trainieren ▪ sondern wir können es nur üben.
Michael Ballack, Fußballer

Der Ball ist rund ▪ und das Spiel dauert 90 Minuten.
Sepp Herberger, Fußballtrainer

Sepp Herberger (1897 – 1977) war von 1950 – 1964 Trainer der deutschen Fußballnationalmannschaft und wurde mit ihr 1954 Weltmeister.

A ▪ Setze an den markierten Stellen die fehlenden Kommas.

B ▪ Schreibe ebenfalls kurze Sprüche auf (z. B. SMS-Sprüche), die aus zwei oder mehreren Hauptsätzen bestehen. Achte dabei auf die Kommasetzung.

→ **Grundwissen**, S. 303

282

Training: Grammatik

Wortarten

Kleine Familiengeschichten mit Wortarten

1. Mit Verben
- Unser Hund Rex ist ein Bewegungskünstler. Erst tänzelt er um mich herum, dann schraubt er sich plötzlich hoch und überstreckt sich dabei fast, landet aber trotzdem sanft auf allen Vieren.

2. Mit Adjektiven
- Meine Mutter hatte manchmal einen strengen Blick.
- Meine Schwester trägt einen blauen und ich einen roten Pullover.
- Vater hat uns eine tolle Geschichte erzählt.
- Der Vortrag meines Bruders war lebendig, unterhaltsam, witzig, aber auch ernst und informativ.

3. Mit Adverbien
- Während Mutter bei schlechten Noten, die wir nach Hause bringen, ausflippt, ist Vater unwahrscheinlich gelassen.

4. Mit Konjunktionen
- Mein Bruder ist ein guter Turner. Er ist auch ein guter Leichtathlet. – Mein Bruder ist sowohl ein guter Turner als auch ein guter Leichtathlet.
- Mein Vater ist sehr in seinem Beruf engagiert. Er vernachlässigt darüber seine Familie. – Mein Vater ist so in seinem Beruf engagiert, dass er seine Familie vernachlässigt.

A ■ Bestimme in Text 1 »Mit Verben« alle Wortarten. (→ **Grundwissen**, S. 300 ff.)
B ■ Erkläre, welche Funktion und Wirkung oder Bedeutung die vier Wortarten in den Sätzen jeweils haben. Beachte: Bei den Konjunktionen ist jeweils der umformulierte zweite Satz zu erklären.
C ■ Formuliere ähnliche Sätze zu den vier Wortarten, indem du dich auf Geschichten beziehst, die du mit deinen Klassenkameraden oder Freunden erlebt hast.

Satzreihe und Satzgefüge

Freitag, der 13.

In Text A wird beschrieben, wie es dazu kommt, dass wir Freitag, den 13., für einen Unglückstag halten. In Text B findest du den Text A anders ausgedrückt.

A ■ Bestimme jeweils die Satzformen zu Text A und B. Worin unterscheiden sie sich?
→ **Grundwissen**, S. 303 ff.

A Viele Menschen gehen am Freitag, dem 13., nicht aus dem Haus. Sie haben Angst vor möglichen Gefahren. Der Volksmund hat einen festen Glauben. An diesem Tag passieren die meisten Unglücke und die schlimmsten Naturkatastrophen. Diese Auffassung ist jedoch ein Aberglaube. Historisch und statistisch
5 gibt es an solchen Freitagen nicht mehr Katastrophen als an anderen Tagen. Wie kommt es zu diesem Aberglauben? Diese Frage lässt sich aus der Geschichte beantworten.

B Viele Menschen gehen am Freitag, dem 13., nicht aus dem Haus, da sie Angst vor möglichen Gefahren haben. Wenn man dem Volksmund glaubt, passieren an diesem Tag die meisten Unglücke und die schlimmsten Naturkatastrophen. Diese Auffassung ist jedoch ein Aberglaube, weil es historisch und
5 statistisch an solchen Freitagen nicht mehr Katastrophen als an anderen Tagen gibt. Wie es zu diesem Aberglauben kommt, lässt sich aus der Geschichte beantworten.

Historisches

B ■ Bestimme die Satzglieder in den drei Sätzen.

- Wegen seines Machtstrebens wurde Cäsar von Senatoren im römischen Senat ermordet.
- Nach dem Ende der Republik begann mit Augustus die römische Kaiserzeit.
- Im Mittelalter verlieh der Papst dem deutschen König in Rom die Kaiserkrone.

Satzungetüm

C ■ Baue, soweit möglich, das Satzgefüge zu einer Satzreihe um.

D ■ Mache einen Wettbewerb: Wem gelingt das längste Satzgefüge?

Obwohl er sich hätte wehren können, da er die Gefahren, die daraus entstehen konnten, wenn man nicht genügend trainiert hatte, durchaus erkannt hatte, übernahm er, ohne weiter nachzudenken, was seine Frau und seine Kinder sagen würden, die Leitung der Expedition, die ihn, der schon viele derartige
5 Unternehmungen geleitet hatte, bis an die Grenzen seiner Leistungsfähigkeit führen sollte, weil er schwierige Expeditionsteilnehmer hatte, die die Gruppe belasteten, ohne selbst viel zum Erfolg der Expedition beizutragen, weil sie statt zu forschen sich untereinander bis aufs Messer stritten.

Adverbial und Adverbialsatz

Castinghelden

Trotz geringer Chancen bewerben sich viele Tausend Jugendliche bei Castingshows. Die meisten von ihnen wollen **auf der Bühne** stehen. Aber nicht alle treten zum **Gewinnen** an.

Nach Bestehen eines Auswahlverfahrens fängt die Schwerstarbeit an. Die Jugendli-
5 chen müssen **für den Erfolg** viele Opfer erbringen. Andere geben **wegen der großen Belastung** auf. **Bei konstanter Leistung** haben sie manchmal Erfolg. **Zum Ärger ihrer Familien** verlieren aber auch viele den Boden unter den Füßen.

A ■ Schreibe den Text um, indem du die fett gedruckten Adverbiale in Adverbialsätze umwandelst.

B ■ Übertrage die Tabelle in dein Heft und stelle die zusammengehörigen Adverbiale und Adverbialsätze gegenüber.

→ **Grundwissen**, S. 304

näherer Umstand	Adverbial	Adverbialsatz
…	…	…

Ich würde gerne an einer Castingshow teilnehmen

Während mein Bruder, wenn er singen will, nur ein trockenes Krächzen herausbringt, singe ich wie ein Engel. Das sagt auch meine Musiklehrerin, obwohl sie mich nicht leiden kann, da mich klassische Musik anödet. Ich singe eigentlich den ganzen Tag und, wenn ich nicht singe, höre ich Musik. Alles andere wird
5 irgendwie dazwischen gequetscht. Das ist der Grund, weswegen mir der Mathe-, der Englisch- und der Deutschlehrer auch nicht so wohlgesonnen sind. Da auch wenig Zeit zum Essen bleibt, habe ich eine schlanke Figur, die danach schreit, auf Titelseiten von Illustrierten gesehen zu werden. Meine Mutter schimpft, wenn ich nicht genug esse. Da aber meine heimliche Leidenschaft Nussschokolade ist,
10 bleibt mein Gewicht eigentlich immer im grünen Bereich.

Natürlich habe ich mich schon zu Castingshows angemeldet, obwohl mein Vater es mir verboten hat. Sie haben mich aber nicht genommen, da ich noch zu jung war. Vor drei Tagen habe ich aber endlich eine Zusage bekommen, sodass ich zurzeit auf Wolke Nr. 7 schwebe, obwohl ich auch ein bisschen Angst habe.
15 Ich bin ein bisschen durcheinander, sodass ich manchmal einfach weinen muss. Während mein Vater vor sich hin grummelt, unterstützt mich meine Mutter. Damit ich mehr Chancen habe, hat sie mir das hübscheste Outfit gekauft, das ich je hatte. Wenn ich fleißig übe, komme ich vielleicht in das Finale. Damit es klappt, halten mir alle meine Freundinnen die Daumen. Wenn es nicht klappt,
20 ist es auch nicht so schlimm, da ich mich ja noch einmal bewerben kann.

C ■ Bestimme die Adverbialsätze.

Training: Sprache betrachten

Ich werde Deutschlands Sängerin Nr. 1!

Trotz des Widerstandes meines Vaters bin ich in das Casting gekommen. Wegen des heftigen Schneefalls fuhren meine Eltern nicht mit. So bin ich mit meiner besten Freundin Lena mit dem Zug nach Frankfurt gefahren. Wegen meines leeren Geldbeutels sind wir zu Fuß in das Hotel gelaufen, in dem das Casting
5   stattfinden sollte. Bei unserer Ankunft warteten in der Lobby des Hotels schon die anderen Mädchen und Jungen. Bei der Begrüßung durch den Aufnahmeleiter brachte ich vor Aufregung kein Wort heraus. Meine Freundin Lena unterhielt sich stattdessen recht nett mit ihm. Bei aller Freude über die Möglichkeit, am Casting teilzunehmen, wurde ich immer ängstlicher angesichts der vielen
10 Konkurrenten. Einer nach dem anderen wurde zum Casting aufgerufen. Wegen meiner hohen gezogenen Nummer, die 99, wusste ich, dass wir lange warten würden, und ich machte es mir auf dem Sofa bequem, schloss die Augen und träumte davon, als strahlende Siegerin vor einem begeisterten Publikum zu stehen. Trotz meines Halbschlafs hörte ich den Aufnahmeleiter laut nach der Num-
15 mer 66 rufen. Lena riss mich mit einem lautem Aufschrei aus meinen Träumen: »Du bist die Nummer 66, nicht die Nummer 99.« Ich schoss hoch und schaute mich verwirrt um. Ich sah den Aufnahmeleiter, der sich noch einmal umschaute und sich anschickte die nächste Nummer aufzurufen. »Hier!«, schrie ich und rannte zu ihm. »Warum nicht gleich«, knurrte er und eilte zur Tür, hinter der
20 die Jury auf mich wartete.

→ **Grundwissen**, S. 304

A ■ Wandle die Adverbiale in Adverbialsätze um.
B ■ Begründe, wann dir das Adverbiale und wann dir der Adverbialsatz besser gefällt.

Indirekte Rede

Ein Besuch im Fernsehstudio: Bei der Quizshow

Eine Dame im Publikum
Ich bin schon lange ein Fan dieser Sendung und schaue regelmäßig am Fernseher zu. Jetzt war ich zum ersten Mal im Studio. Vor lauter Aufregung konnte ich kaum die Sendung mitverfolgen. Aber wie der Kandidat das große Geld gewonnen hat, fand ich klasse. Das nächste Mal werde ich wieder von zu Hause aus mitfiebern.

Der Quizmaster
Zunächst war es eine Sendung wie immer. Ich kann mich meist gut in die Kandidaten hineinversetzen und dieser Kandidat schien mir sehr aufgeregt. Ich habe nicht gedacht, dass er viel gewinnen wird. Doch er hat auf fast alle Fragen souverän geantwortet. Manchmal täuscht man sich eben doch in seinen Kandidaten …

Der Kandidat
Als ich als Kandidat feststand, konnte ich mein Glück kaum fassen. Normalerweise gehe ich nicht zu Fernsehshows, aber meine Frau hat mich überredet. Bei der letzten Frage wusste ich nicht weiter. Mein Publikumsjoker hat mich gerettet! Vor der nächsten Fernsehshow werde ich Beruhigungspillen nehmen, damit ich nicht so nervös bin.

Ein Herr aus dem Publikum
Beim Publikumsjoker bin ich vor Aufregung aufgesprungen. Dabei kannte ich die Antwort gar nicht. Als ich aufgerufen wurde, rutschte mir das Herz in die Hose. Aber es gab ja kein Zurück – also habe ich einfach geraten. Aber ich verspreche: Das werde ich nie wieder tun!

A ■ Schreibe einen Bericht über den Besuch im Fernsehstudio. Verwende bei der Redewiedergabe den Konjunktiv I oder die entsprechenden Ersatzformen.

→ **Grundwissen**, S. 306 f.

Lösungshinweise

■ Aufgabe A (Seite 278)
weiblich – feminin; traditionsbewusst – konservativ; freiwillig – fakultativ; nach und nach – sukzessive; haltbar – solide; verpflichtend – obligatorisch; kindisch – infantil

■ Aufgabe B (Seite 278)
Ein Fachmann, der Kunstwerke wiederherstellt oder repariert, ist ein **Restaurator**.
Wenn etwas ganz besonders wirksam und wirtschaftlich ist, dann ist es **effizient**.
Wenn man gegenüber einer Person einen besonderen Eindruck hinterlassen hat, dann konnte man dieser **imponieren**.

Training: Rechtschreibung

■ Aufgabe B (Seite 279)
A An einem wunderschönen Ta**g** (*Verlängern zum Plural*) jo**gg**te (*Verlängern zum Infinitiv, dann Silben mitschwingen*) Sandro in Richtung Bahnhof zur Apo**th**eke (*Merkwort: Fremdwort oder Nachschlagen*). Auf dem Weg dorthin ka-men (*Ableiten vom Infinitiv/Wortstamm> kein Dehnungs-h*) ihm drei Dackel entgegen, (*Rechtschreibregel: Komma trennt Hauptsatz und Nebensatz*) die eine **ä**ltere (*Ableiten ä von a: alt*) Dame an der Leine führte und die ihn beim **J**oggen (*Rechtschreibregel: Substantivierung / Nominalisierung von Verben, vorangehende Präposition+Artikel als Signalwort*) ankläfften. Wie viele Beine gingen zum Bahnhof?
B Eine Viererkarte für einen Bus kostet 1 Euro. Eine Einzelkarte kostet n**ur** (*Merkwort: langer Vokal ohne Dehnungszeichen*) 30 Cent. Fahrrä-der werden kostenlos transport**ie**rt (*Merkwort mit langem i*). Ein Radfahrer bestieg eili**g** (*Verlängern zum Komparativ*) mit seinem Moun-t**ai**nbike (*Merkwort: Fremdwort oder Nachschla-gen*) den Bus, ga**b** (*Verlängern zum Infinitiv*) dem Fahrer wortlos (*Merkwort: langer Vokal ohne Dehnungszeichen*) 1 Euro und bekam dafür eine Viererkarte. Woher wusste der Fahrer, da**ss** (*Rechtschreibregel: das oder dass*) der Mann sich eine Viererkarte finan**z**ieren (*Silben mitschwingen: kein tz*) wollte?
C Zwei Mannschaften spielten verbi**ss**en (*Silben mitschwingen: Doppelkonsonant*) gegeneinan-der Fußball. Die Tr**ai**ner (*Merkwort*) regten sich schreckli**ch** (*Verlängern zum Komparativ*) über ein absch**eu**liches (*Ableiten: kein verwandtes Wort mit au vorhanden*) F**ou**l (*Merkwort oder Nachschlagen*) auf. Der Schiedsrichter pfi**ff** (*Verlängern, dann Silben mitschwingen*) einen Elf-meter. Durch diesen Elfmeter fi**el** (*Ableiten vom Infinitiv/Wortstamm: kein Dehnungs-h*) in der 28. Minute das Tor. Dennoch endete das Spiel 0 zu 0. Wie ist das möglich?
D Michael Schumacher k**ä**mpfte (*Ableiten ä von a, z. B. Kampf*) um den Sieg in einem Formel-1-Rennen (*Silben mitschwingen: Doppelkonso-nant*). Er überrundete (*Silben mitschwingen: Konsonantenhäufung*) alle Gegner und näherte sich der Ziellinie. Doch kurz bev**or** (*Merkwort: langer Vokal ohne Dehnungszeichen*) er das Ziel erreichte, (*Rechtschreibregel: Komma zwischen Hauptsatz und Nebensatz*) stan**d** (*Verlängern*) er auf, wünschte den Gegnern alles **G**ute (*Rechtschreibregel: substantiviertes/nominalisiertes Adjektiv*) und legte sich schlafen. Wie konnte das passieren?

■ Aufgabe C (Seite 279)
Weitere Beispielwörter sind:
Silben mitschwingen: *passieren, konnte, dennoch, Dackel*
Wörter verlängern: *bestieg, Sieg, legte*
Ableiten: *näherte, schrecklich, Fahrräder*

Merkwort: *Viererkarte, Cent, Bahnhof*
Rechtschreibregel: *... bestieg den Bus, gab dem Fahrer* (Komma trennt Aufzählungen gleichrangiger Wörter)
Nachschlagen: *Formel 1, Cent*

■ Aufgabe A (Seite 280)

zum Klettern: vorangehende Präposition + Artikel
das Besteigen: vorangehender Artikel
dieses Durchsteigen: vorangehendes Pronomen
mögliche Ergänzung: schnelles Klettern (vorangehendes Adjektiv), viel Laufen (vorangehendes Mengenwort)
zum Interessantesten: vorangehende Präposition + Artikel
ihr Bestes: vorangehendes Pronomen
das Erste: vorangehender Artikel
alles Gute: vorangehendes Mengenwort
Als Begründung für die Großschreibung kann man folgende Merkhilfe die PAMPA-Regel anwenden: Vorausgehende **P**räposition, **A**rtikel, **M**engenwort, **P**ronomen oder **A**djektiv gelten als Signalwörter für die Großschreibung von Verben bzw. Adjektiven.

■ Aufgabe A (Seite 281)

spazieren gehen, liegen lassen, einkaufen gehen, stehen lassen, schätzen lernten, kennen gelernt, kreisen lassen, greifen lassen, stecken bleiben, gefördert werden, flöten geht, fallen lässt, stapeln lernen, warten lassen, erreichen will, erblassen lassen, erzielen kann, lesen/schreiben/rechnen lernen, stapeln lernen (können)

■ Aufgabe B (Seite 281)

Als Merkhilfe gilt: Getrenntschreibung ist bei Verbindungen von Verb und Verb immer richtig. Verbindungen mit »bleiben« und »lassen« als zweitem Bestandteil dürfen bei übertragener Bedeutung auch zusammengeschrieben werden; ebenso bei der Verbindung aus »kennen« und »lernen«.

■ Aufgabe A (Seite 282)

Ich war total fertig, mir war den ganzen Tag schlecht(,) und ich hatte Kopfschmerzen. Ich war so nervös, dass ich mich kurz vor dem Rennen noch aus der Halle stehlen wollte.
Ein unheimlich abwechslungsreiches Rennen, erst war die eine vorn, dann war die andere hinten.
Da kam dann das Elfmeterschießen, wir hatten alle die Hosen voll, aber bei mir lief's ganz flüssig.
Die würden nie was sagen, die haben absolutes Schweigeverbot.
Ich habe sehr viel autogenes Training gemacht, ich habe viel gelernt(,) und ich kann mich auf den Punkt konzentrieren und ... was war die zweite Frage nochmal?
Ich steige da nicht ein, das ist ein BMW, da gehe ich lieber zu Fuß.
Wir können so was nicht trainieren, sondern wir können es nur üben.
Der Ball ist rund(,) und das Spiel dauert 90 Minuten.
Das Zitat habe ich niemals gesagt, man hat es einfach zitiert.

Training: Grammatik

■ Aufgabe A (Seite 283)

Nomen/Substantiv: Hund, Rex, Bewegungskünstler, Vieren; **Artikel:** ein; **Verb:** ist, tänzelt herum, schraubt hoch, überstreckt, landet; **Adjektiv:** sanft; **Adverb:** erst, dann, plötzlich, dabei, fast, trotzdem; **Konjunktion:** und, aber; **Präposition:** um, auf; **Personalpronomen:** er, mich; **Possessivpronomen:** unser; **Reflexivpronomen:** sich; **Indefinitpronomen:** allen

Training: Sprache betrachten

■ **Aufgabe B (Seite 283)**

Die Verben in **Text 1** (z. B. *tänzelt*) veranschaulichen sehr genau den Bewegungsablauf des Hundes. (Der Leser kann sich dies gut vorstellen.) – In **Text 2** verdeutlichen die vier Beispielsätze die unterschiedlichen Funktionen des Adjektivs: genaue und anschauliche Beschreibung der Mimik der Mutter (*streng*); **Unterscheidung** von Gegenständen (*blau, rot*); **Bewertung** von Gegenständen (*toll*); **Ausschmückung** von Vorgängen (*lebendig, unterhaltsam, witzig, ernst, informativ*). – In **Text 3** wird eine mögliche Funktion des Adverbs deutlich: stilistische Verstärkung (*unwahrscheinlich*). – In **Text 4** verdeutlichen die Konjunktionen neben logischen Verknüpfungen aber auch syntaktische, was zugleich stilistische Abwechslung bedeutet.

■ **Aufgabe A (Seite 284)**

Text A besteht aus Satzreihen, Text B aus Satzgefügen.

■ **Aufgabe B (Seite 284)**

Wegen seines Machtstrebens (kausales Adverbial) wurde (Prädikt, 1. Teil) Cäsar (Subjekt) von Senatoren im römischen Senat (lokales Adverbial) ermordet (Prädikat, 2. Teil).
Nach dem Ende der Republik (temporales Adverbial) begann (Prädikat) mit Augustinus die römische Kaiserzeit (Subjekt).
Im Mittelalter (temporales Adverbial) verlieh (Prädikat) der Papst (Subjekt) dem deutschen König (Dativobjekt) in Rom (lokales Adverbial) die Kaiserkrone (Akkusativobjekt).

■ **Aufgabe C (Seite 284)**

Er erkannte die Gefahren einer Expedition mit nur wenig Training. Dennoch übernahm er die Leitung der Expedition ohne Rücksprache mit seiner Frau und seinen Kindern. Schon viele derartige Unternehmungen hatte er geleitet. Die Expedition führte ihn bis an die Grenzen seiner Leistungsfähigkeit. Viele Expeditionsteilnehmer belasteten die Gruppe. Sie stritten sich bis aufs Messer statt zu forschen.

■ **Aufgabe A (Seite 285)**

Viele tausend Jugendliche bewerben sich bei Castingshows, <u>obwohl ihre Chancen gering sind</u>. Die meisten von ihnen wollen dort, <u>wo die Bühne ist</u>, stehen. Aber nicht alle treten an, <u>damit sie gewinnen</u>. <u>Nachdem sie ein Auswahlverfahren bestanden haben</u>, fängt (für die Jugendlichen) die Schwerstarbeit an. Die Jugendlichen müssen viele Opfer erbringen, <u>damit sie Erfolg haben</u>. Andere geben auf, <u>weil die Belastung groß ist</u>. <u>Wenn die Leistung konstant ist</u>, haben sie manchmal Erfolg. Viele verlieren aber auch den Boden unter den Füßen, <u>sodass ihre Familien sich ärgern</u>.

■ **Aufgabe B (Seite 285)**

näherer Umstand	Adverbial	Adverbialsatz
Einräumung (konzessiv)	trotz geringer Chancen	obwohl ihre Chancen gering sind
Ort (lokal)	auf der Bühne	wo die Bühne ist
Absicht, Zweck (final)	zum Gewinnen	damit sie gewinnen
Zeit (temporal)	nach Bestehen eines Auswahlverfahrens	nachdem sie ein Auswahlverfahren bestanden haben
Absicht, Zweck (final)	für den Erfolg	damit sie Erfolg haben
Grund (kausal)	wegen der großen Belastung	weil die Belastung groß ist
Bedingung (konditional)	bei konstanter Leistung	wenn die Leistung konstant ist
Folge (konsekutiv)	zum Ärger ihrer Familien	sodass ihre Familien sich ärgern

Training: Sprache betrachten

Aufgabe C (Seite 285)

temporaler Adverbialsatz: Während mein Bruder … herausbringt (Z. 1); Während mein Vater … grummelt (Z. 14);

kausaler Adverbialsatz: da mich … anödet (Z. 2/3); Da auch wenig … bleibt (Z. 5/6); Da aber meine … ist (Z. 7/8); da ich noch zu jung war (Z. 11); Damit es klappt (Z. 16); da ich mich … bewerben kann (Z. 17/18)

finaler Adverbialsatz: sodass ich zurzeit … schwebe (Z. 12); sodass ich manchmal … muss (Z. 13/14); Damit ich mehr Chancen habe (Z. 14/15)

konditionaler Adverbialsatz: wenn er singen will (Z. 1); wenn ich nicht singe (Z. 3); weswegen mir … wohlgesonnen sind (Z. 4/5); wenn ich nicht genug esse (Z. 7); Wenn ich fleißig übe (Z. 15); Wenn es nicht klappt (Z. 17)

konzessiver Adverbialsatz: obwohl sie mich … leiden kann (Z. 2); obwohl mein Vater … hat (Z. 10/11); obwohl ich … habe (Z. 12/13)

Aufgabe A (Seite 286)

Obwohl mein Vater Widerstand geleistet hat, bin ich in das Casting gekommen. *Weil es heftig geschneit hat,* fuhren meine Eltern nicht mit. So bin ich mit meiner besten Freundin Lena mit dem Zug nach Frankfurt gefahren. *Weil ich kein Geld hatte / mein Geldbeutel leer war,* sind wir zu Fuß in das Hotel gelaufen, in dem das Casting stattfinden sollte. *Als wir ankamen,* warteten in der Lobby des Hotels schon die anderen Mädchen und Jungen. *Als der Aufnahmeleiter uns begrüßt hat,* brachte ich vor Aufregung kein Wort heraus. Meine Freundin Lena unterhielt sich stattdessen recht nett mit ihm. *Obwohl ich mich über die Möglichkeit, am Casting teilzunehmen, sehr gefreut hatte,* wurde ich immer ängstlicher angesichts der vielen Konkurrenten. Einer nach dem anderen wurde zum Casting aufgerufen. Da ich eine hohe Nummer gezogen hatte, die 99, wusste ich, dass wir lange warten würden, und ich machte es mir auf dem Sofa bequem, schloss die Augen und träumte davon, als strahlende Siegerin vor einem begeisterten Publikum zu stehen. *Obwohl ich im Halbschlaf war,* hörte ich den Aufnahmeleiter laut nach der Nummer 66 rufen. Lena riss mich aus meinen Träumen, *indem sie laut aufschrie:* »Du bist die Nummer 66, nicht die Nummer 99.« Ich schoss hoch und schaute mich verwirrt um. Ich sah den Aufnahmeleiter, der sich noch einmal umschaute und sich anschickte, die nächste Nummer aufzurufen. »Hier!«, schrie ich und rannte zu ihm. »Warum nicht gleich«, knurrte er und eilte zur Tür, hinter der die Jury auf mich wartete.

Aufgabe A (Seite 287)

Eine Dame im Publikum sagte, sie sei schon lange ein Fan dieser Sendung und schaue regelmäßig am Fernsehen zu. An diesem Tag sei sie zum ersten Mal im Studio gewesen. Vor lauter Aufregung habe sie die Sendung kaum mitverfolgen können. Sie sagte, sie fände es klasse, wie der Kandidat das große Geld gewonnen hat. Beim nächsten Mal werde sie wieder von zu Hause mitfiebern.

Der Quizmaster erklärte, für ihn sei es zunächst eine Sendung wie immer gewesen. Er könne sich meist gut in die Kandidaten hineinversetzen, jener Kandidat habe sehr aufgeregt geschienen. Er habe nicht gedacht, dass er viel gewinnen werde. Er habe aber auf fast alle Fragen souverän geantwortet. der Quizmaster sagte, manchmal täusche man sich eben doch in seinen Kandidaten …

Der Kandidat meinte, er habe sein Glück kaum fassen können, als er als Kandidat feststand. Normalerweise gehe er nicht zu Fernsehshows, aber seine Frau habe ihn überredet. Er erklärte, dass er bei der letzten Frage nicht mehr wei-

Training: Sprache betrachten

tergewusst habe. Sein Publikumsjoker habe ihn gerettet. Vor der nächsten Fernsehshow werde er Beruhigungspillen nehmen, damit er nicht so nervös ist.

Ein Herr aus dem Publikum erzählte, er sei beim Publikumsjoker vor Aufregung aufgesprungen. Dabei habe er die Antwort gar nicht gekannt. Als er aufgerufen wurde, sei ihm das Herz in die Hose gerutscht. Aber es habe ja kein Zurück gegeben – also habe er einfach geraten. Er erklärte, er verspreche, dass er das nie wieder tun werde.

Grundwissen

Im Grundwissen findest du die wichtigsten Kompetenzen und Begriffe aufgelistet, die du auch in den nächsten Schuljahren für das Fach Deutsch, aber auch für andere Fächer brauchst. Geordnet ist das Grundwissen nach den unterschiedlichen Kompetenzbereichen des Faches Deutsch: *Sprechen und Zuhören, Schreiben, Sprache betrachten, Texte lesen und verstehen* und *Medien nutzen* sowie ergänzend zum *Präsentieren* – in der Reihenfolge, wie du sie auch in deinem Schulbuch vorfindest.

Sprechen und Zuhören

Vor und mit anderen sprechen (vgl. S. 10–13)

Sprache und Sprechen sind notwendig für uns Menschen, um uns verständlich zu machen und uns zu verständigen. **Sprechen** und **Zuhören** wechseln sich dabei ab und sind zugleich eng miteinander verknüpft: Je besser gesprochen wird, umso besser kann zugehört werden, je besser zugehört wird, umso besser kann man sprechen.

Gutes und verständliches Sprechen beruht auf genauer Artikulation der Laute. Durch ein gutes Zusammenspiel von Zunge und Lippen etc. und gute Mundbewegungen gewinnt das Sprechen an Kraft und Deutlichkeit.

Wie das Vorgetragene auf die Zuhörer wirkt, wird durch die **Art des Vortragens** mitbestimmt. Die Wirkung des Sprechens wird bestimmt von dem Zusammenspiel von **Körperhaltung** (aufrecht und locker), **Gesichtsausdruck** (freundlich und aufmerksam), **Blickführung** (auf Zuhörer ausgerichtet), **Gestik** (passende Bewegungen der Arme und Hände) und **Stimme** (angemessene Lautstärke und Tonhöhe, sinnvolle Betonung).

Vorlesen, Zuhören und Rückmelden

Auch **Erzählen** und **Vorlesen** fordern gutes Sprechen und Zuhören. Gutes Vorlesen muss geübt werden. Zur Vorbereitung ist es sinnvoll, den Text mit **Markierungen** zu versehen, die das sinnbetonte Vorlesen erleichtern. Hierbei sind z. B. folgende Zeichen hilfreich:

/	kurze Pause	<…	langsamer sprechen
//	längere Pause		
_	betonen	↗	Stimme heben
…>	schneller sprechen	↘	Stimme senken

Meinungen bilden, begründen und austauschen (vgl. S. 14–25)

Meinungen entstehen durch **Beurteilungen eines Sachverhalts**, aber auch, wenn wir Verhalten und Äußerungen anderer bewerten. Eigene Vorlieben und Vorstellungen davon, was wir selbst gerade gut oder schlecht finden, gehen in diese **Urteilsbildung** ein. Wenn wir uns verständigen wollen, etwa über eine gemeinsame Sache oder Unternehmung, müssen wir uns Zeit nehmen, das eigene Urteil zu bedenken, andere Meinungen und deren Begründungen zu hören. Daneben finden sich Aussagen, die nicht nur eine Meinung oder eine Behauptung zum Ausdruck bringen, sondern andere zum Handeln auffordern.

Beim Austauschen von Meinungen, Behauptungen und Aufforderungen sollte jeder zu Wort kommen und gehört werden. Dies geschieht z. B. in einer **Gesprächsrunde**.

Eine Gesprächsrunde besteht aus:
- einer Gruppe mit 6–8 Teilnehmern (Einige sprechen für, andere gegen die These.),
- einem/einer Leiter/-in,
- einem oder mehreren Beobachtern.

Die Gesprächsrunde sollte ca. 10–15 Minuten dauern.

Gesichtspunkte, unter denen die Gesprächsrunde von den Beobachter/-innen bewertet wird, sind:
- deutliches Sprechen,
- andere ausreden lassen,
- aufmerksames Zuhören,
- Kontaktaufnahme durch Körperhaltung und -sprache,
- höfliches Nachfragen,
- sachliches Reagieren,
- beim Thema bleiben,
- ausführliches Begründen.

293

Grundwissen

Schreiben

Informieren

Erzähltexte zusammenfassen (vgl. S. 28–39)
In der Textzusammenfassung werden in knapper Form die wichtigsten Informationen eines Textes wiedergegeben, ohne sie dabei zu bewerten oder zu kommentieren. Zusammenfassen kann man sowohl erzählende als auch Sachtexte. Dabei soll die Zusammenfassung so geschrieben werden, dass der Inhalt des Textes gerade auch für jemanden verständlich wird, der den Originaltext nicht kennt. Daher sind bestimmte Dinge beim Erstellen einer Textzusammenfassung besonders wichtig:

Handlungsschritte zusammenfassen und wiedergeben

Um einen Text treffend zusammenzufassen, muss man erkennen, wo in ihm jeweils neue Handlungsschritte beginnen oder was in einem Text zusammengehört. Hierzu ist es sinnvoll, **Abschnitte nach Handlungsschritten** einzuteilen: Mit Zeilenangaben oder auf dem Textblatt wird dabei angegeben, welche Zeilen zu einem inhaltlichen Abschnitt zusammengehören. Hinweise darauf geben einem z. B. …

- Zeitsprünge im Geschehen,
- Neues, das in einer Geschichte passiert,
- etwas, das abgeschlossen wird,
- neu auftretende Figuren etc.

Für die Handlungsschritte versucht man, passende **Überschriften** zu finden, die das Wesentliche im betreffenden Abschnitt auf den Punkt bringen. Diese Überschriften können dann die Ausgangsbasis für den Text der Zusammenfassung sein.

Achtung! An vielen Textzusammenfassungen von Schülern ist nicht gelungen, dass jeweils nur der Anfang der Handlungsschritte Eingang in die Zusammenfassung findet. Bereits beim Suchen der Überschriften sollte daher darauf geachtet werden, dass sie den ganzen Abschnitt bündeln. Man kann das testen, indem man immer wieder Sätze aus dem Schluss eines Abschnittes liest und überprüft, ob die Überschrift auch hier noch passt.

Wichtiges – Unwichtiges unterscheiden

Für das Zusammenfassen von Erzähltexten muss man erkennen lernen, welche Inhalte in einem Text wichtig sind für das Verständnis der Handlung und welche eher der Ausgestaltung oder dem Nachempfinden dienen. Wenn man sich nicht sicher ist, kann man sich fragen, ob die Handlung an einer Stelle anders weiterginge, wenn etwas nicht geschähe, oder ob man als Leser die Zusammenhänge anders verstünde, wenn einem diese Information fehlte. Wenn man die Fragen mit »Ja« beantwortet, handelt es sich wahrscheinlich um etwas, was in deiner Textzusammenfassung nicht fehlen darf.

Innere und äußere Handlung

Vom eigenen Erzählen kennst du bereits die Unterscheidung zwischen innerer und äußerer Handlung – zwischen dem, was von außen beobachtbar ist und dem, was in den Personen vorgeht (Gefühle und Gedanken). In der Textzusammenfassung ist es wichtig, nicht nur die äußere Handlung wiederzugeben, sondern auch die Gründe für das Geschehen klarzustellen. Diese liegen oft in der inneren Handlung. Daher geht man beim Zusammenfassen auch auf das innere Geschehen ein. Anders als beim Erzählen geht es jedoch nicht darum, die Gefühle so darzustellen, dass der Leser sie nachempfindet, sondern so, dass er versteht, wie aus Empfindungen das äußere Geschehen folgt.

Sachtexte zusammenfassen (vgl. 40–43)
Soll man den Inhalt eines Sachtextes zusammenfassen, muss man Wichtiges von Unwichtigem trennen, die Zusammenhänge deutlich machen und **sachlich-neutral** formulieren. Auch das Setzen von Sinnabschnitten und das Formulieren von Überschriften sind hier sinnvoll.

Folgende Arbeitsschritte bieten sich an:
1. **Vorwissen aktivieren:** grober Überblick über den Text
2. **Fragen an den Text stellen:** Worum geht es?
3. **Text gründlich lesen:** unbekannte Begriffe klären
4. **Text zusammenfassen:** Wichtiges markieren, Sinnabschnitte setzen und Überschriften formulieren, in eigenen Worten den Inhalt zusammenfassen

Folgende Aspekte sind bei Sachtexten besonders zu beachten:
- In vielen Sachtexten sind sehr viele Einzelheiten und Nebeninformationen enthalten. Die Herausforderung für den Zusammenfassenden liegt darin, geeignete **Oberbegriffe** zu finden, die die **Informationen bündeln**.
- Auch enthalten die Texte oft konkrete Beispiele, die man in vielen Fällen (wenn sie für das Gesamtverständnis keine Rolle spielen) in der Zusammenfassung weglässt.
- Daneben gilt es zu beachten, dass auch in Sachtexten oft blumige, bildhafte Ausdrücke oder leicht umgangssprachliche Formulierungen vorkommen. Dies soll in einer Textzusammenfassung nicht der Fall sein; man muss sie also erkennen und durch **nüchternere Begriffe** ersetzen.

Die Sprache der Textzusammenfassung (vgl. S. 35)
Die sachlich-neutrale Sprache kennt man vom Berichten, Beschreiben und anderen informierenden Texten. Sachlich-neutral formulieren heißt, Inhalte präzise, allgemein verständlich und ohne Wertung darzustellen. Dabei ist Folgendes zu beachten:
- Beim Kürzen des Textes ist es oft eine Herausforderung, passende **Oberbegriffe** zu finden. Sie helfen, mehrere Einzelheiten in einen einzigen Begriff zu packen.
- **Gefühle und Empfindungen** sind besonders in Erzähltexten sehr wichtig; wenn man eine Textzusammenfassung schreibt, musst man teilweise darauf eingehen, welche Gefühle im Text enthalten sind, damit die Zusammenhänge klar werden (innere und äußere Handlung), aber der Text soll beim Leser keine Emotionen auslösen. Daher muss gerade hier auf eine **neutrale Formulierung** geachtet werden.
- Vergleiche und bildhafte Ausdrücke haben in einer Zusammenfassung nichts verloren. Man löst sie auf und verwendet eine **nüchterne Formulierung ohne Bildcharakter**.
- In der Textzusammenfassung soll man stets seine **eigene Wortwahl** finden: Es werden keine Wendungen aus der Vorlage übernommen. Man soll schließlich zeigen, dass man den Text verstanden hat und ihn nicht nur abschreibt; außerdem ist sonst die Gefahr groß, eine Nacherzählung anstatt einer Zusammenfassung zu schreiben.

- Als eigene Wortwahl gilt noch nicht, die Wörter aus der Vorlage zu nehmen und die Reihenfolge zu verändern. Das gilt als »**Paraphrase**« (»Neben-Spruch«) und wird als Fehler gewertet.
- Natürlich verwendet man in der Textzusammenfassung keine Umgangssprache.
- Zeitliche und logische Zusammenhänge stellt man mit **passenden Konjunktionen und Adverbien** dar.
- In der Textzusammenfassung kommt nie wörtliche Rede vor. In den meisten Fällen wird es sinnvoll sein, die Redeinhalte in eigene Formulierungen einzuarbeiten; wenn es notwendig ist, auf einen Redebeitrag genauer einzugehen, verwendet man die **indirekte Rede mit dem Konjunktiv** (vgl. S. 306 f.).
- Die Textzusammenfassung wird immer im **Präsens** geschrieben. Vorzeitiges steht im Perfekt. Das Imperfekt kommt in der Textzusammenfassung nicht vor.

Informationen aus Sachtexten gewinnen und verarbeiten (S. 44–45)
Beim **gezielten Lesen** der Texte kann man (solange die Texte nicht in einem Schulbuch oder in einem anderen ausgeliehenen Buch stehen) immer mit dem Stift in der Hand lesen: Dabei werden **zentrale Informationen unterstrichen**. Man sollte dabei möglichst nicht den ganzen (Teil-)Satz anstreichen, sondern nur wichtige Nomen oder Verben oder bei Eigenschaften bestimmte aussagekräftige Adjektive. Wenn man vor dem Lesen eine **Liste mit Fragen** zu dem zu bearbeitenden Thema vorbereitet hat, kann man Informationen gleich mit Hilfe von verschiedenen Farben den einzelnen Fragen zuordnen.
Normalerweise wird immer angegeben, woher, also aus welchem Buch oder von welcher Internetseite, man seine Informationen bezogen hat. Von daher sollte man sich gleich angewöhnen, die **Quellen** (Buchautor und Titel bzw. Internetadresse) mit aufzuschreiben.

Argumentieren

Argumentieren (S. 48–65)
Diskussionen um strittige Themen kennt jeder: mit den Eltern über Schule oder Freizeit, mit Lehrern über Bewertung oder Verhalten, mit Freunden über

Grundwissen

gemeinsame Aktivitäten oder mit Geschwistern über Eigentum und Privatsphäre. Jeder versucht, seine Meinung so überzeugend wie möglich darzustellen, und bestenfalls gelingt am Ende ein Kompromiss oder eine Einigung. Jedoch ist es genauso oft notwendig, seine Meinung schriftlich zu vertreten und zu untermauern: in Briefen oder E-Mails an jemanden, der eine andere Ansicht hat oder der noch unentschieden ist und den man überzeugen möchte. Auch in Büchern und Texten im Internet werden allerorts Meinungen zu politischen Themen, gesellschaftlichen Ereignissen oder wissenschaftlichen Entwicklungen, über Bücher und Personen, Traditionen, Gesetze oder Entdeckungen dargelegt. Dabei wird versucht, die Meinung auf ein sachlich einwandfreies Fundament zu stellen und möglichst fest zu untermauern. Dieses Verfahren nennt man Argumentieren.

Der Aufbau eines Argumentationsblocks

Beim Argumentieren folgt man in der Regel einem bestimmten **Aufbau**:

- Die **Behauptung** gibt, kurz und präzise, an, worum es mir geht bzw. worauf ich hinaus will.
- Die **Begründung** führt die Behauptung genauer aus. Sie klärt die Sachzusammenhänge und zeigt auf, warum meine Behauptung richtig ist.
- Das **Beispiel** kann aus einem konkreten Fall bestehen, bei dem das Gesagte zutrifft. Es kann auch andere dazugehörige Fakten benennen. Das Beispiel veranschaulicht die Behauptung, sodass jeder sich etwas Genaues darunter vorstellen kann.

Eine Stoffsammlung anlegen

Bevor man beginnt, Argumente niederzuschreiben, muss man sich im Klaren darüber sein, welche Argumente zu einem Thema überhaupt denkbar sind. Daher legt man als erstes eine **Stoffsammlung** an: Man sammelt in Stichworten alles, was einem zum Thema einfällt, wobei man durchaus Dinge doppelt nennen und Behauptungen oder Beispiele durcheinander anführen darf. Dabei legt man sich noch nicht fest, welche Meinung man letztlich vertreten möchte.

Man kann bei der Stoffsammlung schon nach möglichen Standpunkten vorsortieren, indem man **Spalten** anlegt; bei der Form der **Mind-Map** kann man sogar noch mehr ordnen, da man hier zusammengehörige Stichworte an einem Ast notiert. Dies erfordert mehr Vorarbeit, erleichtert dafür den Umgang mit den gesammelten Stichworten. Die Sortierung nach verschiedenen Entscheidungsmöglichkeiten erfolgt hier durch die gegenüberliegenden Seiten der Mind-Map (vgl. auch S. 315).

Hat man alle Ideen gesammelt, müssen diese geordnet werden: Am einfachsten geht dies, indem man Stichworte, die zum gleichen Oberthema gehören, mit der gleichen Farbe markiert und ihnen einen gemeinsamen **Oberbegriff** gibt. Diese Stichwortgruppen sind dann die Grundlage für je einen Argumentationsblock.

Den Argumentationsaufsatz gliedern

Für die **einfache begründete Stellungnahme** benötigt man meistens **drei verschiedene Argumentationsblöcke**. Dabei geht man für den Aufsatz von Einleitung, drei Argumenten und Schluss aus.

Die Argumentationsblöcke in einer Stellungnahme oder Erörterung werden nicht wahllos aneinandergereiht. Dabei ist es oft sinnvoll, die Argumentation **steigernd** anzulegen, also mit dem schwächsten der Argumentationsblöcke zu beginnen und sich zum stärksten vorzuarbeiten. Dies geht auch bei mehr als drei Argumentationsblöcken und entspricht in etwa der Beobachtung, dass der letzte Eindruck (in diesem Fall also der letzte Argumentationsblock) besonders gut in Erinnerung bleibt und deswegen besonders überzeugend sein muss.

Eine Gliederung anfertigen

Nachdem die Reihenfolge in der Argumentation gut überlegt wurde, wird sie in einer extra erstellten **Gliederung** deutlich gemacht. Diese wird mit jedem Aufsatz zusammen abgegeben und zeigt, dass man seinen Aufsatz vor dem Schreiben sorgfältig geplant hat. Gleichzeitig ist sie eine Art »Inhaltsverzeichnis« für den Aufsatz und sieht auch, wenn auch weniger umfangreich, ähnlich aus wie Inhaltsverzeichnisse in Sachbüchern.

Die Gliederung der begründeten Stellungnahme besteht (wie der Aufsatz) aus der **Einleitung**, dem **Hauptteil**, der sich aus den einzelnen Argumentationsblöcken zusammensetzt, und dem **Schluss**. Für die einzelnen Gliederungspunkte braucht man kurze Formulierungen, die man entweder als **kurze Sätze** oder als **Oberbegriffe** (wie die aus der Sortierung

der Stoffsammlung) formuliert, jedoch muss man sich für eine Variante entscheiden und dann konsequent in der ganzen Gliederung dabei bleiben.

Eine Einleitung und einen Schluss formulieren

Da die begründete Stellungnahme sich an jemanden richtet, der überzeugt werden soll, wird sie oft in **Briefform** verfasst. Diese entspricht der Form des sachlichen Briefes.

Der **Adressat** muss angemessen angeredet werden, die Einleitung muss das Thema und den Anlass des Schreibens nennen, im Schluss formuliert man noch eine Zusammenfassung, eine Schlussfolgerung oder einen Appell, dann folgt die im Brief übliche Grußformel, je nachdem, wem man schreibt, und die Unterschrift.

Die Sprache des Argumentierens (S. 58–62)

In der Argumentation wird **sachlich dargestellt** und trotzdem eine **Meinung deutlich gemacht**. Dazu muss man bestimmte Regeln beachten:

- Man achtet auf eine präzise Darstellung mit **Fachbegriffen** sowie auf eine exakte **Herstellung von Sachzusammenhängen** durch Konjunktionen und Adverbiale.
- Besonders stellt man **Kausal- und Konsekutivzusammenhänge** her: *da, denn, weil, sodass, was zur Folge hat …*; immer wieder auch **Konzessiv- oder Finalzusammenhänge**: *obwohl, selbst wenn, damit, auf dass.*
- Für die Behauptung ist es wichtig, einen passenden **Oberbegriff** zu finden für das, was das Argument anführen soll.
- Schwierig ist es oft, **sachlich** zu bleiben, wenn man eine Meinung vertritt. Das bedeutet, man soll keine Formulierungen verwenden, die einen zu emotionalen, angriffslustigen oder umgangssprachlichen Tonfall haben. Allerdings darf die Wortwahl durchaus gelegentlich etwas wertend sein, wenn man dabei auf einer **logisch begründeten Basis** bleibt.
- Bildhafte Ausdrücke gehören nicht in die Argumentation, allenfalls in den Beweis.

Zwischen den Argumentationsblöcken überleiten

Die einzelnen Argumentationsblöcke bleiben natürlich nicht unverbunden hintereinander stehen, sondern bilden in der begründeten Stellungnahme einen **zusammenhängenden Text**. Diese Überleitungen müssen und sollen nicht lang sein, aber ein leichtes Lesen ermöglichen. Dabei kann man neben einer inhaltlichen Verbindung der beiden Argumente auch einen Hinweis auf die Wichtigkeit des nächsten Gedankens verwenden.

Sich Informationen anderer zu Nutze machen (vgl. S. 63–65)

Zu vielen der Themen, über die man diskutiert und Argumente austauscht, gibt es bereits eine Fülle von Informationen und Überlegungen, die man öffentlich wahrnehmen kann: in Zeitungen, im Internet, in Büchern. Außerdem braucht man für die Argumentation bei den meisten Themen **Informationen** zu Beweiszwecken, die man ebenfalls in Veröffentlichungen findet. Denn je allgemein anerkannter eine Tatsache ist, desto mehr **Beweiskraft** hat sie, wenn man sie für seine Zwecke nutzen kann. Viele Bereiche der Wissenschaft funktionieren im Grunde genommen so: Eine Person findet etwas heraus und stellt damit Hypothesen (Behauptungen) auf und veröffentlicht sie. Ein anderer nutzt diese Erkenntnisse und Behauptungen, um wiederum damit zu arbeiten, weiterzuforschen und zu argumentieren.

Recherche in der Bibliothek

Im **Katalog** der Bibliothek sind alle Bücher der Bibliothek erfasst. Die Zuordnung der Bücher erfolgt nach **Sachgebieten**. Entsprechend dieser ersten Einordnung erhält das Buch einen **Standort** (Regalplatz) in einer bestimmten Abteilung. Dort sind die Bücher dann **alphabetisch** nach den Nachnamen der Autoren geordnet. All diese Informationen sind in der **Signatur**, einer Buchstaben-Ziffern-Kombination, die sich auf dem Buchrücken befindet, vermerkt.
Um die gezielte Suche nach Informationen zu erleichtern, **verschlagwortet** der Bibliothekar die einzelnen Bücher, d. h., er versucht, den Inhalt des Buchs in wenigen Begriffen zu erfassen.

Recherche im Internet

Besondere Seiten im Internet, so genannte **Suchmaschinen**, erleichtern die Suche nach Informationen im Internet. Für Kinder und Jugendliche gibt es bestimmte Suchmaschinen, die prüfen, ob die Informationen für Kinder geeignet sind. Da Informationen zu einem bestimmten Thema auf verschiedenen

Grundwissen

Seiten im Internet stehen, gibt die Suchmaschine als Ergebnis einer Anfrage eine **Liste von Internetadressen**. Sie benennen den Standort der Informationen. Da die Adressen in der Regel **verlinkt**, d. h. verknüpft sind, kann man sich direkt weiterleiten lassen.

Die Internetrecherche ist auf den ersten Blick einfacher als die Bibliotheksrecherche. Doch muss man bedenken, dass die **Glaubwürdigkeit** der Informationen und der Autoren in der Regel nicht geprüft ist. Hinzu kommt die Vielzahl von Treffern, die eine Suchanfrage häufig bringt. Diese kann man durch eine **gute Auswahl der Schlagwörter** einengen.

Quellen angeben

Wenn man Informationen aus Materialien nutzt, muss man immer angeben, wo man sie her hat. Diese Quellenangabe kann man ausformulieren: »Die Universität Lüneburg hat in einer Studie festgestellt, dass …«; damit hat man gleich einen guten Einstieg für den Beweis in dem Argumentationsblock. Aus welchem Material man die Informationen erhalten hat, wird in Klammern hinter dem Beweis angegeben: (www.spiegel.de, »Studie zur Mediennutzung: Jugendliche mit Schulfrust sehen mehr fern«, 29. Februar 2012, Z. xy). Für Argumentationen in der Schule wird oft Material zur Verfügung gestellt, welches dann eine bestimmte Kurzbezeichnung hat, z. B. »Mat 1«. Dann reicht als Quellenangabe: (Mat 1, Z. xy).

Sprache betrachten

Rechtschreibung

Methoden, richtig zu schreiben (vgl. S. 67)
Die deutsche Rechtschreibung ist schwierig, denn man schreibt viele Wörter nicht so, wie man sie spricht. Rechtschreibfehler lassen sich durch verschiedene Strategien vermeiden.
Eine wichtige Methode, um Wörter richtig zu schreiben, ist, sie in Silben zu zerlegen und langsam und deutlich zu sprechen. Dazu kann man noch die Sprechsilben als Schwungbögen unter das geschriebene Wort zeichnen. Diese Methode heißt **Silben mitschwingen**.

Die Methode **Wörter verlängern** hilft bei der Schreibung von gleich und ähnlich klingenden Konsonanten. Der *k-Laut* kann mit g *(Tag)* oder k *(Tank)*, der *t-Laut* kann als d *(Held)* oder t *(fast)* usw. geschrieben werden. Die Verlängerung der Wörter klärt die Schreibung (*Ta?* → *Tage*, also Tag).

Viele Rechtschreibprobleme lassen sich leichter lösen, wenn man weiß, von welchem **Wortstamm** ein Wort **abgeleitet** wird. Der Wortstamm ist das Grundwort, von dem sich andere Worte ableiten. Vom Wortstamm *lesen* werden z. B. *Lesebuch, gelesen, Lesarten, Vielleser* und *er liest* abgeleitet. Am Wortstamm *lesen* kann man erkennen, dass das *s* in den abgeleiteten Wörtern ein einfaches *s* sein muss.

Rechtschreibfehler lassen sich auch durch Üben mit einer **Merkwörterkartei** vermeiden. Die Wörter, die man falsch geschrieben hat, sollen in die Kartei aufgenommen werden. Man muss sich bei den Merkwörtern die Wortbilder einprägen.

In Zweifelsfällen hilft das **Nachschlagen im Wörterbuch**. Dazu muss man wissen, wie Wörterbücher aufgebaut sind: Alle Wörter sind alphabetisch geordnet. Innerhalb einer Wortgruppe mit dem gleichen Anfangsbuchstaben orientiert man sich am zweiten oder dritten Buchstaben.

Schärfung (vgl. S. 73–74)
Wenn ein Vokal in einer betonten Silbe kurz gesprochen wird, folgen immer zwei Konsonanten (*Karte, Narbe*) oder der darauffolgende Konsonant wird verdoppelt. Nach kurzem Vokal wird *k* zu *ck*, *z* wird als Doppelkonsonant zu *tz* (*Wecker, Schutz*).

Gleich und ähnlich klingende Laute
Oft spricht man *p, t, k* und schreibt doch *b, d, g*. Das ist der Fall, wenn *b, d, g* am Ende des Wortstamms stehen, z. B. *Raub – Räuber*. Mit Hilfe der **Verlängerungsprobe** oder indem man nach **verwandten Wörtern** sucht, kann man entscheiden, wie man das Wort schreiben muss.

- **Verlängerungsprobe:** Man verlängert das Wort und spricht es deutlich vor: zu den Nomen bildet man die Pluralform, z. B. *der Tag – die Tage*; zu den Verbformen bildet man den Infinitiv, z. B. *er gibt – geben*.
- **verwandte Wörter suchen:** Der Wortstamm wird in allen verwandten Wörtern gleich oder ähnlich

geschrieben. Man bildet zu dem Wort, bei dem man unsicher ist, ein verwandtes Wort und spricht es deutlich vor, z. B. *Raub – rauben – räuberisch*.

Dehnung (vgl. S. 73–74)

Wenn ein Vokal lang gesprochen wird, spricht man von Dehnung. Der Vokal wird gewissermaßen länger gemacht, er wird gedehnt. Es gibt vier Möglichkeiten, einen Vokal zu dehnen:

- Der **Vokal dehnt sich von alleine**. Im Schriftbild ist er nicht von einem kurzen Vokal zu unterscheiden *(die Schale, das Tor)*. Besonders in einsilbigen Wörtern wie *wem, dem, zu* oder *so* wird die Dehnung nicht bezeichnet.
- Der Vokal wird durch **Verdoppelung des Vokals** gedehnt *(der Saal, das Boot)*. Achtung: Nur *a, e, o* können verdoppelt werden. Achtung: *der Saal – die Säle, das Boot – Bötchen* usw.
- Ein **h folgt dem Vokal** *(wahr, ruhen)*. Besonders gern wird vor *m, n, l* und *r* die Länge des Vokals mit *h* bezeichnet.
- Das **i wird oft durch ein nachfolgendes e** gedehnt *(Brief, Spiegel)*. Achtung: Bei Fremdwörtern mit betonten Nachsilben findet man oft ein *ie* (*die Regie*). Achtung: Die meisten Wörter mit langem *i* werden mit *ie* geschrieben. Nur in Eigennamen wird das Dehnungs-*e* bei anderen Vokalen verwendet *(Soest)*.

s-Laute (vgl. S. 73–74)

Ein s-Laut kann **stimmlos** sein. Man kann feststellen, ob der s-Laut stimmlos ist, wenn man mit einer flachen Hand am Hals beim Sprechen keine Vibration, sondern ein Zischen wie von einer Schlange spürt.

Ein s-Laut kann **stimmhaft** sein. Man kann feststellen, ob der s-Laut stimmhaft ist, wenn man beim Sprechen mit einer flachen Hand am Hals eine Vibration wie das Summen einer Biene spürt. Durch Verlängern kann man herausfinden, ob in einem Wort ein stimmhaftes oder ein stimmloses *s* vorliegt: *er liest* → *lesen* → stimmhaftes *s*; *er hasst* → *hassen* → stimmloses *s*

Schreibung des s-Lautes

Am Wortanfang steht nur ein *s*. Im Wortinneren und am Wortende steht ein *s* nach kurzem oder langem Vokal oder Diphthong: *Muskel, rasen, Ereignis, Mäuse*.

Die Schreibung mit *ss* findet man nur nach kurzem Vokal, z. B. *fassen, Riss*. Die Schreibung mit *ß* findet man nur nach langem Vokal oder Diphthong: *Gruß, zerreißen*.

das – dass?

Der **Artikel** *das* (*das Mädchen* → Ersatzprobe: *ein Mädchen*) wird mit **einfachem s** geschrieben.

Das **Demonstrativpronomen** *das* (*Das ist ein Mädchen.* → Ersatzprobe: *Dieses ist ein Mädchen.*) wird mit einfachem *s* geschrieben.

Das **Relativpronomen** *das* (*Ein Mädchen, das dort war, ging weg.* → Ersatzprobe: *Ein Mädchen, welches dort war, ging weg.*) wird mit einfachem *s* geschrieben. Achtung: Vor dem Relativpronomen *das* steht immer ein Komma.

Die **Konjunktion** *dass* (*Ein Mädchen sagt, dass es in die Schule geht.* → Keine Ersatzprobe möglich.) wird mit Doppel-*s* geschrieben. Die Konjunktion *dass* steht nach Verben des Denkens, (*er dachte, dass…*), des Fühlens (*er fühlte, dass…*), des Wünschens (*er wünschte, dass…*) und des Sagens (*er antwortete, dass…*). Achtung: Vor der Konjunktion *dass* steht immer ein Komma.

Groß- und Kleinschreibung (vgl. S. 70)

Nomen und **Satzanfänge** werden immer großgeschrieben. Auch Verben und Adjektive, die als Nomen gebraucht werden, schreibt man groß. Man spricht dann von **Nominalisierung**. Wie erkennt man, ob ein Verb oder Adjektiv als Nomen gebraucht wird? Am besten erkennt man es, wenn vor dem Verb/Adjektiv ein **Begleiter** steht.

Steht ein **Artikel** vor dem Verb/Adjektiv, dann wird es großgeschrieben: *Im Flur und im Hof ist das Ballspielen verboten. Das Schöne ist, dass man am Nachmittag spielen kann.* Manchmal ist der Artikel mit einer **Präposition** verschmolzen. *Im (in dem) Lesen ist er gut.*

Steht kein Artikel davor, kann die **Artikelprobe** gemacht werden: *Füttern und Anfassen der Tiere ist verboten* → *Das Füttern und das Anfassen der Tiere ist verboten.*

Stehen die **Mengenwörter** *viel, nichts, etwas, allerlei, alles* vor einem Adjektiv, dann wird das Adjektiv großgeschrieben: *Alles Gute, viel Böses, etwas Seltenes.*

Grundwissen

Steht ein **Possessivpronomen** vor dem Verb/Adjektiv, dann wird es großgeschrieben: *sein Warten, ihr Schönes*.
Als Nomen gebrauchte **Zahlwörter** sind wie die anderen Wortarten nominalisiert und werden nach den gleichen Regeln großgeschrieben (*die Eins, ein Zwanziger*). Als Adjektive gebrauchte Zahlwörter schreibt man klein (*der erste Mai*).

Getrennt- und Zusammenschreibung / Untrennbare und trennbare Zusammensetzungen (vgl. S. 71)

Regel 1: Nomen, Adjektive und Partikeln (= unveränderliche Wörter oder Wortteile, z. B. Präpositionen oder Präfixe: *ab – abändern; durch – durchlaufen*) können mit Verben **untrennbare Zusammensetzungen** bilden. Man schreibt sie immer zusammen.
Regel 2: Nomen, Adjektive oder Partikeln können mit Verben **trennbare Zusammensetzungen** bilden. Man schreibt sie nur im Infinitiv, im Partizip I und II sowie im Nebensatz bei Endstellung des Verbs zusammen.

Fremdwörter (vgl. S. 68–69)

Fremdwörter sind Wörter, die aus fremden Sprachen übernommen wurden. Ihre Aussprache und auch ihre Schreibung richten sich meist nach den Regeln ihrer Herkunftssprache, z. B. *Teenager*. Viele Fremdwörter kannst du an ihren **Endungen** (= Suffixe) erkennen, z. B. *demonstrieren, Demonstration, Kreativität*.
Adjektive haben oft die **Suffixe** *-iv* wie bei *aktiv* oder *-(i)ell* wie bei *kriminell* oder *offiziell*.

Zeichensetzung bei Infinitiv- und Partizipialkonstruktionen sowie bei Appositionen
(vgl. S. 75–77)

Infinitivsätze sind Sätze, die im Satz die **Funktion von Nebensätzen** übernehmen. Sie bestehen aus einem Infinitivsatz mit »zu« und mindestens einem weiteren Wort.
Infinitivsätze müssen durch Kommas abgetrennt werden, wenn …
- der Infinitivsatz durch *um, ohne, statt, anstatt, außer, als* eingeleitet wird.
- der Infinitivsatz von einem Nomen abhängt.
- der Infinitivsatz von einem hinweisenden Wort wie *daran, darauf* oder *es* abhängt.

In anderen Fällen ist das Komma freigestellt. Es empfiehlt sich, die Kommas immer zu setzen, weil sie die Gliederung des Satzes verdeutlichen und niemals falsch sind.
Partizipialsätze sind Sätze, die im Satz auch die **Funktion von Nebensätzen** übernehmen. Sie bestehen aus einem Partizip Präsens (Partizip I), welches die Gleichzeitigkeit ausdrückt, oder einem Partizip Perfekt (Partizip II), wenn die Vorzeitigkeit zum Ausdruck gebracht werden soll.
Partizipialsätze müssen durch Kommas abgetrennt werden, wenn …
- durch ein hinweisendes Wort auf den Partizipialsatz Bezug genommen wird.
- der Partizipialsatz als Einschub die gewöhnliche Satzstellung unterbricht.
- der Partizipialsatz einen Nachtrag darstellt.

In anderen Fällen ist das Komma freigestellt. Es empfiehlt sich, die Kommas immer zu setzen, weil sie die Gliederung des Satzes verdeutlichen und niemals falsch sind.
Appositionen, Einschübe und Zusätze sind nachgestellte Erläuterungen, die von Kommas eingeschlossen sind.

Grammatik

Wortarten: Nomen und Artikel (vgl. S. 78–79)

Nomen heißen auf Deutsch auch Hauptwörter, weil sie für uns sehr wichtig sind. Denn mit Nomen bezeichnen wir alle Lebewesen und Gegenstände, die um uns herum sind und die uns gegenüberstehen: *der Freund, die Tafel, der Tisch*. Mit den Nomen benennen wir die Welt, und da es sehr viele Lebewesen und Gegenstände in der Welt gibt, sind die Nomen die **größte Wortart** in jeder Sprache.
Da Nomen die wichtigsten Wörter in einem Satz sind, werden sie großgeschrieben. Deshalb kann man sie leicht erkennen. Der **bestimmte Artikel** *(der, die das)* bzw. der **unbestimmte Artikel** *(ein, eine, ein)* steht oft vor dem Nomen.
Der Artikel zeigt nicht nur, dass das nachfolgende Wort ein Nomen ist, sondern der Artikel signalisiert auch das **Genus** (Geschlecht) eines Nomens. Es gibt drei Genera: *der:* **Maskulinum** (männlich), *die:* **Femininum** (weiblich), *das:* **Neutrum** (sächlich).
Das **grammatische** Geschlecht eines Nomens muss nicht immer mit seinem natürlichen biologischen Geschlecht übereinstimmen: Die Maus kann auch männlich sein und das Mädchen ist sicher weiblich.

Beim **Numerus** unterscheidet man zwischen **Singular** (Einzahl) und **Plural** (Mehrzahl). Der Numerus wird verschieden gebildet.

Der **Fall** heißt mit dem lateinischen Fachbegriff **Kasus**. Der **Plural** von *Kasus* heißt auch *Kasus*; das *u* wird dabei lang gesprochen. Es gibt im Deutschen **vier Kasus** (Fälle): **Nominativ** (1. Fall), **Genitiv** (2. Fall), **Dativ** (3. Fall) und **Akkusativ** (4. Fall). Die Nomen in die einzelnen Fälle setzen, nennt man **deklinieren** (beugen). Das Nomen dazu ist **Deklination** (Beugung). Dass man Nomen im Satz in verschiedene Kasus (Fälle) setzen kann, hilft, die Beziehung der Nomen zum Prädikat und auch untereinander zu erkennen.

Wortarten: Das Verb
Die Konjugation des Verbs

Der **Infinitiv** ist die **Grundform** des Verbs *(fallen, rutschen)*. Wenn man mit einem Personalpronomen angibt, wer etwas tut, dann nennt man das die **Personalform** des Verbs *(ich falle, sie rutschen)*. Mit der Personalform wird mitgeteilt, wer etwas macht und wie viele es sind. Setzt man ein Verb in seine Personalformen, dann nennt man das **konjugieren** (beugen).

Singular	Plural
1. Person: *ich rutsche*	*wir rutschen*
2. Person: *du rutschst*	*ihr rutscht*
3. Person: *er, sie, es rutscht*	*sie rutschen*

Imperativ und Partizip

Der **Imperativ** ist die **Befehlsform**. Wenn einem Einzelnen etwas befohlen wird, heißt es *gehe, singe, schweige*. In der gesprochenen Sprache wird bei den meisten Verben der Imperativ Singular ohne die Endung *-e* gebildet: *geh(e)*. Wenn mehreren etwas befohlen wird, heißt es: *geht*.

Das **Partizip II** (auch Partizip Perfekt) wird meistens mit der Vorsilbe *ge-* gebildet: *gehen → gegangen*. Bei zusammengesetzten Verben, deren Vorsilbe betont und trennbar ist, steht das *ge-* an zweiter Stelle nach der trennbaren Vorsilbe: *aufschauen → er schaut auf → aufgeschaut*.

Bei Verben, die nicht auf der ersten Silbe betont werden, wird das **Partizip Perfekt** ohne die Vorsilbe *ge-* gebildet: *verlieren → verloren; erleben → erlebt; verrücken → verrückt*.

Tempusformen

Durch die verschiedenen Tempusformen wird signalisiert, **wann** etwas geschieht.

Präsens: Das Präsens signalisiert, dass etwas jetzt, **in der Gegenwart** geschieht: *Ich esse jetzt.*

Das Präsens wird aber auch dafür verwendet, wenn etwas **in der Zukunft** geschieht: *Morgen komme ich.* Damit wirklich klar ist, dass das Geschehen in der Zukunft liegt, kommt meist noch eine Zeitangabe dazu: *morgen, nächste Woche, in der kommenden Woche.*

Das Präsens wird auch dafür verwendet, dass etwas **allgemeingültig** ist, immer zutrifft und immer so geschieht: *Badminton spielen macht Spaß. Die Erde dreht sich um die Sonne.*

Im **historischen Präsens** kann auch **Vergangenes** ausgedrückt werden: *Manuel erzählt aus den letzten Ferien: »Und wen sehen wir da – den Mathe-Müller!«*

Präteritum: Das Präteritum wird verwendet, wenn etwas **in der Vergangenheit** geschehen und **abgeschlossen** ist. Wenn man mündlich erzählt, wird dafür oft auch das Perfekt verwendet. In der Schriftsprache sollte man das vermeiden. Das Präteritum wird auf zwei verschiedene Arten gebildet. Verben wie *gehen → ich ging* bilden das Präteritum, indem sie das Wortinnere verändern. Sie sind alleine stark genug, das Präteritum zu bilden. Deswegen nennt man sie **starke Verben**. Verben wie *basteln → ich bastelte* brauchen zur Bildung des Präteritums einen Helfer, die Endung *-te*. Weil sie alleine nicht stark genug sind, sondern einen Helfer brauchen, nennt man sie **schwache Verben**.

Perfekt: Das Perfekt verwendet man, wenn die Handlung **in der Vergangenheit noch irgendwie in die Gegenwart hineinreicht**. Das Perfekt wird mit der Präsensform der Hilfsverben *haben* bzw. *sein* und dem Partizip II des Vollverbs gebildet: *ich habe geschrieben, ich bin gerannt.*

Plusquamperfekt: Plusquamperfekt heißt übersetzt: mehr als Perfekt. Das Plusquamperfekt drückt aus, dass eine **Handlung in der Vergangenheit vor einer anderen Handlung in der Vergangenheit** geschehen ist. Deswegen findet man das Plusquamperfekt selten alleine; meistens ist ein Verb im Präteritum in der Nähe: *Nachdem ich die Hausaufgaben erledigt hatte, spielte ich.* Das Plusquamperfekt wird mit den Präteritumsformen der Hilfsverben *haben* oder *sein* und dem Partizip II des Vollverbs gebildet.

Futur: Das **Futur I** wird verwendet, wenn etwas **in der Zukunft** passiert: *es wird regnen, wir werden laufen.* Es wird mit der Präsensform des Hilfsverbs *werden* und dem Infinitiv des Vollverbs gebildet. Mit dem **Futur II** macht man deutlich, dass Zukünftiges abgeschlossen ist: *Wenn ich morgen angekommen sein werde, werde ich mit euch spazierengehen.*

Aktiv und Passiv
Das **Aktiv** gebrauche ich, wenn ich den, der etwas tut, zum Subjekt des Satzes machen will und ihn damit in den Mittelpunkt stelle: *Jan schlägt einen Nagel ein.*
Das **Passiv** gebrauche ich, wenn ich die Person oder den Gegenstand (das Objekt) zum Subjekt des Satzes machen will und damit das Objekt in den Mittelpunkt stelle: *Der Nagel wird eingeschlagen.* Ich kann im Passivsatz auch den Urheber der Handlung nennen: *Der Nagel wird von Jan eingeschlagen.*
Das **Vorgangspassiv** drückt einen Vorgang aus und wird mit den Personalformen von *werden* gebildet: *Das Geländer wird gestrichen.*
Das **Zustandspassiv** drückt einen Zustand aus und wird gebildet mit der Personalform von *sein*: *Das Geländer ist gestrichen.*
Aus stilistischen Gründen sollte man eher das Aktiv als das Passiv verwenden.

Wortarten: Adjektiv und Partizip
Mit **Adjektiven** (Eigenschaftswörtern) werden die **Eigenschaften** von Nomen beschrieben. Adjektive lassen sich wie Nomen **deklinieren**. Adjektive können **gesteigert** werden. Die Grundstufe *(schnell)* heißt **Positiv**, die Vergleichsstufe *(schneller)* nennt man **Komparativ**, die Höchststufe *(am schnellsten)* heißt **Superlativ**.
Adjektive können als Begleiter vor einem Nomen (**attributiv:** *das blaue Kleid*), in Verbindung mit dem Hilfsverb *sein* (**prädikativ:** *Die Haare sind blond.*) und in Verbindung mit einem Vollverb wie ein Adverb, das die Umstände eines Vorgangs näher bestimmt (**adverbial:** *Das Kleid sieht **toll** aus.*), gebraucht werden.
Partizipien, die oft wie Adjektive ein Nomen bestimmen, darf man nicht mit den Adjektiven verwechseln. Als Wortart sind Partizipien Verben: *das singende Kind* (Partizip Präsens) → *singen* (Verb); *der verletzte Hund* (Partizip Perfekt) → *verletzen* (Verb).

Wortarten: Pronomen
Demonstrativpronomen (hinweisendes Fürwort): Das Demonstrativpronomen weist ausdrücklich auf etwas hin: *Ich will dieses Kuchenstück.* Es kann mit einem Nomen verwendet werden: *Solche Wörter verwende ich nicht.* Es kann aber auch alleine stehen: *Solches ist mir noch nicht passiert.* Demonstrativpronomen: *der, die, das; dieser, diese, dieses; dieselbe, derselbe, dieselbe, dasselbe; derjenige, diejenige, dasjenige; jener, jene, jenes; solcher, solche, solches.*
Reflexivpronomen (rückbezügliches Fürwort): Das Reflexivpronomen bezieht sich auf das Subjekt des Satzes zurück: *Der Lehrer hat sich versprochen.* Voraussetzung dafür ist, dass Subjekt und Objekt eines Satzes dieselbe Person oder Sache sind.
Relativpronomen (bezügliches Fürwort): Das Relativpronomen bezieht sich auf ein Bezugswort im übergeordneten Satz und stimmt mit ihm in Genus und Numerus überein: *Das Auto, das ich gekauft habe, fährt schnell.*
Interrogativpronomen (Fragefürwort): Interrogativpronomen leiten einen Fragesatz ein. *Wer hat die Schere gesehen?* Sie beginnen alle mit w: *Wer, was, wessen, wem, wen, welcher, welche, welches?* Achtung! Interrogativpronomen können dekliniert werden. W*omit, wodurch, wo* … sind keine Interrogativpronomen, sondern Interrogativadverbien.
Indefinitpronomen (unbestimmtes Fürwort): Indefinitpronomen werden verwendet, wenn man etwas nicht genau bezeichnen kann oder will: *Irgendeiner hat das gestohlen. Da ist einer gekommen.* Indefinitpronomen: *man, alle, niemand, jemand, jedermann, keiner, einer, etwas, mancher, einige, andere, sämtliche, nichts, mehrere.*

Wortarten: Präposition
Präpositionen (Verhältniswörter) sind unveränderbar und bezeichnen **Beziehungen oder Verhältnisse** zwischen Gegenständen, Lebewesen oder Sachverhalten. Präpositionen stehen vor Nomen oder Pronomen und bestimmen deren Kasus. *Ich komme wegen des Geldes.* → Genitiv; *Ich komme zu dem (zum) Garten.* → Dativ; *Sie erzählt mir eine Geschichte über die Stadt.* → Akkusativ
Es gibt auch Präpositionen, die zwei Kasus regieren: *Ich bin in dem (im) Haus.* → Wo? → Dativ; *Ich gehe in das (ins) Haus.* → Wohin? → Akkusativ

Präpositionen lassen sich in vier Gruppen unterteilen: Sie zeigen den **Ort** (lokal), *auf dem Pferd*, die **Zeit** (temporal), *seit Sonntag*, den **Grund** (kausal), *wegen des Regens*, oder die **Art und Weise** (modal), *mit Mühe*, an.

Konjunktionen (Bindewörter)

Konjunktionen verbinden Wörter, Satzteile und Sätze miteinander. Werden Wörter, Satzteile und **Hauptsätze mit Hauptsätzen** verbunden, spricht man von **beiordnenden Konjunktionen**: *Die Sonne schien und alle Menschen gingen ins Freibad.* Werden **Nebensätze mit Hauptsätzen** verbunden, spricht man von **unterordnenden Konjunktionen**: *Weil die Sonne schien, gingen alle Menschen ins Freibad.*

Wortarten: Adverbien

Adverbien geben an, **wo, wann, wie** oder **warum** etwas geschieht. Was geschieht, wird durch die Verben beschrieben. Adverbien stehen bei den Verben, deswegen heißen sie **Ad**verbien. Adverbien kann man nicht beugen und meist auch nicht steigern. Dadurch kann man sie von den Adjektiven unterscheiden. Es gibt Adverbien, die Angaben machen über den **Ort** (Lokaladverb, z. B. *hier*), die **Zeit** (Temporaladverb, z. B. *abends*), die **Art und Weise** (Modaladverb, z. B. *genauso*) oder den **Grund** (Kausaladverb, z. B. *deswegen*).

Sätze und Zeichensetzung

Der kleinste vollständige Satz besteht aus Subjekt und Prädikat: *Ich gehe.*
Die **Hauptsätze** lassen sich folgendermaßen einteilen:
Aussagesätze werden am häufigsten gebraucht. Sie werden benutzt für Mitteilungen, Darstellungen, Feststellungen und Beschreibungen. Der konjugierte Teil des Prädikats steht in Aussagesätzen immer an zweiter Stelle. Ein Punkt schließt sie ab: *Es ist* (Prädikat) *kalt. Die Mutter hat* (konjugierter Teil des Prädikats) *die Tür abgeschlossen.*
Aufforderungssätze sollen andere zu einem bestimmten Verhalten bewegen. Die Befehlsform des Verbs steht meist an erster Stelle. Sie werden häufig mit einem Ausrufezeichen abgeschlossen, aber auch ein Punkt ist möglich: *Geht nicht bei Rot über die Straße!*

Ausrufesätze drücken meist ein heftiges Gefühl aus. Sie werden oft mit einem Ausrufezeichen abgeschlossen: *Nein, was ist das für eine Überraschung!*
Fragesätze schließen mit einem Fragezeichen ab: *Wo bist du gewesen?*
Hauptsätze können alleine stehen; **Nebensätze** sind immer von Hauptsätzen oder einem anderen Nebensatz **abhängig**: *Der Junge rennt über die Straße.* ← Hauptsatz; *Der Junge rennt über die Straße, weil er es eilig hat.* ← Nebensatz, der vom Hauptsatz abhängig ist; *Der Junge rennt über die Straße, weil er es eilig hat, da es um sechs zu Hause Abendessen gibt.* ← Nebensatz, der von einem Nebensatz abhängt.
Nebensätze erkennt man daran, dass sie oft von **Konjunktionen** eingeleitet werden: *dass, weil, da, nachdem falls, wenn …* Im Gegensatz zum Hauptsatz steht im Nebensatz der **konjugierte Teil des Verbs** immer **am Ende**: *…, wenn er nach Haus kommt.*
Sind **zwei oder mehrere Hauptsätze** miteinander verbunden, dann bilden sie eine **Satzreihe**. Hauptsätze, die nicht durch *und* oder *oder* miteinander verbunden sind, werden durch ein Komma abgetrennt. *Die Bäume werden grün, die Blumen blühen und die Sonne scheint.*
Auch bei der **Aufzählung** von Nomen, Adjektiven und Verben (ohne Konjunktionen) muss ein Komma gesetzt werden.
Werden Haupt- und Nebensätze miteinander verbunden, dann spricht man von einem **Satzgefüge**. Haupt- und Nebensätze werden immer durch ein **Komma** getrennt: *Da es viel geregnet hat, werden die Bäume grün und die Blumen blühen, sodass die Welt bunt aussieht.*
Die **wörtliche Rede** wird von Anführungszeichen eingeschlossen: „…" oder »…«.
Steht der **Begleitsatz vor der wörtlichen Rede**, wird er mit einem **Doppelpunkt** abgeschlossen: *Christoph sagte: »Es stürmt aber ganz schön draußen.«*
Steht der **Begleitsatz hinter der wörtlichen Rede**, wird der Punkt weggelassen und nach dem letzten Anführungszeichen steht ein **Komma**: *»Es stürmt aber ganz schön draußen«, sagte Christoph.*
Endet die **wörtliche Rede** mit einem **Ausrufezeichen** oder einem **Fragezeichen**, dann bleiben diese erhalten, im Gegensatz zum Punkt: *»Es stürmt ganz schön draußen!«, sagte Christoph.*
Steht der **Begleitsatz mitten in der wörtlichen Rede**, dann wird der Begleitsatz durch Kommas von der

Grundwissen

wörtlichen Rede abgetrennt: »*Es stürmt ganz schön draußen*«, sagte Christoph, »*aber hab keine Angst, der Kapitän ist ein guter Steuermann.*«

Satzglieder

Das Prädikat

Das **Prädikat** zeigt an, was geschieht oder was jemand tut. Man nennt es deshalb auch die **Satzaussage**. Das Prädikat ist immer ein **Verb**. Es gibt **einteilige** Prädikate: *Krabat erwacht am Morgen.* Es gibt **mehrteilige** Prädikate: *Krabat geht mit den anderen umher.* Das Prädikat steht im Hauptsatz immer als **zweites Satzglied**. Bei mehrteiligen Prädikaten steht der konjugierte Teil des Verbs an zweiter Stelle und bildet mit dem nicht konjugierten Teil des Verbs die **Prädikatsklammer**: *Krabat hat in der Nacht von elf Raben, die auf einer Stange saßen und nach ihm riefen, geträumt.* Das Problem bei der Prädikatsklammer ist, dass der Leser den Sinn des Satzes erst mit dem Lesen des letzten Wortes (hier: *geträumt*) ganz versteht. Deswegen ist es sinnvoll, den zweiten Teil des Verbs so weit wie möglich nach vorne zu ziehen: *Krabat hat in der Nacht von elf Raben geträumt, die auf einer Stange saßen und nach ihm riefen.*

Das Subjekt

Das **Subjekt** gibt Auskunft darüber, *wer* oder *was* etwas tut. Deshalb spricht man auch vom **Satzgegenstand**. Man kann es mit *wer* oder *was* erfragen. Das Subjekt steht im **Nominativ** und stimmt in Person und Numerus mit dem Prädikat überein. Das Subjekt wird meist von Pronomen und Nomen gebildet, aber auch nominalisierte Adjektive oder Partizipien können ein Subjekt sein: *Er* (= Pronomen; alternativ: *Krabat* – Eigenname, *der Schlafende* – Partizip I, nominalisiertes Verb, *der Kleine* – nominalisiertes Adjektiv, *der Betteljunge* – Nomen) *träumte von elf Raben.*

Die Objekte

Objekte bringen zusätzliche Informationen für die Aussage des Satzes. Man unterscheidet:
Akkusativobjekt *(Wen oder was?): Krabat findet die Mühle.*
Dativobjekt *(Wem?): Krabat hilft seinen Freunden.*
Genitivobjekt *(Wessen?): Krabat erfreute sich bester Gesundheit.*
Präpositionalobjekt *(An was? Von wem?): Krabat denkt an seine Freunde. Er träumt von elf Raben.*

Adverbiale und Adverbialsätze (vgl. S. 87–92)

Das **Adverbiale** gibt Informationen über die Umstände, unter denen etwas geschieht.
Man unterscheidet:
Das **Adverbiale des Ortes** (lokales Adverbiale) informiert darüber, wo etwas geschieht: *Hier wohne ich.* Das **Adverbiale der Zeit** (temporales Adverbiale) informiert darüber, wann etwas geschieht: *Heute renne ich.* Das **Adverbiale der Art und Weise** (modales Adverbiale) informiert darüber, wie etwas geschieht. *Ich renne schnell.*
Das **Satzglied Adverbiale** können folgende Wortarten sein: *Heute renne ich.* = Adverb; *Ich renne schnell.* = Adjektiv; *Ich renne nächste Woche.* = Nomen; *Ich renne mit hoher Geschwindigkeit.* = Präposition und Nomen.
Das **Präpositionalobjekt** kann leicht mit dem **Adverbiale** verwechselt werden. Wenn man nach dem Präpositionalobjekt fragt, muss immer die Präposition in der Frage oder dem Fragewort enthalten sein. Nach einem Adverbiale kannst du auch mit einen Fragewort fragen, das nicht die Präposition enthält. *Worauf/auf wen warte ich?* → *auf den Zug* → Es gibt keine Frage, in der nicht die Präposition *auf* vorkommt. → Präpositionalobjekt
Wo/in wem warte ich? → *im Zug* → Adverbiale
Beim Adverbiale ist es meist möglich, eine andere Präposition einzusetzen: *Ich warte neben, unter, hinter dem Zug.* Das ist beim Präpositionalobjekt nicht möglich. Beim Adverbiale ist es oft möglich, ein Adverb an die Stelle der präpositionalen Wendung zu setzen: *Ich warte dort.*

Gliedsätze (vgl. S. 99–105)

Die Gliedsätze, die ein Adverbiale ersetzen, nennt man auch **Adverbialsätze**.
Wenn der Gliedsatz ein Kausaladverbiale ersetzt, nennt man ihn auch **kausalen Gliedsatz** oder Kausalsatz: *Er fing an zu rennen, da er sich verspätet hatte.* Die Konjunktion *(da, weil)* zeigt dabei den Grund, die Ursache dafür an, was im Hauptsatz passiert.
Ein **temporaler Gliedsatz** ersetzt ein Temporaladverbiale: *Nach dem Mittagessen/Nachdem wir Mittag gegessen hatten, machten wir unsere Hausaufgaben.* Die Konjunktion *(als, nachdem, wenn, ehe, bis, bevor, seit, solange, während …)* zeigt an, in welchem zeitlichen Verhältnis der Gliedsatz zum Hauptsatz steht.
Ein **lokaler Gliedsatz** ersetzt ein Lokaladverbiale: *Er ging zurück, woher er gekommen war.*

Ein **finaler Gliedsatz** ersetzt ein Finaladverbiale: *Kaufe genügend Wurst ein, damit wir über das Wochenende kommen/für das Wochenende.* Die Konjunktion *(dass, damit, auf dass)* zeigt an, dass im Gliedsatz der Zweck, das Motiv für die Handlung im Hauptsatz steht.

Ein **modaler Gliedsatz** ersetzt ein Modaladverbiale: *Ohne viel Aufheben/Ohne dass er viel Aufheben machte, brachte er den Schaden in Ordnung.* Die Konjunktion *(indem, ohne dass, als, als ob …)* zeigt an, dass im Gliedsatz die Umstände oder die Art der Ausführung der Handlung des Hauptsatzes stehen.

Ein **konditionaler Gliedsatz** ersetzt ein Konditionaladverbiale: *Bei Regen/Wenn es regnet, wachsen die Pflanzen gut.* Die Konjunktion *(wenn, falls, sofern, soweit)* zeigt an, dass im Gliedsatz die Bedingung für die Handlung des Hauptsatzes steht.

Ein **konsekutiver Gliedsatz** ersetzt ein Konsekutivadverbiale: *Der Regen hielt immer noch an, sodass der Keller vollgelaufen ist.* Die Konjunktion *(dass, sodass)* zeigt an, dass im Gliedsatz die Wirkung oder Folge für die Handlung des Hauptsatzes ausgedrückt wird.

Ein **konzessiver Gliedsatz** ersetzt ein Konzessivadverbiale: *Der Keller ist komplett vollgelaufen, die Feuerwehr schnell zur Stelle war.* Die Konjunktion *(obwohl, obgleich, obschon, wenn auch, wenngleich)* zeigt an, dass im Gliedsatz eine Einräumung der Handlung des Hauptsatzes ausgedrückt wird.

Gliedsätze werden immer durch ein **Komma** abgetrennt.

Subjekt- und Objektsätze (vgl. S. 82–83)

Nebensätze stehen oft für Satzglieder. Deswegen heißen Nebensätze auch **Gliedsätze**. Die Gliedsätze, die für das Subjekt in einem Satz stehen, heißen **Subjektsätze**, die Gliedsätze, die für ein Objekt stehen, heißen **Objektsätze**. Sie werden eingeleitet durch die Konjunktionen *dass* und *ob* oder durch Fragepronomen, z. B. *wer, wie welcher*.

Wer Bücher liest, weiß viel. → ***Ein Bücherleser** weiß viel.*

Auch **Infinitivsätze** können Subjekt- und Objektsätze sein. In den Infinitivsätzen fehlt das Subjekt bzw. Objekt. Das Subjekt steckt im Subjekt oder einem Objekt des Hauptsatzes.

Dass er erfolgreich sein würde, war zu erwarten. → ***Sein Erfolg** war zu erwarten.*

Es gibt auch **uneingeleitete Objektsätze**, die ihrer Form nach Hauptsätze sind. Ohne den Objektsatz wäre der Satz unvollständig. Die Unterordnung wird durch den Konjunktiv angezeigt. Uneingeleitete Objektsätze werden in der indirekten Rede verwendet.

*Er beteuerte, **die Gefahr sei vorüber**.*
*Er meinte, **es würde bald regnen**.*
*Es hieß, **er würde bald kommen**.*

Attribute und Attributsätze (vgl. S. 84–86)

Attribute erklären die Eigenschaften eines Nomens genauer: *das Auto* → *das gelbe Auto.* Attribute sind keine selbstständigen Satzglieder, sie sind nur Teile von Satzgliedern: Sie werden deswegen auch **Satzgliedteile** genannt. Mit der **Verschiebeprobe** kann man überprüfen, ob ein Attribut vorliegt. Ein Attribut kann nur zusammen mit dem Bezugswort verschoben werden: *Das Fahrrad meines Freundes war am Sonntag gestohlen worden.* → *Am Sonntag war das Fahrrad meines Freundes gestohlen worden.*

Es gibt folgende Attribute:
- **Adjektivattribut:** *die helle Sonne, der lange Weg*
- **Genitivattribut:** *das Haus meiner Eltern, die Spitze des Berges*
- **Präpositionalattribut:** *das Buch über die Pflege von Fischen*

Appositionen sind nachgestellte Beifügungen, die im gleichen Kasus wie das Beziehungswort stehen: *Lena, meine Lieblingsfreundin.* Appositionen sind immer von Kommas eingeschlossen.

Attributsätze: Sie stehen in diesem Fall für einen Teil eines Satzglieds: das Attribut. Sie werden von **Relativpronomen** eingeleitet, die sich auf ein Nomen im übergeordneten Satz beziehen. Attributsätze kann man nach dem Einleitungswort auch **Relativsätze** nennen. Sie werden immer mit einem Komma vom übergeordneten Satz getrennt.

Tipp: Das Relativpronomen *das* und die Konjunktion *dass* werden häufig verwechselt. Wenn du für *das* das Pronomen *welches* einsetzen kannst, dann musst du *das* mit einem einfachen *s* schreiben. Wenn das nicht geht, wird *dass* mit einem doppelten *ss* geschrieben.

Adversativsätze (vgl. S. 92–93)

In einem **Adversativsatz** wird ein Gegensatz zum Hauptsatz formuliert. Adversativsätze werden durch folgende Konjunktionen eingeleitet: *(in)sofern, (in)*

Grundwissen

soweit, soviel, während wohingegen, statt dass, anstatt dass.
Achtung: *Während wir Fußball spielten, ballten sich Gewitterwolken zusammen.* → Temporalsatz.
Während ich recht klein bin, ist meine Schwester eine richtige Bohnenstange. → Adversativsatz.

Infinitivsätze (vgl. S. 95–96)

Infinitivsätze unterscheiden sich von anderen Nebensätzen dadurch, dass sie statt eines **konjugierten Verbs** als **Prädikat** nur einen **Infinitiv** mit dem Partikel *zu* haben.
Er hoffte, dass er bald wieder nach Hause kommen würde. → *Er hoffte, bald wieder nach Hause zu kommen.*
Ein zweites Kennzeichen der Infinitivsätze ist, dass sie **kein Subjekt** haben. Das gedachte Subjekt des Infinitivsatzes ist immer das Subjekt des Hauptsatzes.
Infinitivsätze können auch durch unterordnende Konjunktionen eingeleitet werden: *um, ohne, statt, anstatt, außer, als.*
Anstatt hart zu arbeiten, lag er am Strand und sonnte sich.
Er hatte Besseres vor, als über das Wochenende nach Nürnberg zu fahren.
Infinitivsätze, die mit den **unterordnenden Konjunktionen** *um, ohne, statt, anstatt, außer, als* eingeleitet werden, werden durch ein Komma abgetrennt.
Er machte in Latein regelmäßig seine Hausaufgaben, um besser zu werden.
Infinitivsätze, die von einem **Substantiv abhängen**, werden mit einem Komma abgetrennt.
Sein Wunsch, ein Smartphone zu Weihnachten zu bekommen, wurde nicht erfüllt.
Wenn im Hauptsatz ein **Bezugswort** steht, das auf den Infinitivsatz verweist, muss ein Komma gesetzt werden.
Lange im Meer zu schwimmen, das ist schön.
Ich finde es schön, lange im Meer zu schwimmen.
Bei allen anderen Infinitivsätzen **kann**, aber muss man kein Komma setzen. Es ist aber sinnvoll, Kommas zu setzen, da dadurch der Satz übersichtlich gegliedert wird.
Lena zögerte(,) mit einem Kopfsprung ins Wasser zu springen.

Partizipialsätze (vgl. S. 97)

Der **Partizipialsatz** besteht aus einem **Partizip I** oder **II** und einer **Erweiterung**.
Die Suppe, eben frisch gekocht, schmeckt allen gut.
Lecker duftend, lockte der Kuchen meinen Bruder in die Küche.
Der Partizipialsatz hat **kein Subjekt**. Das gedachte Subjekt ist meist das Subjekt des Hauptsatzes.
Partizipialsätze ersetzen meist **Attribut- und Adverbialsätze**
Die Suppe, die eben frisch gekocht worden ist, schmeckt allen gut.
Da der Kuchen lecker duftete, lockte er meinen Bruder in die Küche.
Beim Partizipialsatz **kann** ein **Komma** gesetzt werden; es **muss** ein Komma stehen, wenn der Partizipialsatz durch ein **hinweisendes Wort** angekündigt wird oder **später wieder aufgenommen** wird.
Mit ganzer Kraft rudernd, so schaffte er es, über den Fluss zu kommen.

Direkte und indirekte Rede (vgl. S. 98–109)

In der **direkten Rede** wird eine Äußerung wörtlich angeführt, d. h. so, wie sie tatsächlich jemand gemacht hat.
Julian sagt: »Ich habe meine Hausaufgaben vergessen.«
In der **indirekten Rede** wird berichtet, was jemand gesagt hat.
Es gibt **verschiedene Arten** der Redewiedergabe.

- Die indirekte Rede kann in einem **Nebensatz** stehen, der mit *dass* eingeleitet wird. Der Konjunktiv I kann in der indirekten Rede verwendet werden, wenn man sich besonders korrekt ausdrücken will oder deutlich machen will, dass man für den Wahrheitsgehalt des Gesagten keine Garantie übernehmen will.
  Julian sagte, dass er die Hausaufgaben vergessen habe.
  Julian sagte, dass er die Hausaufgaben vergessen hat.
- Stimmen die Formen von Konjunktiv I und Indikativ überein, verwendet man den **Konjunktiv II** oder Umschreibung mit *würde*.
  Die Schüler sagten, dass sie die Hausaufgaben vergessen hätten.
- Die indirekte Rede kann durch **Quellenangaben mit präpositionalen Ausdrücken** kenntlich gemacht werden.
  Laut Aussage des Schülers hat er seine Hausaufgaben vergessen.

- Die indirekte Rede lässt sich durch eine **Infinitivkonstruktion** widergeben.
  Der Schüler erklärte, seine Hausaufgaben vergessen zu haben.

Bildung des Konjunktivs (vgl. S. 100)

Die Formen des **Konjunktivs I** werden aus dem Stamm des Infinitivs und besonderen Endungen gebildet. Das Verb *sein* bildet eine Sonderform.

fahren	sein
ich fahr-e	*ich sei*
du fahr-est	*du sei-est*
er, sie, es fahr-e	*er, sie, es sei*
wir fahr-en	*wir sei-en*
ihr fahr-et	*ihr sei-et*
sie fahr-en	*sie sei-en*

Vergangenes wird im Konjunktiv mit den Hilfsverben *haben/sein* sowie dem Partizip Perfekt gebildet. *Ich habe das Auto gefahren.* → *Eine Freundin sagte, sie habe das Auto gefahren.*
Zukünftiges wird aus dem Konjunktiv I von *werden* und dem Infinitiv gebildet. *Ich werde darauf achten, pünktlich zum Training zu kommen.* → *Er sagte, in Zukunft werde er darauf achten, pünktlich zum Training zu kommen.*
Außer bei dem Verb *sein* stimmen in der 1. Person Singular sowie der 1. und 3. Person Plural die Formen des Konjunktivs I mit denen des Indikativs überein. Um deutlich zu machen, dass der Sprecher nur Gesagtes wiedergibt, benutzt er in diesen Fällen den **Konjunktiv II** als Ersatz. Der Konjunktiv II wird aus dem Präteritum-Stamm mit Umlaut und den Konjunktivendungen gebildet.

haben	kommen
Präteritum: ich hatte	ich kam
ich hätt-e	*ich käm-e*
du hätt-est	*du käm-est*
er, sie, es hätt-e	*er, sie, es käm-e*
wir hätt-en	*wir käm-en*
ihr hätt-et	*ihr käm-et*
sie hätt-en	*sie käm-en*

Bei schwachen Verben, die keinen Umlaut bilden können, stimmen die Formen des Konjunktivs II mit denen des Indikativs Präteritum überein.
freuen → sie freuten → Konjunktiv II → sie freuten

Häufig wirken die Konjunktivformen, insbesondere die des Konjunktivs II, veraltet: *frieren → er fröre, waschen → wir wüschen*. In diesen Fällen und wenn man bei schwachen Verben nicht zwischen Indikativ und Konjunktiv II unterscheiden kann, benutzt man als Ersatz *würde* + Infinitiv: *Der Arzt meinte, er höbe zu häufig schwere Sachen mit seinem lädierten Rücken.* → *Der Arzt meinte, er würde zu häufig schwere Sachen mit seinem lädierten Rücken heben.*

Modus und Modalverben (vgl. S. 110–112)

Mit dem **Modus** signalisiert der Sprecher, wie er zu dem Sachverhalt, den er formuliert, oder zu den Aussagen anderer steht.
Die Sonne scheint. Ich bin Lena. → Eine Tatsache wird als wahr oder gegeben dargestellt. → Indikativ (Wirklichkeitsform)
Möge es dir schmecken! → Ein Wunsch wird ausgesprochen. → Konjunktiv I (Möglichkeitsform)
Sei aufmerksam! → Jemand wird aufgefordert oder angewiesen, etwas zu tun. → Konjunktiv I
Die Strecke sei 15 cm lang. → Eine Bedingung wird formuliert. → Konjunktiv I
Es hieß, morgen scheine die Sonne. Der Sprecher sagte, dass morgen die Sonne scheine. → Etwas wird distanziert berichtet, Gedanken, Aussagen werden indirekt widergegeben. → Konjunktiv I
Wenn wir jetzt Ferien hätten, dann würde ich ans Meer fahren. → Etwas nicht Wirkliches, nur Vorgestelltes wird formuliert. → Konjunktiv II (Irrealis)
Ich hätte gerne 1 Pfund Äpfel. → Ein Wunsch wird höflich formuliert. → Konjunktiv II

Die Bedeutung der Modalverben

Modalverben verändern (modifizieren) die Bedeutung des Verbs, vor dem sie stehen. Sie bestimmen das Verb näher.
dürfen: die Erlaubnis haben
Ich darf den Rasen mähen. → *Ich habe die Erlaubnis, den Rasen zu mähen*
können: die Möglichkeit / die Fähigkeit haben, wissen
Ich kann den Rasen mähen → *Ich habe die Fähigkeit, den Rasen zu mähen. Das könnte stimmen.* → *Es besteht die Möglichkeit, dass es stimmt.*
wollen/möchten: den Wunsch, den Willen, die Absicht haben
Ich will den Rasen mähen. → *Ich habe die Absicht, den Rasen zu mähen.*

> **Grundwissen**

sollen: den Auftrag / die Aufgabe haben
Ich soll den Rasen mähen. → *Ich habe den Auftrag, den Rasen zu mähen.*
müssen: die Pflicht haben, es ist notwendig
Du musst den Rasen mähen. → *Ich habe die Pflicht, den Rasen zu mähen.*

Wortkunde (vgl. S. 113–115)
Bildhafte Ausdrücke
Wörter werden häufig in einer übertragenen Bedeutung gebraucht. In diesen Fällen spricht man von **bildhaften Ausdrücken**. Bildhaftigkeit findet sich häufig in Redensarten wieder. Auf diese Weise versucht man, bestimmte Verhaltensweisen oder Sachverhalte anschaulich zum Ausdruck zu bringen.
Eine Redewendung ist eine feste Verbindung mehrerer Wörter zu einer Einheit. Jedoch lässt sich die Gesamtbedeutung nicht unmittelbar aus der Bedeutung der einzelnen Elemente erschließen. Zum Beispiel bedeutet die Redensart »ins Gras beißen« nicht, dass man ins Gras fällt und dann reinbeißt, sondern die Wendung wird in der Bedeutung »sterben« gebraucht. Die Redewendung will also ein Bild im Kopf herstellen, sodass man sich das Gesagte besser vorstellen kann. Der Wortlaut einer Redewendung kann nicht verändert werden. Man lässt beispielsweise die Katze aus dem Sack und nicht aus der Tüte. Die Redewendung wird sonst nicht verstanden. Viele Redewendungen stammen bereits aus dem Mittelalter und werden auch heute noch verwendet.

Texte lesen und verstehen

Erzählung/epische Kleinformen (vgl. S. 129–143)
Literarische Texte teilt man ein in **Lyrik**, **Dramatik** und **Epik**. Zur **Epik** gehören alle literarischen Texte, in denen etwas **erzählt wird**, also Romane, Kinder- und Jugendbücher genauso wie Sagen oder Fabeln. Erzählende Texte, die nicht so umfangreich sind wie ein ganzes Buch, nennt man epische Kleinformen. Die **epischen Kleinformen** lassen sich wiederum nach ihren Merkmalen unterteilen (z. B. Kurzgeschichten, Kalendergeschichten und Anekdoten). Für die meisten anderen kürzeren Texte, in denen erzählt wird, die aber keine besonderen Merkmale aufweisen, verwendet man den Begriff **Erzählung**.
Bei den erzählenden Texten unterscheidet man grundsätzlich zwischen dem **Verfasser** der Geschichte und dem **Erzähler**. Der Verfasser (oder **Autor**) ist der Mensch, der die Geschichte geschrieben hat. Den Erzähler dagegen gibt es nur im Text, er ist genauso vom Autor erfunden wie die Figuren seiner Geschichte.
Zwei grundsätzliche Blickwinkel oder **Perspektiven** sind möglich, aus denen eine Geschichte erzählt werden kann: entweder in Ich-Form als **Ich-Erzähler** oder in Er-Form als **Er-Erzähler**. Der **Ich-Erzähler erlebt und erzählt**, sein Erlebnis wird zu seiner Geschichte. Er kann aber auch nur das erzählen, was er selbst sehen, hören, denken, fühlen kann. Der **Er-Erzähler** kann auch eine Figur der Handlung sein. Er tritt jedoch als Person in den Hintergrund, sodass man kaum etwas über ihn erfährt. Der Er-Erzähler kann **mit Überblick** über das ganze Geschehen erzählen und zum Beispiel Gedanken und Gefühle verschiedener Figuren kennen. Jede Erzählung muss an irgendeinem **Ort** spielen. Die Gestaltung dieses **Raumes** und der Wechsel der Räume sind meist wichtig für das Verständnis des Geschehens.
Bei der Handlung wird zwischen **innerer Handlung**, also dem, was im Menschen, in seinem Denken, seinen Gefühlen stattfindet, und **äußerer Handlung**, also dem, was ein Beobachter sehen könnte, unterschieden. Einblick in die innere Handlung gewinnen wir durch die Wiedergabe von Gedanken, durch Selbstgespräche, aber auch durch Gesten oder Verhaltensänderungen.
Ebenso wird zwischen **Figurenrede** (wörtliche oder indirekte Rede einer Figur) und **Erzählerrede** unterschieden.
Der **Konflikt** steht oft im Zentrum eines Textes und kann ein Konflikt zwischen verschiedenen Menschen oder Gruppen (»**äußerer Konflikt**«), aber auch zwischen verschiedenen Zielen und Wünschen eines Menschen (»**innerer Konflikt**«) sein.
Auch im **Umgang mit der Zeit** hat der Autor in erzählenden Texten verschiedene Möglichkeiten: Er kann …
- der **Reihe nach** erzählen (man nennt das auch chronologisch) oder mittendrin in der Handlung anfangen und die Vorgeschichte in einem **Rückblick** nachliefern;

Grundwissen

- **Vorausdeutungen** machen, z. B. dass jetzt ein besonders wichtiges Ereignis folgt;
- **Zeitsprünge** machen und dabei Tage, Wochen, Jahre – ohne ein Wort darüber zu verlieren – überspringen.

Kurzgeschichten (vgl. S. 129–138)

Kurzgeschichten werden erst seit der Mitte des 20. Jahrhunderts geschrieben. Sie unterscheiden sich von anderen erzählenden Texten durch eine Reihe von Merkmalen, die allerdings nicht alle in jeder Kurzgeschichte vorkommen:

- **unmittelbarer Beginn:** Ohne Einleitung oder Hinführung wird der Leser mit einem Geschehen konfrontiert, das sich ihm erst allmählich erschließt.
- **offenes Ende:** Der Schluss der Kurzgeschichte bringt oft eine überraschende Wendung und lässt viele Fragen und Deutungsmöglichkeiten offen.
- Diese offenen Fragen sollen den **Leser zum Nachdenken** anregen.
- Nicht nur der Umfang der **Texte** ist kurz, auch zeitlicher Rahmen, Figurenzahl und Handlung bleiben **knapp**.
- Es geht meist um auf den ersten Blick eher **alltägliche Situationen** oder Ereignisse, die aber für die Figuren eine große Bedeutung gewinnen.
- Entsprechend wird häufig **Alltagssprache** verwendet, kurze, einfache Sätze, wörtliche Reden, auch Umgangssprache.

Kalendergeschichten (vgl. S. 139–141)

Eine Kalendergeschichte ist eine kurze Erzählung, die ihren Namen daher hat, dass sie zusammen mit einem **Jahreskalender**, der auch Hinweise auf Feiertage, Wetter- oder Gesundheits- und Lebensregeln enthielt, erscheint. Dieser umfangreiche Kalender war im 17. und 18. Jahrhundert neben der Bibel oft das einzige Lesematerial der Landbevölkerung.
In Hinblick auf dieses einfache Publikum sind die Kalendergeschichten **betont einfach** geschrieben; vor allem sollen sie ihr Publikum **unterhalten, mit Neuigkeiten versorgen** und **zum Nachdenken anregen**; sie enthalten oft eine **Pointe am Ende**, in vielen Fällen verbunden mit einer witzig verpackten **Moral**.

Anekdoten (vgl. S. 142–143)

Die Anekdote ist eine sehr kurze Erzählung, in der es um ein **historisch wahres** oder zumindest mögliches, **ungewöhnliches oder merkwürdiges Ereignis** geht. Oft steht eine historische **Persönlichkeit** im Mittelpunkt.
Typisch für ihren Aufbau ist eine **Dreigliedrigkeit**, vor allem die Zuspitzung auf eine **überraschende Schlusspointe**, die blitzartig die Zusammenhänge erläutert, muss bei einer gelungenen Anekdote vorhanden sein. Beispiel:
Ausgangssituation: Am Stachus in München sprach ein Fremder den Schauspieler Karl Valentin an:
Handlung: »Sie, wie weit ist es denn von hier bis zum Hauptbahnhof?« Valentin meinte: »Wenn Sie so weiter gehen wie bisher, sind es noch 40 000 Kilometer.
Pointe: Wenn Sie aber umdrehen, bloß fünf Minuten.«

Epen und Minnelyrik: Literarisches Leben im Mittelalter (vgl. S. 144–154)

Kein Internet, kein Computer, noch nicht einmal Druckmaschinen – nur mühsam mit der Hand geschriebene, aus teuren Tierhäuten bestehende Bücher gab es im Mittelalter, die meist in lateinischer Sprache geschrieben und für den Gottesdienst gedacht waren. Aus den relativ wenigen Werken deutschsprachiger, nicht-religiöser Literatur wurde an großen Festen vorgelesen – oder von Burg zu Burg fahrende Sänger trugen die unterhaltsamen Texte auswendig vor. Die Zahl der literarischen Bücher war also verglichen mit heute sehr gering, zumal die Unterhaltungsliteratur von der Kirche nicht gern gesehen wurde. Ein Schriftsteller konnte sich nur dann ganz dem Schreiben und Vortragen widmen, wenn und solange er die Gunst eines hochgestellten Herren genoss. Diesen Hintergrund muss man kennen, um die Literatur des Mittelalters verstehen zu können. Damit man sich längere Texte leichter einprägen kann, wurden sie in gereimten Versen verfasst – man nennt sie Epen (Sing. Epos), Vorläufer unserer Romane.

Das bekannteste **mittelalterliche Epos** der deutschen Literatur ist das **Nibelungenlied**. Es besteht aus 2000 Strophen zu je vier gereimten Zeilen und ist in 36 (für das Mittelalter eine hohe Zahl!) unterschiedlichen Pergamenthandschriften überliefert. Es ist um 1200, also im Hochmittelalter, entstanden, sein historischer Kern geht aber zurück in die Zeit der Völkerwanderung (400–600 n. Chr.), was sich vor allem in seinem zweiten Teil zeigt, als die Burgunder mit den Hunnen in kriegerische Auseinandersetzungen gerieten. Wer der Verfasser dieses Heldenepos war, ist unbekannt. Vermutlich ging der Niederschrift eine längere Zeit rein mündlicher Überlieferung voraus.

Erst Ende des 18. Jahrhunderts entdeckten Gelehrte mittelalterliche Handschriften des beinahe vergessenen Epos wieder. Im 19. Jahrhundert wurde das Nibelungenlied zu einer sehr populären deutschen Nationaldichtung, die auch von vielen zeitgenössischen Künstlern aufgegriffen wurde, am bekanntesten sind die Nibelungen-Opern von Richard Wagner.

Entwicklung der Sprache (vgl. S. 152)

Stünde plötzlich ein Mensch aus dem Mittelalter vor uns – wir würden ihn nicht verstehen, auch wenn er Deutsch spräche, denn er würde eine Sprache sprechen, in denen einige Wörter recht vertraut klingen, andere aber ganz fremdartig: entweder Althochdeutsch (gesprochen ca. 800–1100 n.Chr.) oder Mittelhochdeutsch (ca. 1100–1500). Um 1400 herum veränderte sich die deutsche Sprache allmählich zum heute noch gesprochenen Neuhochdeutschen hin, so wurden z. B. aus den lang gesprochenen Lauten *i, ü, u* die Diphthonge *ei, eu, au*.

Aber nicht nur der Klang der Sprache veränderte sich, in etlichen Fällen auch die Bedeutung der Wörter. Solche Prozesse laufen über einen großen Zeitraum ab, finden aber auch heute noch statt. Es gibt verschiedene Möglichkeiten des **Bedeutungswandels**:

- **Bedeutungsverengung:** *hôch(ge)zîten* (Singular: *hochzît*) ist im Mittelalter die »hohe Zeit«, gemeint ist die schöne, positive Zeit, das Fest. Diese Bedeutung hat sich verengt auf ein spezielles Fest: die Heirat zweier Menschen.
- **Bedeutungserweiterung:** *edel* im Mittelhochdeutschen meint von adeliger Geburt, ein edler Mensch ist demnach ein Adeliger. Heute versteht man darunter einen vorbildlichen, guten Menschen, ganz unabhängig ob er ein Adeliger, Bauer oder Bürger ist.
- **Bedeutungsverbesserung:** Manche Begriffe werden im Lauf der Zeit aufgewertet: *marhescalh* nannte man den Pferdeknecht; es wurde ein sehr hoher militärischer Offiziersrang daraus.
- **Bedeutungsverschlechterung:** *mehre* bedeutet ursprünglich ganz neutral Pferd, inzwischen versteht man darunter ein altes, abgemagertes, wenig brauchbares Pferd.

Balladen (vgl. S. 118–128)

Goethe nannte die Ballade das »Ur-Ei der Dichtung«, weil sie **Elemente der Epik, des Dramas und der Lyrik**, also aller drei literarischer Gattungen, enthält: Die Ballade erzählt wie in epischen Texten eine zusammenhängende Geschichte über eine interessante Begebenheit. Ähnlich wie im Drama kommen dabei Figuren in direkter Rede zu Wort und vermitteln dem Hörer oder Leser den Eindruck, hautnah dabei zu sein. Wie ein Gedicht ist die Ballade in Verse und Strophen gefasst und enthält meistens auch Reime.

Ganz typisch für die Ballade ist ihre **Spannung**. Balladendichter bauen ihren Text so auf, dass die Spannung Schritt für Schritt anwächst. Der Leser oder Hörer fiebert dem Ende geradezu entgegen. Grund dafür ist die geraffte Form des Erzählens, bei der ein Erzähler nur das Notwendigste sagt. So setzt bei einer Ballade die **Handlung ganz unvermittelt** ein. Zwischenschritte, die für eine vollständige Darstellung des Geschehens nötig wären, werden einfach weggelassen. Und das **Ende** kommt **plötzlich** und ist oft **überraschend**.

Die Ballade ist eine Textsorte, die besonders dazu geeignet ist, bei Lesern und Hörern Gefühle hervorzurufen und Stimmungen zu erzeugen. Das liegt am fesselnden Charakter der erzählten Geschichte. Die Balladendichter bemühen sich, die Gedanken, Gefühle und Stimmungen ihrer Helden so lebendig wie möglich werden zu lassen, z. B. durch den Gebrauch der wörtlichen Rede. So können wir uns in die Figuren hineinversetzen, uns mit ihnen identifizieren und an ihrem Schicksal Anteil nehmen. Besonders gut gelingt das natürlich dann, wenn uns die Ballade durch einen gelungenen Vortrag vermittelt wird.

Metrum und Kadenz (vgl. S. 125)

Die Verse eines Gedichts sind häufig nach einem **Sprechrhythmus** gegliedert, dies wird **Metrum** oder auch **Versmaß** genannt.

Die **Kadenz** gibt an, wie die Verse schließen Es gibt dabei zwei Möglichkeiten: Bei Versen, die mit …

- einer betonten Silbe, also mit einer **Hebung**,

schließen, spricht man von einer **männlichen Kadenz**.
- einer unbetonten Silbe, also mit einer **Senkung**, schließen, spricht man von einer **weiblichen Kadenz**.

Balladen-Typen (vgl. S. 128)
Der Stoff, aus dem Balladen gemacht sind, ist häufig spektakulär. Denn der typische Gegenstand einer Ballade ist nicht eine alltägliche Begebenheit, sondern ein außergewöhnliches und dramatisches Ereignis. Vom Inhalt her unterscheidet man grundsätzlich zwischen zwei wichtigen Typen: **naturmagische Ballade** und **Heldenballade**.
In der naturmagischen Ballade geht es um die Begegnung des Menschen mit den gewaltigen Kräften der Natur oder mit der Macht des Übernatürlichen. Gängige Themen sind Naturkatastrophen, bei denen Menschen zu Schaden kommen, oder unheimliche Ereignisse, bei denen Gespenster und Geister den Menschen das Fürchten lehren.
Die Heldenballade handelt von Menschen, die etwas Außerordentliches tun. Gegenstand ist ein Held, also eine herausragende Persönlichkeit, und ihre großartige Tat, oder das vorbildliche Verhalten einer Person, die in einer schwierigen Situation über sich selbst hinauswächst und ein Beispiel für andere wird.

Gedichte (Lyrik)
Gedichte erkennt man auf den ersten Blick an ihrer besonderen Form: Die Wörter des Gedichts füllen nicht die ganze Zeile, sondern nur einen Teil davon. Daher nennt man die Zeilen eines Gedichts **Verse**. Die Abschnitte des Gedichts – getrennt durch eine Leerzeile – heißen **Strophen**. Kommt ein oder kommen mehrere Verse in einem Gedicht immer wieder vor, so nennt man das wie bei einem Lied **Refrain**.
Enden zwei Verse mit einem ähnlichen bzw. gleichen Klang, spricht man von einem **Reim**. Zwei Wörter reimen sich, wenn sie vom letzten betonten Vokal ab gleich klingen, z. B. *Katze – Tatze*. Von einem **unreinen Reim** spricht man, wenn der Klang ähnlich, aber nicht wirklich gleich ist, z. B. *Blick – Glück*.
Nicht alle Gedichte haben einen Reim, in manchen Gedichten reimen sich auch nur einzelne Verse. Es gibt aber drei häufig verwendete, regelmäßige Reimarten:

- **Paarreim:** Wenn sich zwei Verse reimen, die unmittelbar aufeinanderfolgen, so nennt man diese Art Reim Paarreim. Bezeichnet man die Verse eines Gedichts mit Kleinbuchstaben und nimmt man für Verse, die sich reimen, die gleichen Buchstaben, dann bekommt man die Anordnung *aabb*.
- **Kreuzreim:** Bei ihm reimen sich die Verse über Kreuz, d. h. der erste mit dem dritten und der zweite mit dem vierten usw.; Anordnung *abab*.
- **Umarmender Reim:** Bei ihm wird ein Paarreim von zwei Reimen umschlossen – »umarmt« –, die sich ebenfalls miteinander reimen, Anordnung *abba*.

Bei Gedichten betrachtet man nicht die **Betonung** von Einzelwörtern, sondern von den **Wörtern des ganzen Verses**. In vielen Gedichten haben alle Verse die gleiche Anzahl von Silben (oder weichen nur um eine Silbe ab). In solchen Gedichten gibt es meist einen regelmäßigen Wechsel von betonten und unbetonten Silben.
Wenn die Abfolge der betonten und unbetonten Silben eine gleichbleibende feste Reihenfolge einhält, nennt man das ein festes **Metrum** oder **Versmaß**. Je nach der Zahl der Betonungen spricht man dann von einem **dreihebigen** (bei drei Betonungen), **vierhebigen** (bei vier Betonungen), **fünfhebigen** usw. Vers.
Wie kann man dieses Muster erkennen? Durch genaues Zuhören beim Vorlesen, durch Klatschen mit den Händen bei jeder betonten Silbe kann man die Regelmäßigkeit recht schnell erkennen. Aufgeschrieben wird das Metrum, indem man für jede Silbe ein x schreibt und die betonte Silbe mit einem Akzent kennzeichnet: xx́ oder x́x oder x́xx oder xxx́
Bei einem regelmäßigen Metrum wiederholt sich das Muster nach zwei oder drei Silben:
unbetont – betont (xx́): »*Der Mond | ist auf- | gegan- | gen*« (M. Claudius)
betont – unbetont – unbetont (x́xx): »*himmlische | Rosen ins | irdische | Leben*«
Wenn ein Gedicht ein festes Metrum besitzt, so bleibt es in der Regel das ganze Gedicht hindurch gleich. Aber es gibt Fälle, in denen das Metrum wechselt oder ein Vers aus der Reihe fällt. Meist gibt es dann einen inhaltlichen Grund für diesen Formwandel, z. B. dass der Dichter eine Veränderung andeuten oder einen Vers betonen will. Auch die Beto-

nung oder Nichtbetonung am Versende verändert den Klang und kann inhaltliche Bedeutung haben. Das Metrum eines Gedichts stellt nur eine Art Grundgerüst dar, von dem beim Vorlesen des Gedichts an einzelnen Stellen abgewichen werden kann und muss, damit nicht ein »herunterleiernder« Eindruck entsteht. Der **Rhythmus** eines Gedichts geht von der regelmäßigen Betonung des Metrums aus, orientiert sich aber an Sprechpausen, Sprechtempo und am Sinn des Gedichts. Nicht alle betonten Silben sind gleich wichtig und werden gleich stark betont. In Einzelfällen kann sogar eine vom Metrum her unbetonte Silbe beim Vorlesen aus inhaltlichen Gründen betont werden müssen.

Bei Gedichten ohne Metrum und Reim kann der Schriftsteller durch die Anordnung der Worte (besonders wichtige Stellen sind Zeilenanfang und -ende) und den Zeilenbruch den Leserhythmus festlegen. Endet ein Satz nicht mit der Zeile, sondern geht in die nächste Zeile über, so spricht man vom **Zeilensprung** (oder Enjambement).

In Gedichten (aber nicht nur dort!) findet man verschiedene **Arten des bildlichen Sprechens**, um dem Leser die beschriebenen Dinge zu veranschaulichen:
Vergleiche (erkennbar am »wie«): z. B. *das Kind lief schnell wie der Wind* soll verdeutlichen, dass das Kind mit unglaublich hohem Tempo läuft.
Metaphern (um das »wie« verkürzte Vergleiche): z. B. *Flussbett* → der Grund des Flusses wird verglichen mit einem Bett, in dem jemand liegt.
Personifikationen (einem Gegenstand oder einem Lebewesen [außer einem Menschen!] menschliche Eigenschaften oder Verhaltensweisen zuschreiben): z. B. *die Sonne lacht* → die Sonne scheint und das wirkt so positiv wie ein Mensch, der lacht.
Unübliche und überraschende sprachliche Bilder bewirken, dass die Darstellung lebendig, anschaulich und oft auch witzig wirkt.

Spielszenen (Theater) (vgl. S. 218 – 235)

Der Text eines Theaterstücks besteht aus zwei ganz unterschiedlichen Teilen: Am wichtigsten sind die **Dialoge**, d. h. der **Sprechtext**, den die Schauspieler auf der Bühne sagen sollen. Im Text steht der Name der Figur und nach dem Doppelpunkt das, was sie spicht. Darauf folgt, wie in einem echten Gespräch, die Antwort einer anderen Figur. Redet eine Figur längere Zeit allein, nennt man dies **Monolog**. Meist drucktechnisch mit einer anderen Schriftart davon abgesetzt stehen die **Regieanweisungen**. In ihnen macht der Autor des Theaterstücks Angaben zu Ort und Zeit der Handlung, beschreibt das Verhalten von Figuren, deren Gesten, Sprechweisen und Bewegungen.

Ein Theaterstück wird in Akte und Szenen eingeteilt. Ein **Akt** besteht aus mehreren Szenen. In der Regel sind **Szenen** durch Ortswechsel oder Figurenwechsel voneienander abgegrenzt. Kürzere Theatertexte von wenigigen Seiten nennt man ebenfalls **Spielszenen** oder einfach Szenen.

Das Theater lebt vom **Gespräch auf der Bühne**. Ohne Dialoge kein Schauspiel. Damit Schauspieler und Publikum sich leichter tun, sich die gespielte Situation vorzustellen, wird meist ein **Bühnenbild** zu dem Stück entworfen, treten die Schauspieler geschminkt und in **Kostümen** auf und werden **Requisiten** eingesetzt.

Jugendbücher (vgl. S. 155 – 161)

Jugendbücher sollen z. B. durch die Auswahl der Themen junge Menschen ansprechen. Sie werden meist nach Lesealter und Haupthandlung oder Stoff (z. B. Abenteuer- oder Freundschaftsgeschichten) unterschieden.

Am **Titel** und an der Abbildung (dem **Cover**) kann man meist leicht die Art des Jugendbuchs erkennen. Darüber hinaus enthält ein **Buchumschlag** wichtige Informationen, mit denen er Interesse für das Buch wecken soll. Neben dem **Namen des Verfassers** (oder der Verfasser) und dem **Titel** findet man häufig eine Abbildung sowie (auf den Innenklappen oder dem hinteren Buchdeckel) einen **Klappentext** mit einer kurzen Inhaltsangabe und manchmal auch Meinungen über das Buch.

In Jugendbüchern spielen häufig verschiedene **Figuren** eine wichtige Rolle. Jede Gestalt, die in einem literarischen Text auftritt, nennt man Figur. Auch Tiere, Fantasiewesen, selbst Gegenstände können als Figuren auftreten. **Hauptfiguren** sind die wichtigsten, im Mittelpunkt stehenden Figuren, **Nebenfiguren** sind weniger wichtig und treten seltener auf.

Ein **Konflikt** oder mehrere Konflikte bilden in den meisten Jugendbüchern, Romanen und Theaterstücken den **Kern der Handlung**. Das Wort *Konflikt* (lat. *conflictus*) bedeutet: Auseinandersetzung, Zusammenstoß, Streit. Konflikte – im Leben und in der

Literatur – entstehen, wenn unterschiedliche oder gegensätzliche Ansichten und Absichten von Menschen bzw. Figuren aufeinanderstoßen.

Einen Lexikonartikel schreiben

Verfasser von Lexikonartikeln sollen **effizient** (wirksam, wirkungsvoll) arbeiten: Ein gelungener Text ist, je nach Thema, so kurz wie möglich und enthält so viele wesentliche Informationen wie nötig.

Aufbau: Begriffsdefinition (kurze Vorstellung des Themas); wesentliche Aspekte in sinnvoller Reihenfolge (z. B. zeitlich); falls nötig: Absätze mit Zwischenüberschriften; weitgehender Verzicht auf Details

Stil: überwiegend kurze Sätze; Möglichkeiten der Verdichtung (Bsp.: statt »Wolfram schrieb den Parzival. Darin erzählt er, wie …« besser: »Wolfram erzählt im Parzival, wie …«); Fachwortschatz; Verzicht auf Alltagssprache; Nominalstil (Substantive, substantivierte Wörter, Passiv); dennoch: auf Abwechslung achten, z. B. durch Abweichung vom üblichen Satzbau, wenn ein Satzglied betont werden soll, und den Eindruck einer Aufzählung vermeiden.

Sachtexte (vgl. S. 162 – 173)

Während **literarische Texte** Handlungen erzählen (spannende, lustige, traurige), stellen Sachtexte **Sachverhalte** dar und erfüllen dabei bestimmte **Zwecke**, z. B. Information.

Um einen Sachtext erschließen zu können, sind verschiedene Techniken hilfreich, die in einzelnen Schritten erfolgen:

- **Vorwissen aktivieren / grober Überblick über den Text:** Überschrift, die Anfänge der einzelnen Abschnitte, Schlüsselwörter oder bekannte Begriffe sowie ergänzende Abbildungen und/oder Grafiken vermitteln eine Vorstellung vom Textinhalt.
- **Fragen an den Text stellen:** Worum geht es und auf welche Fragen gibt der Text eine Antwort?
- **Text gründlich lesen / unbekannte Begriffe klären:** gründliche Lektüre, d. h. Satz für Satz, dabei Randmarkierungen (Wichtiges und Unverständliches unterstreichen), unbekannte Begriffe herausschreiben und klären, Antworten auf die W-Fragen kennzeichnen: Wer? Wo? Was? Wie? Warum? Welche Folgen?
- **Text zusammenfassen / Überschriften formulieren:** wesentliche Aussagen des Textes zusammenfassen, indem Abschnitte markiert und anschließend in eigenen Worten kurz zusammengefasst und mit Überschriften versehen werden.
- **Abschließendes Lesen und Wiederholen:** abschließende Lektüre des gesamten Textes und Wiederholung der wichtigsten Informationen unter der Fragestellung: Habe ich alles verstanden und in meine Zusammenfassung aufgenommen?

Da es sich um fünf Schritte handelt, wird bei dieser Technik auch von der **Fünf-Schritt-Lesemethode** gesprochen.

Übertragung eines Textes in eine andere Darstellungsform – Diagramme

Manchmal sind Informationen und wesentliche Aussagen zu einem Thema so über einen Text verstreut, dass man sie zusammensuchen und ordnen muss, um einen Überblick zu erhalten. Die Informationen können dabei in eine andere Textsorte, z. B. in ein Struktur- oder Ablaufdiagramm, übertragen werden.

In **Struktur- oder Ablaufdiagrammen** lassen sich mit Hilfe grafischer Elemente besonders klar und übersichtlich die Phasen und Schritte einzeln darstellen, in denen Handlungen, Vorgänge und Entwicklungen ablaufen. Die Phasen eines Vorgangs werden stichpunktartig in jeweils einem Feld notiert, die Felder untereinander durch Linien oder Pfeile verbunden, die die Zusammenhänge symbolisieren: Ursache, Folge, Wirkung etc.

Weitere Textsorten: Begriffsnetz, Mind-Map.

Diagramme sind besonders geeignet, um die Verteilung bestimmter Inhalte zu veranschaulichen. Ein **Tortendiagramm** wird häufig bei Prozentangaben genutzt. Mit Hilfe eines **Balkendiagramms** (horizontale Anordnung) oder eines **Säulendiagramms** (vertikale Anordnung) lassen sich Werte miteinander vergleichen, die nicht in Prozenten, sondern z. B. in Maßeinheiten für Anzahl, Gewicht oder Fläche, ausgedrückt werden.

Bei einer **Erläuterung eines Diagramms** sollte man auf folgende Aspekte eingehen:

- Thema, Untersuchungsbereich,
- Quelle, Bezugszeitraum,
- Diagrammtyp,
- Bezugsgröße (z. B. Prozente, Zahleinheiten),
- Strukturelemente (Bilder, Textbausteine, Grafik),
- Informationsabsicht, Adressat(en).

Medien nutzen

Medien (vgl. S. 174–183)
Nachrichten, Informationen und Geschichten werden uns auf verschiedenen Wegen zugänglich gemacht. Sie unterscheiden sich danach, wie sie angelegt sind und wie sie verlaufen. Solche **Vermittler von Welt** nennt man **Medien**. Die Erfahrungen, die wir im Umgang mit Medien machen, bestimmen die Art und Weise, wie wir Welt erfassen und verstehen.

Präsentieren

Das Auftreten vor anderen üben (vgl. S. 184–187)
Kurze Konzentrations- und Entspannungsübungen helfen, das Auftreten vor anderen zu üben und das eigene Lampenfieber zu bekämpfen.
Um bei einer Präsentation sicher und lebendig aufzutreten, sind folgende Tipps nützlich:
- laut, deutlich und lebendig sprechen,
- keine unbewussten Gesten machen, z. B. sich ständig in die Haare fassen,
- Füllwörter (*äh, ja, oder?, nicht?* …) vermeiden,
- aufrecht und selbstbewusst vor der Klasse stehen,
- den Zuhörern in die Augen sehen,
- das Gesagte mit Gesten unterstreichen,
- die Zuhörer freundlich ansehen,
- bei Aufregung vor dem Vortrag vorher ganz lange aus-, dann kurz ein- und wieder ganz lange ausatmen.

Beim Vortrag in der Gruppe muss vorher genau abgesprochen werden, wer was in welcher Reihenfolge sagt.

Medieneinsatz (vgl. S. 190)
Beim Erstellen von **Folien** sind folgende Tipps hilfreich:
- Folien vorher zu Hause vorbereiten
- groß genug schreiben, damit auch die Schüler in der letzten Reihe die Folie lesen können
- nicht zu viel auf eine Folie schreiben: Weniger ist mehr!
- auch Folienteile verwenden, die man Stück für Stück aufdeckt
- Overheadprojektor vor dem Vortrag scharf stellen
- zu den Zuhörern und nicht zur Wand sprechen; mit deinem Körper nicht die Sicht auf die Folie verdecken
- Folien nicht zu rasch wechseln
- einen schmalen Stift für Hinweise auf der Folie verwenden
- Folien nummerieren

Info-Kästen

Adverbialsätze 94
- finale 91
- kausale 90
- konditionale 91
- konsekutive 92
- konzessive 92
- lokale 89
- modale 90
- temporale 89

Adversativsatz 93
Anekdoten 142
Appositionen 77
Argumentationsaufsatz
- Einleitung und Schluss formulieren 55
- gliedern 55
- Sprache 58

Argumentationsblock
- Aufbau 51
- Überleitung 62

Argumentieren 49
Attributsätze sind Gliedsätze 85
Auftreten vor anderen üben 185

Ballade 121
Balladen-Typen 128

Diagramme beschreiben 168
Direkte und indirekte Rede 99

Epische Texte verstehen 131
Erläuterungen verfassen 158

Gesprächsrunden führen 20
Gliederung anfertigen 55

Handlungsschritte zusammenfassen und wiedergeben 33

Infinitivsätze 96
Informationen aus Sachtexten gezielt nutzen 45
Informationen suchen und auswerten 181
Informationen und Argumente anderer zu Nutze machen 63
Informieren und Argumentieren 27
Innere und äußere Handlung 34

Kalendergeschichten 140
kennenlernen / kennen lernen 281
Konjunktiv, Bildung 100
Kurzgeschichte, Merkmale 136

Leseportfolio erstellen 117
Lexikon zu einem Jugendbuch erstellen 156

Meinungen vortragen und austauschen 9
Modus und Modalverben 112
Metrum und Kadenz 125

Nibelungenlied 147
Nominalisieren 280

Partizipialsätze 97
Präfixe und Suffixe 72

Quellen angeben 64

Redeeinleitungen 189
Redewendung 113
Rollenbiografie verfassen 225

Sachtexte zusammenfassen 41
Satzreihe 282
Spielplan 234
Sprache, Entwicklung 152
Standbild bauen 220
Stoffsammlung 53
Subjekt- und Objektsätze 83

Textzusammenfassung
- Basisinfo 29
- Sprache 35

Übertragung des Textes in eine andere Darstellungsform – Diagramme 166, 167

Wichtiges – Unwichtiges unterscheiden 34

Zeichensetzung bei Infinitiv-/ Partizipialkonstruktionen 75
Zusammensetzungen, trennbare und untrennbare 71

Methoden

Mind-Map: Mit einer Mind-Map lassen sich wie in einem Ideennetz (Cluster) Einfälle zu einem bestimmten Begriff oder Thema sammeln. Den Ausgangsbegriff schreibt man in die Mitte eines leeren Blattes. Von diesem Mittelpunkt gehen einzelne Äste ab, die jeweils mit einem Begriff beschriftet werden. Diese Äste verzweigen sich und werden möglichst knapp beschriftet. Im Unterschied zum Ideennetz, in dem Begriffe ungeordnet stehen, unterscheidet die Mind-Map Ober- und Unterbegriffe bzw. Haupt- und Nebenäste.

Placemat: Die Schüler finden sich in Vierergruppen zusammen. Jede Gruppe erhält einen Bogen Papier und zeichnet sich ein Placemat (engl. Tischset). Auf diese Weise hat jeder außen ein eigenes Feld, in das er in einem begrenzten Zeitrahmen seine Ideen zu einem Thema notieren kann.

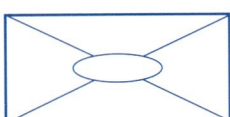

Nach Ablauf der Zeit wird das Placemat um 90° gedreht. Die Schülerinnen und Schüler lesen und ergänzen nun die Notizen des Vorgängers. Das Placemat wird so oft gedreht, bis jeder jeden Beitrag lesen konnte. Anschließend einigt sich die Gruppe auf Antworten, die sie als gemeinsames Ergebnis in das mittlere Feld eintragen wollen. Abschließend präsentiert jede Gruppe ihre Ergebnisse vor der Klasse.

Sachregister

Ablaufdiagramm 166
Adjektiv 304
Adverbiale 285 f., 304
- finale 91
- kausale 90
- konditionale 91
- konsekutive 92
- konzessive 92
- modale 90

Adverbialsätze 94, 285 f., 304
Adversativsätze 93, 305
Aktiv 302
Althochdeutsch 152
Anekdoten 142, 309
Appositionen 77, 84, 300
Argumentation 18 f.
Argumentationsaufsatz 296
Argumentationsblock 51, 55, 59 f., 254, 296, 297
- überleiten 62

Argumentieren 27, 48 ff., 238 ff., 295 ff.
Artikel 302
Attribut 84 ff., 305
- Adjektivattribut 84
- Adverbattribut 84
- Genitivattribut 84
- Präpositionalattribut 84

Attributsätze 85, 305
Aussage 31

Balkendiagramm 167
Balladen 118 ff., 263 ff., 310
- Heldenballade 128, 311
- naturmagische Ballade 128, 311

Balladenvortrag 123
Bedeutungsverbesserung 152, 310
Bedeutungsverengung 152, 310
Bedeutungserweiterung 152, 310
Bedeutungsverschlechterung 152, 310
Begriffsnetz 166
begründete Stellungnahme 55 ff., 296
Begründung 16 ff., 51, 60, 296
Behauptung 51, 60, 296
Beispiele 41, 51, 61, 296
Beobachtungsbogen 192
Bibliothek 297
bildhafte Ausdrücke 308
Bühnenfassung 232

dass – das 301
Dehnung 73, 299
Diagramme 166 ff., 313 f.
direkte und indirekte Rede 98 ff., 306 f.
Dramatik 121, 308

Einleitung 57, 296
Epen 144, 147, 309 f.
Epik 121, 308
epische Texte 131, 308
Er-Erzähler 308
Erläuterungen 158
Erörtern, materialgestützt 63 ff.
Erzählerrede 131, 308
Erzählperspektiven 308

Fachbegriffe 58
Feedback 193
Figuren 316
Figurenrede 131, 308
Folien 190, 314
Fragen an den Text stellen 41, 241, 313
Fremdwörter 68 f., 278, 300
Fünf-Schritt-Lesemethode 313

Gedichte 311 f.
Gesprächsrunde 20
Getrennt- und Zusammenschreibung 280 f., 300
gleich und ähnlich klingende Laute 298
Gliederung 54 ff., 242, 255
Gliedsätze 304
Groß- und Kleinschreibung 70, 280 f., 299 f.

Handlung
- äußere 34, 131, 294, 294
- innere 34, 131, 294, 294

Handlungsschritte 39, 294
Helden 206 ff.
Hörer 10 f.

Ich-Erzähler 308
indirekte Rede 35, 287, 306
Infinitivsätze 75, 83. 95 f., 306
Informationen 44 ff., 63 ff., 181
Informieren 27 ff., 238 ff.
Internet 181, 183, 297 f.
Internetquellen 181

Jugendbücher 155 ff., 312 f.

Kadenz 125, 310 f.
Kalendergeschichten 139 ff., 309
- Merkmale 140

Kausalzusammenhänge 58
Körperhaltung 185, 293
Kommas
- Satzgefüge 282

Kommunikation 182 f.
Konflikt
- äußerer 131, 308
- innerer 131, 308

Konjunktion 303
Konjunktiv 35, 99, 100, 307
Konjunktiv II 99, 100, 307
Konsekutivzusammenhänge 58
Kulissen 234
Kurzgeschichten 129 ff., 259 ff., 309
- Merkmale 136, 258

Leseportfolio 117
Lexikon 156
Lexikonartikel 156
Lyrik 121, 308

Medien 174 ff., 314
Medienbeschäftigung 175
Meinungen 9 ff.
Merkwörter 298
Metapher 312
Metrum 125, 310
Mind-Map 53, 166, 188
Minnelyrik 144, 153, 309 f.
Mittelalter 144 ff., 194 ff., 309
Mittelhochdeutsch 152
Modalverben 112, 307
Modus 112, 307

Nebensätze 305
Nibelungenlied 147, 309
Nomen 300 f.
Nominalstil 33
nüchterne Formulierung 35

Oberbegriff 35, 41 f. 53, 58, 296
Objekt 304
Objektsatz 82 ff., 305

Paraphrase 35, 295
Partizip 301

Partizipialsätze 75, 97, 302, 306
Passiv 302
- Vorgangspassiv 302
- Zustandspassiv 302

Personifikation 312
Plakatwand 46 f.
Pointe 140, 142
Portfolio 117
Prädikat 304
Präfixe 72
Präposition 302 f.
Präsentieren 184 ff., 314
Pronomen 302

Quellen 64, 296, 300

Recherche 297 f.
Rechtschreibstrategien 66 f., 298
Redeeinleitungen 189
Redewendungen 113 ff., 308
Referat 188 ff.
Reim 311
Reiseführer 205
Relativsätze 85
Rückblende 131
Rolandslied 207 ff.
Rollenbiografie 225

Sachtexte 162 ff., 248 ff., 267 ff., 313 f.
Säulendiagramm 167
Sätze 303 f.
Satzgefüge 75, 303
Satzglieder 80 f., 304
Satzreihe 75, 282, 303
s-Laute 73, 299
Schärfung 73, 298
Schattenspiel 124
Schluss 57, 296
Spalten 53
Spielplan 234
Sprache, Entwicklung 152
Sprecher 10 f.
Sprechweise 185
Standbild 220 f.
Stegreifreden 185
Stichwortzettel 188
Stoffsammlung 52, 296
Strukturdiagramm 166, 314
Subjekt 304
Subjektsatz 82 ff., 304
Suffixe 72
Szenisches Spiel 124, 312

Textzusammenfassung 29, 294 f.
Theater 218 ff.
Theaterübungen 219 ff.
Tortendiagramm 167, 314

Umgangssprache 35
Unwichtiges 34, 294

Verb 303
Vergleich 312
Vorlesen 293
Vortrag 191, 293, 314
Vorwissen aktivieren 41, 294

Weil-Sätze 16
Wichtiges 34, 294
Wortarten 78 f., 283, 300 f.
Wortwahl, eigene 35

Zahlwörter 300
Zeitdeckung 131
Zeitdehnung 131

Zeitraffung 131
Zeitreise 196 ff.
Zeitsprung 131
Zusammenfassen 26 ff.
Zusammensetzungen 71
- trennbare 71
- untrennbare 71

Textsortenverzeichnis

Anekdoten
Verschiedene Anekdoten 142

Autobiografischer Text
A. Thalmayr: Mein Bruder 112

Balladen
K. Simrock: Der Rattenfänger 32
F. Schiller: Der Handschuh 38
C. Reinig: Ballade von den unsagbaren Geschehnissen 78
T. Fontane: John Maynard 118
J. W. Goethe: Der Zauberlehrling 122
F. Schiller: Die Bürgschaft 126
J. W. Goethe: Johanna Sebus 263
A. v. Droste-Hülshoff: Der Knabe im Moor 265
J. W. Goethe: Der Erlkönig 266

Bildgeschichte
Loriot: Optiker Nolte 222

Brief
Brief an Tante Monika 24

Dialogische / Szenische Texte / Minidramen
Ein Fußballturnier des Jahrgangs 7 8
Zwei Gespräche über Sven 12
»Jetzt bin ich dran!« 21
»Warum immer ich?« 21
Eine Diskussion zwischen Mutter und Tochter? 48
J. Mock: Popmusik macht heiter 98
Ein Gespräch mit Folgen 101
Der Milchtopf 223
Extrawürstchen 224
Na, wunderbar! 224
Wenn du meinst! 224
Wo? 224
H. Müller: Herzstück 226

Die Szene bei Bernd zu Hause 231
»Markenklamotten« 253

Diskontinuierliche Texte / Diagramme und Schaubilder
Herstellung von Schokolade 166
Herkunft des Kakaos und Verbrauch 167
Produktion von Süßwaren 168
Der Vitamin-Cocktail 171
Die wichtigsten Bananen-Exportländer 2004 171
Nahrungsmittelpreise 173
Medienbeschäftigung in unserer Freizeit 175
Ich informiere mich … 177
Smartphone 182
Gründe für den Stellenwert von Online-Communities 183
Preise für Kakao 268

Epen
Iweins letzter Kampf 28
W. Fährmann: Die Nibelungen 145, 148, 150
Das Rolandslied 207, 210

Fabeln
G. E. Lessing: Der Esel und der Wolf 141
W. Schnurre: Die Dauer des Glücks 143

Kurzgeschichten / Erzählungen / Kurzprosa
L. Graf: Nichts Besseres zu tun 29
R. Kunze: Fünfzehn 36
I. Kötter: Nasen kann man so oder so sehen 129
T. Zimmermann: Eifersucht 132
M. Bolliger: Sonntag 133
K. Kordon: Okay, Mister, okay! 136
F. Hohler: Die Reinigung 143
Ein Tag im Mittelalter 199

Noch ein Tag im Mittelalter 199
A. Bröger: Ihr dürft mir nichts tun 228
I. Aichinger: Das Fenstertheater 259
M. Gülich: Bagatelle Nr. 8 261

Gedichte
J. Ringelnatz: Ruf zum Sport 66
O. Wiemer: Hilfsverben 111
Dû bist mîn 153
Walther von der Vogelweide: Niemman kann mit gerten 153
Heinrich von Morungen: Nein und Ja 154
E. Jandl: im park 226

Inhaltsangabe
Inhaltsangabe 245

Interview
Keine Angst vor Ribéry und Kroos 103

Jugendbuchauszüge
A. Lechner: Parzival 157, 158, 160, 161
C. Frieser: Die geheimnisvolle Truhe 196
T. Beckmann: Kreuzzug in Jeans 200
M. Twain: Huck rettet das Leben der Witwe 239
M. Twain: Huck findet den entflohenen Sklaven Jim 244
M. Twain: Huck legt die Sklavenjäger rein 246

Kalendergeschichten
J. P. Hebel: Der Zahnarzt 139
J. P. Hebel: Die Ohrfeige; Dankbarkeit 140
B. Brecht: Der hilflose Knabe 141
S. Mrozek: Heldentat eines Hundes 141
B. Brecht: Das Wiedersehen 143
H. v. Kleist: Sonderbarer Rechtsfall in England 262

Mind-Maps
Mobbing **188**
Mittelalter **195**

Parabel
B. Brecht: Wenn die Haifische Menschen wären **110**

Sachtexte/Jugendsachbücher
Umstrittene Shows **40**
Teures Naturschauspiel **42**
J. Isringhaus: Delfinarien schließen **44**
Studie zur Mediennutzung **63**
Herakles, ein tragischer Held **82**
El Cid **84**
Vercingetorix **85**
Wer ist ein Held? **95**
Der Held Perseus … **97**
Das historische Ereignis **120**
Alltag eines Kakaobauern in Afrika **163**
Kakao **164**
Zahlen und Konzerne **169**
Bananen im Handel **170**
E. Binder: Zucker ist der Industrie teuer **171**
Fernsehen und Jugendliche **176**
Nachrichtensendungen **178**
H. Fuhrmann: Einladung ins Mittelalter **196**
Die Kleidung des Mannes im Mittelalter **202**
Müll und »Straßenreinigung« **203**
Zähneputzen **203**
Zwei Rezepte **204**
Das islamische Weltreich **209**
Razzia oder die Rettung des Abendlandes? **209**
Die ritterlichen Tugenden **214**
Hildegard von Bingen **215**
Heldensuche **217**
Wale **248**
Pro Delfinhaltung **250**
Kontra Delfinhaltung **251**
S. Börnecke: Die Welt des Zuckers gerät in Bewegung **267**
Wie wird aus der Baumwollfaser …? **269**
Bergsteigen der Extreme **280**
Becherstapeln ist gut fürs Köpfchen **281**

Sagen/Mythen
K. F. Becker: Herakles **80**
Zusammenfassung der Gudrunsage **154**

Werbetext
Das Kaltenberger Ritterturnier **197**

Witz
Die Taschenuhr **143**

Zeitungstexte/Zeitschriftentexte
Baubeginn für umstrittene Delfinlagune **26**
Aus dem Leben eines Superstars **101**
Klatsch und Tratsch aus dem Showbiz **108**
Laute Musik mit schrecklichen Folgen **109**
Rihanna & Ciara **144**

Bildquellenverzeichnis

9: fotolia.com, New York (Sylvie Thenard); **10:** VG BILD-KUNST r. V., Bonn (© 2012); **11:** Köcher, Ulrike, Hannover; **16:** Gehrmann, Katja, Hamburg; **40:** Caro Fotoagentur GmbH, Berlin (Oberhäuser); **42, 43:** Tiergarten Nürnberg; **49:** action press, Hamburg/Axel Schmidt; **54:** Schöningh Verlag, Paderborn/Kirsten Krelsbach; **56:** fotolia.com, New York (gajatz); **58:** fotolia.com, New York (Marco Bonan); **61:** akg-images GmbH, Berlin (Hilbich); **64:** Druwe & Polastri, Cremlingen/Weddel; **82:** Picture-Alliance GmbH, Frankfurt/Main; **84:** wikimedia.commons; **86:** Picture-Alliance GmbH, München (WireImage/2011 Marc Grimwade); **86 Gandhi:** Picture-Alliance GmbH, Frankfurt/Main; **86 Messner:** Picture-Alliance GmbH, Frankfurt/Main (Udo Bernhart/dpa-Bildarchiv); **86 Meyer-Landrut:** Picture-Alliance GmbH, Frankfurt/Main (Sven Simon); **86 Rowling:** ddp images GmbH, Hamburg; **87:** © Les Editions Albert René/Goscinny-Uderzo/www.asterix.com, Paris 2013, aus: Le Cadeau de César, page 16, image n° 7; **88:** © Les Editions Albert René/Goscinny-Uderzo/www.asterix.com, Paris 2013, aus: Obélix et Compagnie page 12, image n° 2; **91:** ddp images GmbH, Hamburg; **95:** akg-images GmbH, Berlin (E. Lessing); **102:** Shutterstock Images LLC, New York, NY 10004 (DFree); **104:** Pawle, Margit, München; **107:** Picture-Alliance GmbH, Frankfurt/Main (Eventpress/Chr. Adolph); **108 1:** Picture-Alliance GmbH, Frankfurt a. M./dpa/LAPRESSE; **108 2:** ddp images, Hamburg; **108 3:** Biard, Georges/wikipedia.org, Creative Commons-Lizenz 3.0; **117 1:** Goethe-Museum – Anton-und-Katharina-Kippenberg-Stiftung, Düsseldorf; **117 2:** Bildagentur Peter Widmann, Tutzing; **117 3:** vario images, Bonn (Ulrich Baumgarten); **117 4:** plainpicture, Hamburg (S. Mueller); **117 5:** Schauspiel Hannover; **118:** akg-images GmbH, Berlin; **120 l.:** Westermann, Technisch-Grafische Abteilung; **120 u.:** akg-images GmbH, Berlin; **121:** ullstein bild, Berlin; **123:** Picture-Alliance GmbH, Frankfurt/Main (dpa); **128, 139, 142 1, 3, 4:** akg-images GmbH, Berlin; **142 2:** Picture-Alliance GmbH, Frankfurt/Main (akg-images); **144 o.:** Getty Images, München (Gregg DeGuire/Kontributor/FilmMagic); **144 u.:** ddp images GmbH, Hamburg (AP); **145, 149:** akg-images GmbH, Berlin; **153, 155 l.:** Universitätsbibliothek Heidelberg; **155 m., u.:** akg-images GmbH, Berlin; **155 o. r.:** TopicMedia Service, Putzbrunn; **159, 160:** akg-images GmbH, Berlin; **161:** Ritterturnier Kaltenberg Veranstaltungs-GmbH, Kaltenberg; **162 l.:** laif, Köln (D. Rosenthal); **162 r.:** akg-images GmbH, Berlin; **163:** Schokoladenmuseum Köln GmbH; **164:** Picture-Alliance GmbH, Frankfurt/Main (Keystone/K. Dannemiller); **165:** Zotter Schokoladen Manufaktur GmbH, Riegersburg; **171:** mauritius images GmbH, Mittenwald (ROSENFELD); **172:** Corbis, Düsseldorf (© Maximilian Stock Ltd./Science Faction); **175:** Jochen Tack Fotografie, Essen; **178 o.:** Public Address Presseagentur, Hamburg; **178 u.:** Picture-Alliance GmbH, Frankfurt/Main (DB ZDF/Carmen Sauerbrei); **180 l.:** Picture-Alliance GmbH, Frankfurt/Main (die KLEINERT.de/Peter Maltz); **180 r.:** Picture-Alliance GmbH, Frankfurt/Main (Christa Eder/CHROMORANGE); **183:** mpfs – Medienpädagogischer Forschungsverbund Südwest c/o Landesanstalt für Kommunikation Baden-Württemberg (LFK), Stuttgart; **186:** Köcher, Ulrike, Hannover; **190 o.:** Keystone Pressedienst, Hamburg (Dominique Ecken); **190 u. l.:** mauritius images GmbH, Mittenwald (Peter Enzinger); **190 u. r.:** Picture-Alliance GmbH, Frankfurt/Main (Jens Schierenbeck); **195 m.:** Bayerische Staatsbibliothek, München; **195 o.:** Schöningh Verlag, Paderborn (Norbert Simianer); **195 u. l.:** bpk – Bildagentur für Kunst, Kultur und Geschichte, Berlin; **195 u. r.:** Bibliothèque nationale de France, Paris; **198:** Kestnermuseum, Hannover; **201:** Bridgeman Art Library Ltd. Berlin, Berlin; **203:** INTERFOTO, München (Sammlung Rauch); **204 l.:** Sauerländer Verlag, Düsseldorf; **204 r.:** akg-images GmbH, Berlin; **206 o. l., o. r.:** Cinetext Bildarchiv, Frankfurt am Main; **206 o. m.:** akg-images GmbH, Berlin; **206 u.:** ullstein bild, Berlin (Zangl); **207:** Rizzoli, Mailand; **214:** Württembergische Landesbibliothek, Stuttgart; **215:** alamy images, Abingdon/Oxfordshire (Photos 12 /); **216 r.:** Cinetext Bildarchiv, Frankfurt am Main; **216 l.:** Picture-Alliance GmbH, Frankfurt/Main (akg-images); **217:** Picture-Alliance GmbH, Frankfurt/Main (dpa); **219:** Köcher, Ulrike, Hannover; **220 o. l.:** TopicMedia Service, Putzbrunn (Lindenberger); **220 o. m.:** www.raisdorf-inside.de, Schwentinental; **220 o. r.:** Barker, Ruth, Plauen; **220 u. l.:** Getty Images, München (Daly and Newton); **220 u. m.:** Caro Fotoagentur GmbH, Berlin (Teschner); **220 u. r.:** Visum Foto GmbH, Hamburg (Alfred Buellesbach); **222:** Diogenes Verlag AG, Zürich (© 1998. Aus: Das große Loriot Buch); **234 l.:** Residenztheater, München; **234 r.:** Junges Theater Bonn, Bonn; **247 o.:** ullstein bild, Berlin (AP) **247 u.:** mauritius images GmbH, Mittenwald (Gerard Lacz); **248:** fotolia.com, New York (David Kolöchter); **250:** Picture-Alliance GmbH, Frankfurt/Main (landov); **251:** Köcher, Ulrike, Hannover; **269:** akg-images GmbH, Berlin; **273:** Corbis, Düsseldorf (Wally McNamee); **280 o.:** Imago, Berlin (Sommer); **280 u.:** Picture-Alliance GmbH, Frankfurt/Main (dpa © epa-Bildfunk); **282 o.:** action press, Hamburg (XPB.CC LIMITED); **282 u.:** Imago, Berlin (Höhne).

Autoren- und Quellenverzeichnis

Aichinger, Ilse: *Das Fenstertheater*, S. 257. Aus: Der Gefesselte. Erzählungen. Frankfurt a. M.: Fischer 1958. S. 83 – 86.

Becker, Karl Friedrich: *Herakles – ein griechischer Sagenheld*, S. 80. Aus: Karl Friedrich Becker: Weltgeschichte für Kinder und Kinderlehrer. Berlin 1801 – 1805.

Beckmann, Thea: *Kreuzzug in Jeans*, S. 200. Aus: Thea Beckmann: Kreuzzug in Jeans. München: dtv 2008. S. 17 – 27.

Binder, Evelyn: *Zucker ist der Industrie teuer*, S. 171. Aus: Kölner Stadt-Anzeiger vom 7. Juni 2011. S. 9.)

Börnecke, Stephan: *Die Welt des Zuckers gerät in Bewegung*, S. 265. Aus: Frankfurter Rundschau 3. bis 5. April 2010 / 66. Jahrgang / Nr. 78. S. 16 f.

Bolliger, Max: *Sonntag*, S. 133. Aus: Wir leben von der Hoffnung. Gedanken, Gedichte und Erzählungen für junge Menschen unserer Zeit. Hrsg. von Hans Frevert. Baden-Baden: Signal Verlag 1985. S. 54 – 56.

Brecht, Bertolt: *Das Wiedersehen*, S. 143. Aus: Bertolt Brecht: Gesammelte Werke. Prosa II. Geschichten 2. Frankfurt a. M.: Suhrkamp Verlag 1965. S. 114; *Der hilflose Knabe*, S. 141. Aus: Bertolt Brecht: Gesammelte Werke [20-bändige Werkausgabe; edition suhrkamp]. Band 12. Prosa 2. Frankfurt a. M.: Suhrkamp Verlag 1967. S. 297; *Wenn die Haifische Menschen wären*, S. 110. Aus: Bertolt Brecht: Große kommentierte Frankfurter Ausgabe. Prosa. Frankfurt a. M.: Suhrkamp Verlag 1995. S. 446 ff.

Droste-Hülshoff, Annette von: *Der Knabe im Moor*, S. 263. Aus: A. v. Droste-Hülshoff: Sämtliche Werke. Hrsg. von G. Weydt und W. Woesler. Band 1. München: Winkler Verlag 1973.

Fährmann, Willy: *Die Nibelungen*, S. 145, 148, 150. Aus: Deutsche Heldensagen, erzählt von Willy Fährmann. Würzburg: Arena 2006. S. 6 – 11, 20 – 24, 26 – 30.

Fontane, Theodor: *John Maynard*, S. 118. Aus: Theodor Fontane: Werke. Schriften und Briefe. Hrsg. von Walter Keitel und Helmuth Nürnberger. Abteilung 1: Sämtliche Romane, Erzählungen, Gedichte, Nachgelassenes. Band 6: Balladen, Lieder, Sprüche. Gelegenheitsgedichte. Frühe Gedichte. Versuche und Fragmente. 2. rev. und erw. Aufl. München: Carl Hanser Verlag 1978.

Frieser, Claudia: *Die geheimnisvolle Truhe*, S. 196. Aus: Claudia Frieser: Oskar oder das Geheimnis der verschwundenen Kinder. München: dtv 2007. S. 26 f.

Fuhrmann, Horst: *Einladung ins Mittelalter*, S. 196. Aus: Horst Fuhrmann: Einladung ins Mittelalter. München: C. H. Beck 1989. S. 24 – 44.

Gersch, Christel: *Das Rolandslied*, S. 207 und 210. Aus: Gersch, Christel: Das Rolandslied. Kinderbuchverlag. Das große Epos der Franzosen für junge Leser erzählt. Nach dem altfranzösischen Rolandslied, der Übersetzung v. Wilhelm Hertz u. Rudolf Besthorn u. historischen Quellen. 1. Auflage. Mit farb. Illustr. v. Eva Natus-Salamoun. Berlin: Kinderbuchverlag, 1988.

Goethe, Johann Wolfgang: *Der Erlkönig*, S. 264; *Der Zauberlehrling*, S. 122; *Johanna Sebus*, S. 261. Aus: Johann Wolfgang Goethe: Werke. Hamburger Ausgabe in 14 Bänden. Hrsg. von Erich Trunz. Band 1: Gedichte und Epen I. 14., durchges. Aufl. München: C. H. Beck Verlag 1989. S. 154, 276, 284.

Graf, Lore: *Nichts Besseres zu tun*, S. 29. Aus: Geschichten zum Nachdenken. Ein Lesebuch für Schule, Gruppe und Familie. Hrsg. von Lore Graf, Martin Lienhard und Reinhard Pertsch. München: Chr. Kaiser Verlag/Mainz: Matthias-Grünewald-Verlag 1977. S. 129 f.

Gülich, Martin: *Bagatelle Nr. 8*, S. 29. Aus: M. Gülich: Bagatellen. Wien: edition selene 2003. S. 12 f.

Hebel, Johann Peter: *Dankbarkeit / Die Ohrfeige*, S. 140; *Der Zahnarzt*, S. 139. Aus: Johann Peter Hebel: Werke. 2 Bände. Hrsg. von Eberhard Meckel. Bd. 1: Erzählungen des Rheinländischen Hausfreundes. Frankfurt a. M.: Insel Verlag 1968.

Heinrich von Morungen: *Nein und Ja*, S. 154. Aus: Der Herrin ein Grüßen. Deutsche Minnelieder aus dem zwölften bis vierzehnten Jahrhundert, ausgewählt und nachgedichtet von Richard Zoozmann. Leipzig 1915. S. 88.

Hohler, Franz: *Die Reinigung*, S. 143. Aus: Franz Hohler: Ein eigenartiger Tag. Lesebuch. Luchterhand: Darmstadt und Neuwied 1979. S. 73.

Isringhaus, Jörg: *Delfinarien schließen*, S. 44. Aus: www.rp-online.de/regionales/regionale-nachrichten/baerbel-hoehn-delfinarien-schliessen-1.1141392; aufgerufen am 18.4.2012

Kleist, Heinrich von: *Sonderbarer Rechtsfall in England*, S. 260. Aus: H. v. Kleist: Werke und Briefe in vier Bänden. Band 3. Berlin und Weimar 1978. S. 371 – 373.

Kötter, Ingrid: *Nasen kann man so oder so sehen*, S. 129. Aus: Hans-Joachim Gelberg: Augenaufmachen. 7. Jahrbuch der Kinderliteratur. Weinheim: Beltz 1984. S. 87 f.

Kordon, Klaus: *Okay, Mister, okay!*, S. 136. Aus: Klaus Kordon: Adams Apfel – Männer-Geschichten. Remchingen: Maulwurf Verlag 1994.

Kunze, Reiner: *Fünfzehn*, S. 36. Aus: Die wunderbaren Jahre. Prosa. Frankfurt a. M.: S. Fischer Verlag 1976. S. 27 f.#

Lechner, Auguste: *Parzival*, S. 157, 158, 160, 161. Aus: Auguste Lechner: Parzival. Auf der Suche nach der Gralsburg. Würzburg: Arena [10]1993.

Lessing, Gotthold Ephraim: *Der Esel und der Wolf*, S. 141. Aus: Werke. Hrsg. von H. G. Göpfert. München: Hanser 1970.

Mrozek, Slawomir: *Heldentat eines Hundes*, S. 141. Aus: Ruckzuck. Die schnellsten Geschichten der Welt. Hrsg. von Daniel Kampa. Zürich: Diogenes Verlag 2008. S. 124.

Mock, Joachim: *Popmusik macht heiter*, S. 98. Aus: Joachim Mock: Papa, Charly hat gesagt … Ausgewählte Gespräche zwischen Vater und Sohn mit Übungen zum Deutschunterricht für Ausländer. Berlin: Langenscheidt Verlag 1984. S. 65 f. (gekürzt)

Reinig, Christa: *Ballade von den unsagbaren Geschehnissen*, S. 78. Aus: Christa Reinig: Sämtliche Gedichte. Düsseldorf: Verlag Eremiten-Presse.

Ringelnatz, Joachim: *Ruf zum Sport*, S. 66. http://www.textlog.de/22939.html; aufgerufen am 16.2.2013

Schiller, Friedrich: *Die Bürgschaft*, S. 126; *Der Handschuh*, S. 38. Aus: F. Schiller. Sämtliche Werke. Hrsg. v. G. Fricke und H. G. Göpfert. München: Hanser 1962.

Schnurre, Wolfdietrich: *Die Dauer des Glücks*, S. 143. Aus: Der Spatz in der Hand. München: Verlag Langen Müller 1971.

Simrock, Karl: *Rattenfänger*, S. 32. Aus: Hans Joachim Hoof (Hrsg): Deutsche Balladen Von Matthias Claudius bis Georg Trakl. München/Zürich: Piper 2001. S. 290 – 292.

Thalmayr, Andreas: *Mein Bruder*, S. 112. Aus Andreas Thalmayer: Heraus mit der Sprache. München, Wien: Hanser Verlag 2005. S. 116.

Twain, Mark: *Huck findet den entflohnen Sklaven Jim*, S. 242; *Huck legt die Sklavenjäger rein*, S. 244; *Huck rettet das Leben der Witwe*, S. 237. Aus: Mark Twain: Tom Saywer&Huckleberry Finn. Hrsg. und neu übersetzt von Andreas Nohl. Münchenl: Car Hanser Verlag 2010. S. 311 f., 366 – 371, 207 – 211.

Walther von der Vogelweide: *Niemann kann mit gerten*, S. 153. Aus: Walther von der Vogelweide: Gesamtausgabe. Band 2: Liedlyrik. Stuttgart: Reclam 1998. S. 145.

Wiemer, Rudolf Otto: *Hilfsverben*, S. 111. Aus: R. O. Wiemer: beispiele zur deutschen Grammati. Berlin: Wolfgang Fietkau Verlag 1971.

Zimmermann, Tanja: *Eifersucht*, S. 132. Aus: Total verknallt. Ein Liebeslesebuch. Hrsg. von Marion Bolte. Reinbek b. Hamburg: Rowohlt Taschenbuch Verlag 1984.

Texte ohne Verfasserangabe und Texte unbekannter Verfasser

Alltag eines Kakaobauern in Afrika, S. 163. Aus: DGB-Bildungswerk e. V., Nord-Süd-Netz, Entwicklungspolitik 20, Multis im »süßen Geschäft«, Kakaobohne und Schokoriegel. Düsseldorf 1993. S. 15.

Bananen im Handel, S. 170. Aus: Bananen. Materialien für Bildungsarbeit und Aktionen. Hrsg. von Misereor (Aachen) und Brot für die Welt (Stuttgart) für Trans-Fair (Köln). 2. überab. Auflage. Aachen 2002. S. 13.

Baubeginn für umstrittene Delfinlagune, S. 171. Aus: Die Welt; www.welt.de/regionales/muenchen/article2701536/Baubeginn-fuer-umstrittene-Delfinlagune.html; aufgerufen am 10.11.08

Das islamische Weltreich, S. 209. Aus: Ulrich Janßen / Ulla Steuernagel: Warum beten Muslime auf Teppichen. München: DVA. 2006. S. 38 – 41.

Das Kaltenberger Ritterturnier, S. 197. Aus: http://www.ritterturnier.de/; aufgerufen am 5.9.2012

Der Vitamin-Cocktail S. 172. Aus: Globus Intergrafik Nr. 0381 [Datenquelle: ZMP, BMELV

Die Kleidung des Mannes im Mittelalter, S. 202. Aus: http://de.wikipedia.org/wiki/Kleidung_im_Mittelalter; http://de.wikipedia.org/wiki/Brouche; aufgerufen am 5.9.2012.

Die ritterlichen Tugenden, S. 214. Aus: http://www.blinde-kuh.de/ritter/; aufgerufen am 02.01.2013 (minimal verändert)

Die Taschenuhr, S. 143. Aus: Hans Joachim Kulenkampffs höchstvergnügliche Anekdotensammlung. München: Kindler Verlag 1972. S. 43.

Dû bist mîn, S. 153. Aus: Des Minnesangs Frühling. Unter Benutzung der Ausgaben von Karl Lachmann und Moriz Haupt, Friedrich Vogt und Carl von Kraus bearbeitet von Hugo Moser und Helmut Tervooren. 38., erneut revidierte Auflage. Stuttgart 1988, Nr. I, VIII. S. 21.

Ein Tag im Mittelalter, S. 198. Aus: Harald Pariger: Das Zeitalter der Kreuzzüge. Gottfried von Boullion und die Schlacht um Jerusalem. Würzburg: Arena 2010. S. 10 – 12.

Einfuhr von Rohkakao nach Deutschland, S. 167. Zahlen nach http://www.kakaoverein.de/GESCHAEFTSBERICHT.pdf; aufgerufen am 17.11.2012

Fernsehen und Jugendliche, S. 176. Aus: JIM 2009. Jugend, Information, (Multi-)Media. Basisstudie zum Medienumgang 12- bis 19-Jähriger in Deutschland. Hrsg. vom Medienpädagogischen Forschungsverbund Südwest. Stuttgart 2009.

Gründe für den Stellenwert von Online-Communities, S. 183. JIMplus Nahaufnahmen 2011. Einstellungen und Hintergründe zum Medienumgang der 12- bis 19-Jährigen. Qualitative Zusatzbefragung zur JIM-Studie 2009. Jugend, Information, (Multi-)Media. Hrsg. vom Medienpädagogischen Forschungsverbund Südwest. Stuttgart 2011.

Heldensuche, S. 217. Aus: spurensuchen 22, S. 6 – 7.

Hildegard von Binden, S. 215. Aus: http://www.kindernetz.de/infonetz/starkefrauen/hildegardvonbingen/-/id=86188/nid=86188/did=86198/17s0g4q/index.html; aufgerufen am 02.01.2013

Ich informiere mich zum Thema »Aktuelles« am häufigsten …, S. 177. Aus: JIM 2009. Jugend, Information, (Multi-)Media. Basisstudie zum Medienumgang 12- bis 19-Jähriger in Deutschland. Hrsg. vom Medienpädagogischen Forschungsverbund Südwest. Stuttgart 2009.

Iweins letzter Kampf, S. 28. Aus: Martin Beheim-Schwarzbach: Helden- und Rittersagen. Wien: Ueberreuter Verlag 2001. S. 334 f.

Kakao – von den Tropen in die Welt, S. 164. Aus: Schokoladenseiten. Über die Natur eines Genusses. Info-Zentrum Schokolade; www.infozentrum-schoko.de/schoko-schule.html?file=tl_files/schoko/dokumente/schobro.pdf; aufgerufen am 15.08.2011.

Keine Angst vor Ribéry und Kroos, S. 103. Aus: www.spox.com/de/sport/fussball/bundesliga/1001/Artikel/thomas-mueller-interview-bayern-muenchen-franck-riebery-louis-van-gaal-nationalmannschaft.html; aufgerufen am 10.10.2012

Kontra Delfinhaltung: Gliederung, S. 253; Kontra Delfinhaltung: »Besser in Delfinschutz investieren«, S. 249. Aus: http://www.br.de/franken/inhalt/aktuelles-aus-franken/pro-delfinlagune-nuernberg100.html; aufgerufen am 10.2.2013.

Medienbeschäftigung in der Freizeit, S. 175. Aus: JIM 2010. Jugend, Information, (Multi-)Media. Basisstudie zum Medienumgang 12- bis 19-Jähriger in Deutschland. Hrsg. vom Medienpädagogischen Forschungsverbund Südwest. Stuttgart 2010.

Moderne Helden, S. 216. Aus: http://www.welt.de/vermischtes/article2198643/Moderne-Helden.html; aufgerufen am 02.01.2013

Müll und »Straßenreinigung«, S. 203. Aus: Heinrich Pleticha: Bürger, Bauer, Bettelmann. Würzburg: Arena 1971. S. 28.

Nachrichtensendungen, S. 178. Aus: Tagesschau (ARD), heute (ZDF) und logo! (Ki.KA) vom 30.11.2009 (Mitschrift von Thomas Rudel).

Nahrungsmittelpreise, S. 173. Aus: Kölner-Stadt-Anzeiger vom 7. Juni 2011, Quelle: dpa/Böhne und FAO.

Noch ein Tag im Mittelalter, S. 199. Aus: Dirk Katzmann (Hrsg.): Lebensalltag im Mittelalter. Stuttgart: Verlag Das Beste GmbH 1994. S. 71.

Preise für Kakao, S. 266. Aus: Frankfurter Rundschau vom 3. bis 5. April 2010 / 66. Jahrgang / Nr. 78. Quelle: ICCO und Budziak.

Pro Delfinhaltung: Argumentationsblöcke, S. 252; Pro Delfinhaltung: Tiergarten hofft auf Zuchterfolge, S. 248. Aus: http://www.br.de/franken/inhalt/aktuelles-aus-franken/pro-delfinlagune-nuernberg100.html; aufgerufen am 10.2.2013.

Pro-Kopf-Verbrauch an Schokolade 2010, S. 167. Aus: http://www.chocosuisse.ch/web/chocosuisse/de/documentation/facts_figures.html; aufgeru-fen am 17.11.2012

Razzia oder die Rettung des Abendlandes, S. 209. Aus: Ulrich Janßen / Ulla Steuernagel: Warum beten Muslime auf Teppichen. München: DVA. 2006. S. 41.

Rihanna & Ciara, S. 144. Aus: www.gofeminin.de/psychologische-beratung/wutausbrueche-der-stars-d19290c261986.html; aufgerufen am 10.08.2012.

Smartphone, die wichtigsten Apps, S. 182. Aus: JIM 2011. Jugend, Information, (Multi-)Media. Basisstudie zum Medienumgang 12- bis 19-Jähriger in Deutschland. Hrsg. vom Medienpädagogischen Forschungsverbund Südwest. Stuttgart 2011.

Studie zur Mediennutzung: Jugendliche mit Schulfrust sehen mehr fern, S. 63. Aus: www.spiegel.de/schulspiegel/wissen/studie-zur-mediennutzung-jugend liche-mit-schulfrust-sehen-mehr-fern-a-818470.html; aufgerufen am 18.4.2012

Teures Naturschauspiel, S. 42. Aus: Sonntagsblitz (Sonntagszeitung der Nürnberger Nachrichten) vom 7.5.2012

Umstrittene Shows, S. 40. Aus: www.spiegel.de/wissenschaft/natur/umstrittene-shows-das-langsame-sterben-der-delfinarien-a-720995.html; aufgerufen am 18.4.2012.

Verschiedene Anekdoten, S. 142. »Der makedonische König …«. Aus: www.anekdoten-online.de/philosophie.php; »Der französische Schriftsteller …«. Aus: www.spruch-archiv.com/list/?autor=Honor%C3%A9+de+Balzac&id=29686; »Der dänische Märchenautor …«. Aus: www.anekdoten-online.de/dichter.php; »Einmal bekam Alfred Polgar …«. Aus: www.anekdoten-online.de/dichter.php; alle Internetseiten aufgerufen am 10.08.2012

Wale: Gefahren durch Treibnetze, S. 246. Aus: http://www.wissen.de/lexikon/wale-gefahr-durch-treibnetze; aufgerufen am 10.9.2012

Wichtigkeit der Medien in der Freizeit, S. 175. Aus: JIMplus Nahaufnahmen 2009. Einstellungen und Hintergründe zum Medienumgang der 12- bis 19-Jährigen. Qualitative Zusatzbefragung zur JIM-Studie 2009. Jugend, Information, (Multi-)Media. Hrsg. vom Medienpädagogischen Forschungsverbund Südwest. Stuttgart 2010.

Wie wird aus der Baumwollfaser ein Bekleidungsstück?, S. 267. Aus: http://umweltinstitut.org/fragen-antworten/bekleidung/baumwolle-verarbeitung-1014.html; aufgerufen am 19. November 2012

Zähneputzen, S. 203. Aus: Otto Borst: Alltagsleben im Mittelalter. Frankfurt a. M.: Insel Verlag 1983. S. 292 f.

Zahlen und Konzerne, S. 169. Aus: Holger int Veld: Schokoladenrebellen. Der Sound der neuen Kakaokultur. Frankfurt a. M.: Eichborn Verlag 2010. S. 81.

Zwei Rezepte mittelalterlicher Gerichte, S. 204. Aus: http://www.geo.de/GEOlino/kreativ/54379.html?t=print; aufgerufen am 5.9.2012

Zusammenfassung der Gudrun-Sage, S. 154. Nach: http://www.hekaya.de/txt.hx/gudrun--sage--sagen_germanisch_2 (sprachlich leicht überarbeitet und gekürzt); aufgerufen am 5.9.2012